Migrationsreport 2000

Klaus J.Bade ist Professor für Neueste Geschichte und Vorstand des Instituts für Migrationsforschung und Interkulturelle Studien (IMIS) der Universität Osnabrück.
Rainer Münz ist Professor für Bevölkerungswissenschaft an der Humboldt-Universität Berlin.

Migrationsreport 2000

Fakten – Analysen – Perspektiven

Für den Rat für Migration
herausgegeben von
Klaus J. Bade und Rainer Münz

Campus Verlag
Frankfurt/New York

Die Deutsche Bibliothek – CIP-Einheitsaufnahme

Ein Titeldatensatz für diese Publikation ist bei
Der Deutschen Bibliothek erhältlich
ISBN 3-593-36328-3

Copyright © 2000 Campus Verlag GmbH, Frankfurt/Main
Druck und Bindung: KM-Druck, Groß-Umstadt
Gedruckt auf säurefreiem und chlorfrei gebleichtem Papier.
Printed in Germany

Besuchen Sie uns im Internet: www.campus.de

Inhalt

Einführung: Migration und Integration – Herausforderungen
für Deutschland
Klaus J. Bade und Rainer Münz 7

Migration und zukünftige Bevölkerungsentwicklung in Deutschland
Rainer Münz und Ralf E. Ulrich 23

Migration und Arbeitsmarkt
Stefan Bender, Bert Rürup, Wolfgang Seifert und Werner Sesselmeier 59

Integration und Segregation
Claus Leggewie 85

Zwischen Ausländerpolitik und Einwanderungspolitik:
Migrations- und Ausländerrecht in Deutschland
Bernhard Santel und Albrecht Weber 109

Integration und Staatsangehörigkeitsrecht
Dietrich Thränhardt 141

Migration und politische Kultur im ›Nicht-Einwanderungsland‹
Klaus J. Bade und Michael Bommes 163

Schlußwort: Zuwanderungsdebatte in Deutschland – Rückkehr zum
Gastarbeitermodell oder Aufbruch in eine neue Gesellschaft?
Dieter Oberndörfer 205

Dokumentation:
Migration und Migrationspolitik in Deutschland 1998–2000
Veronika Vitt und Friedrich Heckmann 223

Autorenverzeichnis 279

Einführung: Migration und Integration – Herausforderungen für Deutschland

Klaus J. Bade und Rainer Münz

Deutschland steht an einer Wende in Sachen Migration und Integration, in der öffentlichen Diskussion noch mehr als in der politischen Gestaltung. Erstmals erleben wir in Deutschland im Ansatz eine positive Migrationsdiskussion. Es geht dabei weniger um die Eindämmung als um die Förderung von Zuwanderungen. Herkömmliche oder nur semantisch veränderte Positionen treffen auf tiefgreifende rechtliche Veränderungen, auf erst schwer einschätzbare politische Initiativen und institutionelle Überlegungen.

Die im Herbst 1998 angetretene ›rot-grüne‹ Bundesregierung hatte es sich bei ihrem politischen Start zur Aufgabe gemacht, die lange mit der defensiven Selbstbeschreibung ›Die Bundesrepublik ist kein Einwanderungsland‹ dementierte gesellschaftliche Realität der Einwanderungssituation rechtlich und politisch anzuerkennen. Dazu gehörte als erster Schritt die Reform des Staatsangehörigkeitsrechts, die seit dem 1. Januar 2000 rechtskräftig ist. Die Reform war ein Bruch mit noch in hohem Grade bewußtseinsbildenden ethnonationalen Traditionslinien.

Der zweite Schritt blieb zunächst aus – die Erarbeitung und Umsetzung einer umfassenden, integralen und langfristig angelegten Migrations- und Integrationskonzeption mit den dafür nötigen gesetzlichen und institutionellen Veränderungen. Hinter der Diskussion um die Reform des Staatsangehörigkeitsrechts war zwar, ganz unerwartet, auch eine kraftvolle öffentliche Diskussion um Einwanderungsfragen aufgestiegen, verbunden mit Forderungen nach den hier seit langem überfälligen Konzeptionen und Institutionen. Aber die Bundesregierung wies die Diskussion ab und beschloß, eine solche Debatte, die ethnonationale Kampagne bei den Wahlen in Hessen Ende 1998 vor Augen, jedenfalls nicht mehr in der laufenden Legislaturperiode zu führen.

Die von Bundeskanzler Schröder auf der Computermesse CeBIT im Februar 2000 in Hannover ins Gespräch gebrachte ›Green Card‹ hat, wiederum ganz unversehens, eine noch breitere Diskussion um Einwanderungsfragen und Einwanderungspolitik ausgelöst, die nun nicht mehr zu umgehen oder zu vertagen war. Das zeigte, daß es sich hier um einen langfristig angewachsenen Problemstau handelte, der im öffentlich Diskurs zunehmend Eigendynamik entfaltete.

Die ›Green Card‹ selbst gehörte, ebenso wie die im Gegenentwurf von der bayerischen Landesregierung initiierte ›Blue Card‹ (Bayern, Hessen, Niedersachsen), nicht in den Kontext von Einwanderungspolitik, sondern in den einer Art gehobenen Gastarbeiterpolitik für hochqualifizierte Experten. In den Gestaltungsbereich von Einwanderungskonzeptionen mit den entsprechenden gesetzlichen und institutionellen Veränderungen hingegen gehört möglicherweise die von der Bundesregierung eingerichtete Kommission für Zuwanderungsfragen ebenso wie die von der CDU dagegen gestellte eigene Zuwanderungskommission.

Noch nicht übersehbar ist, welche Rolle die Ergebnisse der beiden Kommissionen sowie die neuen Initiativen auf Bundes-, Landes- und Parteiebene im langen Vorfeld des nächsten Bundestagswahlkampfes spielen werden; denn in diesem Kampf um Mandate dürften Zukunftsthemen wie Migration und Integration im Zusammenhang mit der Entwicklung von Bevölkerung, Wirtschaft, Alterssicherung und anderen Fragen eine erhebliche Rolle spielen. Zur Debatte steht damit ein Zentralbereich von Wirtschafts- und Sozialpolitik, von Gesellschafts- und Kulturpolitik. Wer Migrationspolitik konzipieren will, sollte deshalb nicht zuerst über Zahlen, sondern zuerst über Ziele sprechen. Es muß Klartext geredet werden über Absichten, Handlungsspielräume, auch über Gestaltungsgrenzen und über die wirtschaftliche, soziale und kulturelle Kosten-Nutzen-Rechnung in diesem Feld.

Probleme von Migration und Integration, einschließlich der Frage nach Struktur und Umfang des Zuwanderungsbedarfs, werden neuerdings vehement diskutiert. Für bis dahin gern überhörte Sachkenner sind das keine neuen Themen, sondern im Grunde alte Hüte mit einigen neuen statistischen Federn. Die Wissenschaft hat diese Themen auf allen verfügbaren Ebenen seit langem immer wieder mahnend angeboten. Aber das blieb in der politischen Gestaltung weitgehend folgenlos. Heute hat Politik, besonders unter dem Druck der Rentendebatte und immer erkennbarer werdender internationaler

Wettbewerbsprobleme auf dem Arbeitsmarkt, die Zeichen der Zeit erkannt. Drohende Bevölkerungsschrumpfung und demographische Alterung bergen in der Tat langfristig schwerwiegende Probleme für die wirtschaftliche Dynamik ebenso wie für die Generationensolidarität, von der Rente bis zum Pflegekostentarif. ›Bevölkerungspolitik‹ als solche ist keine Alternative, weil sich Bevölkerungswachstum schon aus strukturellen Gründen nicht ›steuern‹ läßt. Deswegen auch wissen wir heute schon ziemlich genau, wie es um die Bevölkerung in Deutschland im Jahr 2050 stehen wird, je nachdem, mit wieviel an dauerhafter Zuwanderung gerechnet wird, die man der Klarheit halber am besten als Einwanderung bezeichnen sollte.

Einwanderung aber ist kein Allheilmittel für Bevölkerungs- und Gesellschaftsprobleme: Auch Einwanderer werden älter, und ihre Geburtenraten pflegen sich denen der Aufnahmegesellschaften anzupassen. Außerdem können Einwanderer bei der Bewältigung wirtschaftlicher und gesellschaftlicher Probleme nur helfen, wenn sie vom Ertrag ihrer Arbeit und nicht von Sozialhilfe leben oder als Schwarzarbeiter keine Sozialversicherungsbeiträge zahlen. Es geht also weniger um den Umfang als um das Profil der erwünschten Einwanderung.

Ein brauchbarer Anstoß war hier die deutsche ›Green Card‹, für die es klare Argumente gibt: Die Schutzmechanismen des Sozialstaats erodieren, wenn bei struktureller Massenarbeitslosigkeit und zunehmender Alterung die Zahl derer wächst, die von Sozialtransfers leben, und die Zahl derer schrumpft, die solche Transfers über ihre Beiträge finanzieren. Verschärft wird das Dilemma, wenn zugleich höchstqualifizierte Deutsche und hier ausgebildete Ausländer abwandern, während auf Sozialhilfe oder andere Transfers angewiesene Ausländer zuwandern. Ähnliches gilt, wenn Zuwanderer, die über brauchbare Qualifikationen verfügen, keinen legalen Zugang zum Arbeitsmarkt haben.

Wenn aber einheimische Spitzenkräfte fehlen oder abwandern und ausländische im Bedarfsfalle nicht flexibel, zügig und ohne zu enge Begrenzungen zugelassen werden, dann gehen deutsche Spitzenjobs dorthin, wohin auch deutsche und ausländische Spitzenkräfte gehen, z.B. in die USA. Daß eingewanderte Spitzenkräfte nicht notwendigerweise Konkurrenten sind, sondern selbst auch neue Arbeitsplätze schaffen, kann man von den Vereinigten Staaten lernen. Die globale Konkurrenz um Spitzenkräfte, die sich ihre Einwanderungsländer aussuchen können, hat längst begonnen. Sie ist auch ablesbar an den massiven Appellen der amerikanischen Wirtschaft, die erleichterte Zugänge für befristete Zuwanderungen und reguläre Einwanderungen unter dem Motto fordert: »The New Economy needs new Americans!«

Wir brauchen deshalb einerseits eine Qualifikationsoffensive in der beruflichen Bildung, an Universitäten und Fachhochschulen. Und wir brauchen andererseits eine Einwanderungspolitik im wohlverstandenen Eigeninteresse des Einwanderungslandes Deutschland. Dafür wiederum greifen die ›Green Card‹- und ›Blue Card‹-Konzepte zu kurz. Nötig ist vielmehr das gemeinsame Dach einer Einwanderungsgesetzgebung, unter dem die vielen bislang unübersichtlichen Zuwanderungsbestimmungen versammelt und zugleich unter übergreifenden Leitgesichtspunkten um eine transparente und flexible Steuerungskonzeption ergänzt werden.

Wer aber, zumal vor dem Hintergrund von struktureller Massenarbeitslosigkeit, für Einwanderung votiert, muß nicht nur gute Argumente haben, sondern auch für diese Argumente werben; denn Einwanderungsgesetzgebung und Einwanderungspolitik kann man nur mit der einheimischen Mehrheit und nicht gegen sie machen, wenn es nicht zu schweren Spannungen, gerade zu Lasten der Eingewanderten, kommen soll. Nur wenn ein solcher Grundkonsens erreicht wird, kann Migrations- und Integrationspolitik als Beitrag zu sozialem Frieden und kultureller Toleranz wirken. Die Dinge sind also deutlich komplexer als manche denken mögen, die bloß für oder gegen schlichte Zahlen votieren. Und sie haben viele Facetten, die nationale mit europäischen Aufgaben verbinden.

*   *   *

In den komplexen Problem- und Gestaltungsbereichen von Migration und Integration kann man verschiedene, große Aufgabenbereiche benennen. Verschaffen wir uns einen groben Überblick: Nötig ist allgemein eine nationale Migrationskonzeption, die diesen Namen verdient. Dazu gehören Einwanderungsgesetzgebung und Einwanderungspolitik mit übergreifenden und flexiblen Steuerungskonzepten, für die es einen zu schaffenden, nicht zu überschätzenden, aber auch nicht zu unterschätzenden Gestaltungsspielraum gibt. Nach außen gibt ein Einwanderungsgesetz mit klaren Kriterien Auskunft über die Bedingungen, die das Einwanderungsland setzt. Es bietet damit

Einwanderern, die sich an die Spielregeln halten, Perspektiven für die eigene Lebensplanung. Einwanderer, die wir mit bestimmten Berufsprofilen durchaus brauchen, können sich über diese Kriterien informieren und prüfen, ob und wie sie ihre Chancen auf Zugang verbessern können. Sie können gegebenenfalls auch auf Wartelisten gesetzt werden, ohne sich durch Asylverfahren hindurchlügen oder gar illegale Wege beschreiten zu müssen. Nach innen wirkt ein Einwanderungsgesetz als ein Signal für Gestaltbarkeit und Gestaltungsbereitschaft. Das wäre ein wichtiger weiterer Schritt zur Normalisierung des noch immer erst ansatzweise entstörten Verhältnisses von Politik zum Thema Migration.

Eingliederung ist die gesellschaftliche Kehrseite von Einwanderung. Aktive Integrations- und Minderheitenpolitik kann als Teil der Gesellschaftspolitik einerseits die Eingliederung durch entsprechende Hilfestellungen erleichtern und andererseits zum Abbau von Fremdenangst und fremdenfeindlichen Projektionen beitragen. »Die wachsende Fremdenfeindlichkeit in Deutschland ist [...] auch eine aggressive Antwort auf fehlende Konzepte in der Migrationspolitik«, hieß es 1994 in dem von 60 Wissenschaftlerinnen und Wissenschaftlern aus Deutschland getragenen ›Manifest der 60‹ zum Thema ›Deutschland und die Einwanderung‹.[1] Der Sensationswert fremdenfeindlicher Gewalt ist seither deutlich gesunken. An die Stelle von Alarmismus und Hysterie traten politisches Desinteresse und kollektive Desensibilisierung. Das aber ist sozialpsychologisch alarmierend, denn Patienten ohne Krankheitseinsicht sind nur bedingt therapiefähig.

Fremdenfeindliche und allgemein gegen Minderheiten gerichtete Gewalttaten werden meist nur bei aufsehenerregenden Einzeltaten politisch skandalisiert, wie zum Beispiel zuletzt bei dem Bombenanschlag gegen osteuropäische Zuwanderer in Düsseldorf Ende Juli 2000. Ansonsten wurden fremdenfeindliche Gewalttaten in der Berichterstattung der letzten Jahre meist eher beiläufig registriert wie eine Art gesellschaftliche Unfallstatistik. Polizei- und Kommunalbehörden zeigten sich bemüht, ›ausländerfeindliche Hintergründe‹ zu dementieren oder doch als ›nicht nachweisbar‹ zu kennzeichnen. Fremdenfeindliche Gewalttaten aber sind keine Unfälle, sondern Verbrechen gegen Menschen und Menschlichkeit. Die teils latente, teils gewaltbereite Fremdenfeindlichkeit, die zunehmend feste Strukturen gewinnt, muß offen zum Thema gemacht werden, sonst wächst sie im Verborgenen weiter und bleibt nur über ihre Opferstatistik erkennbar. Fremdenfeindliche Handlungen müssen durch ein Anti-Diskriminierungsgesetz eingedämmt, Gewalttäter hart bestraft und öffentlich wie im Alltag geächtet werden. Wenn Einwanderer oder ›Green Card‹- bzw. ›Blue Card‹-Experten ihres Lebens nicht sicher sind, nur weil sie vielleicht etwas anders aussehen als unauffällige Deutsche, dann hat die Republik als Einwanderungsland schlechte Karten, auch in der internationalen Konkurrenz um Spitzenkräfte.

Der Übergang vom bloßen Zuwanderungsland zum Einwanderungsland setzt voraus, daß Fremde gleichberechtigte und willkommene Bürger werden können. Deshalb war die Reform des Staatsangehörigkeitsrechts ein wichtiger, nötiger und längst überfälliger Schritt. Aber rechtstechnische Änderungen sind keine gesellschaftspolitischen Selbstläufer, zumal nach der langen Ambivalenz in Einwanderungsfragen im ›Nicht-Einwanderungsland‹. Nötig ist in diesem Zusammenhang nicht nur aktive politische Werbung um die lange vernachlässigten und bisweilen auch zurückgestoßenen Einwanderer (›Rückkehrförderungspolitik‹). Nötig ist auch eine über das Verteilen von Urkunden hinausgehende, in den Bundesländern und Gemeinden annähernd vergleichbare Einbürgerungskultur.

Auch insgesamt darf Integrationspolitik als Teil der Gesellschaftspolitik Mentalitätsprobleme nicht ausblenden; denn Einwanderungsprozesse können für Mehrheit wie für Minderheiten mit erheblichen Identitäts- und Identifikationsproblemen verbunden sein. Gebraucht wird eine übergreifende Solidarität zwischen der Einwanderergesellschaft als der Gesellschaft der Einwandernden und der Aufnahmegesellschaft – die zu einem stets wachsenden Teil auch aus Einwanderern und deren Nachkommen besteht. Ethnokulturelle Identitäten können sich innerhalb einer solchen gesellschaftlichen Partnerschaft – als durchaus mit Stolz benannte und mit Respekt akzeptierte ›Herkunftsadressen‹ – einordnen. Voraussetzung dazu ist ein politisch klares und verläßliches Bemühen um die Stabilisierung des neuerdings im Ansatz positiveren Verhältnisses zum Thema Einwanderung. Verantwortungsträger sollten sich in diesem Zusammenhang daran erinnern, daß bei der Welle der Gewalt in den frühen 1990er Jahren nicht nur das Wanderungsgeschehen selbst, sondern auch politisch vorgelebte Abwehrhaltungen, Ausgrenzungsformeln und Horrorvisionen eine erhebliche Rolle spielten. Wer das immer noch nicht wahrhaben will, zeigt damit nur, daß er von eingeschränkter Lesetüchtigkeit ist.

Die zu erarbeitende nationale Migrationskonzeption muß europaverträglich sein; denn in Sachen Migrationspolitik gibt es in der Europäischen Union keine nationalen Alleingänge mehr. Wir brauchen deshalb für Europa klare und zugleich flexible Konzepte, wie sie im Juli 2000 von EU-Justizkommissar António Vitorino für das Jahr 2001 angekündigt wurden. Europäische Konzepte müssen zwischen supranationaler und nationaler Ebene koordiniert werden. Dazu sind auf beiden Ebenen entsprechende Institutionen nötig – auf deutscher Seite ein Amt für Migration und Integration mit angeschlossenem Forschungsinstitut, ähnlich wie das Institut für Arbeitsmarkt- und Berufsforschung bei der Bundesanstalt für Arbeit in Nürnberg. Das Amt für Migration und Integration und sein Forschungsinstitut müssen beobachten, konsultieren, koordinieren, Konzepte erarbeiten und Brückenfunktionen übernehmen: einerseits zu einer zentralen europäischen Migrationsinstitution und andererseits zu entsprechenden Institutionen der Bundesländer. Die fehlen zumeist noch ebenso wie die Einwandererberatungsstellen in den Kommunen, die jedenfalls nicht in den Sozialämtern angesiedelt sein sollten.

Nach außen nötig ist ein unausgesetzter Kampf gegen die kriminellen Schattenseiten der Zuwanderung, nämlich gegen Menschenschleusung und Menschenhandel. Deren international vernetzte Organisationen nehmen ständig zu und umgeben uns auch hierzulande, weil Menschenschleusung und Menschenhandel heute lukrativer noch als Drogenhandel sind. Grenzschutz und Polizei sind überfordert, solange dieser Kampf nicht auch politisch auf internationaler Ebene unter Einbeziehung der Ausgangsräume geführt wird. Aber man sollte sich keine Illusionen dahingehend machen, daß etwa durch Einwanderungsgesetzgebung und die Bekämpfung von Schleuserorganisationen die illegale Migration regelrecht abzuschaffen sei. Illegale Einwanderung wird es, das ist eine historische Erfahrung aller Einwanderungsländer, immer geben. Und die Versuchung dazu wächst mit der Höhe des Zauns um das gelobte Land.

Das mag widersprüchlich klingen, aber wir müssen mit dieser Spannung leben lernen. Wir brauchen deshalb einen Abbau der falschen Feindbilder von den ›illegalen Einwanderern‹, bei denen in der Regel überdies Täter und Opfer verwechselt werden. Hier kann man von den USA einiges lernen, wo – trotz Einwanderungsgesetzgebung, Grenzkontrollen, Blechzäunen und Wärmebildgeräten an der Grenze zu Mexiko – die größte Gruppe der Einwanderer heute nach wie vor illegal aus dem Süden ins Land kommt. Und wir brauchen die Einübung in einen normalen Umgang mit dem Unnormalen. Ein Beispiel wäre die Befreiung der Ärzte von der zum Teil noch geltenden Pflicht, illegal im Lande lebende Patienten bei den Behörden zu melden. Ein anderes Beispiel bieten die Angebote zur Legalisierung, die man in Italien wie Frankreich ›Regularisation‹ nennt und auch andernorts kennt.

Wir brauchen schließlich eine Koordination von Einwanderungs- und Asylpolitik. Eine bloße gegenseitige Aufrechnung von Einwanderer- und Asylbewerberzahlen aber ist falsch und zynisch zugleich: Bei Einwanderung und Arbeitswanderung geht es um ökonomische Interessen – nicht nur der Wirtschaftsmigranten, sondern auch des Einwanderungslandes. Es muß das Recht haben, sich einen Teil seiner Einwanderer auszusuchen, zumal es eine große Zahl ohnehin aufnehmen muß unter dem Gebot übergeordneter Prinzipien (Familiennachzug) oder selbst auferlegter Verpflichtungen (Aussiedler). Deshalb führt an Qualifikationsanforderungen, aber auch an Quoten kein Weg vorbei. Eine kalkulierte und gezielte Öffnung der Grenzen für legale Einwanderung ist zugleich ein Beitrag zum Abbau des Zuwanderungsdrucks im Asylbereich. Bei der Aufnahme von Flüchtlingen und Asylsuchenden selbst aber geht es nicht um ökonomische Interessen, sondern um humanitäre Pflichten. Quoten sollte es nicht gegen Flüchtlinge, sondern – als Verteilungsquoten – für europäische Aufnahmeländer geben. Angesagt ist nicht eine Quotierung von Hilfsbereitschaft, sondern eine europäische Lastenteilung bei der Bewältigung dieser humanitären Pflicht.

Wer Angst vor ›Überschwemmung‹ hat, sollte nicht nur ›Pumpen im Keller‹ installieren, sondern sich auch um die Ursachen kümmern. Nötig ist deshalb eine Bekämpfung der Ursachen unfreiwilliger Wanderungen durch entwicklungsorientierte Migrationspolitik oder migrationsorientierte Entwicklungspolitik in den Ausgangsräumen. Dabei geht es nicht nur um den gezielten und vor allem kontrollierten Einsatz von Geld. Es geht nötigenfalls auch um – besser als bisher koordinierte – friedenschaffende Einsätze unter dem Dach der Vereinten Nationen oder anderer multinationaler Organisationen. Ein Europa, das sich dem verweigert, ist dazu verdammt, auf Dauer mit hohem Wanderungsdruck zu leben.

*   *   *

Diese und andere Themen in der öffentlichen Diskussion um Migration und Integration kritisch zu begleiten, ist die Aufgabe, die sich der Rat für Migration gestellt hat. Der bundesweite Zusammenschluß von mit Fragen von Migration, Integration und interkultureller Begegnung im weitesten Sinne beschäftigten Wissenschaftlern für zunächst maximal drei Jahre war 1997/98 aus einem Kern der Gruppe um das 1994 veröffentlichte ›Manifest der 60: Deutschland und die Einwanderung‹ hervorgegangen.[2] Er übernahm in seinen Empfehlungen an Bundestag und Bundesregierung im Herbst 1998[3] wesentliche Forderungen der ›Manifest‹-Gruppe, die zum Teil auch Eingang fanden in die gesellschaftspolitischen Postulate der ökumenischen Migrationsdenkschrift der beiden christlichen Kirchen[4] und in den Bericht der Sachverständigenkommission für den Sechsten Familienbericht der Bundesregierung zur ›Lage der Familien ausländischer Herkunft in Deutschland‹.[5] Der Rat für Migration begleitete darüber hinaus die öffentliche Diskussion und die politische Entwicklung im Feld von Migration und Integration in Beiträgen seiner Mitglieder.[6]

Im Sommer 2000 hat sich der Rat für Migration, nunmehr als eingetragene gemeinnützige Vereinigung, neu konstituiert.[7] Als programmatische Aufgabe wurde in § 1 der neuen Satzung festgelegt: »Der Rat für Migration (RfM) betrachtet Migration und Integration als zentrale Fragen und Aufgaben für Gesellschaft, Wirtschaft, Politik und Kultur. Der Rat für Migration tritt ein für aktiv gestaltende Migrations- und Integrationspolitik mit langfristigen Perspektiven, gestützt auf umfassende und integrale Konzepte. Er wirkt in diesem Sinne durch eigene Entwürfe, Beratung, kritische Politikbegleitung und Berichterstattung.«

In den Zusammenhang der kritischen Politikbegleitung gehörten zuletzt zahlreiche einzelne Beiträge und Interviews von Vertretern des Rates für Migration in den Medien im Bemühen um den Kurswechsel in Sachen Migration und Integration.[8] In den Bereich von Berichterstattung und kritischer Politikbegleitung zugleich gehört der hier vorgelegte erste Migrationsreport des Rates für Migration, der einige der oben umrissenen Problem- und Gestaltungsfragen vertieft. Seine Beiträge verbinden bevölkerungs-, wirtschafts- und sozialwissenschaftliche, rechts- und politikwissenschaftliche sowie historisch-soziologische Bestandsaufnahmen, Analysen und Perspektiven. Unter der Leitfrage nach Migration, Integration und deren Gestaltung geht es um Kernprobleme von Bevölkerung, Wirtschaft und Gesellschaft, von Recht, Politik und politischer Kultur in Deutschland.

*   *   *

Nach der zukünftigen Bevölkerungsentwicklung und der Zusammensetzung dieser Bevölkerung nach Nationalitäten fragt der Beitrag der Demographen *Rainer Münz* und *Ralf E. Ulrich*. Ausgehend von Trends der letzten Dekaden entwerfen die Autoren drei Szenarien der demographischen Dynamik bis zum Jahr 2030. Wesentlichen Einfluß haben dabei die Wanderungsannahmen, die in ein niedriges, ein mittleres und ein hohes Szenario münden. Die Prognose macht deutlich, daß aufgrund des reformierten Staatsangehörigkeitsrechts die ausländische Bevölkerung in den nächsten Jahrzehnten nicht mehr so stark wachsen wird, auch wenn man das Niveau zukünftiger Zuwanderung in der Nähe des Durchschnittswertes der Jahre 1965–98 erwartet. Nach dem aus heutiger Sicht wahrscheinlichsten Fall (mittleres Szenario) hätte Deutschland im Jahre 2015 rund 8,8 Millionen und 2030 rund 9,8 Millionen Einwohner ohne deutschen Paß. Ihr Anteil an der Gesamtbevölkerung läge dann bei 10,9% (2015) bzw. 12,6% (2030). Die Einwohnerzahl Deutschlands (In- und Ausländer) wird aufgrund des starken Geburtendefizits der Deutschen ab 2015 in jedem Fall sinken. Nach dem mittleren Szenario werden im Jahr 2030 nur noch 77,6 Millionen Menschen (2000: 82 Millionen) in Deutschland leben. Die Berechnungen von Münz und Ulrich zeigen, daß nach der deutschen Bevölkerung im 21. Jahrhundert auch die ausländische Bevölkerung demographisch altern wird. Dies bedeutet, daß Zuwanderung den demographischen Alterungsprozeß allenfalls bremsen, aber keineswegs aufhalten kann.

Um Migration und Arbeitsmarkt geht es in dem Beitrag der Sozial- und Wirtschaftswissenschaftler *Stefan Bender, Bert Rürup, Wolfgang Seifert* und *Werner Sesselmeier*. Die Autoren gehen davon aus, daß vor dem Hintergrund der seit fast 25 Jahren anhaltend hohen Arbeitslosigkeit und dem erneuten Anstieg der Arbeitslosenzahlen Mitte der 1990er Jahre Zuwanderung im allgemeinen und die Beschäftigung ausländischer Arbeitnehmer im speziellen von der Bevölkerung überwiegend negativ beurteilt werden. Der Artikel zeigt, daß entgegen weit verbreiteter Annahmen von einer zuwanderungsbedingten Arbeitslosigkeit in Deutschland jedoch nicht die Rede sein kann. Ausgehend von dem Modell segmentierter Arbeitsmärkte analysieren Bender, Rürup, Seifert und Sesselmeier die möglichen Auswirkungen internationaler Migration auf Löhne und Beschäftigung. Hauptaugenmerk richten die Autoren auf nationalitäten- und geschlechtsspezifische Unterschiede der Arbeitsmarktintegration von Zuwanderern im Zeitraum 1980–99. Die Auswertungen erfolgten auf der Grundlage der Beschäftigtenstatistik Westdeutschlands bzw. der alten Bundesländer, die auf Jahresbasis mehr als 20 Millionen sozialversicherungspflichtig Beschäftigte ausweist.

Eine gesellschaftspolitisch brisante Folge von Einwanderung behandelt der Politikwissenschaftler *Claus Leggewie* in seinem Beitrag über das Spannungsverhältnis von Integration und Segregation im Einwanderungsland Deutschland. Er geht der Frage nach, ob sich in Deutschland sog. ethnische Parallel-Gesellschaften herausbilden und welche Folgen dies für politische Partizipation und nationale Identifikation der eingewanderten Minderheiten hätte oder hat. Anhand aktueller Daten analysiert der Autor exemplarisch ausgewählte Problemfelder: die Bildungsbenachteiligung der sog. zweiten Generation ausländischer Einwanderer und junger Aussiedler, den Rückgang an interethnischen Sozial- und Nachbarschaftskontakten sowie Tendenzen räumlicher Segregation in großstädtischen Ballungsgebieten. Der Beitrag zeigt, daß der zu beobachtende ›Modernisierungsprozeß‹ unter den ethnischen Minderheiten in Deutschland keineswegs irreversibel ist; denn seit Ende der 1980er Jahre nimmt die innere Differenzierung und Polarisierung der Einwandererbevölkerung zu. Rückbesinnung auf Herkunft, Glaubensüberzeugungen und eigenkulturelles Gemeinschaftsleben spielen eine größere Rolle. Zugleich stellt die Herausbildung transnationaler Gemeinschaften herkömmliche, meist auf den Nationalstaat bezogene Integrationspostulate in Frage.

Nach den rechtlichen und politischen Handlungsspielräumen des Einwanderungslandes Deutschland vor dem Hintergrund wachsender supranationaler Zuständigkeiten im Einwanderungskontinent Europa fragen der Politikwissenschaftler *Bernhard Santel* und der Rechtwissenschaftler *Albrecht Weber*. Im Zentrum der Analyse stehen Ausländerrecht, Staatsangehörigkeitsrecht, Asylpolitik und der Weg zur ›Harmonisierung‹ des Asyl- und Flüchtlingsrechts in einem Europa, das sich im Wanderungsgeschehen und dessen rechtlicher Gestaltung nach innen immer weiter geöffnet und nach außen immer mehr abgeschlossen hat. Gefordert wird eine ordnende und gestaltende moderne Einwanderungskonzeption auf nationaler und supranationaler Ebene, die den Erfordernissen einer Zukunft gerecht wird, in der es um die Vermittlung zwischen äußerem Zuwanderungsdruck und innerem Zuwanderungsbedarf geht.

Der Politikwissenschaftler *Dietrich Thränhardt* fragt nach der Bedeutung des bis Ende 1999 gültigen und des neuen Staatsangehörigkeitsrechts. Grundsätzlich beurteilt der Autor das neue Staatsangehörigkeitsrecht positiv; denn mit der Einführung des Erwerbs der Staatsangehörigkeit nach dem ius soli habe Deutschland einen großen Schritt vorwärts getan und sich einer Rechtsform angeschlossen, die in etlichen anderen westeuropäischen Ländern das Staatsangehörigkeitsrecht prägt. Die Bundesrepublik beweise damit ihre Reformfähigkeit. Zugleich kritisiert der Autor die in bestimmten Bundesländern, Kreisen und Gemeinden besonders niedrigen Einbürgerungsquoten. Er vermutet ein gewisses Maß an Behördenwillkür. Damit würden insbesondere junge Ausländer beständig auf das Herkunftsland ihrer Eltern verwiesen. Dies sei, so der Autor, integrationsfeindlich. Ungewiß ist für Thränhardt, ob das Staatsangehörigkeitsrecht in seiner gegenwärtigen Form Bestand haben wird. Zu erwarten sind Klagen wegen Ungleichbehandlung: Nach dem neuen Gesetz müssen jene Kinder ausländischer Eltern, die mit der Geburt nach dem ius soli die deutsche und nach dem ius sanguinis eine andere Staatsangehörigkeit erwarben, später die Aufgabe dieser zweiten Staatsangehörigkeit nachweisen (Optionsmodell). Dagegen behalten Kinder, die seit 1974 die deutsche Staatsangehörigkeit von einem Elternteil und eine andere von einem anderen Elternteil ererbten, auch nach derzeitigem Recht beide Staatsangehörigkeiten.

Einen jüngste Geschichte und aktuelle Gegenwart umspannenden Problemaufriß über die Entwicklung der politischen Kultur in den Beschreibungsund Gestaltungsbereichen von Migration und Integration in Deutschland geben der Historiker *Klaus J. Bade* und der Soziologe *Michael Bommes*. Enthüllt wird zunächst ein für die Entwicklung konstitutives Paradoxon: Auf hell ausgeleuchteter politischer Bühne im Vordergrund entfaltete sich über Jahrzehnte hinweg der Kampf um die appellative Selbstbeschreibung der Bundesrepublik Deutschland als ›Nicht-Einwanderungsland‹ in sich stets fortschreibenden Diskurskonstellationen. Im unausgeleuchteten Hintergrund konnte sich, gleichsam geschützt durch die Konfrontationen im Vordergrund, eine pragmatische Integration nach Recht und Gesetz entfalten. Ihre Ergebnisse sind, auch im internationalen Vergleich, erheblich besser als ihr – durch die stete Fixierung auf die ›Bühne‹ – geprägter Ruf im Land. Dennoch hatte die defensiv-negative Selbstbeschreibung schwerwiegende Folgen. Das gilt für die Entwicklung von den frühen Arbeitswanderungen über die ›Gastarbeiterfrage‹ zum lange ›dementierten‹ Einwanderungsproblem. Es gilt für die lange blockierte Wahrnehmung der Aussiedlerzuwanderung als Einwanderungsproblem, nicht im rechtlichen, um so mehr aber im sozialen und kulturellen Sinne. Und es gilt im Asylbereich, in dem der Verdacht auf Mißbrauch zu Einwanderungszwecken wegbestimmend für die restriktive Entwicklung wurde. Gerahmt wird die historisch-soziologische Analyse durch eine kritische Auseinandersetzung mit der als Traditionsbruch inszenierten Migrationspolitik der neuen ›rot-grünen‹ Bundesregierung, in der für die Autoren – jenseits der Reform des Staatsangehörigkeitsrechts – Kontinuitäten noch mindestens ebenso deutlich erkennbar sind wie Traditionsbrüche. Gefordert werden eine diskursive Entstörung und pragmatische Normalisierung des Verhältnisses von Politik zu den Themen von Migration und Integration, die den gesellschaftlichen Tatsachen Rechnung tragen.

Die analytischen Beiträge des Bandes werden abgerundet durch ein Schlußwort des Politikwissenschaftlers *Dieter Oberndörfer* zur aktuellen Zuwanderungsdebatte in Deutschland. Vor dem Hintergrund anstehender und absehbarer Probleme in der Entwicklung von Bevölkerung und Wanderung befaßt sich der Beitrag mit Argumentationsformen, Stereotypen und symbolischer Politik in den Kontroversen um die Gestaltung von Zuwanderung und Eingliederung in der Spannung zwischen einer Neuauflage der Gastarbeiterpolitik und der nötigen Entwicklung eines konzeptionellen Rahmens für transparente und flexible Einwanderungspolitik. Am Ende steht die Kernfrage nach kulturellem Pluralismus und kultureller Toleranz als richtungweisenden Zielvorstellungen in der Entwicklung von der ›völkischen Abstammungsnation‹ zur demokratischen Staatsbürgernation. Dies ist eine zentrale Herausforderung für die politische Gestaltung wie für die politische Bildung, von übergreifenden Strategien bis herab zur interkulturellen Begegnung im Alltag, die durch latente oder auch offen gewaltbereite Fremdenfeindlichkeit belastet wird. Der Übergang vom bloßen Zuwanderungsland zum Einwanderungsland setze voraus, »daß Fremde gleichberechtigte und willkommene Bürger werden können.«

Abgeschlossen wird der Migrationsreport durch einen von der Wiss. Dokumentarin *Veronika Vitt* und dem Soziologen *Friedrich Heckmann* erarbeiteten Rück- und Überblick. Komprimierte Monatsberichte über Ereignisse, Entwicklungen und Diskussionen im Bereich von Migration und Integration sowie von Migrations- und Integrationspolitik im Deutschland der letzten zweieinhalb Jahre bilden die Grundlage für die Dokumentation dieser Entwicklungen und ihrer Wahrnehmung in der öffentlichen Diskussion.

* * *

Es war nicht Absicht der Herausgeber und Autoren des Reports, ein neues ›Manifest‹ vorzulegen. Es ging vielmehr darum, zentrale Problembereiche und Gestaltungsaufgaben von Migration und Integration in Deutschland aus verschiedener Sicht auszuleuchten. Daß es bei diesem multiperspektivischen Zugriff zu gelegentlichen Überschneidungen kommt, liegt in der komplexen Materie selbst begründet. Gemeinsam ist allen Autoren das Interesse an einer langfristigen und sachgerechten Gestaltung der anstehenden Probleme. Die Verantwortung für die dabei eingenommene Position trägt jeder Autor selbst.

Den Autoren danken wir für die gute Kooperation bei diesem unter hohem Zeitdruck zusammengestellten Report. Er wurde organisatorisch vorbereitet am Institut für Migrationsforschung und Interkulturelle Studien (IMIS) der Universität Osnabrück und am Lehrstuhl Bevölkerungswissenschaft der Humboldt-Universität Berlin. Die abschließende redaktionelle und drucktechnische Vorbereitung des Bandes lag, wie bereits bei den vorausgegangenen Broschüren des Rates für Migration, in Osnabrück. Die Schlußbetreuung der Beiträge besorgten in Berlin Antje Scheidler in Zusammenarbeit mit Renate Zeiske und in Osnabrück Dr. Jochen Oltmer in Zusammenarbeit mit Jutta Tiemeyer und Sigrid Pusch von der IMIS-Redaktion. Ihnen allen gilt unser Dank.

Klaus J. Bade und Rainer Münz
Osnabrück und Berlin im August 2000

Anmerkungen

1 Das Manifest der 60: Deutschland und die Einwanderung, hg.v. Klaus J. Bade, München 1994.

2 Rat für Migration (Hg.), Präsentation einer Idee, Osnabrück, Juli 1998; Jochen Oltmer, Rat für Migration, in: Zeitschrift für Ausländerrecht und Ausländerpolitik (ZAR), 18. 1998, S. 283; ders., Rat für Migration gegründet: ›Vernetzung der Köpfe‹, in: AWR-Bulletin, 36. 1998, H. 4, S. 222f.; s. auch Anm. 1.

3 Empfehlungen des Rates für Migration abgedr. u.a. in: Frankfurter Rundschau, 16.10.1998, S. 20; Diskussionsbeiträge u.a.: Rat für Migration richtet Forderungen an künftige Koalition: Gesetz über Zuwanderung nötig, in: Süddeutsche Zeitung, 10./11.10.1998; Wissenschaftler fordern Reform der Ausländerpolitik, in: Frankfurter Allgemeine Zeitung, 10.10.1998; Alexander Jungkurz, Deutschland – bald nur ein Altersheim? Experten empfehlen im Gegensatz zu Otto Schily die gezielte, geregelte Zuwanderung, in: Nürnberger Nachrichten, 25.11.1998; fortgeschriebene Fassung der Empfehlungen in: Rat für Migration (Hg.), Migrationspolitik in Deutschland: Eine Zwischenbilanz (mit Beiträgen von Dieter Oberndörfer, Albrecht Weber und Bert Rürup), Osnabrück, September 1999, S. 9–15; Diskussionsbeiträge u.a.: Wissenschaftler rügen Rot-Grün: Mehr Mut in der Migrationspolitik, in: Süddeutsche Zeitung, 25.10.1999; Udo Steinmetz, Anforderungen an eine neue Migrationspolitik, in: Migrare, 2. 1999, H. 1, S. 2ff.; allg.: Michael Wollenschläger, Die Empfehlungen des Rates für Migration, in: ZAR, 19. 1999, S. 250–260.

4 Kirchenamt der Evangelischen Kirche in Deutschland / Sekretariat der Deutschen Bischofskonferenz / Ökumenische Centrale der Arbeitsgemeinschaft Christlicher Kirchen in Deutschland (Hg.), »... und der Fremdling, der in deinen Toren ist.« Gemeinsames Wort der Kirchen zu den Herausforderungen durch Migration und Flucht, Bonn/Frankfurt a.M./ Hannover 1997.

5 Sechster Familienbericht: Familien ausländischer Herkunft in Deutschland. Bericht der Sachverständigenkommission der Bundesregierung (Klaus J. Bade/Maria Dietzel-Papakyriakou/Hans-Joachim Hoffmann-Nowotny/Bernhard Nauck/Rosemarie von Schweitzer), Bonn 2000.

6 Z.B. Dieter Oberndörfer, Zur Ausländerpolitik in der Bundesrepublik Deutschland. Ein Kommentar, in: Rat für Migration (Hg.), Migrationspolitik in Deutschland, S. 17–24.

7 Vorsitzender des neuen Rates für Migration ist der Politologe Prof. em. Dr. Dr. Dieter Oberndörfer. Seine vier Stellvertreter sind der Historiker Prof. Dr. Klaus J. Bade, der Demograph Prof. Dr. Rainer Münz, der Wirtschaftswissenschaftler Prof. Dr. Dr. Bert Rürup und der Rechtswissenschaftler Prof. Dr. Michael Wollenschläger, der Vorsitzender des ersten Rates für Migration war. Zu den Gründungsmitgliedern des neu konstituierten Rates für Migration im Jahr 2000 zählen weiter der Volkskundler Prof. Dr. Max Matter, der Politologe Prof. Dr. Franz Nuscheler und der Bildungswissenschaftler Prof. Dr. Hans H. Reich.

8 U.v.a. s. Klaus J. Bade, Verordnete Einwanderung ist kein Allheilmittel. Deutschland braucht unter anderem ein Amt für Migration und Integration, in: Frankfurter Rundschau, 12.1.2000; ders., Pfade in die Festung: Illegale Einwanderung und irreguläre Beschäftigung in Europa, in: Süddeutsche Zeitung, 13./14.5.2000; ders., Macht ein Einwanderungsgesetz!, in: Der Stern, 31.5.2000; ders., Voraussetzungen für eine erfolgreiche deutsche Einwande-

rungspolitik, in: Die Welt, 3.7.2000; Rainer Münz, Republik der Kinderlosen. Ohne Zuwanderung vergreist die deutsche Gesellschaft. Plädoyer für ein Einwanderungsgesetz, in: Die Zeit, 31.5.2000; ders., Mangel an Integration ist das Resultat einer verfehlten Ausländerpolitik, in: Die Welt, 30.6.2000; Deutschland im Nachteil beim Werben um Zuwanderer. Interview mit Rainer Münz, in: Financial Times Deutschland, 31.7.2000; Warnung vor Ghettos und Angst vor Vergreisung. Streitgespräch zur Ausländerpolitik in Bayern: Innenminister Beckstein und der Politologe Oberndörfer über Chancen und Probleme der Integration, in: Süddeutsche Zeitung, 1.3.2000; Ausländer rein! Interview mit Dieter Oberndörfer, in: Der Stern, 9.3.2000; Es geht um das Überleben der Nation. Interview mit Dieter Oberndörfer über die Notwendigkeit eines Einwanderungsgesetzes für Deutschland, in: Badische Zeitung, 6.5.2000.

Migration und zukünftige Bevölkerungsentwicklung in Deutschland

Rainer Münz und Ralf E. Ulrich

Zuwanderung nach Deutschland seit 1950

Deutschland hat heute 82 Millionen Einwohner. Ohne Ein- und Auswanderungen der letzten vier Jahrzehnte gäbe es in diesem Land rund 9 Millionen Einwohner weniger. Das ist immerhin ein Unterschied von etwas mehr als 10%. Doch die Zahl der Migranten war und ist in der zweiten Hälfte des 20. Jahrhunderts um ein Vielfaches größer. Zwischen 1954 und 1999 wanderten insgesamt 30,4 Millionen In- und Ausländer nach Deutschland zu. Die Mehrzahl der Zuwanderer waren Ausländer (1954–99: 29,7 Millionen), darunter 2,8 Millionen Asylbewerber und Flüchtlinge (Schaubild 1).

Schaubild 1: Asylbewerber in Deutschland, 1970–99

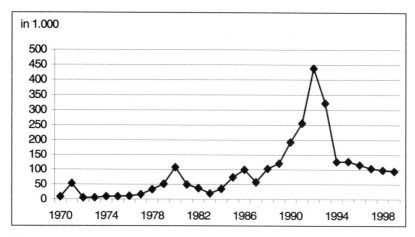

Quelle: Statistisches Bundesamt

Eine große Mehrheit der Ein- und Zuwanderer waren Arbeitsmigranten und deren Familienangehörige. Viele von ihnen blieben in Deutschland, etliche kehrten früher oder später in ihr Herkunftsland zurück. Höhepunkte der Ausländerzuwanderung waren die 1960er und frühen 1970er Jahre sowie der Zeitraum 1988–93 (Schaubild 2). Beachtlich war auch die Zuwanderung von Deutschen und ›deutschstämmigen‹ Personen. Seit 1950 kamen insgesamt 4 Millionen Aussiedler ins Land, davon die große Mehrheit in den letzten zehn Jahren (1989–99: 2,4 Millionen; Schaubild 3).

Schaubild 2: Zu- und Fortzüge von Ausländern von und nach Deutschland, 1954–99

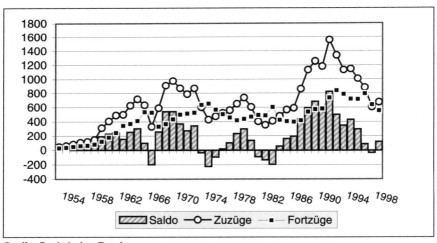

Quelle: Statistisches Bundesamt.

Allerdings kehrten auch etliche Deutsche ihrem Land den Rücken. Dies läßt sich an den verfügbaren Zahlen ablesen. Seit 1960 verlor die Bundesrepublik Deutschland per Saldo durch permanente Auswanderung oder langfristige Abwesenheit rund 0,8 Millionen Staatsbürger (Schaubild 4). In Summe verließen seit 1954 rund 23,5 Millionen In- und Ausländer das Land.

Schaubild 3: Zuzüge von Aussiedlern nach Deutschland nach Herkunft, 1950–99

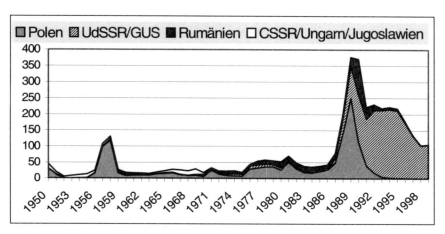

Quelle: Statistisches Bundesamt.

Bei den Deutschen gab es in den 1950er, 1960er und frühen 1970er Jahren ein Übergewicht der Abwanderung von Einheimischen, seither überwiegt jedoch aufgrund der privilegierten Aufnahme von Aussiedlern die Zahl der Zuwanderer. Bei den Ausländern gab es besonders Mitte der 1970er und in der ersten Hälfte der 1980er Jahre sowie in den Jahren 1997 und auch 1998 mehr Abwanderer als Zuwanderer. In allen übrigen Perioden seit 1954 hatte Deutschland mehr ausländische Zuwanderer als ausländische Abwanderer. Besonders groß waren diese Wanderungsgewinne während der Jahre 1962–73 sowie zwischen 1988 und 1995.

Insgesamt beträgt der Wanderungsgewinn bei Ausländern +6,7 Millionen Personen (1954–99). Bei den Deutschen (einschließlich der Aussiedler) beträgt der Wanderungsgewinn im gleichen Zeitraum immerhin +2,3 Millionen Personen. In Summe bedeutet dies für Deutschland seit Mitte der 1950er Jahre den bereits genannten Zuwachs von 9 Millionen Einwohnern, der sich unmittelbar durch internationale Migration erklärt. Da ein nennenswerter Teil der Zugewanderten, insbesondere die ausländischen Zuwanderer in Deutschland, Kinder bekamen, gibt es darüber hinaus einen beträchtlichen indirekten Beitrag der Migration zur Bevölkerungsentwicklung.

Schaubild 4: Zu- und Fortzüge von Deutschen von und nach Deutschland,
          1954–99

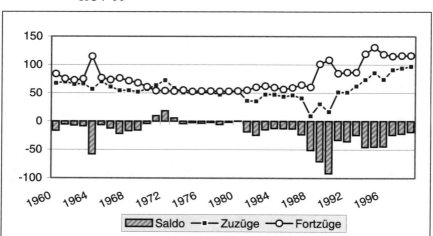

Quelle: Statistisches Bundesamt.

Zwischen 1988 und 1993 überschritt das Niveau der Zuwanderungen aus
dem Ausland die Spitzenwerte der Jahre 1969/70. In jenen sechs Jahren kamen in Summe 7,3 Millionen Personen als Aussiedler, Asylbewerber und regulär zugewanderte Ausländer nach Deutschland (Jahresdurchschnitt: 1,2
Millionen). Im gleichen Zeitraum verließen 3,6 Millionen Personen das Land
(Jahresdurchschnitt: 0,6 Millionen). Dies bedeutete einen positiven Wanderungssaldo gegenüber dem Ausland von 3,7 Millionen Personen (1988–93).
Zu diesem Saldo trugen Asylbewerber, Bürgerkriegsflüchtlinge, neue Arbeitsmigranten aus Ostmitteleuropa und nachziehende Familienangehörige
mit einer Netto-Zuwanderung von 2,3 Millionen (Jahresschnitt 1988–93:
382.000) und ›volksdeutsche‹ Aussiedler mit einer Zuwanderung von
1,4 Millionen (Jahresschnitt: 229.000) bei. Zuwanderung dieser Dimension
gab es in diesem Zeitraum nur in die USA, also in ein ›klassisches‹ Einwanderungsland. Allerdings ist die Bevölkerung der USA mehr als dreimal so
groß wie die Deutschlands.
     Was von manchen als Beginn einer neuen Völkerwanderung interpretiert
wurde, war offenbar nur eine Übergangsperiode. Im Vergleich zu den Jahren

1988–92/93 war die Zuwanderung nach Deutschland 1993 wieder rückläufig. Dieser Rückgang relativierte die vielfach geäußerten massiven Befürchtungen. Tatsächlich wurde der Zuzug von Aussiedlern bereits 1991 quantitativ begrenzt. Mitte 1993 trat ein restriktiveres Asylrecht in Kraft. In jüngerer Zeit ging auch die reguläre Zuwanderung von Ausländern und Aussiedlern zurück, die Abwanderung von Ausländern nahm hingegen zu.

Während die Zuzüge von Ausländern (einschließlich Asylbewerbern) von 1,2 Millionen (1992) auf 987.000 (1993) sanken, stiegen die Fortzüge noch etwas an: von 615.000 (1992) auf 710.000 (1993). In den beiden darauffolgenden Jahren lag die Zahl der Zuzüge von Ausländern (1994: 774.000 Personen; 1995: 793.000 Personen) weiter unter dem Niveau der frühen 1990er Jahre; die Zahl der Fortzüge sank demgegenüber deutlich langsamer (1994: 621.000 Personen; 1995: 567.000 Personen). Der Wanderungssaldo der Ausländer erreichte wieder Werte wie in der zweiten Hälfte der 1980er Jahre (1994: +153.000, 1995: +225.000).

Zu einer Trendwende kam es in den Jahren 1997 und 1998. Erstmals seit Mitte der 1980er Jahre gab es mehr Fortzüge von Ausländern (1997: 637.000, 1998: 639.000) als Zuzüge (1997: 615 000, 1998: 606.000). Der Wanderungssaldo für Ausländer war negativ (1997: –22.000, 1998: –33.000). Eine wichtige Ursache war die forcierte Rückführung von Kriegsvertriebenen nach Bosnien sowie von abgelehnten Asylbewerbern in andere Staaten Ostmitteleuropas. 1999 spielte diese Sonderentwicklung nur noch eine geringe Rolle. Dementsprechend gab es bei den Ausländern wieder einen Wanderungsgewinn (1999 Zuwanderer: 674.000, Abwanderer: 556.000, Saldo: 118.000).

Die bisherigen Erfahrungen mit den restriktiveren Regelungen für Asylbewerber und Aussiedler deuten darauf hin, daß der Rückgang der Nettozuwanderung nach Deutschland keine kurzfristige Erscheinung ist. Diese Regelungen leiteten 1993 eine neue Phase der Zuwanderung nach Deutschland ein, die Ende der 1990er Jahre sogar zu negativen Wanderungssalden für Ausländer führte. Dennoch ist es ebensowenig gerechtfertigt, dieses niedrige Zuwanderungsniveau zu extrapolieren, wie eine Fortschreibung des hohen Migrationsniveaus der früher 1990er Jahre gerechtfertigt gewesen wäre.

Perspektiven zukünftiger Zuwanderungen

Wie viele Ausländer in 20, 30 oder 50 Jahren in Deutschland leben werden, läßt sich nicht präzise vorhersagen. Aus der Analyse vergangener Zuwanderungsströme lassen sich allerdings Trends bestimmen, die mit gewisser Wahrscheinlichkeit weiterlaufen werden. Bevölkerungsprojektionen können somit aufzeigen, wie sich eine Fortsetzung dieser Trends auf die Größe und Struktur der ausländischen Bevölkerung sowie der Wohnbevölkerung insgesamt auswirken würde. Damit lassen sich Ober- und Untergrenzen der zukünftigen Entwicklung abstecken.

Das weitere Wachstum der ausländischen Bevölkerung wird vor allem durch Zuwanderungen und den Geburtenüberschuß bestimmt. Daneben hat aber auch die zukünftige Höhe der jährlichen Einbürgerungen einen wichtigen Einfluß. Wir haben für unsere Projektionen drei Szenarien berechnet, die durch unterschiedliche Wanderungsannahmen bestimmt werden. Ein Referenzszenario macht deutlich, wie sich Zahl und Anteil der Ausländer bis 2030 entwickelt hätten, wenn es 1999 nicht zu einer Reform des Staatsangehörigkeitsrechts gekommen wäre.

Zukünftige Zuwanderungen nach Deutschland sind von diversen Faktoren abhängig, die ein Zuwanderungspotential entstehen lassen. Einer der wichtigsten Faktoren ist das wirtschaftliche Gefälle zwischen den potentiellen Herkunftsländern und dem Zielland Deutschland. Von erheblichem Einfluß sind aber auch politische Krisen, ethnische Unterdrückung sowie Krieg oder Bürgerkrieg im jeweiligen Herkunftsland. In solchen Fällen sind nicht-ökonomische Wanderungsmotive ausschlaggebend. Dies gilt in ähnlicher Weise für dramatische ökologische Veränderungen, die als Wanderungsursache zukünftig noch an Bedeutung gewinnen werden. Derzeit und auch zukünftig quantitativ wichtig ist schließlich der Familiennachzug.

Bereits eine simple Auflistung der wichtigsten Wanderungsursachen zeigt, daß das Migrationspotential größer ist als die tatsächliche Migration. In welchem Umfang sich das Zuwanderungspotential realisiert, hängt nicht zuletzt von der Steuerungsfähigkeit der deutschen Institutionen und von rechtlichen Regelungen ab, die Zuwanderung gestatten oder begrenzen.

Die Untersuchung vergangener Wanderungsbewegungen und der sie bestimmenden rechtlichen Regelungen liefert wichtige Anhaltspunkte für die Abschätzung zukünftiger Wanderungssteigerungen. Dabei ist es sinnvoll,

Hauptkomponenten der Zuwanderung nach Typus und Herkunftsregion getrennt zu analysieren:

Eine erste Gruppe von Herkunftsländern bilden die anderen EU-Mitgliedstaaten. Für deren Bürger bestehen kaum noch rechtliche Beschränkungen der Zuwanderung nach Deutschland.

Die Türkei (zweite Gruppe) verfügt als wichtiges Herkunftsland angeworbener Arbeitskräfte seit den späten 1960er Jahren über eine Tradition der Zuwanderung nach Deutschland. Die große Zahl der in Deutschland lebenden Türken begründet eine Vielzahl verwandtschaftlicher Beziehungen, sozialer und ethnischer Netzwerke zum Herkunftsland. Dies erleichtert weitere Zuwanderungen. Gleichzeitig wirken politische Konflikte, ethnische Repression und gewaltsame Auseinandersetzungen in der Türkei als nicht-ökonomische Wanderungsursachen.

Auch für etliche Nachfolgestaaten Jugoslawiens (dritte Gruppe) gelten in abgewandelter Form die für die Türkei benannten Gründe. Die große Zahl der in Deutschland lebenden Bürger dieser Länder und die zahlreichen spezifischen Abwanderungsursachen erfordern es, die Zuwanderer aus diesen Staaten als eine separate Gruppe zu behandeln.

Neben den bisher genannten Herkunftsländern und Wanderungsströmen bleibt schließlich eine Restkategorie der Zuwanderung von Ausländern (vierte Gruppe) aus dem übrigen Teil der Welt.

Nicht für die Zahl der Ausländer, aber für den Wanderungssaldo und die Größe der Gesamtbevölkerung wichtig ist schließlich die Zuwanderung ›deutschstämmiger‹ Aussiedler sowie die Zu- und Abwanderung deutscher Staatsbürger (fünfte Gruppe).

Durchgängig werden im folgenden Abschnitt für jede der fünf Gruppen jeweils drei Szenarien der weiteren Zuwanderung nach Deutschland bestimmt und durchschnittliche jährliche Wanderungssalden bis zum Jahr 2030 festgelegt. Dabei gibt das mittlere Szenario die aus heutiger Sicht wahrscheinlichste Variante an. Das obere und das untere Szenario orientieren sich an plausiblen Ober- und Untergrenzen zukünftiger Zu- und Abwanderungen.

Zuwanderungen aus anderen damaligen oder heutigen *EU-Staaten* (erste Gruppe) machten in der ersten Phase der Anwerbung von Gastarbeitern bis 1966 zwei Drittel aller Zuwanderungen in die Bundesrepublik aus. Im Durchschnitt kamen aus diesen Ländern damals jährlich fast 135.000 Perso-

Tabelle 1:   Wanderung von Bürgern aus anderen EU-Staaten (EU-15
ohne Deutschland) von und nach Deutschland, 1960–97

Periode	Saldo	Ø pro Jahr
	in 1.000 Personen	
1960–65	925,1	154,2
1966–67	-157,8	-78,9
1968–73	736,1	122,7
1974–77	-357,0	-89,3
1978–80	20,0	6,7
1981–85	-202,9	-40,6
1986–91	183,2	30,5
1992–97	142,6	23,8
1960–97	1.289,4	33,9

Quelle: Statistisches Bundesamt (eigene Berechnung).

nen nach Deutschland: in erster Linie Italiener, Spanier, Österreicher und
Griechen, in geringerem Umfang auch Portugiesen.

Ausländer aus den genannten Ländern (EU-15 ohne Deutschland) reagierten auf konjunkturelle Einbrüche in Deutschland mit rückläufiger Zuwanderung und einem Anstieg der Rückwanderungen. Das Ergebnis waren
negative Wanderungssalden. Dies hatte vor allem damit zu tun, daß die Aufenthaltserlaubnis damals nur für die Dauer der Beschäftigung erteilt wurde.
Das wurde erstmals in der Rezession von 1966/67 wirksam. Der Außenwan-
derungssaldo gegenüber Süd- und Westeuropa betrug 1967 –173.000 Personen. Auch während der Rezession von 1974–76 kehrten diese Ausländer aus
Deutschland verstärkt in ihre Herkunftsländer zurück. In den Jahren 1974–77
wanderten im Schnitt pro Jahr 89.000 mehr Bürger der (heutigen) EU-Staaten aus Deutschland ab, als aus diesen Ländern zuwanderten. Insgesamt betrug der Wanderungssaldo gegenüber Süd- und Westeuropa –357.000 Personen (1974–77; Schaubild 5, Tabelle 1). Ähnliches ließ sich in der Rezession
von 1981/82 beobachten (Saldo 1981–85 für EU-Bürger: –203.000).

In den Jahren 1978–80 und seit 1986 hatte Deutschland eine positive
Wanderungsbilanz mit den übrigen EU-Mitgliedsländern. Allerdings glichen
diese Wanderungsgewinne die Wanderungsverluste der beiden Rezessionen
nicht aus. Seit Mitte der 1980er Jahre schwankten die jährlichen Wanderungssalden zwischen +20.000 und +30.000 pro Jahr. In diesem Zeitraum

Schaubild 5: Wanderungen von Bürgern anderer EU-Staaten (EU-15
ohne Deutschland) von und nach Deutschland, 1960–97

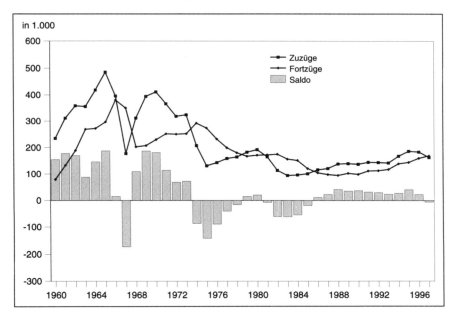

Quelle: Statistisches Bundesamt.

gibt es sowohl Beispiele einer inzwischen fast völlig ausgeglichenen Wanderungsbilanz (Italien, Spanien) als auch Beispiele eines leichten Wiederan-
stiegs der Netto-Zuwanderung (Griechenland, Portugal).

Die Zuwanderung aus der EU und anderen EWR-Ländern (seit dem EU-
Beitritt Finnlands, Österreichs und Schwedens gehören neben der EU nur
noch Island, Liechtenstein und Norwegen zum EWR) ist heute kaum noch
durch rechtliche Hindernisse begrenzt. Die Angleichung der Lebensverhältnisse in den Mitgliedsländern der EU hat die Konstellation von Wanderungsursachen, die in den 1960er und frühen 1970er Jahren wirksam waren,
tiefgreifend verändert. Von deutlichen Wanderungsgewinnen gegenüber
Süd- und Westeuropa können wir daher zukünftig nicht mehr ausgehen. Statt
dessen ist anzunehmen, daß es auch Perioden mit Wanderungsverlusten geben wird, z.B. während zukünftiger Rezessionen und durch die Rückkehr
ehemaliger ›Gastarbeiter‹ im Rentenalter.

Das wahrscheinlichste Niveau zukünftiger Netto-Zuwanderung von Ausländern aus EU-Staaten liegt demnach noch unter den in den 1990er Jahren erreichten Werten: bei etwa +10.000 Personen im Jahr. Ein niedriges Szenario
unterstellt eine Verringerung der Attraktivität Deutschlands als Zielland von
Wanderungen, etwa durch ein weiteres Absinken der Nachfrage nach Arbeitskräften oder eine anhaltende Rezession. Alternativ oder ergänzend
könnten sich auch die wirtschaftlichen Bedingungen in den anderen EU-Ländern gegenüber Deutschland verbessern und Abwanderungsursachen damit
weiter an Gewicht verlieren. Unter diesen Bedingungen wäre eine im längerfristigen Durchschnitt ausgeglichene Wanderungsbilanz vorstellbar (±0). Ein
hohes Szenario der Wanderungsannahmen geht von einer umgekehrten Konstellation aus: Deutschland bliebe für Bürger anderer heutiger EU-Staaten
tendenziell ein ähnlich attraktives Wanderungsziel wie in den 1990er Jahren.
Als plausibel erscheint uns für diesen Fall die Annahme eines durchschnittlichen jährlichen Wanderungsgewinns von 30.000 Personen.

Zuwanderung aus der *Türkei* (zweite Gruppe) spielte in der ersten Anwerbephase bis 1965 kaum eine Rolle. Die türkische Bevölkerung in Deutschland stieg in dieser Zeit durch Zuwanderung nur um 156.000 Personen an. In
der zweiten Anwerbephase von 1968–73 wurden türkische Staatsbürger (ethnische Türken und Kurden) durch die Netto-Zuwanderung von weiteren
704.000 Personen zur größten Gruppe von Ausländern in Deutschland. 1974
lebten bereits über eine Million türkische Staatsbürger in Deutschland. Der
Anwerbestopp und die Rezession von 1976 reduzierten die Zuwanderung aus
der Türkei nur kurzfristig. In den Jahren 1975 bis 1976 überstieg die Zahl der
Fortzüge jene der Zuzüge um 74.000 Personen, 1977 war der Wanderungssaldo ausgeglichen.

Bereits in den folgenden drei Jahren (1978–80) hatte Deutschland gegenüber der Türkei einen Wanderungsüberschuß von insgesamt 290.000 Personen. Einen wesentlichen Anteil daran hatte der Nachzug von Familienangehörigen. Seit Anfang der 1980er Jahre spielt jedoch auch der Zuzug von Asylsuchenden eine Rolle. Nach dem Militärputsch des Jahres 1980 kamen fast
58.000 türkische Asylbewerber nach Deutschland. In den folgenden Jahren
ging die Zahl türkischer Asylbewerber vorübergehend zurück. Doch Ende
der 1980er Jahre und in der ersten Hälfte der 1990er Jahre stellten im Durchschnitt jedes Jahr rund 20.000 Türken einen Asylantrag in Deutschland.

Tabelle 2:   Wanderung von Bürgern der Türkei von und nach Deutschland, 1960–97

Periode	Saldo	Ø pro Jahr
	in 1.000 Personen	
1960–65	155,9	26,0
1966–67	-0,7	-0,3
1968–73	704,3	117,4
1974–77	-23,6	-5,9
1978–80	290,2	96,7
1981–85	-296,1	-59,2
1986–91	211,5	35,3
1992–97	159,5	26,6
1960–97	1.201,2	31,6

Quelle: Statistisches Bundesamt (eigene Berechnungen).

Der Trend einer Netto-Zuwanderung setzte sich in den 1980er Jahren nicht ungebrochen fort. Infolge der Rezession Anfang der 1980er Jahre hatten die Türken von 1981 bis 1985 eine mehr als zehnmal so hohe Netto-Abwanderung (–296.000 Personen) wie in der Rezession 1974–76. Dabei dürften auch die 1983 und 1984 gezahlten Rückkehrprämien eine Rolle gespielt haben. Ab 1986 gab es eine moderate Netto-Zuwanderung von durchschnittlich 30.000 Personen pro Jahr. Dieser Wanderungsgewinn reduzierte sich jedoch Mitte der 1990er Jahre. Die Periodisierung der türkischen Zuwanderungen seit 1960 ermöglicht eine Einordnung dieser Werte.

Der durchschnittliche Wanderungsgewinn in der Periode nach der Rezession 1981/82 entspricht dem langfristigen Durchschnitt seit 1960. Der wirtschaftliche Abstand Deutschlands zur Türkei ist beträchtlich größer als jener zu den schwächer entwickelten EU-Staaten. Der offene Konflikt um die Forderung nach kultureller Autonomie für 10–12 Millionen Kurden, das harte Vorgehen des türkischen Militärs gegen die PKK sowie der Justiz gegen gewählte kurdische Politiker und gegen die kurdische Zivilbevölkerung in Südostanatolien werden auf absehbare Zeit nicht-ökonomische Wanderungsursachen bilden. Ähnliches gilt für wachsende Konflikte zwischen Islamisten und Laizisten. Deshalb gehen wir für das mittlere Szenario von einer Fortsetzung der Netto-Zuwanderung auf einem Niveau von +30.000 Personen pro Jahr für die ersten Jahrzehnte des 21. Jahrhunderts aus.

Schaubild 6: Wanderung von Bürgern der Türkei von und nach Deutschland,
            1960–97

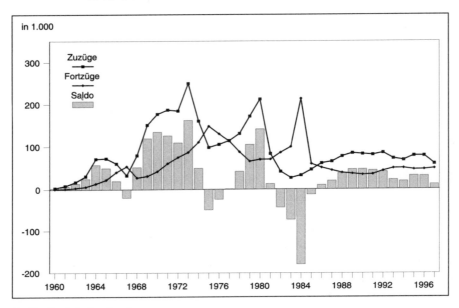

Quelle: Statistisches Bundesamt.

Auch wenn es in der Türkei zu innenpolitischen Reformen und zu einem
Ausgleich mit den Kurden käme, politische Auswanderungsgründe somit an
Bedeutung verlieren würden, dürfte es weiterhin zum Nachzug von Familienangehörigen aus der Türkei nach Deutschland sowie zu Eheschließungen
mit nachfolgender Familiengründung in Deutschland kommen. Selbst ein
niedriges Szenario der Zuwanderung aus der Türkei ist kaum unter +10.000
Personen pro Jahr anzusetzen. Demgegenüber wären bei einer Eskalation des
Konfliktes zwischen türkischer Armee und kurdischer Zivilbevölkerung, bei
einer Radikalisierung der Islamisten oder bei einem neuerlichen Militärputsch größere Zuwanderungen zu erwarten. Diese Migration würde durch
bereits bestehende familiäre Bindungen und ethnische Netzwerke unterstützt.
Ein hohes Zuwanderungsszenario muß deshalb von einem durchschnittlichen
Wanderungssaldo von +50.000 Personen pro Jahr ausgehen.

    Obwohl ein zwischenstaatliches Anwerbeabkommen mit *Jugoslawien*
(dritte Gruppe) erst 1968 geschlossen wurde, kam es bereits 1960 bis 1966

zu einem Wanderungsüberschuß von 121.000 Personen (Schaubild 7). In dieser Phase kamen die meisten Zuwanderer als Asylbewerber ins Land und wurden hier als politische Flüchtlinge anerkannt. In der Anwerbephase 1968–73 wurde Jugoslawien nach der Türkei zum zweitwichtigsten Herkunftsland von Arbeitsmigranten. Der westdeutsche Wanderungsgewinn betrug 528.000 Personen. Die Gruppe der jugoslawischen Staatsbürger stellte 1973 mit über 700.000 Personen fast 18% aller Ausländer in Deutschland.

Tabelle 3:   Wanderung von Bürgern (Ex-)Jugoslawiens von und nach Deutschland, 1960–97

Periode	Saldo	Ø pro Jahr
	in 1.000 Personen	
1960–65	83,8	14,0
1966–67	34,7	17,3
1968–73	528,2	88,0
1974–77	-134,3	-33,6
1978–80	-15,4	-5,1
1981–85	-66,7	-13,3
1986–91	259,6	43,3
1992–97	421,4	70,2
1960–97	1.111,3	29,2

Quelle: Statistisches Bundesamt (eigene Berechnung).

Schon 1971 hatte sich die Netto-Zuwanderung gegenüber dem Vorjahr halbiert. Der Anwerbestopp von 1973 machte es für noch nicht im Land lebende jugoslawische Arbeitnehmer sehr schwer, Arbeit in Deutschland zu finden. Von 1974 bis 1985 waren die jährlichen Fortzüge stets höher als die Zuzüge. Dies hatte auch mit einer Verbesserung der Lebensverhältnisse in Jugoslawien zu tun, die bis Mitte der 1980er Jahre andauerte. Erst 1987 gab es wieder einen geringen Wanderungsgewinn gegenüber Jugoslawien. Von 1988 bis 1990 wuchs die jugoslawische Bevölkerung in Deutschland durch Zuwanderung im Schnitt um 28.000 Personen pro Jahr.

Mit dem Zerfall Jugoslawiens, den politischen Konflikten, Kriegen und ›ethnischen Säuberungen‹ setzte erneut eine starke Zuwanderung ein. Allein 1991–93 war die Netto-Zuwanderung aus den Nachfolgestaaten Jugoslawiens mit 588.000 Personen größer als in der Anwerbephase 1968–73. Unter

Schaubild 7: Wanderung von Bürgern (Ex-)Jugoslawiens von und nach
Deutschland, 1960–97

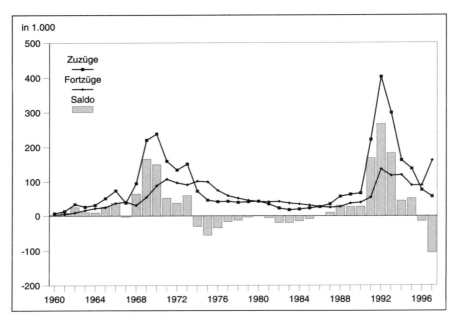

Quelle: Statistisches Bundesamt.

den 1991–93 zugewanderten Personen stellten über 290.000 einen Asylantrag, andere wurden als Bürgerkriegsflüchtlinge aufgenommen. Auf dem
Höhepunkt des Krieges in Bosnien-Herzegowina hielten sich schließlich
350.000 Personen als geduldete Kriegsflüchtlinge in Deutschland auf.

Seit 1994 zeichnet sich jedoch ein Rückgang der Zuwanderungen aus Ex-
Jugoslawien ab. Ursache dafür war zum einen der Aufnahmestopp für
Kriegsflüchtlinge, zum anderen wirkte sich die Visumpflicht für Bürger der
Bundesrepublik Jugoslawien (Serbien, Montenegro, Kosovo), Mazedoniens
und Bosniens aus. Zugleich setzte mit der Klärung der Fronten eine Rückwanderung ein: Zwischen 1994 und 1998 kehrten pro Jahr durchschnittlich
100.000 Bürger des ehemaligen Jugoslawien in die Region zurück. Von Bedeutung hierfür waren nicht nur die freiwillige Heimkehr nach dem Abschluß
des Dayton-Abkommens, sondern auch die von der Bundesregierung und
den Ländern forcierte Rückkehr von Kriegsvertriebenen und geduldeten,

aber nicht anerkannten Asylbewerbern, deren Aufenthaltstitel in Deutschland in der Mehrzahl der Fälle nicht verlängert wurde. Auch im Fall des Kosovo bemühte sich die Bundesregierung um eine Rückkehr der in Deutschland als Asylbewerber oder als Kriegsflüchtlinge lebenden Albaner.

Trotz allem bieten vorhandene ethnische und soziale Netzwerke sowie der Familiennachzug eine Basis für weitere Zuwanderungen aus Nachfolgestaaten Jugoslawiens. Als mittlere Wanderungsannahme erscheint für die nächsten Jahrzehnte eine Nettozuwanderung von +30.000 Personen pro Jahr plausibel. Den Rahmen für die anderen Szenario-Annahmen bilden nach unserer Ansicht dieselben Werte wie für die Türkei: +10.000 jährlich als niedrige Variante und +50.000 als hohe Variante.

Nach den Wanderungen mit dem EU-Ausland, der Türkei und den Nachfolgestaaten des ehemaligen Jugoslawien verbleibt eine äußerst heterogene *Gruppe sonstiger ausländischer Migranten* (vierte Gruppe) von Wanderungsbewegungen. Sie enthält eine Vielzahl von quantitativ kleineren Wanderungsbewegungen zwischen Deutschland und einigen Staaten – z.B. Polen –, die erst in den letzten Jahren an Bedeutung gewannen.

Polen wurde erst Ende der 1980er Jahre zu einem wichtigen Herkunftsland von Zuwanderern nach Deutschland. Abgesehen von ›volksdeutschen‹ Aussiedlern kamen zwischen 1960 und 1983 insgesamt nur 109.000 Polen auf Dauer nach Deutschland. Seit der Lockerung der Ausreisebedingungen Mitte der 1980er Jahre kam es zu einem Anstieg der Zuwanderungen polnischer Staatsbürger (ohne Aussiedler) auf ein Maximum von 118.000 Personen im Jahr 1989. Seitdem sind die Zuwanderungen aus Polen erheblich gesunken. Analoges gilt für die Rückwanderung polnischer Staatsbürger. In der Periode relativ hoher Zuwanderungen 1984–91 lag der durchschnittliche jährliche Wanderungssaldo (ohne Aussiedler) bei +48.000 Personen. Seit 1992 liegt er im Schnitt bei +3.000 Personen, 1993 war er sogar negativ (–27.000).

Nach Aufhebung der in mittel- und osteuropäischen Staaten bestehenden Reisebeschränkungen erlebte Deutschland seit Ende der 1980er Jahre verstärkte Zuzüge aus diesen Ländern. Das Beispiel Polen belegt, daß diese Migrationsbewegungen jedoch zu einem wesentlichen Teil nur zu einem relativ kurzen Aufenthalt in Deutschland führten (vor allem Saisonarbeiter, Kontraktarbeiter). Die Analyse von Wanderungen der hier gebildeten Restkategorie im Vergleich zum gesamten Wanderungssaldo Deutschlands zeigt, daß

Tabelle 4:   Zusammenfassung der Wanderungsannahmen bis 2030

	niedriges	mittleres Szenario	hohes
		in 1.000 Personen pro Jahr	
Saldo EU-Staaten (ab 2010)	0	10	30
Saldo Türkei (ab 2010)	10	30	50
Saldo Ex-Jugoslawien (ab 2010)	10	30	60
Saldo restl. ausl. Außenwanderung (ab 2010)	50	100	160
Wanderungssaldo Ausländer, ges.	*70*	*170*	*300*
Aussiedler bis 2010	10	60	100
nach 2015	0	20	20
Wanderungssaldo, ges. 2010	80	230	400
nach 2015	70	190	320

Quelle: eigene Berechnungen.

diese Wanderungen bis Ende der 1980er Jahre nur eine untergeordnete Rolle spielen. Danach erhöhten die Zuwanderungen aus Mittel- und Osteuropa das Gewicht dieser Gruppe. Der negative Wanderungssaldo dieser Gruppe im Jahre 1993 erklärt sich vor allem durch die Fortzüge von Asylbewerbern.

Insgesamt trugen die hier zusammengefaßten ›übrigen‹ Wanderungen von Ausländern im Zeitraum 1960–97 mehr als ein Drittel zum Wanderungssaldo der Bundesrepublik Deutschland bei. Der durchschnittliche jährliche Wanderungssaldo dieser Residualgröße lag für diese gesamte Periode bei +61.000 Personen pro Jahr. Für die Zeit seit 1986 lag er bei +118.000 Personen. In diese Zeit fallen aber besondere Ereignisse, wie die Öffnung der Grenzen zu Ostmitteleuropa und die hohen Asylbewerberzahlen Anfang der 1990er Jahre. Als mittleres Szenario für diese Gruppe wurden deshalb +100.000 Personen pro Jahr ab 2010 angenommen. Es ist auch im niedrigen Szenario kaum vorstellbar, daß pro Jahr weniger als 50.000 Personen dieser Kategorie nach Deutschland kommen. Das obere Szenario rechnet mit einem Wanderungssaldo von +160.000 Personen pro Jahr ab 2010. Zweifellos stecken in den Wanderungsannahmen für diese Gruppe vergleichsweise die größten Unsicherheiten.

Eine Addition der hier entwickelten Annahmen für die fünf analysierten Wanderungsströme ergibt einen angenommenen jährlichen Wanderungssaldo für Ausländer insgesamt.

Drei Szenarien der Entwicklung bis 2030

Die Zusammenfassung der jeweils getrennt analysierten Wanderungsbewegungen führt zu folgenden drei Szenarien zukünftiger Zuwanderung nach Deutschland:

- Das *mittlere*, unserer Meinung nach wahrscheinlichste Szenario nimmt eine jährliche Nettozuwanderung von 170.000 Ausländern für die Zeit nach 2010 an.
- Ein *niedriges Szenario* rechnet mit einem Überschuß von 70.000 zuwandernden Ausländern pro Jahr nach 2010.
- Ein *hohes Szenario* geht nach 2010 von einer jährlichen Netto-Zuwanderung von 300.000 Ausländern aus.

Für die Periode 1999–2010 werden die Werte schrittweise vom derzeitigen Niveau auf das in den Szenarien angenommene Wanderungsniveau angehoben.

Ein Vergleich der aggregierten Wanderungsannahmen mit den Entwicklungen der letzten Jahrzehnte (Tabelle 5) ermöglicht eine Einordnung der getroffenen Annahmen. Der von uns als wahrscheinlichste Entwicklung unterstellte Verlauf (*mittleres Szenario*) übersteigt den Gesamtdurchschnitt der letzten 35 Jahre leicht, er liegt jedoch deutlich unter der Werten der Periode 1986–97. Dies ergibt sich aus dem unterstellten Ausbleiben großer Zuströme aus Ostmittel- und Osteuropa (inklusive GUS-Staaten) und durch die Annahme weiterhin niedriger Asylbewerberzahlen auf dem Niveau der Jahre 1994–98. Es wurde in diesem Szenario davon ausgegangen, daß die Entwicklung im Kosovo, im Kaukasus und in anderen Konfliktregionen auch zukünftig nicht zu ähnlich hohen Flüchtlingsströmen nach Deutschland führen wird, wie die Ereignisse in Kroatien (1992) und in Bosnien-Herzegowina (1992–94). Mit weiteren größeren Wanderungsströmen im Gefolge von militärischen Auseinandersetzungen oder Bürgerkriegen wurde in diesem Szenario ebenfalls nicht gerechnet.

Deutlich unter den Werten der späten 1980er und frühen 1990er Jahre liegen die Annahmen für das *niedrige Szenario*. Es geht von netto +70.000 ausländischen Zuwanderern pro Jahr aus und bewegt sich damit in der Größenordnung des westdeutschen Wanderungssaldos zwischen Mitte der 1970er

Tabelle 5: Wanderungen von Ausländern von und nach Deutschland, 1960–98

Periode	Saldo	∅ pro Jahr
	in 1.000 Personen	
1960–65	1.375,1	229,2
1966–67	-100,3	-100,3
1968–73	2.324,9	387,5
1974–77	-432,3	-108,1
1978–80	475,1	158,4
1981–85	-360,0	-72,0
1986–91	1.679,6	297,9
1992–98	1.492,7	248,8
1960–98	6.420,8	164,6
ab 2010		
niedriges Szenario		70
mittleres Szenario		170
hohes Szenario		300

Quelle: Statistisches Bundesamt (eigene Berechnungen).

Jahre und Mitte der 1980er Jahre. In dieser Periode war sowohl eine Phase der Netto-Zuwanderung als auch – bedingt durch die Rezession Anfang der 1980er Jahre – eine Phase mit Netto-Wanderungsverlusten enthalten.

Folgende Überlegung ist dabei ausschlaggebend: Durch die Herkunft und Größe der heute bereits in Deutschland lebenden ausländischen Bevölkerung und die bestehenden ethnischen und familiären Netzwerke kann ein bestimmtes Niveau des weiteren Zuzugs von Familienangehörigen nicht unterschritten werden. Auch eine Abschwächung der Attraktivität Deutschlands als Wanderungsziel durch eine geringe oder völlig ausbleibende Arbeitskräftenachfrage und eine restriktivere Handhabung aller Zuwanderungsbestimmungen, würde die jährliche Netto-Zuwanderung von Ausländern kaum unter 70.000 Personen reduzieren können. Demgegenüber liegt das hohe Szenario mit einer Netto-Zuwanderung von 300.000 Ausländern pro Jahr nahe am Durchschnitt der Jahre 1986–91. Allerdings liegt auch das hohe Szenario unter dem Niveau der Netto-Zuwanderungen, die während der zweiten Anwerbephase (1968–73) in Westdeutschland kurzzeitig erreicht wurden.

Die öffentliche Wahrnehmung und Bewertung von Zuwanderung werden die Anstrengungen des politischen Systems zur Kontrolle von Migration auch in Zukunft beeinflussen. Dabei ist anzunehmen, daß dies nicht nur die

Zuwanderung von Ausländern trifft, sondern ebenso den Zuzug von Spätaussiedlern. Deshalb war es für die Projektion der deutschen Bevölkerung notwendig, auch Annahmen über den weiteren Aussiedlerzuzug und über die Migration von deutschen Staatsbürgern zu treffen.

Für das *mittlere Szenario* wurde eine Zuwanderung unter dem Niveau der späten 1990er Jahre (1998: 103.000 Aussiedler) angenommen. Bis 2010 rechnet das mittlere Szenario mit einem linearen Absinken auf 60.000 Aussiedler pro Jahr. Danach nehmen wir bis zum Jahr 2015 eine weitere lineare Verringerung auf 20.000 Personen jährlich und eine Stabilisierung auf diesem niedrigen Niveau an.

Für das *niedrige Zuwanderungsszenario* wurde bereits für die ersten Jahre des 21. Jahrhunderts eine Begrenzung des Aussiedlerzuzugs auf jährlich 10.000 Personen angenommen. Ab 2010 gäbe es in diesem Szenario keine weiteren Zuwanderungen von Aussiedlern.

Im *hohen Szenario* würde die öffentliche Akzeptanz für Zuwanderung in Deutschland vorhanden sein, wovon auch die Aussiedler in größerer Zahl profitieren würden (100.000 pro Jahr bis 2010, 20.000 ab 2015).

In den Wanderungssaldo der deutschen Bevölkerung geht eine nicht unbeträchtliche Zahl deutscher Auswanderer mit ein. Zieht man den Zuzug von Spätaussiedlern vom internationalen Wanderungssaldo der Deutschen ab, bleibt nur noch ein kleiner Wanderungsgewinn. Unsere Projektion geht von einem jährlichen Wanderungsverlust von 30.000 deutschen Staatsbürgern (ohne Aussiedler) aus.

Von Einfluß auf die Relation von Inländern und Ausländern in Deutschland sind nicht nur der Aussiedlerzuzug und die Abwanderung von Bundesbürgern ins Ausland, sondern sehr wesentlich auch die Zahl der Einbürgerungen von Ausländern. Zwar ändert sie nichts an der Größe der in Deutschland lebenden Bevölkerung, sehr wohl aber an der Relation von Ausländern und Deutschen. In den mittleren und späten 1990er Jahren wurden jährlich 1 bis 1,2% der ausländischen Bevölkerung in Deutschland eingebürgert, jährlich etwa 80.000 Personen. Wir nehmen in allen drei Szenarien an, daß auch in den nächsten 30 Jahren im Durchschnitt 1,2% der ausländischen Bevölkerung eingebürgert werden.

Darüber hinaus haben wir die Wirkung des mit 1. Januar 2000 geltenden reformierten Staatsangehörigkeitsrechts modelliert. Danach erhalten in Deutschland geborene Kinder ausländischer Eltern unter bestimmten Bedingungen die deutsche Staatsangehörigkeit (Prinzip des ius soli). Gesetzliche Voraussetzung für den Erwerb der deutschen Staatsangehörigkeit nach dem ius soli ist, daß mindestens ein Elternteil seit acht Jahren rechtmäßig seinen gewöhnlichen Aufenthalt im Inland hat und eine Aufenthaltsberechtigung oder seit mindestens drei Jahren eine unbefristete Aufenthaltserlaubnis besitzt. Nach der neuen Regelung müssen sich diese Kinder ausländischer Eltern später aktiv für die deutsche Staatsbürgerschaft entscheiden und dabei zwischen dem 18. und 23. Lebensjahr eine eventuell noch bestehende zweite Staatsangehörigkeit aufgeben.

Für die vor Inkrafttreten des Reformgesetzes geborenen Kinder der Jahrgänge 1990–99, bei denen die Voraussetzungen des ius soli bei der Geburt vorgelegen hätten, wurde eine ›Altfallregelung‹ geschaffen. Sie können auf Antrag der Eltern deutsche Staatsbürger werden, müssen aber bei Volljährigkeit ebenfalls zwischen der deutschen und der ausländischen Staatsangehörigkeit wählen.

Die Bedingungen, die das neue Staatsangehörigkeitsrecht für die Anwendung des ius soli setzt, engen den Kreis der Betroffenen erheblich ein. Ende 1997 gab es 4,1 Millionen Ausländerinnen und Ausländer, die schon mindestens acht Jahre in Deutschland lebten und damit die erste Bedingung erfüllten. Nur 3,4 Millionen Ausländerinnen und Ausländer in Deutschland hatten zum selben Zeitpunkt jedoch eine Aufenthaltsberechtigung oder eine unbefristete Aufenthaltserlaubnis – knapp 47% der ausländischen Bevölkerung. Da mit dem verfestigten Aufenthaltsstatus ab 2000 Vorteile für die eigenen Kinder verbunden sind, werden wahrscheinlich mehr (potentielle) Eltern eine Statusverbesserung beantragen.

Erst in einigen Jahren wird man wissen, wie viele neugeborene Kinder ausländischer Eltern das ius soli tatsächlich in Anspruch nehmen können. Einerseits leben zwar die meisten, aber nicht alle Eltern, die einen unbefristeten Aufenthaltstitel haben, seit mindestens acht Jahren in Deutschland. Andererseits fordert das Gesetz nur, daß ein Elternteil die Voraussetzungen erfüllt. Dadurch könnte der Anteil von Geburten, bei denen Kinder die deutsche Staatsangehörigkeit nach dem ius soli erwerben, höher sein als der Anteil von Ausländern, die diese Bedingungen erfüllen. Die Auswirkungen dieses Wandels lassen sich mit einer Bevölkerungsprojektion abschätzen. Dazu wurde für die ausländische Bevölkerung Deutschlands (1998: 7,3 Millionen) eine Fortsetzung gegenwärtiger Fertilitäts- und Sterblichkeitsverhältnisse angenommen und eine Angleichung der durchschnittlichen jährlichen Netto-zuwanderung auf 170.000 Personen ab 2010 unterstellt. Um die Wirkung des reformierten Staatsangehörigkeitsrechts zu berücksichtigen, wurde für diese Bevölkerungsprojektion vereinfachend angenommen, daß ab dem Jahr 2000 ca. 50% der Geborenen mit zwei ausländischen Elternteilen vom ius soli be-troffen sind und somit auch deutsche Staatsbürger werden. Der Anteil von Ausländern mit gesichertem Aufenthaltsstatus und längerer Aufenthaltsdauer wird zukünftig steigen. Deshalb wurde angenommen, daß der Anteil der Ge-burten ausländischer Eltern, die dem ius soli unterliegen, bis 2010 auf 60% steigen wird und danach konstant bleibt. Ferner wurde unterstellt, daß sich alle vom ius soli Betroffenen später für die deutsche Staatsangehörigkeit ent-scheiden werden. Praktische Bedeutung hat diese Entscheidung jedoch nur für das Ende des Projektionszeitraumes.

Annahmen zu Fertilität und Sterblichkeit

Die Annahmen zu Fertilität und Sterblichkeit haben für die Entwicklung der ausländischen Bevölkerung geringeren Einfluß als die Wanderungsannah-men. Da sich unser Interesse auf die Auswirkung von Zuwanderung konzen-triert, haben wir zur zukünftigen Entwicklung von Fertilität und Sterblichkeit in allen drei Szenarien gleiche Annahmen getroffen.

Die Gesamtfruchtbarkeitsrate der deutschen Bevölkerung (1,3 Kinder pro Frau) wurde für die Projektion der deutschen Bevölkerung (einschließlich Aussiedler) – ähnlich den Annahmen der offiziellen Bevölkerungsvoraus-schätzung des Bundesministeriums des Innern von 1996 – für den Projekti-onszeitraum als konstant angenommen. Ähnlich wurde auch für die Fertilität von Zuwanderinnen aus EU-Staaten (1 Kind je Frau), von Zuwanderinnen aus Nachfolgestaaten des ehemaligen Jugoslawien (0,9 Kinder je Frau) und für Ausländerinnen der Restkategorie von Ländern (1,2 Kinder je Frau) als konstant angenommen.

Für Türkinnen wurde ein Rückgang der Gesamtfruchtbarkeitsrate von ge-genwärtig 2,3 Kindern je Frau (1997) auf 1,6 Kinder im Jahre 2010 ange-nommen. Dies unterstellt eine weitere Annäherung der Fertilität türkischer Zuwanderinnen und in Deutschland geborener Türkinnen an das reprodukti-ve Verhalten der Westdeutschen. Dieser Verlauf entspricht aber auch den

Annahmen der UN von 1999 für die zukünftige Fruchtbarkeitsentwicklung in der Türkei. Nach 2010 wurde auch für Türkinnen in Deutschland eine konstante Fertilität bis zum Ende des Projektionszeitraumes unterstellt.

Für die Sterblichkeit nehmen wir an, daß die Lebenserwartung deutscher und ausländischer Männer bis zum Jahr 2020 auf 77 Jahre und die der Frauen auf 82,7 Jahre steigen wird. Danach bleibt die Sterblichkeit der In- und Ausländer in allen Szenarien konstant.

Ergebnisse der Projektionen

Die getroffenen Annahmen über zukünftige Wanderungen sowie über Fertilität und Sterblichkeit bestimmen die Bevölkerungsdynamik der ausländischen Bevölkerung. Die Ergebnisse unserer Projektionen ermöglichen es, den spezifischen Beitrag dieser Komponenten näher zu bestimmen.

Mitte der 1990er Jahre trug der Geburtenüberschuß knapp ein Viertel zum Wachstum der ausländischen Bevölkerung bei. Im *mittleren*, also wahrscheinlichsten *Szenario* unserer Prognose steigt die absolute Zahl der Geburten ausländischer Mütter zunächst geringfügig an. Ab dem Jahr 2000 erhält jedoch jedes zweite Kind ausländischer Eltern bei Geburt die deutsche Staatsbürgerschaft. Im Sinne der Staatsangehörigkeit und unseres Prognosemodells bringt die ausländische Bevölkerung damit erheblich weniger ausländische Kinder zur Welt. Der Saldo der natürlichen Bevölkerungsbewegung wird in den folgenden Jahren immer stärker durch die Sterbefälle bestimmt. Um das Jahr 2020 sind Geburten und Sterbefälle der ausländischen Bevölkerung zum ersten Mal ausgeglichen, das natürliche Wachstum der ausländischen Bevölkerung ist zu Ende. Danach überwiegen die Sterbefälle. Am Ende des Prognosezeitraumes (2030) beträgt der Überschuß der Sterbefälle von Ausländern jährlich 12.000 Personen (Schaubild 8).

Auch die Einbürgerung verringert die Größe der ausländischen Bevölkerung. Ihr Wachstum wird nur noch durch den Überschuß der Zuzüge gegenüber den Fortzügen (Saldo der internationalen Wanderungen) gespeist. Bis zum Jahr 2010 nehmen die jährlichen Zuwächse der ausländischen Bevölkerung noch zu (maximaler Zuwachs 2010: +91.000 Personen), danach sinken sie. Das Wachstum der ausländischen Bevölkerung (Wanderungssaldo plus Geburtensaldo minus Einbürgerungen) verlangsamt sich also. Im Jahr 2018

Schaubild 8: Komponenten der Bevölkerungsentwicklung: Ausländer, mittleres Szenario

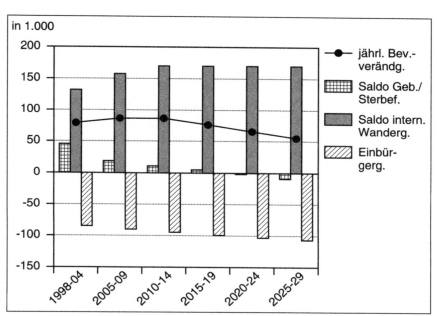

Quelle: eigene Berechnungen.

wächst die ausländische Bevölkerung noch so schnell wie 1998. Nach dem mittleren Szenario wird die ausländische Bevölkerung am Ende des Progno-sezeitraumes noch um ca. 51.000 Personen jährlich zunehmen.

Die Entwicklung der deutschen Bevölkerung ist bereits seit Anfang der 1970er Jahre durch einen Überschuß der Sterbefälle geprägt. Er liegt zum Beginn des Prognosezeitraumes bei –230.000 Personen pro Jahr (Schaubild 9). Bei der anhaltend geringen Fertilität und der absehbar schrumpfenden Zahl potentieller Eltern wird dieses Geburtendefizit weiter ansteigen. Mit dem neuen Staatsangehörigkeitsrecht nach dem ius soli tragen die Geburten ausländischer Mütter ab 2000 mit zum Saldo der natürlichen Bevölkerungs-bewegung (Geburten minus Sterbefälle) der Deutschen bei. Dies verbessert den Geburtensaldo der Deutschen auch rechnerisch nur geringfügig.

Schaubild 9: Komponenten der Bevölkerungsentwicklung: Deutsche,
mittleres Szenario

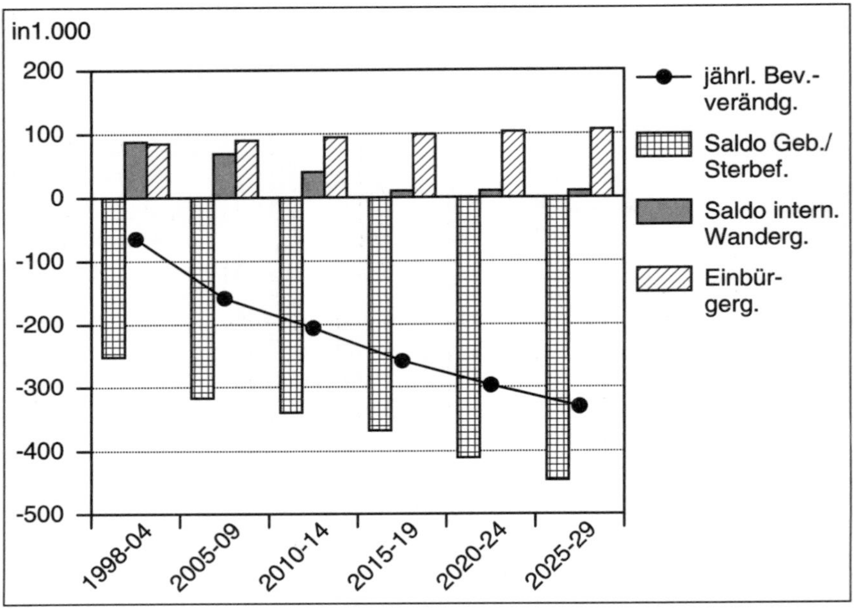

Quelle: eigene Berechnungen.

1999 überstieg die Zahl der Sterbefälle jene der Geburten um knapp 250.000,
im Jahr 2000 sind es wegen des neuen Staatsangehörigkeitsrechts nur
220.000. Die Diskrepanz zwischen den geringer werdenden Geburtenzahlen
der Deutschen und der steigenden Zahl der Sterbefälle wächst jedoch rasch
weiter. Schon im Jahr 2001 ist der Saldo der natürlichen Bevölkerungsbewegung (einschließlich von 50% der Geburten ausländischer Mütter) wieder auf
dem Stand vor Einführung der Ius-soli-Regelungen für in Deutschland geborene Kinder mit zwei ausländischen Elternteilen.

In den folgenden drei Jahrzehnten steigt der Überschuß der Sterbefälle auf
über 460.000 Personen pro Jahr an. In Relation dazu sind die Wanderungsgewinne durch Aussiedler gering. Auch Einbürgerungen und Aussiedlerzuzug können das Geburtendefizit nicht kompensieren. Als Folge dieser Entwicklungen wird die deutsche Bevölkerung in Zukunft stark abnehmen. Der-

Schaubild 10: Komponenten der Bevölkerungsentwicklung: Ausländer, hohes Szenario

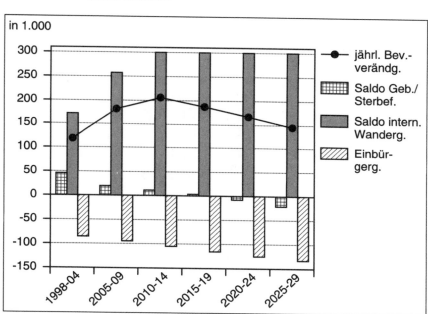

Quelle: eigene Berechnungen.

zeit reduziert sich die Zahl der deutschen Staatsbürger um –20.000 pro Jahr. Dieses Minus wird sich bis zum Jahr 2030 auf –340.000 pro Jahr vergrößern. Neben sinkenden Aussiedlerzahlen und im internationalen Vergleich geringer Einbürgerungsrate sind dafür in zunehmendem Maße die sich verändernde Altersstruktur, die dadurch wachsende Zahl der Sterbefälle und die sinkenden Zahl potentieller Eltern verantwortlich.

Das *hohe Szenario* der Prognose (Schaubild 10) verdeutlicht die Auswirkungen höherer Zuwanderung. Als Folge eines stärkeren Zuzugs junger Erwachsener steigen die Geburten ausländischer Mütter deutlich an. Dies wirkt sich im ersten Drittel des 21. Jahrhunderts jedoch nur begrenzt auf die Größe der ausländischen Bevölkerung aus. Wie beim mittleren Szenario gehen die Geburten ausländischer Mütter ab dem Jahr 2000 nur zu 50% und weniger in den Saldo der natürlichen Bevölkerungsbewegung der Ausländer ein. Da die

Schaubild 11: Komponenten der Bevölkerungsentwicklung: Ausländer, niedriges Szenario

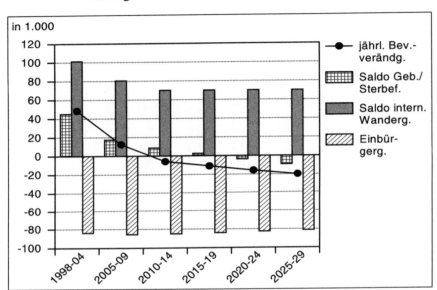

Quelle: eigene Berechnungen.

Wanderungsgewinne hier deutlich höher sind als im mittleren Szenario, steigt die ausländische Bevölkerung stärker. Der Gipfel des jährlichen Zuwachses wird im Jahr 2010 mit ca. 213.000 Personen erreicht. Ab diesem Zeitpunkt wurden die Wanderungen als konstant angenommen. Da die Sterbefälle und die Einbürgerungen zunehmen, verlangsamt sich danach der jährliche Zuwachs. Er liegt aber am Ende der betrachteten Periode bei +137.000 Personen pro Jahr.

Die Entwicklung der deutschen Bevölkerung ist im hohen Szenario jener im mittleren Szenario sehr ähnlich. Zwar bleibt hier ein substantieller Wanderungsgewinn durch den angenommenen höheren Aussiedlerzuzug länger bestehen. Doch dieser positive Wanderungssaldo ist zusammen mit dem Zuwachs durch Einbürgerungen viel zu klein, um den Sterbefallüberschuß der Deutschen auszugleichen.

Bei deutlich geringeren Zuwanderungen (*niedriges Szenario*, Schaubild 11) würde auch die Zahl der ausländischen Geburten schon in den ersten Jahren des 21. Jahrhunderts absolut zurückgehen. Um 2020 wären Geburten und Sterbefälle ausgeglichen. Danach würde das Geburtendefizit der Ausländer bis zum Ende des Prognosezeitraumes auf 11.000 Personen jährlich ansteigen. Damit wäre die demographische Situation der ausländischen Bevölkerung nach 2020 eine ähnliche wie jene der deutschen Bevölkerung Anfang der 1970er Jahre. Schon ab 2006 gewinnt die ausländische Bevölkerung in Deutschland im niedrigen Szenario durch Zuwanderung weniger Personen, als sie durch Einbürgerung verliert. Im niedrigen Szenario käme es ab 2010 zu einem Rückgang der ausländischen Bevölkerung in Deutschland. Am Ende des Projektionszeitraums würde die ausländische Bevölkerung jährlich um 20.000 Personen sinken.

Unsere Prognose macht deutlich: Aufgrund des reformierten Staatsangehörigkeitsrechts wird die ausländische Bevölkerung in den nächsten Jahrzehnten nicht mehr stark wachsen, wenn man das Niveau zukünftiger Zuwanderung in der Nähe der Durchschnittswerte der Jahre 1965–98 erwartet. Nach dem aus heutiger Sicht wahrscheinlichsten Fall (*mittleres Szenario*, Schaubild 12) hätte Deutschland im Jahre 2015 rund 8,8 Millionen Einwohner ohne deutschen Paß. Ihr Anteil an der Gesamtbevölkerung läge dann bei 10,9%.

Bei Fortsetzung der angenommenen Konstellation von Zuwanderung, Fertilität und Sterblichkeit würde sich das Wachstum der ausländischen Bevölkerung in den darauffolgenden Jahren weiter verlangsamen. Im Jahre 2030 würden 9,8 Millionen Ausländer in Deutschland leben. Ihr Bevölkerungsanteil würde im Bundesdurchschnitt auf 12,6% steigen.

Im *niedrigen Szenario* würde die in Deutschland lebende Bevölkerung ohne deutschen Paß von 7,3 Millionen im Jahr 1998 auf 7,7 Millionen im Jahre 2015 steigen und auf diesem Niveau stagnieren. Der Anteil der ausländischen Bevölkerung läge im niedrigen Szenario am Ende des Betrachtungszeitraums (2030) bei 10,2%.

Sollte die Zuwanderung von Ausländern zukünftig so hoch bleiben wie in den 1990er Jahren (*hohes Szenario*), dann hätte Deutschland im Jahr 2030 immerhin 12,6 Millionen Bürger ohne deutschen Paß. Der Ausländeranteil würde bis 2030 auf 15,5% steigen.

Es ist wichtig zu berücksichtigen, daß die hier diskutierten Szenarien die Entwicklung und Struktur der Bevölkerung Deutschlands nach der Staatsangehörigkeit abbilden. Ab der Einführung des reformierten Staatsangehörig-

Schaubild 12: Zukünftige Entwicklung der in- und ausländischen
Bevölkerung in Deutschland 1998–2030, drei Szenarien

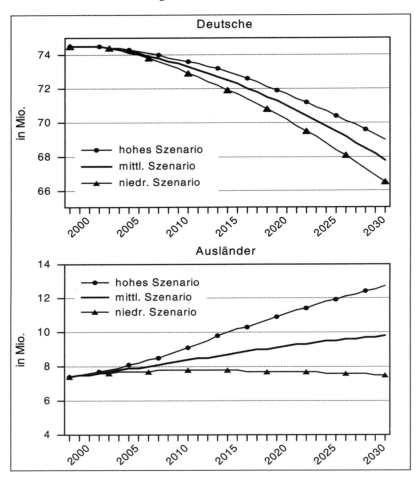

Quelle: eigene Berechnungen.

keitsrechts im Jahr 2000 gehört ein wesentlicher Teil der sog. zweiten Generation, also der Kinder von ausländischen Zuwanderern nicht mehr zur ausländischen Bevölkerung. Deshalb fallen unsere Vorausschätzungen zur zukünftigen Größe der ausländischen Bevölkerung niedriger aus, als wir früher
auf Grundlage der bis 1999 bestehenden Rechtslage vorausschätzten. Die

Tabelle 6: Wachstum der ausländischen Bevölkerung in Deutschland bis 2030

	niedriges	mittleres Wanderungsszenario in 1.000	hohes	memo: ius sanguinis
Deutsche				
1998	74.717	74.717	74.717	74.717
2015	71.651	72.269	72.790	71.403
2030	66.523	67.835	69.001	66.185
Ausländer				
1998	7.320	7.320	7.320	7.320
2015	7.756	8.802	10.154	9.676
2030	7.522	9.788	12.660	11.416
Gesamt				
1998	82.037	82.037	82.037	82.037
2015	79.406	81.071	82.944	81.071
2030	74.045	77.623	81.660	77.623
Ausländer in % der Gesamtbevölkerung Deutschlands				
1998	8,9	8,9	8,9	8,9
2015	9,8	10,9	12,2	11,9
2030	10,2	12,6	15,5	14,7

Quelle: eigene Vorausschätzungen und Berechnungen.

Bedeutung der neuen Rechtslage wird durch Vergleich mit einem vierten, illustrativen Referenzszenario sichtbar (Tabelle 6). Dabei wurden die Fruchtbarkeits-, Sterblichkeits-, Wanderungs- und Einbürgerungsannahmen des mittleren Szenarios mit einer fiktiven weiteren Geltung des alten Staatsangehörigkeitsrechts ausschließlich auf Basis des ius sanguinis kombiniert. Die ausländische Bevölkerung wäre dann nominal im Jahre 2030 um 2,1 Millionen größer, als dies nach der 1999 beschlossenen und zum 1. Januar 2000 in Kraft getretenen Reform zu erwarten ist. Ihr Anteil an der Bevölkerung Deutschlands hätte 2030 nach dieser Schätzung 14,7% betragen, statt 12,6% im mittleren Szenario nach neuer Rechtslage.

Die Einwohnerzahl Deutschlands (Ausländer und Deutsche zusammen) wird ab 2015 in jedem der von uns angenommenen Fälle sinken. Dafür ist in erster Linie das starke Geburtendefizit der Deutschen verantwortlich. Auch im hohen Szenario kann die starke Zuwanderung dieses Defizit nur bis in das zweite Jahrzehnt des 21. Jahrhunderts ausgleichen. Danach wird die Ein-

Tabelle 7:   Vergleich der Ergebnisse verschiedener Projektionen
                der Gesamtbevölkerung Deutschlands für das Jahr 2030,
                in Millionen

Autor	Szenario	2030
Münz/Seifert/Ulrich 1999	niedriges Szenario	74,0
	mittleres Szenario	77,6
	hohes Szenario	81,7
Münz/Ulrich 1997	niedriges Szenario	70,0
	mittleres Szenario	74,8
	hohes Szenario	81,2
9. koordinierte Bevölkerungs-	geringe Zuwanderung	75,2
vorausschätzung (StaBu)	mittlere Zuwanderung	78,0
Schulz (DIW) 1999 (für 2020)	mit Wanderung	78,4
	ohne Wanderung	80,7

wohnerzahl Deutschlands unter allen plausiblen und sinnvollerweise erwartbaren Konstellationen jedenfalls sinken.

Nach dem mittleren, also wahrscheinlichsten Szenario werden im Jahr 2030 nur noch 77,6 Millionen Menschen in Deutschland leben. Zu einem ähnlichen Ergebnis kommen auch andere Bevölkerungsprojektionen (Tabelle 7).

Das Wachstum der ausländischen Bevölkerung wird nicht in allen Regionen der Bundesrepublik gleichermaßen stattfinden. Unter der Annahme, daß sich die derzeitige Siedlungsstruktur der Zuwanderer in der Bundesrepublik nicht wesentlich ändert, lassen sich zukünftige Größe und Anteil der ausländischen Bevölkerung in einigen Städten abschätzen (Schaubild 13). In Frankfurt/Main war der Ausländeranteil bereits Mitte der 1990er Jahre (29,2%) mehr als dreimal so hoch wie im Bundesdurchschnitt (1995: 8,8%). Unter den gegebenen Annahmen wird er nach dem mittleren Szenario bis 2030 auf über 40% steigen. In Stuttgart und München wird zu diesem Zeitpunkt rund jeder dritte, in Köln, Ludwigshafen, Düsseldorf und Duisburg jeder vierte, in Hamburg und Berlin immerhin jeder fünfte Einwohner keinen deutschen Paß haben.

Tabelle 8: Altersstruktur der ausländischen und deutschen Bevölkerung in %

	unter 20 Jahre	20–59 Jahre	60 Jahre und älter	Altenquote*
Ausländer				
1998	25,7	67,5	6,8	10,1
2030 mittl. Szenario	17,4	69,4	13,2	19,0
Deutsche				
1998	20,9	55,8	23,4	41,9
2030 mittl. Szenario	16,2	46,8	37,0	69,4

* Personen in der Altersgruppe über 60 Jahre je 100 Personen in der Altersgruppe 20–59 Jahre.
Quelle: eigene Berechnungen.

Schaubild 13: Anteil der ausländischen Bevölkerung in ausgewählten Städten, 2030 (mittleres Szenario), in %

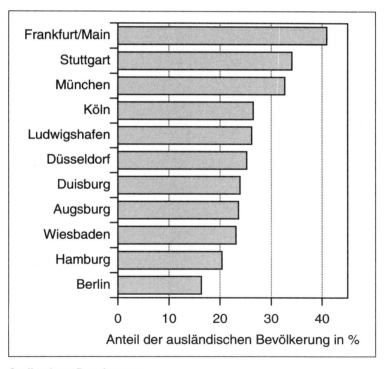

Quelle: eigene Berechnungen.

Alle drei Szenarien zeigen eines recht deutlich: Der Geburtenüberschuß wird seine Bedeutung für das Wachstum der ausländischen Bevölkerung verlieren. In Zukunft wird es in Deutschland mehr Sterbefälle von Ausländern als Kinder geben, die bei der Geburt nur über eine ausländische Staatsangehörigkeit verfügen. Dies hat drei Ursachen. Zum ersten erwirbt seit dem Jahr 2000 ein beträchtlicher Teil der Kinder ausländischer Mütter bei der Geburt die deutsche Staatsangehörigkeit. Zum zweiten gleicht sich die Fertilität der Ausländerinnen zunehmend an jene der Deutschen an und liegt damit ebenfalls unter jenem Niveau, das für ein langfristiges Bevölkerungsgleichgewicht notwendig wäre (im Durchschnitt etwas über zwei Kinder je Frau). Zum dritten altert nach der inländischen auch die ausländische Wohnbevölkerung. Das aber bedeutet weniger potentielle Eltern im Alter zwischen 20 und 40 Jahren und damit – fast automatisch – weniger Kinder.

Die unterschiedlich starke Veränderung der Altersstruktur ergibt sich nicht zuletzt aus dem jeweiligen Niveau der Zuwanderung. Da überwiegend junge Menschen zuwandern, verlangsamt eine höhere Zuwanderung das Altern der ausländischen Bevölkerung. 1998 waren nur 6,8% der Ausländer in Deutschland über 60 Jahre alt. Nach dem mittleren Szenario wird dieser Anteil in den nächsten drei Jahrzehnten auf das Doppelte steigen und 2030 13,2% erreichen. Der Anteil von Kindern und Jugendlichen sinkt bei den Ausländern durch die Wirkung des ius soli. War 1998 noch ein Viertel der Ausländer unter 20 Jahre alt, so wird der Anteil dieser Altersgruppe bis 2030 auf 17,4% sinken.

Die Veränderungen der Altersstruktur spiegeln sich am deutlichsten in der Altenquote wider. Sie gibt an, wie viele ältere Menschen (60+ Jahre) auf 100 Personen im erwerbsfähigen Alter (20–59 Jahre) entfallen. 1998 lag die Altenlastquote der ausländischen Bevölkerung in Deutschland bei 10%. Nach dem mittleren Szenario wird sie bis zum Jahre 2030 auf 19% steigen. Sie ist dann immer noch wesentlich vorteilhafter als die Altenquote der Deutschen, die dann fast 70 Personen im Alter 60 und darüber bei je 100 Personen im Alter zwischen 20 und 59 erreichen wird.

Bis 2030 wird der Anteil der ausländischen Bevölkerung am stärksten in den Altersgruppen der 20 bis 50jährigen steigen. Bei Kindern und Jugendlichen kompensiert die Wirkung des ius soli den allgemeinen Anstieg des

Schaubild 14: Altersstruktur der ausländischen und der deutschen
Bevölkerung, 1998 und 2030 (mittleres Szenario)

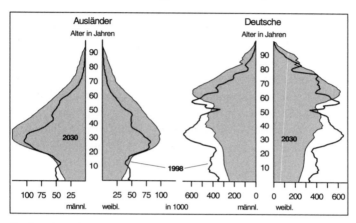

Quelle: eigene Berechnungen.

Schaubild 15: Anteil der ausländischen Bevölkerung nach Alter,
1998 und 2030 (mittleres Szenario)

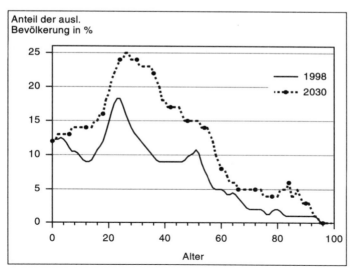

Quelle: eigene Berechnungen.

Anteils der ausländischen Bevölkerung. Aber auch bei den über 60jährigen wird bis 2030 der Anteil von Ausländern nicht unerheblich zunehmen (Schaubild 15).

Insgesamt zeigen unsere Berechnungen: Nach der deutschen Bevölkerung altert im 21. Jahrhundert auch die ausländische. Dies bedeutet, daß Zuwanderung der hier diskutierten Größenordnung den demographischen Alterungsprozeß allenfalls bremsen, aber zweifellos nicht aufhalten kann. Wir werden uns daher auf jeden Fall auf eine alternde Bevölkerung und Gesellschaft einstellen müssen. In welchem Umfang wir uns auf eine schrumpfende Zahl von Menschen in Deutschland einstellen müssen, hängt dagegen in hohem Maß davon ab, wie wir Migration zulassen und den Prozeß der Zuwanderung politisch gestalten.

Literatur

Bericht der Beauftragten der Bundesregierung für Ausländerfragen über die Lage der Ausländer in der Bundesrepublik Deutschland, Bonn 1997.

Bevölkerungsentwicklung Deutschlands bis zum Jahr 2050. Ergebnisse der 9. koordinierten Bevölkerungsvorausrechnung, hg.v. Statistischen Bundesamt, Wiesbaden 2000.

Herwig Birg/Ernst-Jürgen Flöthmann, Bevölkerungsprojektionen für das wiedervereinigte Deutschland bis zum Jahr 2100, Univ. Bielefeld 1993.

Herwig Birg u.a., Simulationsrechnungen zur Bevölkerungsentwicklung in den alten und neuen Bundesländern im 21. Jahrhundert (Institut für Bevölkerungsforschung und Sozialpolitik der Universität Bielefeld, Materialien, Nr. 45), Bielefeld 1998.

Hansjörg Bucher/Martina Kocks/Mathias Siedhoff, Die künftige Bevölkerungsentwicklung der Regionen Deutschlands, in: Informationen zur Raumentwicklung, 1994, H. 12, S. 501–511.

Daten und Fakten zur Ausländersituation, hg. v.d. Beauftragten der Bundesregierung für die Belange der Ausländer, Bonn 1999.

Reiner Hans Dinkel/Uwe Lebock, Demographische Aspekte der vergangenen und zukünftigen Zuwanderung nach Deutschland, in: Aus Politik und Zeitgeschichte, 1994, Nr. 48, S. 27–36.

Rainer Münz/Ralf Ulrich, Internationale Wanderungen von und nach Deutschland, 1945–1994. Demographische, politische und gesellschaftliche Aspekte räumlicher Mobilität, in: Allgemeines Statistisches Archiv, 80. 1996, H. 1, S. 5–35.

Dies., Das zukünftige Wachstum der ausländischen Bevölkerung in Deutschland. Demographische Prognosen bis 2030 (Demographie aktuell, Nr. 11), Berlin 1997.

Dies./Wolfgang Seifert, Zuwanderung nach Deutschland. Strukturen, Wirkungen, Perspektiven, Frankfurt a.M. 1999.

Perspektiven der künftigen Bevölkerungsentwicklung in Deutschland. Informationen zur Raumentwicklung, 1993, H. 9/10, 11/12.

Hedwig Rudolph, Die Dynamik der Einwanderung im Nichteinwanderungsland Deutschland, in: Heinz Fassmann/Rainer Münz (Hg.), Migration in Europa. Historische Entwicklung, aktuelle Trends, politische Reaktionen, Frankfurt a.M./New York 1996, S. 161–181.

Erika Schulz, Zur langfristigen Bevölkerungsentwicklung in Deutschland. Modellrechnungen bis 2050, in: DIW-Wochenbericht, 1999, Nr. 42, S. 745–757.

Karl Schwarz, Die Kinderzahl der Ausländer und ihre Bedeutung für die Bevölkerungsentwicklung in den alten Bundesländern, in: Zeitschrift für Bevölkerungswissenschaft, 22. 1996, H. 1, S. 57–67.

Statistisches Jahrbuch 1998 für die Bundesrepublik Deutschland, hg.v. Statistischen Bundesamt, Wiesbaden 1998.

Ralf Ulrich, The Future Growth of Foreign Population in Germany, in: ders./Gunter Steinmann (Hg.), The Economic Consequences of Immigration to Germany, Heidelberg 1994, S. 21–44.

World Population Prospects: The 1998 Revision, hg.v. United Nations Population Division, New York 2000.

Zweiter Zwischenbericht: Herausforderungen unserer älter werdenden Gesellschaft an den einzelnen und an die Politik, hg. v.d. Enquete-Kommission ›Demographischer Wandel‹, Bonn 1998.

Migration und Arbeitsmarkt

Stefan Bender, Bert Rürup, Wolfgang Seifert und Werner Sesselmeier

Vor dem Hintergrund der seit fast drei Jahrzehnten anhaltend hohen Arbeitslosigkeit und deren erneutem Anstieg Mitte der 1990er Jahre wurden Wanderungen im allgemeinen und die Beschäftigung ausländischer Arbeitnehmer im speziellen von der Bevölkerung negativ beurteilt. Diese Einstellung beeinflußte sowohl das Zusammenleben von In- und Ausländern als auch die Migrations- und Ausländerpolitik.

Im folgenden soll gezeigt werden, daß entgegen weit verbreiteten Annahmen von einer zuwanderungsbedingten Arbeitslosigkeit nicht die Rede sein kann. Gäbe es einen engen Zusammenhang zwischen Zuwanderung und Erwerbslosigkeit, dann müßte es bei einem Rückgang der ausländischen bzw. zugewanderten Bevölkerung parallel auch zu einem Rückgang der Arbeitslosigkeit kommen. Eine derartige Sichtweise greift jedoch zu kurz. Entsprechend könnte nämlich auch argumentiert werden, daß ein Rückgang der Frauenerwerbstätigkeit eine Voraussetzung für den Abbau der Arbeitslosigkeit wäre. Beide Sichtweisen sind falsch. Die grundlegende Frage muß lauten, warum der Arbeitsmarkt in bestimmten Phasen fähig ist, das Arbeitsangebot zu absorbieren und in anderen Phasen nicht. Entscheidend ist somit die jeweilige Konstitution des Arbeitsmarkts selbst.[1]

Für die 1990er Jahre läßt sich eine Zweiteilung beobachten: Zum einen waren die ersten Jahre des Jahrzehnts nach der Wiedervereinigung durch ein hohes Wirtschaftswachstum gekennzeichnet. Für die zweite Hälfte der 1990er Jahre gilt dies jedoch nicht mehr. Und zum anderen gab es in der ersten Hälfte der 1990er Jahre – ebenfalls aufgrund des Vereinigungsprozesses – eine ungewöhnlich starke Zuwanderung insbesondere von Aussiedlern, Flüchtlingen, Vertriebenen und anderen Migranten aus ehemals sozialistischen Ländern. Diese Zuwanderungswelle ist jedoch abgeebbt, seit 1997/98 ist der Wanderungssaldo der Ausländer wieder negativ. Die folgende Darstellung bezieht sich nur auf Westdeutschland, da der Anteil der erwerbstätigen Ausländer in Ostdeutschland verschwindend gering ist: 1996 waren dort nur 42.000 Ausländer sozialversicherungspflichtig beschäftigt.[2]

Als Ausländer gelten alle, die ihren Wohnsitz in Deutschland haben, jedoch nicht die deutsche Staatsangehörigkeit besitzen. Dabei ist zu beachten, daß die Begriffe ›Ausländer‹ und ›Migrant‹ sich nicht auf dieselben Personengruppen beziehen. Denn bis 1999 erhielten die Kinder von Zuwanderern bei der Geburt nur die Staatsangehörigkeit ihrer Eltern. Sie waren und sind zwar Ausländer, nicht jedoch Migranten. Daneben gibt es Zuwanderer, die inzwischen die deutsche Staatsangehörigkeit angenommen haben und deshalb aus der hier zu betrachteten Gruppe herausfallen. Schließlich existiert mit den Aussiedlern eine große Zuwanderergruppe, die aufgrund der rechtlichen Situation zwar automatisch die deutsche Staatsangehörigkeit erhält, infolge ihrer Anpassungs-, Qualifikations- und Sprachprobleme jedoch als eine Migrantengruppe gelten kann, die der Gruppe ausländischer Zuwanderer zumindest ähnlich ist.[3]

1999 hielten sich laut Ausländerzentralregister rund 7,3 Millionen Ausländer in Deutschland auf. Der Anteil der EU-Ausländer betrug gut 25%. Vier der in den 1950er und 1960er Jahren abgeschlossenen Anwerbeabkommen erfolgten mit Ländern, die die EU mitbegründeten (Italien) bzw. ihr später beitraten (Griechenland, Portugal, Spanien). Daher hätte man von einem höheren Anteil an EU-Ausländern ausgehen können. Die größte Ausländergruppe aber stellten 1999 die Türken mit einem Anteil von 28%, der über der Zahl der EU-Ausländer liegt. Die zweitgrößte Gruppe waren mit rund 10% Bürger der Nachfolgestaaten Jugoslawiens. Es folgten Italiener und Griechen mit ca. 8% bzw. 5%.

Der Einfluß der Zuwanderung auf einen nationalen Arbeitsmarkt hängt in einer ersten Annäherung vom Umfang der Zuwanderung ab.[4] Unbegrenzte Zuwanderung führt – zumindest in der Theorie – zu einer sinkenden Beschäftigung der inländischen Arbeitnehmer bei gleichzeitigem Anstieg der Gesamtbeschäftigung und der Gesamtbevölkerung. Dies ergibt sich aus der Überlegung, daß die Zuwanderung erst endet, wenn das inländische Lohnniveau auf das des Weltarbeitsmarkts abgesunken ist. Das setzt einen völlig deregulierten Arbeitsmarkt voraus. Eine unbeschränkte Zuwanderung hätte somit im Vergleich zur Ausgangssituation eine höhere Arbeitslosigkeit der inländischen Beschäftigten bei einem für sie niedrigeren Lohnniveau zur Folge. Eine begrenzte Zuwanderung hätte demgegenüber einen geringeren Anstieg der Arbeitslosigkeit der Einheimischen und einen geringeren Lohnrückgang zur Folge. Neben diesen Bewegungen kommt es allerdings aufgrund der durch die Zuwanderung angestiegenen gesamtwirtschaftlichen Produktion auch zu einer vermehrten Arbeitsnachfrage. Abhängig von deren Ausmaß kann dies im neuen Arbeitsmarktgleichgewicht nun auch zu höheren Beschäftigungs- und Lohnniveaus inländischer Arbeitnehmer führen.

Ein solches Modell der Migration ist ein rein mechanisches. Endogenisiert man jedoch die Migration mit Hilfe von Push- und Pull-Faktoren, kann man zum einen die individuelle Kosten-Nutzen-Abwägung der Migranten und zum anderen das jeweilige (ökonomische) Gefälle analysieren, wodurch die Migrationsentscheidung determiniert wird. Diese Push- und Pull-Faktoren haben nicht nur eine ökonomische Dimension – beispielsweise Lohndifferenzen oder Arbeitslosenquote –, sondern ergeben sich auch durch institutionelle Einflußfaktoren: Zugangsmöglichkeiten zu den Arbeitsmärkten.[5] Als Push-Faktoren werden Faktoren bezeichnet, die jemanden aus seinem angestammten Umfeld herauslösen und zur Auswanderung veranlassen. Als Pull-Faktoren werden Faktoren bezeichnet, die die Wahlentscheidung der Migranten für ein bestimmtes Zielland oder ihre Wanderungsentscheidung zusätzlich zu den Push-Faktoren beeinflussen.

Die grundsätzlich ökonomisch geprägten Migrationsmotive sind über alle betrachteten Zeiträume nahezu die gleichen und können folgendermaßen zusammengefaßt werden: Arbeitslosigkeit im Herkunftsland, Reallohnunterschiede und höhere Verwertungschancen des Humankapitals im Zielland. Diese in der Literatur allgemein Push-Faktoren genannten Wirkmechanismen lassen erkennen, daß sich das Heimatland der potentiellen Migranten auf einer wirtschaftlich niedrigeren Entwicklungsstufe befindet. Die ökonomischen Verhältnisse bieten nicht allen Bewohnern ausreichende Arbeitsmöglichkeiten. Und das Lohnniveau ist sehr niedrig, so daß sich die Menschen eine Verbesserung durch Migration erhoffen. Von ähnlicher Relevanz ist die wirtschaftliche Situation im Aufnahmeland, aus der sich Pull-Faktoren ergeben. Dabei können die Pull-Faktoren je nach Qualifikationsniveau der Migranten differieren.[6]

Will man die möglichen Auswirkungen internationaler Migration auf Löhne und Beschäftigung analysieren, muß man zuerst die Positionen in-

und ausländischer Arbeitskräfte auf dem Arbeitsmarkt untersuchen. Empirisch gehaltvoll und der theoretischen Fragestellung angemessen ist in diesem Zusammenhang das Modell segmentierter Arbeitsmärkte.[7] Ausgehend von einer dualen Teilung des Gesamtarbeitsmarktes in einen primären und einen sekundären Teilarbeitsmarkt[8] läßt sich dann nach dem Verhältnis von inländischen zu ausländischen Arbeitnehmern fragen. Denn die Auswirkungen letzterer auf erstere hängt insbesondere davon ab, ob die Beziehung zwischen beiden komplementärer oder substitutiver Natur ist. Der Komplementaritätsthese zufolge besetzen ausländische Arbeitnehmer Arbeitsplätze, die inländische Arbeitnehmer aus verschiedenen Gründen nicht einnehmen wollen oder können.[9] Sie nehmen somit eine Ergänzungsfunktion auf dem Arbeitsmarkt ein. Im Gegensatz dazu würden Ausländer entsprechend der Substitutionshypothese inländischen Arbeitnehmern die Arbeitsplätze wegnehmen, d.h. Deutsche durch Migranten ersetzt werden.

Die postulierten Einflüsse auf die Beschäftigungsmenge hängen zweifellos nicht nur von der Zahl der Migranten, sondern auch von der Struktur des Arbeitsmarkts und insbesondere von der Lohn- bzw. Lohnstrukturflexibilität ab. Je rigider die Löhne, desto stärker wirkt sich die Erwerbstätigkeit von Ausländern in der Beschäftigungsmenge aus, und umgekehrt. Schließlich muß betont werden, daß die Verteilungswirkung der Ausländerbeschäftigung ebenfalls von der Positionierung von In- und Ausländern auf dem Arbeitsmarkt abhängt. Werden beispielsweise gering qualifizierte Migranten beschäftigt, die inländische Arbeitnehmer im sekundären Teilarbeitsmarkt ersetzen und gleichzeitig als Komplemente zu gut qualifizierten Arbeitskräften im primären Teilsegment fungieren, dann profitieren die gut qualifizierten Inländer, während wenig qualifizierte Inländer tendenziell verlieren werden.

In der Realität muß man davon ausgehen, daß ausländische Arbeitnehmer in einem segmentierten Arbeitsmarkt sowohl eine komplementäre als auch eine substitutive Rolle einnehmen. Dies ergibt sich aus der Arbeitsmarktsegmentation: Treffen die zuwandernden Ausländer im segmentierten Arbeitsmarkt auf inländische Arbeitnehmer, dann tritt in der Regel beides auf: Verdrängung und Ergänzung.[10]

Zugleich muß klar sein: Ausländische Arbeitskräfte stellen keine homogene Gruppe dar. Zuwanderer aus anderen Industrieländern haben eine völlig andere Funktion für den Arbeitsmarkt als die in den 1960er und frühen

1970er Jahren angeworbenen Arbeitskräfte aus Südeuropa und der Türkei. Diese Differenzen bilden den Gegenstand der folgenden empirischen Untersuchung.[11]

Nationalitäten- und geschlechtsspezifische Unterschiede in der Arbeitsmarktintegration von Zuwanderern, 1980–99

Die folgenden Analysen beruhen auf eigenen Auswertungen der Beschäftigtenstatistik Westdeutschlands bzw. der alten Bundesländer (Meldungen der sozialversicherungspflichtig Beschäftigten zum 30. Juni eines Jahres).[12] Für 1980 enthält sie rund 21 Millionen und für 1999 über 22 Millionen Meldungen. Diese Daten erlauben eine detaillierte Analyse von erwerbstätigen Ausländern aus den wichtigsten Herkunftsländern, aber auch aus Übersee. Die kleinste hier betrachtete Gruppe, Zuwanderer aus Mittel- und Südamerika, umfaßt jeweils mehr als 7.000 Personen.[13] Ferner lassen sich Vergleiche mit deutschen sozialversicherungspflichtig Beschäftigten durchführen.

Bildung

Neben den Opportunitäten des Arbeitsmarkts stellen Bildung bzw. Humankapital eine zentrale Ressource für das berufliche Vorankommen dar. Allgemein wird davon ausgegangen, das höhere Bildungsressourcen von Zuwanderern ihre Arbeitsmarktintegration erleichtern.[14]

Deutsche Männer, die einer sozialversicherungspflichtigen Beschäftigung nachgehen, haben typischerweise eine Haupt- oder Realschule und anschließend eine berufliche Ausbildung abgeschlossen. 1980 traf dies auf 63% und 1999 auf 61% der erwerbstätigen westdeutschen Männer zu (Tabelle 1). Im gleichen Zeitraum stieg der Anteil derer mit Abitur von 7% auf 15%. Die Bildungsstruktur männlicher Zuwanderer aus den Hauptherkunftsländern früherer ›Gastarbeiter‹ (Türkei, Ex-Jugoslawien, Italien, Griechenland, Spanien, Portugal) unterscheidet sich dagegen erheblich von jener deutscher Erwerbstätiger. Ausländische Erwerbstätige haben wesentlich öfter keinen Abschluß oder lediglich einen primären Bildungsabschluß ohne Berufsausbildung.

Hier läßt sich die Zielrichtung der Anwerbung noch deutlich erkennen. Damals wurden überwiegend Arbeitskräfte für die industrielle Serienfertigung, die Schwerindustrie und den Bergbau nach Deutschland geholt. Für diese Arbeitsplätze waren in der Regel keine höheren Qualifikationen notwendig.[15] Doch auch bei diesen Beschäftigten verdoppelte sich der Anteil mit hohen Bildungsabschlüssen von 1980 bis 1999. Allerdings blieb dieser Anteil trotz Verdoppelung vergleichsweise niedrig. Es fand keine Angleichung an die Bildungsstruktur deutscher Beschäftigter statt. In Deutschland erwerbstätige Spanier hatten 1999 mit 8% den höchsten Abiturienten-Anteil, gefolgt von den Griechen (5%).[16] Der Anstieg des Anteils von ausländischen Beschäftigten ist vor allem auf den wachsenden Anteil von Angehörigen der zweiten Generation zurückzuführen.

Der niedrigste Bildungsgrad ist bei männlichen Erwerbstätigen aus der Türkei festzustellen. 71% von ihnen hatten 1999 entweder keinen Bildungsabschluß oder nur das Äquivalent eines Haupt- oder Realschulabschlusses ohne berufliche Ausbildung. Bei griechischen Erwerbstätigen war dieser Anteil mit 69% ähnlich hoch, während er bei Beschäftigten aus Spanien mit 52% am niedrigsten war. Bei den Arbeitnehmern aus Mittelmeerländern erhöhte sich der Anteil derer mit Hauptschulabschluß bzw. mittlerer Reife und einem beruflichen Bildungsabschluß. Bei türkischen Beschäftigten stieg er von 15% (1980) auf 27% (1999), bei Spaniern sogar von 24% auf 40%. 1980 hatten berufstätige Männer aus Jugoslawien den höchsten Anteil an Beschäftigten mit beruflichem Bildungsabschluß (42%). Daß dieser Anteil bis 1999 nicht weiter stieg (40%), dürfte vor allem auf den weiteren Zuzug von anerkannten Flüchtlingen und Familienangehörigen im Gefolge der gewaltsamen Desintegration Jugoslawiens zurückzuführen sein. Insgesamt zeigt die Bildungsstruktur der Beschäftigten aus Mittelmeerländern eine positive Entwicklungstendenz, also einen wachsenden Anteil von Personen mit mittlerer und höherer Qualifikation.

Männliche Beschäftigte aus Westeuropa weisen ein sehr hohes Qualifikationsniveau auf, das sich zwischen 1980 und 1999 noch erhöhte. 19% der Beschäftigten aus einem westeuropäischen Land verfügten 1999 über ein Abitur oder einen Hochschulabschluß. Weitere 50% hatten das Äquivalent eines Haupt- oder Realschulabschlusses und eine berufliche Ausbildung. Arbeitskräfte, die aus Ostmittel- und Osteuropa kamen, wiesen 1980 noch ein

Tabelle 1: Bildungsabschlüsse von Männern nach Staatsangehörigkeit, 1980 und 1999, in %

Herkunftsland	Keine Ausbildung	Haupt-/Realschule ohne Berufsausbildung	Haupt-/Realschule mit Berufsausbildung	Abitur
1980				
Deutschland	5	25	63	7
Türkei	20	64	15	1
Jugoslawien	15	41	42	1
Italien	15	61	23	1
Griechenland	14	64	18	3
Spanien	15	59	24	2
Portugal	22	60	18	1
Westeuropa*	9	25	53	13
Ostmittel-/Osteuropa	11	23	46	20
Afrika	19	54	20	6
USA/Kanada	12	27	34	27
Lateinamerika	17	21	28	34
Asien/Australien	23	44	17	16
1999				
Deutschland	9	15	61	15
Türkei	21	50	27	2
Jugoslawien	21	37	40	2
Italien	22	43	32	3
Griechenland	23	46	25	5
Spanien	15	37	40	8
Portugal	28	42	29	2
Westeuropa*	13	18	50	19
Ostmittel-/Osteuropa	21	29	40	10
Afrika	28	42	22	8
USA/Kanada	20	22	35	23
Lateinamerika	23	24	26	27
Asien/Australien	32	33	23	13

* Heutige EU-15 (ohne Deutschland und EU-Mittelmeerländer), Schweiz, Norwegen
Quelle: Beschäftigtenstatistik (eigene Berechnungen).

höheres Bildungsniveau auf als westeuropäische Arbeitnehmer. So hatte jeder Fünfte damals ein Abitur bzw. einen Hochschulabschluß. Nur rund ein Drittel hatte keinen bzw. nur einen primären Bildungsabschluß ohne Berufsausbildung. 1999 war das Ausbildungsniveau der ostmittel- und osteuropäischen Beschäftigten jedoch deutlich niedriger. 1999 hatten nur 10% von ihnen Abitur, aber die Hälfte entweder nur einen primären Bildungsabschluß ohne Berufsausbildung oder gar keinen Bildungsabschluß. Vor der Öffnung des Eisernen Vorhangs war die Zahl der ostmitteleuropäischen Beschäftigten relativ niedrig. Seit 1990 ist sie jedoch deutlich angestiegen. Ganz offensichtlich machten nun nicht nur Hochqualifizierte von der neu gewonnenen Reisefreiheit Gebrauch. Nach wie vor ist die Bildungsstruktur von ostmitteleuropäischen Beschäftigten günstiger als von Beschäftigten aus Mittelmeerländern.

Den größten Anteil an Hochgebildeten hatten 1999 die kleinen Gruppen legal Beschäftigter aus den USA und Lateinamerika. Bei den Beschäftigten aus den USA und Kanada handelt es sich zu einem Gutteil um Experten und Fachkräfte. Allerdings ist für beide Herkunftsregionen ein Anstieg des Anteils der Arbeitskräfte ohne Bildungsabschluß zu beobachten. Beschäftigte aus Asien[17] hatten zwar 1999 auch einen Anteil von 13% mit Abitur oder Hochschulabschluß, doch auch der Anteil derer ohne Ausbildung oder einem primären Bildungsabschluß ohne berufliche Bildung war vergleichsweise hoch. Arbeitnehmer vom afrikanischen Kontinent hatten häufig überdurchschnittlich geringe Bildungsabschlüsse.

Westdeutsche Frauen hatten 1980 seltener einen Haupt- bzw. Realschulabschluß mit einer abgeschlossenen Berufsausbildung als Männer (Tabelle 1, Tabelle 2). Bis 1999 war eine Angleichung zu beobachten. 1999 war der Anteil erwerbstätiger Frauen mit abgeschlossener Berufsausbildung ebenso hoch wie derjenige erwerbstätiger deutscher Männer. Der Anteil erwerbstätiger Frauen mit Abitur verdreifachte sich im Untersuchungszeitraum, blieb jedoch niedriger als bei Männern.

Erwerbstätige Frauen aus Mittelmeerländern hatten 1980 wesentlich seltener im Anschluß an den Besuch der Haupt- bzw. der Realschule eine Berufsausbildung abgeschlossen als ihre männlichen Kollegen. Dieser Anteil erhöhte sich jedoch bis 1999 deutlich. Während 1980 nur 10% der in Deutschland beruflich tätigen Italienerinnen eine Berufsausbildung abgeschlossen hatten, waren es 1999 bereits 28%. Trotz dieses Aufholens verfügten Frauen aus Mittelmeerländern auch 1999 seltener über eine Berufsausbildung als Männer. Lediglich Türkinnen (23%) erreichten annähernd den Wert ihrer männlichen Landsleute (27%). Türkische Erwerbstätige beiderlei Geschlechts

Tabelle 2: Bildungsabschlüsse von Frauen nach Staatsangehörigkeit, 1980 und 1999, in %

Herkunftsland	Keine Ausbildung	Haupt-/Real- schule ohne Be- rufsausbildung	Haupt-/Real- schule mit Be- rufsausbildung	Abitur
1980				
Deutschland	6	38	53	4
Türkei	20	74	5	1
Jugoslawien	14	71	14	1
Italien	14	75	10	1
Griechenland	17	75	7	1
Spanien	14	73	12	1
Portugal	18	74	8	1
Westeuropa*	10	35	44	11
Ostmittel-/Osteuropa	10	32	39	19
Afrika	19	53	22	6
USA/Kanada	13	33	36	18
Lateinamerika	13	32	35	19
Asien/Australien	9	18	61	11
1999				
Deutschland	10	17	61	12
Türkei	23	51	23	3
Jugoslawien	20	48	29	3
Italien	22	45	28	5
Griechenland	23	51	20	6
Spanien	17	36	34	13
Portugal	28	46	23	4
Westeuropa*	15	20	46	19
Ostmittel-/Osteuropa	22	29	35	14
Afrika	32	41	21	6
USA/Kanada	19	12	37	32
Lateinamerika	25	28	29	18
Asien/Australien	26	32	30	13

* Heutige EU-15 (ohne Deutschland und EU-Mittelmeerländer), Schweiz, Norwegen
Quelle: Beschäftigtenstatistik (eigene Berechnungen).

befanden sich allerdings am unteren Ende beruflicher Hierarchien. Ein Abitur oder einen Hochschulabschluß hatten Frauen aus Mittelmeerländern 1999 etwas häufiger als Männer. Allerdings war der Anteil der Abiturientinnen im Vergleich zu deutschen Frauen insgesamt noch niedrig. Allgemein lassen sich bei den Frauen ähnliche nationalitätenspezifische Unterschiede im Bildungsgrad erkennen wie bei Männern.

Für erwerbstätige Frauen aus Westeuropa sieht die Situation günstiger aus. 1999 hatten fast die Hälfte eine abgeschlossene Berufsausbildung und weitere 19% ein Abitur oder einen Hochschulabschluß. Letzteres entsprach dem Niveau bei Männern gleicher Herkunft. Bei Frauen aus Ostmittel- und Osteuropa zeigte sich die auch bei den Männern beobachtete Verschiebung in der Bildungsstruktur. Der Anteil der Frauen mit Abitur bzw. einem Hochschulabschluß verringerte sich zwischen 1980 und 1999 von 19% auf 14%. Frauen aus Nordamerika übertreffen in der Qualifikationsstruktur ihre männlichen Landsleute. Im Zeitverlauf hat sich ihre Qualifikationsstruktur noch verbessert. 1980 hatten 18% der in Deutschland erwerbstätigen Nordamerikanerinnen Abitur bzw. einen Hochschulabschluß, 1999 waren es 32%. Sie sind jedoch nicht die einzige Gruppe, die über gleiche oder bessere Qualifikationsvoraussetzungen verfügt als Männer gleicher Herkunft. Frauen aus Asien haben denselben Anteil an Beschäftigten mit Abitur/Hochschule wie Männer aus dieser Region. Und sie verfügten 1999 häufiger über eine abgeschlossene Berufsausbildung. Auch Frauen aus Mittel- und Südamerika gehören zu der Gruppe mit hohem Qualifikationsniveau. Frauen aus Afrika verfügen im Vergleich dazu seltener über mittlere und höher Qualifikationen.

Insgesamt läßt sich an der Bildungsstruktur der ausländischen Arbeitnehmerinnen und Arbeitnehmer in Deutschland eine positive Tendenz ablesen. Bei fast allen Gruppen, Männern wie Frauen, erhöhte sich zwischen 1980 und 1999 der Bildungsgrad. Ein geringeres Bildungsniveau zeigte sich lediglich bei Beschäftigten aus Ostmittel- und Osteuropa. Aus Westeuropa und Übersee kommen überproportional viele Arbeitskräfte mit hohem Bildungsniveau. Auch bei Erwerbstätigen aus Mittelmeerländern ist eine allmähliche Steigerung des Bildungsniveaus zu beobachten.

Stellung im Beruf

Nun stellt sich die Frage, wie sich die berufliche Stellung von Zuwanderern und Deutschen zwischen 1980 und 1999 verändert hat. Betrachtet man zunächst die berufliche Stellung von deutschen männlichen Arbeitskräften, fällt

Tabelle 3: Stellung im Beruf nach Staatsangehörigkeit und Geschlecht, 1980 und 1999, in %

Herkunftsland	Männer			Frauen		
	Un- oder angelernte Arbeiter	Fach-arbeiter	Ange-stellte	Un- oder angelernte Arbeiter	Fach-arbeiter	Ange-stellte
1980						
Deutschland	24	41	34	26	8	66
Türkei	76	22	2	91	5	4
Jugoslawien	50	46	3	83	7	9
Italien	72	25	4	86	7	8
Griechenland	74	21	5	89	6	5
Spanien	65	30	5	83	7	10
Portugal	72	26	2	86	9	5
Westeuropa*	29	36	35	32	9	59
Ostmittel-/Osteuropa	31	33	36	34	8	58
Afrika	66	24	10	67	7	27
USA/Kanada	29	16	54	27	4	70
Lateinamerika	26	21	53	30	4	65
Asien/Australien	62	14	24	18	4	78
1999						
Deutschland	25	31	44	20	4	76
Türkei	71	23	6	70	5	25
Jugoslawien	57	35	8	64	6	31
Italien	63	27	11	61	6	32
Griechenland	70	19	11	72	5	24
Spanien	49	30	21	46	5	49
Portugal	67	26	7	70	6	24
Westeuropa*	30	27	42	26	5	69
Ostmittel-/Osteuropa	56	27	17	49	6	45
Afrika	72	16	12	67	4	29
USA/Kanada	38	14	48	14	2	83
Lateinamerika	43	14	43	44	4	53
Asien/Australien	63	14	22	51	5	44

* Heutige EU-15 (ohne Deutschland und EU-Mittelmeerländer), Schweiz, Norwegen
Quelle: Beschäftigtenstatistik (eigene Berechnungen).

der Trend von Facharbeiterpositionen zu Angestelltenberufen auf. 1980 waren 41% der deutschen Männer als Facharbeiter beschäftigt, und 34% als Angestellte (Tabelle 3). 1999 waren bereits 44% als Angestellte tätig und nur noch 31% in Facharbeiterberufen. Dies verdeutlicht den Trend zur Tertiärisierung in Deutschland.

Für Ausländer aus Mittelmeerländern bestanden andere Voraussetzungen. 1980 war die Struktur der Anwerbung noch gut zu erkennen: Ausländer aus den Mittelmeerländern waren überwiegend als un- oder angelernte Arbeiter tätig. Dabei zeigten sich jedoch erhebliche Unterschiede nach den Herkunftsländern. Während drei von vier türkischen Arbeitnehmern als un- oder angelernte Arbeiter beschäftigt waren, war dies nur bei jedem zweiten aus dem damaligen Jugoslawien der Fall. Angestelltenberufe übten ausländische Beschäftigte aus den Mittelmeerländern damals kaum aus. Auch bei ausländischen Beschäftigten war bis 1999 ein Rückgang des Anteils an un- und angelernten Arbeitern zu beobachten, allerdings verschieden stark ausgeprägt: Bei Spaniern sank er beispielsweise deutlich von 65% auf 49%, während er sich bei Griechen nur von 74% auf 70% verringerte. Ein entgegengesetzter Trend zeigte sich bei Beschäftigten aus Ex-Jugoslawien. Bei dieser Gruppe stieg der Anteil der un- und angelernten Arbeiter weiter an. Ausgehend von 50% im Jahre 1980 nahm er bis 1999 auf 57% zu. Dies ist zweifellos auf die geänderte Struktur der Migranten im Gefolge von Krieg und Vertreibungen der 1990er Jahre zurückzuführen.

Bei Männern aus Mittelmeerländern stieg insbesondere der Anteil der Angestellten. Dennoch waren sie auch 1999 noch vergleichsweise selten in Angestelltenberufen vertreten. Eine Ausnahme bildeten Beschäftigte aus Spanien, von denen immerhin 21% als Angestellte tätig waren. Der Anteil der Facharbeiter veränderte sich nur wenig. Lediglich bei Arbeitnehmern aus dem ehemaligen Jugoslawien ging der Facharbeiteranteil etwas zurück. Erwerbstätige Männer aus Westeuropa waren wesentlich öfter als Angestellte beschäftigt als Männer aus Mittelmeerländern. 1980 übten sie etwa in gleichem Umfang wie deutsche Arbeitnehmer Angestelltenberufe aus. Ähnlich wie bei deutschen Männern stieg der Angestelltenanteil bis 1999 an, erreichte jedoch nicht ganz deren Wert. Sie waren zugleich häufiger als un- oder angelernte Arbeiter beschäftigt, als dies bei Deutschen der Fall war.

Ostmittel- und osteuropäische Beschäftigte wiesen noch 1980 ein günstiges Beschäftigungsprofil auf. Der Angestelltenanteil von 36% lag über dem von deutschen Arbeitnehmern, der Anteil der Facharbeiter war jedoch geringer. Dieses Beschäftigungsprofil änderte sich jedoch drastisch. 1999 waren nur noch 17% als Angestellte beschäftigt, 27% waren in Facharbeiterberufen tätig und 56% übten nun eine Tätigkeit als un- oder angelernter Arbeiter aus. Diese Veränderung der Beschäftigungsstruktur ist nicht allein Folge der Öffnung des Eisernen Vorhangs. Bereits zwischen 1980 und 1990 war der Anteil der un- und angelernten Arbeiter aus Ostmittel- und Osteuropa gestiegen. Dies hat mit der veränderten Bildungsstruktur der in den 1980er und 1990er Jahren aus Ostmitteleuropa zugewanderten Personen zu tun, ist aber auch ein Resultat der begrenzten Transferierbarkeit von Kenntnissen und Fertigkeiten. Auch im Vergleich zu Aussiedlern waren Ostmittel- und Osteuropäer in Deutschland häufiger als un- oder angelernte Arbeiter und seltener als Angestellte tätig.[18]

Wie aufgrund der Qualifikationsstruktur zu erwarten war, waren Männer sowohl aus Nordamerika, aber auch aus Lateinamerika überproportional häufig als Angestellte tätig. Überraschend ist dennoch, daß 1999 immerhin 38% der Nord- und 43% der Mittel- und Südamerikaner als un- und angelernte Arbeiter tätig waren. Bei den Beschäftigten aus Afrika und Asien stellten un- und angelernte Arbeiter die größte Arbeitnehmergruppe dar.

Frauen waren weitaus öfter in Angestelltenberufen beschäftigt als Männer (Tabelle 3). 1980 übten zwei Drittel der deutschen Frauen einen Angestelltenberuf aus, 1999 waren es 76%. Waren deutsche Frauen 1980 noch häufiger als Männer als un- und angelernte Arbeiterinnen beschäftigt, war dies 1999 seltener der Fall. Bei Frauen aus Mittelmeerländern lag der Anteil der un- und angelernten Arbeiterinnen 1980 deutlich über dem der Männer gleicher Herkunft. So waren beispielsweise 91% der Türkinnen als un- und angelernte Arbeiterinnen tätig. 1999 zeigte sich hingegen ein wesentlich günstigeres Bild. Der Anteil an un- und angelernten Arbeiterinnen war erheblich zurückgegangen, beispielsweise halbierte er sich bei Spanierinnen von 83% auf 44%.

Aufgrund dieses beträchtlichen Rückgangs bei den un- und angelernten Arbeiterinnen entsprachen die jeweiligen Anteile des Jahres 1999 denen der Männer aus dem jeweiligen Herkunftsland. Lediglich bei Frauen aus Ex-Jugoslawien war der Anteil der un- und angelernten Arbeiterinnen höher als bei Männern gleicher Herkunft. Insgesamt zeigten sich die auch bei Männern zu beobachtenden nationalitätenspezifischen Unterschiede in der Beschäftigungsstruktur. Anders als Männer waren Frauen aus Mittelmeerländern jedoch kaum als Facharbeiterinnen tätig. Sie übten 1999 weit öfter Angestelltenberufe aus als 1980.

Frauen aus Westeuropa waren noch weitaus häufiger in Angestelltenberufen beschäftigt als Frauen aus Mittelmeerländern. Bereits 1980 waren 59% von ihnen als Angestellte tätig, 1996 waren es schon 69%. Der Anteil der un- und angelernten Arbeiterinnen lag etwas über dem deutscher Erwerbstätiger. 1980 hatten Frauen aus Ostmittel- und Osteuropa noch ein ähnliches Beschäftigungsprofil wie westeuropäische Frauen, 1999 war jedoch die Hälfte von ihnen – und damit fast doppelt so viele wie bei den westeuropäischen Frauen – als un- oder angelernte Arbeiterinnen beschäftigt. Der Anteil der Angestellten sank von 58% auf 44%.

Frauen aus Nordamerika waren und sind fast ausschließlich als Angestellte tätig. Dies dürfte ihrem Qualifikationsniveau entsprechen.[19] Frauen aus Mittel- und Südamerika dagegen, die ein ähnliches Qualifikationsniveau aufwiesen wie Frauen aus Nordamerika, waren auch zum größeren Teil als un- und angelernte Arbeiterinnen tätig. Höhere Anteile an un- und angelernten Arbeiterinnen wiesen Frauen aus Asien und Afrika auf. Diese Anteile waren jedoch geringer als bei Männern aus der jeweils gleichen Herkunftsregion.

Die Analyse zeigt: Die Beschäftigungsprofile ausländischer Arbeitnehmer und Arbeitnehmerinnen in Deutschland unterscheiden sich erheblich nach dem Herkunftsland. Die Unterschiede reflektieren dabei weitgehend das unterschiedliche Bildungsniveau von Migranten aus den jeweiligen Herkunftsregionen. Darüber hinaus lassen sich weitere Einflußfaktoren identifizieren: kulturelle Differenzen, unterschiedliche Werte und Normen, urbane oder ländliche Herkunftsgebiete.[20] Auch für geschlechtsspezifische Unterschiede müssen unterschiedliche Bildungsressourcen als zentraler Erklärungsansatz herangezogen werden. Hier können jedoch kulturelle Muster und Normen ebenfalls eine Rolle spielen, insbesondere die Rolle von Frauen in den jeweiligen Herkunftskulturen.

Wirtschaftsbereiche

Der Zeitvergleich zeigt, daß 1980 fast jeder zweite deutsche Mann im produzierenden Gewerbe tätig war (Tabelle 4). 1999 lag dieser Anteil noch bei 41%. Im Vergleich zu 1980 war der Anteil der Dienstleistungen gestiegen, insbesondere der wirtschaftsbezogenen Dienstleistungen (Banken, Versicherungen, Rechtsberatung).

Ausländer aus Mittelmeerländern waren und sind überproportional häufig im produzierenden Gewerbe beschäftigt. 1980 waren 77% der griechischen und 74% der türkischen Männer dort tätig, dagegen nur jeder zweite Erwerbstätige aus Jugoslawien. Letztere hatten ihre Domäne im Baubereich, wo 1980 fast ein Drittel arbeitete. Bis zum Jahr 1999 ging bei ausländischen Arbeitnehmern aus Mittelmeerländern der Beschäftigtenanteil im produzierenden Gewerbe überproportional zurück. Bei Beschäftigten aus Ex-Jugoslawien lag er mit 41% ebenso hoch wie bei deutschen Männern. Allerdings waren sie weiterhin überproportional im Baubereich vertreten. Der Beschäftigungsrückgang im produzierenden Gewerbe dürfte einerseits auf den strukturellen Wandel in diesem Beschäftigungsbereich, andererseits auf berufliche Mobilität, insbesondere von Angehörigen der zweiten Generation zurückzuführen sein. Alternative Beschäftigungsmöglichkeiten eröffneten sich für ausländische Arbeitnehmer aus Mittelmeerländern vor allem im Dienstleistungsbereich, wo es in allen Kategorien einen Anstieg der Beschäftigtenanteile gab. Spanier waren häufiger im Bereich Handel und Verkehr zu finden, während Italiener und Griechen besonders hohe Anteile bei den haushaltsbezogenen Dienstleistungen (Gaststätten, private Haushalte, persönliche Dienstleistungen) aufwiesen.

Männliche Erwerbstätige aus Westeuropa, aber auch aus Ostmittel- und Osteuropa waren schon 1980 seltener im produzierenden Gewerbe beschäftigt als deutsche Männer. 1999 wiesen sie eine ähnliche Verteilung über die Branchen auf wie Deutsche. Erwartungsgemäß waren Beschäftigte aus Nord-, aber auch Mittel- und Südamerika kaum im produzierenden Gewerbe tätig. Sie waren überproportional oft in den wirtschaftsbezogenen Dienstleistungen, aber auch in den staatlichen und sozialen Diensten beschäftigt. Auch Zuwanderer aus Asien und Afrika waren und sind nur selten im produzierenden Gewerbe beschäftigt. Ihre Berufe konzentrierten sich vor allem in den haushaltsbezogenen Dienstleistungen und im Handel und Verkehr.

Tabelle 4:   Männliche Beschäftigte nach Branche und Staatsangehörigkeit, 1980 und 1999, in %

Herkunftsland	Landwirt- schaft	Produzie- rendes Gewerbe	Bau	Handel, Verkehr	Wirtschafts- bezogene Dienste	Haushalts- bezogene Dienste	Soziale/ staatliche Dienste
1980							
Deutschland	1	49	13	17	6	1	12
Türkei	1	74	13	6	1	2	3
Jugoslawien	1	51	32	8	2	3	3
Italien	1	59	18	9	1	8	3
Griechenland	0	77	5	7	2	4	4
Spanien	1	68	8	14	1	3	4
Portugal	3	71	7	11	1	2	4
Westeuropa*	1	44	16	16	6	5	12
Ostmittel-/Osteuropa	1	44	10	14	6	5	20
Afrika	1	51	13	13	2	9	11
USA/Kanada	1	36	6	19	9	4	25
Lateinamerika	1	37	3	21	7	5	26
Asien/Australien	1	47	6	15	4	12	14
1999							
Deutschland	1	41	10	18	12	2	15
Türkei	1	55	9	15	6	8	6
Jugoslawien	2	41	23	13	6	9	6
Italien	1	42	14	13	5	19	5
Griechenland	0	50	6	14	6	18	5
Spanien	1	53	8	16	7	8	7
Portugal	4	39	20	12	6	16	4
Westeuropa*	1	41	10	17	13	6	12
Ostmittel-/Osteuropa	7	34	13	16	9	8	13
Afrika	2	30	7	19	11	19	12
USA/Kanada	1	31	5	22	18	5	19
Lateinamerika	2	29	5	16	14	13	21
Asien/Australien	1	26	4	21	10	25	13

* Heutige EU-15 (ohne Deutschland und EU-Mittelmeerländer), Schweiz, Norwegen
Quelle: Beschäftigtenstatistik (eigene Berechnungen).

Frauen waren durchgängig seltener im produzierenden Gewerbe beschäftigt: 1980 waren dort noch 29% der westdeutschen Frauen tätig, 1999 galt dies nicht einmal mehr für jede fünfte Frau (Tabelle 5). Bereits 1980 waren westdeutsche Frauen ebenso häufig im Bereich der staatlichen und sozialen Dienste wie im produzierenden Gewerbe tätig. Bis 1999 stieg der Beschäftigtenanteil in diesen Dienstleistungen auf 38%.

Frauen aus Mittelmeerländern waren 1980 annähernd zu gleichen Anteilen im produzierenden Gewerbe beschäftigt wie ihre männlichen Kollegen. So waren 73% der Türkinnen und 75% der Griechinnen in diesem Bereich tätig, von den Jugoslawinnen dagegen nur 56%. Immerhin 20% der Frauen aus Jugoslawien hatten Arbeitsplätze im Bereich der staatlichen und sozialen Dienstleistungen. Die Branchenstruktur in der Beschäftigung der ausländischen Frauen aus Mittelmeerländern änderte sich bis 1999 sehr deutlich. Das produzierende Gewerbe verlor erheblich an Bedeutung. Daß bei Frauen aus Mittelmeerländern ein krasser Rückgang des Beschäftigtenanteils im produzierenden Gewerbe erfolgte, kann nicht allein durch den strukturellen Wandel erklärt werden. Frauen wurden auch durch die vermehrte Einführung von Zwei- und Dreischichtsystemen, die für die Rentabilität teurer Investitionsgüter immer häufiger eingesetzt werden, aus der industriellen Produktion verdrängt.

Frauen aus Westeuropa sowie Ostmittel- und Osteuropa verteilten sich 1980 ähnlich über die Branchen wie westdeutsche Frauen. Ähnlich wie bei deutschen Frauen reduzierte sich der Beschäftigtenanteil im produzierenden Gewerbe deutlich. Ostmittel- und osteuropäische Frauen arbeiteten 1999 überproportional oft in haushaltsbezogenen Dienstleistungsberufen. Frauen aus Nordamerika hatten 1999 mit 19% den höchsten Anteil im Bereich der wirtschaftsbezogenen Dienstleistungen. Nur 15% der Frauen aus Nord- und 14% aus Mittel- und Südamerika waren 1999 im produzierenden Gewerbe tätig. Frauen aus Afrika waren dort sogar noch seltener vertreten. Auch sie hatten ihre Beschäftigungsschwerpunkte im Bereich der haushaltsbezogenen Dienste. Frauen aus Asien waren hingegen vor allem in sozialen und staatlichen Diensten beschäftigt.

Die Zuordnung der deutschen und ausländischen Beschäftigten nach Branchen zeigt recht deutlich, wie sich die Beschäftigungsstruktur im ausgehenden 20. Jahrhundert veränderte. Ausländische Arbeitnehmer aus Mittelmeerländern waren in weit höherem Maße von strukturellen Umbrüchen be-

Tabelle 5:   Weibliche Beschäftigte nach Branche und Staatsangehörigkeit, 1980 und 1999, in %

Herkunftsland	Landwirt-schaft	Produzie-rendes Gewerbe	Bau	Handel, Verkehr	Wirtschafts-bezogene Dienste	Haushalts-bezogene Dienste	Soziale/staatliche Dienste
1980							
Deutschland	1	29	2	23	10	6	29
Türkei	1	73	0	5	1	9	11
Jugoslawien	0	56	1	7	2	13	20
Italien	0	66	1	8	2	14	9
Griechenland	0	75	0	5	2	7	10
Spanien	0	61	1	10	2	9	17
Portugal	1	64	0	7	2	11	15
Westeuropa*	1	30	1	20	8	12	29
Ostmittel-/Osteuropa	0	31	1	17	8	8	33
Afrika	0	35	1	12	3	21	27
USA/Kanada	0	23	1	19	10	10	37
Lateinamerika	0	21	0	19	8	10	41
Asien/Australien	0	10	0	8	3	8	71
1999							
Deutschland	1	18	2	21	14	6	38
Türkei	1	30	1	17	7	22	22
Jugoslawien	0	27	1	14	8	21	29
Italien	0	26	1	18	8	28	19
Griechenland	0	36	1	14	7	25	18
Spanien	0	27	1	20	12	14	27
Portugal	1	27	1	13	7	29	23
Westeuropa*	1	20	1	23	14	11	31
Ostmittel-/Osteuropa	2	18	1	17	9	20	33
Afrika	0	12	1	15	9	36	28
USA/Kanada	0	15	1	19	19	6	38
Lateinamerika	0	14	1	20	11	21	32
Asien/Australien	0	15	1	16	8	25	34

* Heutige EU-15 (ohne Deutschland und EU-Mittelmeerländer), Schweiz, Norwegen
Quelle: Beschäftigtenstatistik (eigene Berechnungen).

troffen als die meisten anderen betrachteten Gruppen. Beschäftigte aus anderen Ländern hatten öfter eine Branchenstruktur, die der deutscher Beschäftigter ähnelt. Generell gilt, daß bei der Beschäftigung von Frauen die Tertiärisierung weiter vorangeschritten ist als bei Männern.

Arbeitslosigkeit

Ausländerarbeitslosigkeit gab es während der 1960er Jahre in der Bundesrepublik Deutschland praktisch nicht (Schaubild 1). Aufgrund der kurzen Aufenthaltsdauer und des engen Zusammenhangs zwischen Erwerbstätigkeit und Aufenthaltsrecht mußten arbeitslos gewordene ›Gastarbeiter‹ kurzfristig heimkehren. Die Zahl der beschäftigungslosen Ausländerinnen und Ausländer erreichte erst nach der Ölpreiskrise und dem Anwerbestopp von 1973 ein erstes Maximum und pendelte sich dann im Jahresdurchschnitt bei rund 100.000 ein. Nach einem neuerlichen kräftigen Anstieg zu Beginn der 1980er Jahre waren nahezu 300.000 Ausländer ohne Beschäftigung. Bis Anfang der 1990er Jahre sank die Zahl der arbeitslosen Ausländer im Jahresschnitt auf annähernd 200.000. Nach 1990 stieg sie sprunghaft an. 1990 wurden in Deutschland erstmals über 400.000 arbeitslose Ausländer registriert, 1998 waren über 500.000 Ausländer ohne Arbeit.

Auf die Arbeitslosenquote wirkte sich der Anstieg der Arbeitslosigkeit bei Ausländern nicht ganz so drastisch aus, weil ab Mitte der 1980er Jahre auch die Zahl der ausländischen Beschäftigten wieder deutlich zunahm. Die Arbeitslosenquote ausländischer Erwerbspersonen lag seit Beginn der 1980er Jahre in jedem Jahr über jener der westdeutschen Erwerbspersonen insgesamt (Schaubild 2). Ein erster deutlicher Anstieg der Arbeitslosenquote bei Ausländern war zu Beginn der 1980er Jahre zu beobachten.[21] Zwischen 1980 und 1983 verdreifachte sie sich. Danach blieb sie auf hohem Niveau weitgehend stabil. Ende der 1980er Jahre sank die Arbeitslosenquote wieder vorübergehend, um dann wieder erheblich anzusteigen. 1998 lag sie mit 20,3% weit über der der westdeutschen Bevölkerung insgesamt.

Schaubild 1: Anzahl der arbeitslosen Ausländer, Deutschland (West),
1960–98

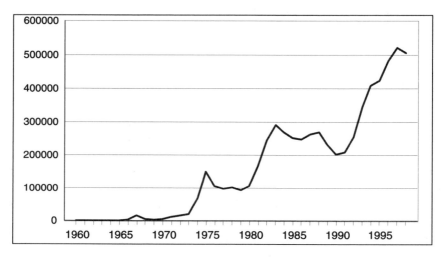

Quelle: Bundesanstalt für Arbeit; Statistisches Bundesamt.

Je nach Herkunftsland ist der Grad der Betroffenheit von Arbeitslosigkeit jedoch unterschiedlich groß. Detaillierte Angaben darüber, wie stark Migranten aus verschiedenen Herkunftsländern von Arbeitslosigkeit betroffen sind, liegen nur für ausländische Erwerbspersonen aus Mittelmeerländern vor. Obwohl diese mehr oder weniger zur gleichen Zeit für ähnliche Beschäftigungsbereiche angeworben wurden, zeigen sich erhebliche Unterschiede in den Arbeitslosenquoten (Tabelle 6).

Schon 1980, als die Arbeitslosigkeit noch vergleichsweise niedrig war, blieben im Schnitt lediglich 2% der portugiesischen Erwerbspersonen ohne Arbeit, während bereits 5,9% der türkischen Erwerbspersonen arbeitslos waren. Mit insgesamt steigender Arbeitslosigkeit unter der ausländischen Bevölkerung wurden nationalitätenspezifische Unterschiede stärker.[22] 1998 waren 11,6% der Erwerbspersonen aus dem ehemaligen Jugoslawien ohne Beschäftigung, von den türkischen Erwerbspersonen war sogar fast ein Viertel (23,2%) beschäftigungslos. Arbeitslosigkeit kann somit als eines der zentralen Probleme der Arbeitsmarktintegration seit längerem in Deutschland lebender Migranten aus Mittelmeerländern und ihrer Kinder angesehen werden.

Schaubild 3: Arbeitslosenquoten (Jahresdurchschnitte), Deutschland (West), 1980–98, in %

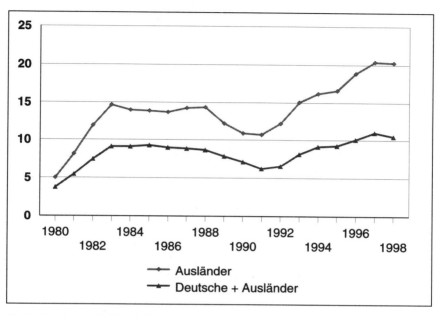

Quelle: Bundesanstalt für Arbeit.

Tabelle 6: Arbeitslosenquoten nach Herkunftsländern (jeweils Ende Juni), in %

	1980	1985	1990	1995	1998
Griechenland	3,8	11,5	10,0	15,7	18,2
Italien	4,8	14,3	11,0	15,9	18,0
Portugal	2,0	7,4	5,8	11,9	13,0
Spanien	3,0	8,8	7,2	10,7	12,6
Jugoslawien	2,6	10,0	6,3	9,2	11,6
Türkei	5,9	14,6	10,3	18,9	23,2

Quelle: Amtliche Nachrichten der Bundesanstalt für Arbeit (ANBA).

Ausländische Arbeitskräfte, insbesondere jene aus Mittelmeerländern, waren vom strukturellen Wandel der Wirtschaft und der Arbeitsmärkte in besonders hohem Maße betroffen. Viele ihrer ursprünglichen Arbeitsplätze in der industriellen Massenfertigung und in der Schwerindustrie gingen verloren. Neue Beschäftigungsmöglichkeiten im Dienstleistungsbereich konnten den Beschäftigungsverlust in der Industrie nicht kompensieren. Deshalb waren und sind Ausländerinnen und Ausländer in Deutschland überproportional von Arbeitslosigkeit betroffen.

Positiv für die Arbeitsmarktintegration der Ausländer aus Mittelmeerländern dürfte sich auswirken, daß eine zweite und bald auch schon die dritte Generation mit günstigeren Qualifikationsvoraussetzungen in den Arbeitsmarkt eintritt und deshalb auch häufiger Beschäftigung in qualifizierten Beschäftigungsbereichen findet als die Generation der Mütter und Väter. Ausländische Beschäftigte aus anderen Industrieländern sind dagegen häufig in den Spitzenpositionen des Arbeitsmarkts zu finden. Sie sind in der Regel gut qualifiziert und erzielen entsprechend hohe Einkommen. Dies mag ein Grund dafür sein, daß diese Gruppe von Zuwanderern bislang wenig wahrgenommen wurde und in der Regel als unproblematisch gilt. Es ist zu erwarten, daß diese Form der Migration mit fortschreitender Globalisierung weiter zunehmen wird. Insbesondere die Internationalisierung der oberen Segmente des Arbeitsmarkts drängt nationale Spezifika in den Hintergrund, so daß Angehörige dieser Gruppe kaum Qualifikationsverluste befürchten müssen, wenn sie in ein anderes Land wechseln. Selbst fehlende Kenntnisse der deutschen Sprache haben oft eine untergeordnete Bedeutung, wenn die berufliche Kommunikation auf Englisch erfolgt.

Insgesamt zeigte die Analyse der Arbeitsmarktpositionen von Migranten unterschiedlicher Herkunft und unterschiedlichem Bildungsgrad, daß Gruppen mit hohem Bildungsgrad in der Regel höhere Positionen auf dem Arbeitsmarkt erreichen. Auch der Zeitvergleich zwischen 1980 und 1999 macht deutlich, daß Gruppen, deren Bildungsgrad sich durchschnittlich erhöhte, einen höheren Anteil in höheren und mittleren beruflichen Positionen aufwiesen. Somit kann davon ausgegangen werden, daß der deutsche Arbeitsmarkt nicht ethnisch segmentiert ist. In erster Linie dürfte die ungünstigere Humankapitalausstattung von Zuwanderern aus Mittelmeerländern, später auch jener aus Ostmittel- und Osteuropa für deren überproportional häufige Positionierung am unteren Ende des Arbeitsmarkts verantwortlich sein. Allerdings kann angenommen werden, daß dies teilweise auch auf strukturelle Effekte zurückzuführen ist – beispielsweise auf die geringe Transferierbarkeit von im Ausland erworbenen Bildungszertifikaten und Qualifikationen oder die strukturell bedingte hohe Arbeitslosigkeit in Branchen, in denen sich ausländische Arbeitskräfte konzentrieren.

In Zukunft wird Deutschlands Wirtschaft wieder verstärkt auf ausländische Arbeitnehmer angewiesen sein. Doch jene Ausländerinnen und Ausländer, die bereits im Land sind, verfügen mehrheitlich über ein Qualifikationsniveau, das den Anforderungen der künftigen Arbeitswelt nur wenig Rechnung trägt. Nur wenn sich daran etwas ändert, kann sich die ökonomische und soziale Position jener verbessern, die in den letzten Jahren und Jahrzehnten ins Land kamen.

Anmerkungen

1 Überblicke über die Auswirkungen von Migration auf die Arbeitsmärkte und weitere volkswirtschaftliche Größen für den Zeitraum von Anfang der 1960er Jahre bis Ende der 1980er Jahre sowie weitere Literaturhinweise bieten Thomas Bauer/Klaus F. Zimmermann, Gastarbeiter und Wirtschaftsentwicklung im Nachkriegsdeutschland, in: Jahrbuch für Wirtschaftsgeschichte, 1996, Nr. 2, S. 73–108; Bert Rürup/Werner Sesselmeier, Einwanderung: Die wirtschaftliche Perspektive, in: Friedrich Balke u.a. (Hg.), Schwierige Fremdheit. Über Integration und Ausgrenzung in Einwanderungsländern, Frankfurt a.M. 1993, S. 285–304, oder bis in die jüngste Vergangenheit Hans Dietrich von Loeffelholz/Günter Köpp, Ökonomische Auswirkungen der Zuwanderungen nach Deutschland, Berlin 1998. Darin wird auch das Zusammenspiel von unterschiedlichen strukturellen und konjunkturellen Situationen während dieses Zeitraums mit der Integration der Zuwanderer am Arbeitsmarkt betont.

2 Zweiter Zwischenbericht der Enquête-Kommission Demographischer Wandel – Herausforderungen unserer älter werdenden Gesellschaft an den einzelnen und die Politik, BT-Drucksache 13/11460, Bonn 1998, S. 413.

3 Rainer Münz/Wolfgang Seifert/Ralf Ulrich, Zuwanderung nach Deutschland. Strukturen, Wirkungen, Perspektiven, Frankfurt a.M./New York 1999.

4 Die Analyse der Auswirkungen von Zuwanderung auf ökonomische Kennziffern im allgemeinen und auf Arbeitsmarkt, Lohnniveau und -strukturen sowie auf das Verhältnis der Produktionsfaktoren im speziellen würden im Idealfall ein totalanalytisches Modell erfordern. Da die Entwicklung eines solchen Modells zumindest in diesem Rahmen nicht möglich ist, werden im weiteren, ausgehend von einem einfachen Arbeitsmarktmodell, partialanalytische Erweiterungen und Analysen bezüglich der Zusammenhänge von Migration und den eben genannten Variablen durchgeführt; s. Michael J. Greenwood/J. McDowell, The Factor Market Consequences of U.S. Immigration, in: Journal of Economic Literature, 24.

1986, S. 1738–1772; Thomas Bauer, Arbeitsmarkteffekte der Migration und Einwanderungspolitik. Eine Analyse für die Bundesrepublik Deutschland, Heidelberg 1998.

5 Zu letzterem s. Johannes Velling, Immigration und Arbeitsmarkt. Eine empirische Analyse für die Bundesrepublik Deutschland, Baden-Baden 1995, S. 55–98; Loeffelholz/Köpp, Ökonomische Auswirkungen der Zuwanderungen nach Deutschland, S. 39–41.

6 Achim Wolter, Qualifikationsspezifische Determinanten der Migration nach Deutschland, in: Mitteilungen aus der Arbeitsmarkt- und Berufsforschung (MittAB), 30. 1997, S. 657–662.

7 Allgemein hierzu s. Werner Sesselmeier/Gregor Blauermel, Arbeitsmarkttheorien. Ein Überblick, 2. Aufl. Heidelberg 1998, S. 189–255; Wolfgang Seifert, Die Mobilität der Migranten. Die berufliche, ökonomische und soziale Stellung ausländischer Arbeitnehmer in der Bundesrepublik, Berlin 1995.

8 In der Empirie wird man immer mehr als zwei Teilarbeitsmärkte finden. Für die Herausarbeitung der theoretischen Argumente genügt jedoch eine stilisierte Zweiteilung. Primäre Arbeitsmarktsegmente sind unter anderem gekennzeichnet durch relativ stabile Arbeitsplätze, gute Arbeitsbedingungen, stabiles Erwerbsverhalten, geringe Fluktuation, Aufstiegschancen mit festgelegten Karrieremustern und hohes Einkommen. Demgegenüber lassen sich sekundäre Arbeitsmarktsegmente durch instabile Arbeitsverhältnisse mit schlechten Arbeitsbedingungen und geringen Qualifikationsanforderungen, instabiles Erwerbsverhalten, häufige Arbeitslosigkeit, hohe Fluktuation und keine oder nur geringe Aufstiegschancen charakterisieren.

9 Ausgehend von der Arbeitsfähigkeit kann auch statt einer Segmentierung ein strukturelles Mismatch-Problem vorliegen, welches dann zu einer Komplementarität zwischen Migranten und inländischen Arbeitnehmern führt.

10 Hierzu s. auch Klaus F. Zimmermann, Immigration und Arbeitsmarkt: Eine ökonomische Perspektive (IZA Discussion Paper No. 7), Forschungsinstitut zur Zukunft der Arbeit, Bonn 1998.

11 Hierzu s. auch Stefan Bender/Wolfgang Seifert, Lokale Arbeitsmärkte für ausländische Arbeitskräfte in Deutschland. Berufliche Veränderungsprozesse am Beispiel dreier idealtypischer Arbeitsmarktregionen, in: MittAB, 31. 1998, S. 661–673.

12 Bei den nachfolgenden Analysen ist zu berücksichtigen, daß im Zeitverlauf nicht sozialversicherungspflichtige Beschäftigungsverhältnisse zunahmen, wie z.B. geringfügige Beschäftigung (Jürgen Schupp/Joachim Schwarze/Gert Wagner, Erwerbsstatistik unterschätzt Beschäftigung um 2 Millionen Personen, in: Deutsches Institut für Wirtschaftsforschung, DIW-Wochenbericht, 1997, Nr. 38, S. 689–694) oder Scheinselbständigkeit; Hans Dietrich, Empirische Befunde zur ›Scheinselbständigkeit‹ (Bundesministerium für Arbeit und Sozialordnung, Bd. 262), Bonn 1996.

13 Stefan Bender/Wolfgang Seifert, Zur beruflichen und sozialen Integration der in Deutschland lebenden Ausländer, in: Richard Alba u.a. (Hg.), Deutsche und Ausländer: Freunde, Fremde oder Feinde? Empirische Befunde und theoretische Erklärungen, Wiesbaden 2000, S. 55–92.

14 Wolfgang Seifert, Geschlossene Grenzen – offene Gesellschaften? Migrations- und Integrationsprozesse in westlichen Industrienationen, Frankfurt a.M./New York 2000.

15 Zur Diskussion um die Bestimmungsfaktoren von ethnischer Ungleichheit im Bildungssystem s. Richard D. Alba/Johann Handl/Walter Müller, Ethnische Ungleichheit im Bildungssystem, in: Kölner Zeitschrift für Soziologie und Sozialpsychologie, 46. 1994, S. 209–237.

16 Zum hohen Anteil griechischer Abiturienten dürfte die Existenz griechischsprachiger Gymnasien erheblich beigetragen haben.

17 Hier werden zwar Beschäftigte aus Asien und Australien betrachtet, der Anteil letzterer ist jedoch marginal, so daß im folgenden nur von Asien gesprochen wird.

18 Wolfgang Seifert, Neue Zuwanderergruppen auf dem westdeutschen Arbeitsmarkt, in: Soziale Welt, 47. 1996, S. 180–201.

19 In der Beschäftigtenstatistik sind die Angestelltenberufe nicht weiter untergliedert, so daß hier keine Aussagen über Qualifikationsanforderungen im Angestelltenbereich gemacht werden können.

20 Ron Lesthaeghe/Jan Surkyn/Ingrid van Craenem, Dimensions and Determinants of Integration-related Attitudes among Turkish and Moroccan Men in Belgium (Interuniversity Papers in Demography; Nr. 4), Brüssel 1998; Heinz Fassmann/Rainer Münz/Wolfgang Seifert, Die Arbeitsmarktposition ausländischer Arbeitskräfte in Deutschland (West) und Österreich, in: MittAB, 30. 1997, S. 732–745.

21 Aus systematischen Gründen ist auch für den Zeitraum nach 1990 nur ein Vergleich der Arbeitslosenquote von Ausländern und Deutschen für Westdeutschland sinnvoll, denn 97% aller Ausländer in Deutschland leben in den alten Bundesländern und in West-Berlin.

22 Die nationalitätenspezifischen Unterschiede können mit den vorhandenen Daten allerdings nicht erklärt werden; Stefan Bender/Werner Karr, Arbeitslosigkeit von ausländischen Arbeitnehmern. Ein Versuch, nationalitätenspezifische Arbeitslosenquoten zu erklären, in: MittAB, 26. 1993, S. 192–206.

Integration und Segregation

Claus Leggewie

Als Anfang des Jahres 1999 die Unterschriftenkampagne von CDU/CSU gegen die Gewährung der doppelten Staatsangehörigkeit für Furore sorgte, beteuerten Befürworter wie Gegner dieser Aktion unisono, sie seien selbstverständlich für die Integration der ausländischen Mitbürger. Den immer wieder neu formulierten Konsens hatte die frühere Ausländerbeauftragte der Bundesregierung im Dezember 1997 mit den Worten zusammengefaßt:»Der Gedanke der Integration muß die Leitidee aller ausländerpolitischen und gesellschaftlichen Maßnahmen und Schritte sein«.[1] Diese Maxime übernahm auch ihre Nachfolgerin.[2]

Hinter der ökumenisch geteilten Leitidee verbirgt sich indessen ein höchst unterschiedliches Verständnis von ›Integration‹. Während die eine Seite den deutschen Paß erst als Vollendung und gewissermaßen Krönung eines gelungenen Integrationsprozesses verleihen möchte, sieht die andere im Besitz der Staatsangehörigkeit und der Ausübung der staatsbürgerlichen Rechte und Pflichten eine der Voraussetzungen für sein Gelingen. Auch der im Zusammenhang mit der Reform des Staatsangehörigkeitsrechtes von 1999 vorgelegte Katalog der Ausschlußgründe für eine Einbürgerung von Ausländern enthält eine implizite Philosophie geglückter oder mißglückter Integration. Dabei stellen Dauerarbeitslosigkeit und Zweifel an der Verfassungstreue, als Indikatoren mangelhafter struktureller Integration und symbolischer Identifikation, wesentliche Exklusionsgründe dar. Die in der Diskussion auch anzutreffende Aufforderung, Ausländer sollten die ›christliche Leitkultur‹ anerkennen, macht darüber hinaus eine substantielle Voraussetzung rechtlicher und kultureller Inklusion geltend.

Das in Deutschland herrschende Verständnis von Integration ist durch spezielle Präferenzen und Traditionen geprägt. Die soziale und ökonomische

Gleichstellung ausländischer Arbeitnehmer auf dem Arbeitmarkt, in den Betrieben und auch in den Systemen sozialer Sicherung ist hierzulande relativ weit entwickelt. Die kulturelle Integration wurde – dank der kontrafaktisch aufrechterhaltenen Rückkehroption – lange Zeit eher als Privatsache der Migranten angesehen. Und an der politischen, konsequent auf Einbürgerung zielenden Integration bestand bis in die jüngste Vergangenheit sowohl auf seiten der Deutschen als auch auf seiten der hier lebenden Ausländer relativ wenig Interesse, und die bisherige Bilanz der gesetzlich erleichterten Einbürgerung deutet an, daß sich daran auch nach dem Januar 2000 nicht viel geändert zu haben scheint.

Unterscheidet man zwischen diesen drei Dimensionen von Integration – soziale Inklusion, Akkulturation und politische Partizipation – so dominiert in Selbstverständnis und Praxis der deutschen Einwanderungsgesellschaft eindeutig die wohlfahrtsstaatliche Integration. Auf entsprechende Defizite konzentrierte sich vor allem nach dem Einsetzen der Familienzusammenführung in den 1970er Jahren eine breite Palette staatlicher, halbstaatlicher und nichtstaatlicher bzw. privater Maßnahmen. Seither dient das Begriffspaar Integration/Segregation zur empirischen Beschreibung und normativen Bewertung erreichter oder erwünschter Positionen von Einwandererminderheiten in der deutschen Gesellschaft. Manifestationen sozialer Ungleichheit und Benachteiligung standen im Mittelpunkt, und es bestand die Hoffnung, auch ausländische Arbeitnehmerfamilien würden jenen ›Fahrstuhl‹ besteigen, der einheimische westdeutsche Unterschichten in einer langen Prosperitätsphase seit den 1950er Jahren nach oben befördert hatte. Analog dazu sollten Sprachkurse, Sozialberatung und Berufsbildungsmaßnahmen ausländischen Familien den Aufstieg ermöglichen, unter ihnen auch den ›Quereinsteigern‹, den im Jugendalter zugewanderten Ausländern sowie im Ausland geborenen Aussiedlern.

Nachdem über Jahrzehnte ein gedämpfter Integrationsoptimismus vorherrschte[3], macht sich seit Beginn der 1990er Jahre Skepsis breit. Zum einen wurden Zweifel an der Integrationsfähigkeit und -bereitschaft auch jüngerer, in Deutschland geborener Migranten der zweiten Generation und die Sorge über die Ausbreitung von Parallelgesellschaften auf deutschem Boden laut, zum andern bezogen Multikulturalisten Stellung gegen assimilatorische Implikationen und Konsequenzen des Integrationspostulats. Abweisende Reaktionen und feindliche Aktionen gegen in Deutschland lebende Einwanderer und Flüchtlinge, manifest fremdenfeindliche Straftaten eingeschlossen, lassen zugleich die Integrationsbereitschaft der einheimischen Bevölkerung fraglich erscheinen, auch wenn die große Mehrheit sich anders artikuliert und verhält.

So herrscht insgesamt ein eher düsteres Szenario vor, das die strukturelle Integration der Einwanderer in Bildungssystem, Arbeitsmarkt und Berufswelt wie auch die kulturelle Assimilation an hiesige Sprachgemeinschaft, Nachbarschaften und Verhaltensweisen gefährdet sieht. Vor allem zwei ›Problemgruppen‹ wurden ausgemacht, nämlich ›Türken‹ und ›Russen‹ (Aussiedler), die sich im Kampf um Ressourcen und Anerkennung auch gegeneinander stellen und überdies innerethnisch ausdifferenzieren.[4] Unter diesen Auspizien hat sich im letzten Bericht der Ausländerbeauftragten der Akzent vom Postulat der Integration (gegenüber Ausgrenzung und Assimilation) zur Warnung vor Segregation verschoben.[5] Neuere empirische Daten zur Lage der ersten und zweiten Ausländergeneration[6] unterstützen die Bedenken. Im ›intermediären Bereich‹ zwischen ökonomischer und politischer Integration sind drei Trends zu erkennen: 1. die problematische berufliche Eingliederung der zweiten Einwanderergeneration und jungen Aussiedler, 2. der Rückgang an interethnischen Sozial- und Nachbarschaftskontakten, und 3. Tendenzen räumlicher Segregation in großstädtischen Ballungsgebieten.

Diese zusammenhängenden Entwicklungen werden im folgenden unter der Fragestellung betrachtet, ob sich auch in Deutschland sog. ethnische ›Parallelgesellschaften‹ herausbilden und welche Folgen dies gegebenfalls für politische Partizipation und nationale Identifikation der eingewanderten Minderheiten hat.

Integrierte und Außenseiter

Zunächst muß der Begriff ›Integration‹ problematisiert und geschärft werden, dem höchst unterschiedliche Indikatoren und konträre Bewertungen zugrunde liegen. Auch in den Sozialwissenschaften hat ›Integration‹ unterschiedliche Konnotationen – als Funktion, als Prozeß und als Ziel. Die herrschende, funktionalistische Sichtweise sei hier nur im Hinblick auf einen speziellen Aspekt gestreift: Faßt man die Gesamtgesellschaft als ein System auf, das sich aus Teilsystemen (wie Wirtschaft, Politik und Verwaltung,

Kultur und Gemeinschaft) zusammensetzt, wird in der Regel dem Gemeinschaftssystem die Integrationsfunktion zugewiesen. Dort soll sowohl die symbolische Komplexität moderner Gesellschaften, die sich durch wirtschaftliche Verflechtung und politisches Handeln ständig erweitert, reduziert als auch die Handlungskontingenz, die ökonomischer Austausch und kulturelle Diskurse erhöhen, verringert werden.[7] Das bedeutet: Wachsende funktionale und kulturelle Differenzierung beanspruchen zunehmende Integrationsleistungen. Für das Gemeinschaftssystem heißt dies, daß eine zu starke Öffnung ebenso problematisch ist wie eine zu starke Schließung, mit anderen Worten: Kulturrelativismus ebenso ungünstig wirkt wie die normative Überhöhung einer ›Leitkultur‹.

In der empirischen Migrationsforschung wird Integration konkreter verstanden, aber oft politisch-normativ überfrachtet und zudem mit verwandten Termini wie Assimilation oder Akkulturation gleichgesetzt. Esser hat, noch im Blick auf die struktur-funktionalistische Schule, Integration als personalen und/oder relationalen Gleichgewichtszustand konkretisiert.[8] Andere Autoren verstehen darunter die Teilhabe der Zuwanderer an der Statusstruktur der Aufnahmegesellschaft im Blick auf ihre durchschnittliche berufliche Stellung und Faktoren wie Einkommen, Bildung, Rechtsstellung, Wohnsituation etc.[9] Zu Beginn des Einwanderungszyklus sind strukturelle Divergenzen zwischen den Lebenslagen der einheimischen Mehrheitsbevölkerung und Einwanderern aus weniger modernisierten Gesellschaften trivial und unvermeidlich. Zum Problem werden sie, wenn sie über eine längere Periode anhalten und sich ein Zustand relativer Benachteiligung verfestigt. Wenn im Hinblick auf diese Größen, vor allem im Bildungssystem und in der Arbeitswelt, keine erheblichen Unterschiede mehr zwischen Einwanderern und sozialstrukturell ähnlich positionierten Einheimischen feststellbar sind, kann man von struktureller Integration sprechen. Diese stellt sich nach den Erwartungen der Wanderungssoziologie um so mehr ein, je stärker sich auch die Mobilitätsmuster der Einwanderer an die der Einheimischen angepaßt haben. An diesem Postulat zeigt sich immer auch der normative Gehalt des Verständnisses von Integration als Ziel. Da dies bei der ersten Generation kaum zu erwarten ist, richtet sich das Interesse auf Angleichungs- oder Assimilationstendenzen bei der zweiten und dritten Generation und damit auf Integration als intergenerativen Prozeß.

Damit wird zum einen das Lernen in der Aufnahmegesellschaft üblicher Verhaltensweisen und Orientierungen angesprochen, zum anderen die selbstverständliche Präsenz und Bewegung von Einwanderern in sozialen Netzwerken der Einheimischen. Für beides werden in Literatur und Alltagssprache die Begriffe Akkulturation und Assimilation benutzt, bei denen man wiederum drei Dimensionen unterscheiden kann: 1. den kognitiven Prozeß des Erwerbs von Sprachkenntnissen, Fertigkeiten, Verhaltenssicherheit, Regelkompetenz für Gestik und Gebräuche, Normenkenntnis und Situationserkennung; 2. die Aufnahme formeller und informeller inter-ethnischer Sozialkontakte und die Beteiligung an diversen Einrichtungen der Aufnahmegesellschaft; 3. den Grad der Identifikation mit dieser, im Hinblick auf Zugehörigkeitsgefühle, Rückkehr- bzw. Naturalisierungsabsichten, Aufgabe bzw. Beibehaltung ›mitgebrachter‹ Gebräuche und politische Loyalität.[10]

Diese graduelle Angleichung von Einwandererminoritäten an die Mehrheitsgesellschaft kann man auch als De-Segregation ihres ursprünglich abweichenden und in vieler Hinsicht ›aparten‹ Status ansehen. Bewegung und Zielrichtung dieser Angleichung sind dabei klar: »Assimilation findet typischerweise einseitig, gerichtet auf eine – in der Regel dominante – Fremdgruppe hin statt und beinhaltet grundsätzlich eine Veränderung bzw. Übernahme kultureller Standards, Muster und Werte«[11]. In der Migrationsforschung wird der dargestellte Prozeß oft in eine (chrono)logische, über Generationen hinweg reichende (Kausal)Folge gebracht, wonach kognitive Assimilation (vor allem: Spracherwerb) den Prozeß der strukturellen Integration (Beruf, Arbeitsmarkt) und sozialen Integration (Kontakte, Netzwerke) einleitet und beides schließlich durch identifikative Assimilation gekrönt wird.

Im Hinblick auf die neu aufgeflammte Debatte um ›Ethnisierung‹ ist aber festzuhalten, daß Integration immer zwei Dimensionen aufweist[12]: Auf der einen Seite werden gesellschaftliche Einheiten nach innen gebündelt, auf der anderen Seite beteiligen sich derart aggregierte Interessen- und Wertgemeinschaften am gesellschaftlichen und politischen Leben der Gesamtgesellschaft, die durch eben diese Teilnahme ›integriert‹ wird. Das setzt keinen vorab bestehenden Konsens voraus; in konflikttheoretischer Sicht ist vielmehr die Auseinandersetzung um Werte und Normen konsensstiftend und kann der sozialen Integration förderlich sein, sofern sie in geregelten Bahnen verläuft. Ethnische Gemeinschaftsbildung (oder freiwillige und partielle Segregation) verurteilt die ›Einbeziehung der Teile‹ nicht a priori durch (wechselseitige) Diskriminierung zum Scheitern. Der Eigensinn der ethnisch-kulturellen Gemeinschaft wird vielmehr über Marktinstitutionen (Wertschöpfung), kollektiv verbindliche Entscheidungen des politisch-administrativen Systems und gemeinsam geteilte Werte in Richtung auf einen ethnisch indifferenten (›farbenblinden‹), zum Teil explizit ›ethnoziden‹ Patriotismus oder eine populäre Massenkultur ›vernacular culture‹ transformiert.

Neuerdings werden ethnische Bindungen eher als bedrohlich und desintegrativ gedeutet, sofern sie nicht, seitens eines ›hard multiculturalism‹, als Ausweg aus der Zwangsassimilation ethnischer Minderheiten radikalisiert werden. Dieser Perspektivenwechsel ist vermutlich auf eine ›postmoderne‹ Transformation der heutigen Einwanderungsgesellschaften zurückzuführen, deren ethnisches Substrat in dem Maße reaktiviert oder stärker beachtet wird, wie sich die kulturelle Integrationsfunktion des Gemeinschaftssystems verschleißt. Diese war wesentlich aus den Institutionen der industriellen Arbeitsgesellschaft gespeist, deren faktische und symbolische Effekte heute nicht mehr die frühere Verbindlichkeit aufweisen. Die ›Integration‹ der Einwanderer wurde lange – auch von ihnen selbst – mit ihrem relativen ökonomischen Erfolg und ihrem Beitrag zur Wertschöpfung gleichgesetzt. Auf der betrieblichen Ebene und am Arbeitsplatz bestand in der Vergangenheit auch stets eine nur schwache ethnische Diskriminierung. Wenn nun der (Industrie-)Betrieb durch Strukturwandel und/oder Dezentralisierung von Beschäftigung als Pol sozialer Integration an Bedeutung verliert und sich zugleich aus der sozialräumlichen Nachbarschaft entfernt, kommen kulturelle, religiöse und ethnische Differenzen stärker zum Tragen.

Nicht zufällig hat sich im Lauf der letzten zwanzig Jahre die Wahrnehmung und Benennung der ›Problemgruppen‹ verschoben: Aus ›ausländischen Arbeitnehmern‹ (oder ›Gastarbeitern‹) wurden Angehörige nationaler Gruppen, vor allem Türken. Und daraus wurden wiederum Angehörige ethnischer (Kurden) oder religiöser Gruppen (Muslime), obwohl es sich um ein und dieselbe Personengruppe handelt, also kollektive Einwandererkarrieren von der ersten zur zweiten und dritten Generation beschrieben werden.[13] Generationswechsel trägt zur ›Ethnisierung‹ noch bei statt sie abzuschleifen. Und eine solche Entwicklung wird durch die Herausbildung transnationaler Waren-, Finanz- und Informationsmärkte eher begünstigt. Infolge grenzüberschreitender Migration und Kommunikation bilden sich nämlich transnationale Gemeinschaften und transnationale soziale Räume aus, deren Bindung und Loyalität nicht mehr unbedingt in einem geographischen Zentrum lokalisierbar ist.[14]

Die Chancen der nächsten Generation

Obwohl das ›Ende der Arbeitsgesellschaft‹ und die Relativierung der darauf basierenden Normalbiographie immer wieder verkündet worden ist, identifiziert sich gerade die deutsche Gesellschaft noch weitgehend über Arbeitsinstitutionen und Arbeitsteilung. Die Maßstäbe der Arbeitsgesellschaft bleiben deshalb für die zweite und dritte Einwanderergeneration maßgeblich, deren Großväter und Eltern einmal explizit und in einem auch symbolisch mächtigen Sinne als ›ausländische Arbeitnehmer‹ angeworben worden sind. Nun ringen sie um Statuskonsistenz und sozialen Aufstieg ihrer Kinder und Enkel. Bildungsabschlüsse sind ein wesentliches, wenn nicht das wichtigste Kriterium für die Zuweisung von gesellschaftlichen Chancen und sozialem Status in modernen Gesellschaften. Die bestehenden Einkommens- und Statusdifferenzen der Ausländerhaushalte sind vorwiegend noch aus der geringeren schulischen und beruflichen Qualifikation der ersten Generation abzuleiten.

Daß der Wunsch nach sozialem und beruflichem Aufstieg heute zu scheitern droht, hängt mit einem ›doppelten Dilemma‹ zusammen: »Fallen Arbeitsplätze im produzierenden Gewerbe weg, so verlieren mehr Ausländer ihr Beschäftigungsverhältnis als Deutsche. Gelingt der Stadt hingegen eine wirtschaftliche Revitalisierung zugunsten neuer Industrien und eines Ausbaus des Dienstleistungssektors, so haben sie wiederum aufgrund ihrer minderen Qualifikation geringe Chancen, eine neue Anstellung zu finden«.[15] Vor diesem Hintergrund lag in den 1990er Jahren die Arbeitslosigkeit unter der eingewanderten Bevölkerung (hier vor allem: der türkischen) auch der zweiten Generation signifikant höher als unter Deutschen; auch der relative Anteil von ›Ausländern‹ an den Empfängern von Sozialhilfe ist gewachsen. Es potenziert sich damit die auch bei Deutschen bestehende Gefahr der ›Vererbung‹ von Arbeitslosigkeit und der Abhängigkeit von sozialen Transfers.

Die Lage der ausländischen Erwerbsbevölkerung würde allerdings überdramatisiert, wenn man daraus auf die Entstehung eines ausländischen Subproletariats oder einer Unterklasse schlösse, bei der ethnische Diskriminierung und Statusnachteile zu einer sog. ›ethclass‹-Benachteiligung verschmelzen. Auch innerhalb einer ethnischen Gruppe sowie zwischen den Generationen und Geschlechtern ist vielmehr eine wachsende Binnendifferenzierung eingetreten, die jede pauschale Beurteilung von Erfolg oder Scheitern der ökonomischen Integration verbietet.

Ausländerhaushalte erwirtschaften im Durchschnitt kein signifikant geringeres Einkommen mehr als Haushalte von Deutschen. Zu dieser Heterogenität trägt auch der relative Erfolg eines neuen ›Ethnic-Business‹ bei, das überwiegend von Selbständigen der zweiten Generation betrieben wird. Diese konzentrierten sich anfangs auf die Befriedigung von materiellen Bedürfnissen der eigenen ethnischen Gruppe durch (Familien-)Betriebe, treten aber längst auch darüber hinaus als Dienstleister auf. In manchen Teilen großer Ballungsgebiete, die als ›soziale Brennpunkte‹ verschrien sind, bildet das um diese Akteure herum gebildete ›sozial-ethnische Milieu‹ sogar den prosperierenden Kern einer im übrigen auf wohlfahrtsstaatliche Transfers angewiesenen Problemzone (s.u.). Die weitere Expansion dieses Sektors, der eine marktförmige Integration auf der Grundlage ethnischer Schichtung vorantreiben könnte, hängt ab von der Entwicklung des tertiären Sektors und seinen politisch-rechtlichen (z.B. Ladenschlußzeiten) und fiskalpolitischen Rahmenbedingungen (Möglichkeit geringfügiger Beschäftigung). Im Vergleich zu den ›Gastarbeiterkindern‹ haben junge Aussiedler bisher keine entsprechende wirtschaftliche Dynamik und Mobilität entfalten können.

Generell fragt sich, ob die zweite, überwiegend bereits in Deutschland geborene und/oder hier aufgewachsene Generation in der Lage sein wird, erreichte berufliche Positionen ihrer Eltern zu halten bzw. weiter aufzusteigen, oder ob höhere Bildung den individuell befähigten Einwandererkindern aufgrund historischer Einkommens- und Vermögensdifferenzen, aber auch durch ethnische Diskriminierung verwehrt bleibt. Was den Erfolg an allgemeinbildenden, beruflichen und vor allem weiterführenden Bildungseinrichtungen anbetrifft, ist weiterhin ein beachtlicher Rückstand der zweiten Generation auf ihre einheimischen Mitschüler zu konstatieren (Tabelle 1). Nur ein knappes Viertel der ausländischen Schüler besucht Real- und Gesamtschulen sowie Gymnasien, und über die Hälfte von ihnen erwirbt nur den Hauptschulabschluß. Zwar hatte sich die Situation seit etwa 1970 »langsam, aber kontinuierlich verbessert«[16], so daß à la longue ein Gleichziehen von Ein-

Tabelle 1: Deutsche und ausländische Schüler an allgemeinbildenden und beruflichen Schulen nach Altersgruppen in der Bundesrepublik Deutschland 1996

Im Alter von ... bis unter ... Jahren*	Deutsche	Ausländer	gesamt
	in 1.000 Personen Schüler**		
6–15 Jahre	7.013,9	752,3	7.784,2
Allgemeinbildende Schulen	7.030,5	752,3	7.782,2
Berufliche Schulen	1,4		1,4
15–20 Jahre	3.526,6	325,6	3.582,2
Allgemeinbildende Schulen	1.969,6	162,2	2.131,8
Berufliche Schulen	1.557,1	163,3	1.720,4
20–25 Jahre	707,6	72,4	780,0
Allgemeinbildende Schulen	46,0	4,9	50,9
Berufliche Schulen	661,6	67,5	729,1
25 Jahre und älter	172,9	13,3	186,2
Allgemeinbildende Schulen	17,8	3,7	21,4
Berufliche Schulen	155,1	9,6	164,7
Alle Schüler	11.439,0	1.163,6	12.602,6
Allgemeinbildende Schulen	9.065,2	932,1	9.988,3
Berufliche Schulen	2.373,8	240,5	2.614,3
	Bevölkerung		
6–15 Jahre	7.435,0	897,4	8.332,5
15–20 Jahre	3.951,3	535,5	4.486,8
20–25 Jahre	3.784,1	777,1	4.561,2
	Schulbesuchsquote in %		
6–15 Jahre	94,6	83,8	93,4
Allgemeinbildende Schulen	94,6	83,8	93,4
15–20 Jahre	89,3	60,8	85,9
Allgemeinbildende Schulen	49,8	30,3	47,5
Berufliche Schulen	39,4	30,5	38,3
20–25 Jahre	18,7	9,3	17,1
Allgemeinbildende Schulen	1,2	0,6	1,1
Berufliche Schulen	17,5	8,7	16,0

* Schüler und Bevölkerung am Jahresende
** Die Altersstruktur der ausländischen Schüler wurde geschätzt.

Quelle: Integration junger Ausländer in das Bildungssystem kommt kaum noch voran, in: DIW-Wochenbericht, 1998, Nr. 24, S. 417–426, hier S. 418.

wandererkindern im deutschen Bildungssystem zu erwarten war, und immerhin erreicht heute ein Zehntel der ausländischen Schulabsolventen die Hochschulreife. Da sich aber in jüngster Zeit Besucher- und Absolventenzahlen von allgemeinbildenden und weiterführenden Schulen und Bildungseinrichtungen wieder verschlechtern, ist nun von einem »Stillstand«, wenn nicht sogar »Rückschritten« die Rede.[17]

Die Schulbesuchsquote der ausländischen Kinder und Jugendlichen im schulpflichtigen Alter (vor allem der Asylbewerber, die nicht schulpflichtig sind) liegt weiterhin um rund zehn Prozent unter der gleichaltriger Deutscher. Noch ungünstiger ist dies bei Jugendlichen über 15 Jahren und vor allem bei Berufsschülern. Dieser Trend spiegelt nicht das nachlassende Interesse der ausländischen Familien, die vielmehr höhere Abschlüsse für ihre Kinder anstreben, sondern die gespannte Lage auf dem Ausbildungsstellenmarkt, die sich auf junge Ausländer und Aussiedler höchst ungünstig auswirkt. Die Situation hat sich seit Mitte der 1990er Jahre noch zugespitzt, unter anderem, weil Handwerk und freie Berufe, die traditionell vergleichsweise viele Ausländer ausgebildet haben, die Zahl der Neuabschlüsse von Lehrverträgen drastisch verringerten. Rund ein Drittel der ausländischen Schüler verließ die beruflichen Schulen 1996 ohne Abschluß, bei den deutschen Schülern waren es 16%. Dieselbe Proportion galt für Lehrgänge im Berufsvorbereitungs- und Berufsgrundbildungsjahr, in die ausländische Auszubildende ausgewichen waren, denen sich das duale System faktisch immer mehr verschließt. Nur noch die Hälfte von ihnen ist gleichzeitig Lehrling und Berufsschüler, und überdurchschnittlich viele sind arbeitslos oder ohne Ausbildungsvertrag erwerbstätig.

Daß mittlerweile ein Zehntel der ausländischen Jugendlichen das Abitur oder vergleichbare Abschlüsse machen und sie, trotz oft widriger Umstände, verstärkt in Fach(hoch)schulen und Universitäten vordringen, zugleich aber fast ein Fünftel ohne Hauptschulabschluß und ein Drittel der Berufsschüler ohne abgeschlossene Berufsqualifikation bleibt, belegt eine erhebliche Differenzierung, ja Polarisierung innerhalb der Einwandererbevölkerung. Ein wachsender Teil der ausländischen Jugendlichen wird seinen Weg machen, und sporadische Berichte über deren besonders hohe Motivation und ihre überdurchschnittlichen Erfolge sind nicht übertrieben. Sorgen bereitet dagegen der Rückstand der anderen Gruppe, die zahlenmäßig zu wachsen scheint. Welche Rolle spielt ethnische Diskriminierung dabei? Da die meisten ›ausländischen< Schüler im Inland geboren und regulär eingeschult worden sind, fallen herkunftsbedingte Verhaltensmuster mittlerweile weniger ins Gewicht. Sie treffen allenfalls auf sog. Seiteneinsteiger zu, die bereits im Heimatland eingeschult waren und in Sprachkenntnissen, Wissenserwerb und institutioneller Routine hinterherhinken.

Daß die Bildungsbenachteiligung von Kindern und Jugendlichen der zweiten Generation im großen und ganzen geringer geworden ist, liegt vor allem an deren verbesserten deutschen Sprachkenntnissen. Auch in der Wahrnehmung der überwältigenden Mehrheit der Einwanderer stellen diese Sprachkenntnisse eine wichtiges Gut dar, übrigens nicht allein für die Ausübung qualifizierter Tätigkeiten, den Zugang zu kulturellen Institutionen, die Wahrnehmung sozialer Kontakte und die Partizipation am öffentlichen Leben, also die strukturelle Integration, sondern auch als Indikator und Symbol einer kognitiven und emotionalen Identifikation mit der deutschen Aufnahmegesellschaft. Der – relativ verläßlichen – Selbsteinstufung der Einwanderer nach, beherrscht mittlerweile eine größere Mehrheit männlichen Angehörigen der zweiten Generation die deutsche Sprache, wobei (auch jüngere) Türken und vor allem Türkinnen hier Defizite aufweisen. Deutlich schlechtere Werte ergeben sich bei den schriftsprachlichen Kenntnissen, die für die Ausübung qualifizierter Berufe unabdingbar sind.[18] Die zu Hause weiterhin und meist mit großer Selbstverständlichkeit gesprochene Muttersprache bleibt >Reservesprache<, was nicht durchweg zu jener >doppelten Halbsprachigkeit< führt, die manche Schulpraktiker beklagen. Was den Bildungserfolg anbetrifft, ist »kein signifikanter Einfluß dieses Merkmals« festgestellt worden.[19]

Zusammenfassend läßt sich bei einer Betrachtung der sich in positiver wie negativer Hinsicht verfestigenden Bildungschancen von Ausländern der ersten und nachfolgender Generationen eine »Strategie des intergenerationalen Statuserhaltes« konstatieren.[20] Die Bildungschancen der Kinder werden, genau wie in deutschen Haushalten, weitgehend >vererbt<. Von allen Einflußfaktoren wirkt sich die Schulbildung des Haushaltsvorstandes am stärksten auf Bildungschancen des Kindes aus, so daß ausländische Familien ceteris paribus strukturell benachteiligt bleiben, solange die Eltern jünger sind, die Kinder in personenreicheren Haushalten aufwachsen und häufiger dem Arbeitermilieu angehören. Aber auch jenseits dieser sozialstrukturellen Barrieren bleiben sie gegenüber deutschen Referenzgruppen benachteiligt, so daß ethnische Faktoren bedeutsam sind und offenbar weiter eine Rolle spielen. Neuere Forschungsergebnisse belegen, daß Kinder von Türken ebenso wie von Italienern – also Angehörige einer besonders stark stigmatisierten genau wie einer aufgrund ihrer älteren Einwanderungsgeschichte sowie als EU-Bürger weit besser integrierten und akzeptierten Gruppe – stärker im deutschen Bildungssystem benachteiligt sind als Kinder anderer Nationalitäten. Sie führen dies unter anderem auf das »kulturelle Klima im Elternhaus« zurück und postulieren, daß Assimilation an die Gewohnheiten des Gastlandes die Bildungschancen der Kinder erhöhe.[21] Diese Hypothesen wären noch zu prüfen, doch legen die Verhältnisse und die jüngsten Verschlechterungen im Bildungssystem die Schlußfolgerung nahe, »daß nicht – wie man erwarten würde – eine bessere Schulbildung Voraussetzung einer Integration ausländischer Mitbürger darstellt, sondern im Gegenteil ein erfolgreich verlaufender Integrationsprozeß – unabhängig vom Bildungsniveau – erst die Möglichkeit einer Chancennivellierung zwischen deutschen und ausländischen Kindern bietet«.[22]

Forschung und Politik widmeten sich in jüngerer Zeit besonders der beruflichen Situation jugendlicher Spätausssiedler; in dieser Gruppe waren im Jahr 1997 insgesamt 26% unter 20 Jahre alt und über 40% im Alter zwischen 20 und 45 Jahren.[23] Verstärkt kommen jüngere Spätaussiedler nun mit nicht-deutschen Familienangehörigen nach Deutschland, so daß anzunehmen ist, daß ein beträchtlicher Teil der auf diesem Wege aufgenommenen Personen keine deutsche ›Volkszugehörigkeit‹ im Sinne des Vertriebenen- und Flüchtlingsgesetzes (§ 6 BVFG) besitzen. Unter jüngeren Spätaussiedlern stellt ein Mangel an Deutschkenntnissen ein wesentliches Eingliederungsproblem dar, das durch das eingeschränkte Angebot an Intensivsprachkursen und berufsvorbereitenden Maßnahmen bisher nicht beseitigt werden konnte.

Besonders problematisch ist im Bereich der Aussiedlerintegration, wie zu Beginn der Gastarbeitermigration und bei den Asylbewerbern und Bürgerkriegsflüchtlingen, die Lage sog. Seiteneinsteiger, die während ihrer Ausbildung – und oft auch gegen ihren Willen – nach Deutschland kamen. Hier klafft, ähnlich wie bei ausländischen Jugendlichen in gleicher Lage, eine gewaltige Lücke zwischen den Ausbildungs- und Berufs(bildungs)systemen im Herkunftsland und in Deutschland. Ein System dualer Ausbildung war und ist z.B. in den GUS-Staaten weitgehend unbekannt. Berufswünsche beziehen sich oft auf Qualifikationen, Standards und Werte, die dort einen anderen

Stellenwert hatten als in Deutschland. Dasselbe gilt für den zuletzt in der GUS oder anderen Herkunftsländern erlebten Schulalltag, der zum einen die autoritäre Tradition des sowjetischen Schulwesens, zum anderen die chaotische Umbruchsituation nach 1989 widerspiegelt. Der Spracherwerb wird nun dadurch erschwert, daß die in kompensatorische Unterrichtsmaßnahmen fließenden Mittel während der 1990er Jahre drastisch gekürzt worden sind; aber auch der Rückzug junger Spätaussiedler in gleichaltrige Herkunftsgemeinschaften trägt dazu bei, daß sie von ihrer Umwelt als ›Russen‹ wahrgenommen und häufig stigmatisiert werden und darauf wiederum mit Delinquenz, Vandalismus, Drogenkonsum etc. reagieren. Auch hier ist allerdings wieder eine starke Binnendifferenzierung zu verzeichnen. Wo das Schulsystem etwa die höhere Neigung von Aussiedlerjugendlichen zu naturwissenschaftlichen und musischen Fächern honoriert und überdies eine sinnvolle kompensatorische Betreuung und vor allem ein günstiges familiäres Umfeld gegeben sind, stellen sie eine besondere Leistungsbereitschaft unter Beweis, die sie zu höheren Abschlüssen führt.[24]

Integration durch gesellige Assoziation?

Um einen Integrationsprozeß als erfolgreich kennzeichnen zu können, wird einerseits auf Richtung und Intensität der sozialen Alltagskontakte zwischen Deutschen und Ausländern, andererseits auf die Persistenz informeller ethnischer Netzwerke hingewiesen. Beide Faktoren werden dabei oft – und meist zu Unrecht – als Gegensätze betrachtet. Wenn etwa Beamte von Regierungspräsidien bei Ermessenseinbürgerungen nach Kriterien für die soziale Verwurzelung der Antragsteller suchten, verfielen sie auf Vereinsmitgliedschaften, vorzugsweise in einem ›deutschen‹ Sport-, Schützen- oder auch Skatclub. Die Zugehörigkeit zu Kulturvereinen oder religiösen Zirkeln der Herkunftsgruppe, die bei Einwanderern naturgemäß häufig vorkommt, wurde weniger gern gesehen, auch wenn sie keineswegs per se als ›integrationshemmend‹ gelten kann.[25]

Empirische Befunde zur Mitgliedschaft ethnischer Gruppen in kulturellen, religiösen und politischen Vereinen und Organisationen legen vielmehr einen anderen Schluß nahe: Unter den Einwanderern gibt es, genau wie bei der deutschen Mehrheitsbevölkerung, ›kontaktfreudige‹ Personen, die sich als

Tabelle 2:   Sprachkenntnisse, interethnische Freundschaften, Wunsch nach
dauerhaftem Aufenthalt und nationale Identifikation, 1985–95,
in %

	1. Längsschnittkohorte		2. Längsschnittkohorte	
	1984	1989	1991	1995
Gute Deutschkenntnisse				
Insgesamt	42	46	56	55
Zweite Generation	86	89	92	93
Frauen	35	40	51	48
Türken	30	31	50	49
*Interethnische Freundschaften**				
Insgesamt		48	48	42
Zweite Generation		60	67	59
Frauen		46	46	40
Türken		35	37	33
Dauerhafte Bleibeabsicht				
Insgesamt	30	39	43	47
Zweite Generation	34	54	59	52
Frauen	27	38	42	47
Türken	26	35	39	43
*Selbstidentifikation als Deutsche***				
Insgesamt	10	11	14	11
Zweite Generation	15	19	30	21
Frauen	10	10	12	10
Türken	6	4	8	7

*   Die Netzwerkfragen wurden erstmals 1988 und ab dann im 2-Jahres-Rhythmus erhoben.
Der Wert für 1989 bezieht sich auf 1988. Die Angaben für 1991 beziehen sich auf 1992 und
die von 1995 auf 1994.

** Wegen abweichender Fragestellung 1984 wird hier der Wert für 1985 ausgewiesen.

Die Daten beziehen sich nur auf Westdeutschland.

Quelle: Rainer Münz/Wolfgang Seifert/Ralf Ulrich, Zuwanderung nach Deutschland. Strukturen, Wirkungen, Perspektiven, Frankfurt a.M./New York 1997, S. 101.

aktive Mitglieder ethnischer Vereine auch um soziale Kontakte außerhalb der
eigenen Gruppe bemühen, während Personen, die insgesamt sozial isoliert
leben, d.h. weniger an ethnisch exklusivem wie übergreifendem Vereinsle-
ben interessiert sind, in beide Richtungen weniger assimilationsorientiert
sind. Am stärksten ist das bei Mitgliedern religiöser (vor allem islamischer)

Gruppen der Fall, die »eine Form der Koexistenz mit Deutschen bevorzugen, die einerseits durch politische und rechtliche Gleichstellung, andererseits aber eine größtmögliche soziale und kulturelle Absonderung von der Mehrheit gekennzeichnet ist«.[26] Das Beispiel zeigt, daß sozialökonomische Integration die kulturelle Assimilationsneigung nicht automatisch erhöht, solange ethnisch-kulturelle Institutionen aus dem ›Heimatland‹ – obwohl zumeist erst in der Einwanderungsgesellschaft selbst geschaffen oder transnationalen Zuschnitts – Binnenintegration erlauben. In solchen Vereinen kann der soziale Status der Mitglieder, der durch die eingangs beschriebene sozialökonomische Marginalisierung bedroht ist, eventuell gehalten oder verbessert werden; auch der Absturz in die Delinquenz (vor allem männlicher Jugendlicher) kann durch diese Bindung zum Teil verhindert werden.

Tabelle 3:   Eheschließungen nach Staatsangehörigkeit der Ehepartner

Jahr	insgesamt	deutsch/ausl. Paare	Anteil an insg. (in %)
1991	454.291	43.955	9,7
1993	442.605	50.050	11,3
1995	430.534	56.860	13,2

Quelle: Bericht über die Lage der Ausländer in der Bundesrepublik Deutschland, hg. v.d. Beauftragten der Bundesregierung für Ausländerfragen, Bonn 1997, S. 116.

Im Hinblick auf die kulturelle Assimilation scheint es zu Beginn der 1990er Jahre zu einem ähnlichen Bruch gekommen zu sein wie bei der stockenden Integration der zweiten Generation in deutschen Bildungseinrichtungen. Daß nämlich die Verbesserung der Sprachkenntnisse vor allem in der zweiten und dritten Generation, zusammen mit der Verlängerung der durchschnittlichen Aufenthaltsdauer, inter-ethnische Beziehungen generell verbessert und ›normalisiert‹, ist nach den Daten des Sozio-Ökonomischen Panels nicht der Fall (Tabelle 2). So stagniert schon seit längerem die Zahl der ›interethnischen Freundschaften‹, verkörpert in den drei wichtigsten Personen außerhalb des eigenen Haushalts; seit Beginn der 1990er Jahre ist sie sogar zurückgegangen. Mehr als die Hälfte der befragten Einwanderer gab unter den drei wichtigsten Bezugspersonen keine deutsche Person (mehr) an. Besonders bemerkenswert ist, daß der Anteil auch in der zweiten Generation rückläufig ist, in der Beziehungen zu Deutschen durchschnittlich intensiver sind.

Wieder stechen zwei ›Problemgruppen‹ hervor – Einwandererfrauen und türkische Einwanderer; letztere nannten nur noch zu einem Drittel eine(n) Deutsche(n) als Bezugsperson. Es ist unter integrationspolitischen Aspekten alarmierend, daß mit dieser Verkümmerung der interethnischen Personennetzwerke auch die (subjektiv empfundene) Beherrschung der deutschen Sprache leidet. Ebenso gesunken ist die dauerhafte Bleibeabsicht der zweiten Generation und die ohnehin bereits niedrige Selbstidentifikation von Einwanderern aller Altersstufen und beider Geschlechter als Deutsche. Man kann diese offenbar miteinander zusammenhängenden Befunde als wachsende soziale Segregation der ausländischen Bevölkerung deuten.[27] Zwar sind in den Umfragen nur subjektive Befindlichkeiten erhoben worden, die mit den tatsächlichen Kompetenzen (Sprache), Sozialkontakten und Verhaltensweisen (Aufenthaltsdauer) nicht übereinstimmen müssen. Eine solche Diskrepanz besteht etwa zwischen der Bleibeabsicht der Einwanderer und ihrer tatsächlichen Aufenthaltsverlängerung, Auch hat die Zahl der Eheschließungen von deutsch-ausländischen Paaren, vor allem in der Altersgruppe zwischen 25 und 29 Jahren, seit 1991 beständig zugenommen (Tabelle 3). Doch gibt die subjektive Bewertung des individuellen und kollektiven Integrationsprozesses letztlich den Ausschlag. Selbst wenn die Einschätzung, die eigenen Deutschkenntnisse hätten sich im erwähnten Zeitraum verschlechtert, mit der tatsächlichen Sprachkompetenz nicht übereinstimmt, spiegelt die Tatsache, daß dieser Eindruck entstanden ist, die Beziehungen zur deutschen Mehrheit wider, die in der ersten Hälfte der 1990er Jahre zweifellos distanzierter geworden sind. Besonders problematisch ist, daß dieser Befund auch für die zweite Generation gilt, wobei hier auch wieder der Rückzug jugendlicher Spätaussiedlern auf die eigene (Gleichaltrigen-)Gruppe hervorgehoben werden muß.[28]

›Kolonie‹ oder ›Ghetto‹?

Die entscheidende Frage lautet deswegen, ob und wo eine ›unsichtbare Mauer‹, die in Deutschland ähnlich auch zwischen Ost- und Westdeutschen besteht, in räumliche Segregation und soziale Desintegration umschlägt. Daß Einwanderer in konzentrierter Siedlung abseits überwiegend oder rein ›deutscher‹ Nachbarschaften wohnen, kann als prägnantestes räumliches Symbol freiwilliger oder erzwungener Sonderstellung gelten und widerspricht dem Postulat,»daß Migranten als integriert gelten, wenn sie sich nicht in Stadtvierteln mit geringem Prestige und niedriger Wohnqualität konzentrieren«.[29] Alle Indikatoren – von der verfügbaren Wohnfläche (Personen pro Raum) bis zur generellen Wohnungsqualität und Wohnlage – belegen, daß Einwanderer durchweg noch unter signifikant schlechteren Bedingungen wohnen als Einheimische. Dabei herrscht sicherlich eine geringere räumliche Segregation vor als in den Ballungsgebieten der USA. Von einer mit der Lage der Schwarzen und einiger Einwanderer-Minoritäten vergleichbaren Ghettoisierung kann keine Rede sein. Das gilt besonders dann, wenn darunter nicht allein eine Verdichtung in stigmatisierten Nachbarschaften verstanden wird, sondern ein deutlich von der Mehrheitsgesellschaft abweichendes, aber innerhalb dieser Teileinheit selbst nicht mehr als ›anormal‹ wahrgenommenes sozial-moralisches Milieu, aus dem es für die Mehrheit der Ghetto-Bewohner kaum noch ein Entrinnen gibt.

Unterhalb dieser Schwelle bestehen Konzentrationen von ethnischen Minderheiten in mehrerer Hinsicht: Einwanderer leben zu rund drei Vierteln in den größten Städten der Bundesrepublik. Und nahezu die Hälfte von ihnen lebt in Großstädten, deren Wachstum in den letzten Jahrzehnten häufig überhaupt nur noch durch Einwanderung zustande gekommen ist. Diese Konzentration einer Bevölkerung mit oft noch dörflich-agrarischer Biographie in großen Agglomerationen und urbanen Ballungszentren war niemals freiwillig, sondern ein Reflex der vorgefundenen Beschäftigungsschwerpunkte. Weiterhin halten sich Arbeitsmigranten zumeist in den hochverdichteten Räumen der alten Bundesländer auf, fast drei Viertel allein in den vier Flächenländern Nordrhein-Westfalen (über 25%), Baden-Württemberg, Bayern und Hessen. Ebenso historisch bedingt ist, daß vor allem die erste Generation nur in bestimmten Segmenten des dortigen Wohnungsmarktes anzutreffen ist, nämlich in Gebieten mit niedrigem Status und ›schlechter Lage‹, darunter Spekulationsobjekten, Häusern mit schlechter Bausubstanz und peripheren Hochhaussiedlungen. Anfangs zogen Einwanderer und ihre Familien schon deshalb in sanierungsbedürftige oder zum Abriß vorgesehene Innenbezirke von Großstädten, weil sie einen geringen Teil ihres knappen Budgets für Wohnzwecke auszugeben bereit waren.

Seit diese ›Ausländerviertel‹ saniert und auch wieder attraktiv für zahlungskräftige Eigentümer und Mieter geworden sind, wurden Einwanderer an den Stadtrand, in Zonen >überforderter Nachbarschaft< und auch in alte dörfliche Bausubstanz verdrängt. Der Versuch, den durch überdurchschnittliche Haushaltsgrößen verursachten relativ hohen Wohnraumbedarf bei niedrigen Mieten zu decken, ist gescheitert, wenn man den hohen Quadratmeterpreis bei ausländischen Haushalten in Rechnung stellt. Dafür, daß Einwanderer höhere Mieten für schlechtere und kleinere Wohnungen zahlen, ist in zweiter Linie die ablehnende Haltung und ethnische Diskriminierung durch Vermieter und Nachbarn verantwortlich. Trotz deutlicher Benachteiligung erklärten sich nach der MARPLAN-Untersuchung von 1996 aber weniger als 30% der befragten ausländischen Mieter als »nicht ganz zufrieden« oder »sehr unzufrieden« mit ihrer Wohnungssituation. Den Hintergrund bildet wohl die allmähliche Angleichung der Haushaltsgrößen, die Grundausstattung mit Küchen, Bädern bzw. Duschen und (in geringerem Umfang) Zentralheizungen, d.h. die relative Verbesserung der Wohnungsausstattung. Mit der längeren Aufenthaltsdauer in Deutschland stiegen dabei auch die subjektiven Ansprüche an die Wohnqualität und auch das Streben nach Eigenheimen. Die Wohneigentumsquote lag 1993 bei 6,5% und zeigt steigende Tendenz. Auch dieses Phänomen belegt wieder die Binnendifferenzierung der eingewanderten Bevölkerung seit den 1970er Jahren.

Immer noch aber leben Einwanderer weit überproportional (22%) als Sozialwohnungsmieter in >sozialen Brennpunkten<, d.h. nach Schicht, Einkommen oder/und Ethnie segregierten Stadtteilen. Um die brisante und konfliktträchtige Bevölkerungsmischung dort einmal plastisch zu veranschaulichen: Kinderreiche, auf Transfereinkommen angewiesene Migrantenfamilien leben mit einheimischen alleinerziehenden Müttern, arbeitslosen Drogenabhängigen und Alkoholikern, entlassenen Strafgefangenen und diese Merkmale kumulierenden Problemfamilien zusammen. Dabei bilden sie in solchen Vierteln und Punkt-Hochhäusern mittlerweile die ökonomisch stärkste Gruppe und auch, dank relativ intakter Familienbindungen, einen Faktor moralischer Stabilität.[30]

Diese relativ erfreuliche Entwicklung droht abzubrechen, wenn die eingangs beschriebene Arbeitslosigkeit ausländischer Jugendlicher anhält und sich gleichzeitig die Situation auf dem Wohnungsmarkt weiter zuspitzt. Relativer Wohnungsmangel ist bereits seit Ende der 1980er Jahre zu beobachten: Zu wenig Neubauten entstehen, Wohnungen werden aus der Sozialbindung genommen und Sozialwohnungen kommen, vor allem seit Abschaffung des Gemeinnützigkeitsgesetzes (1987), auf den freien Markt. Hinzu kommt der schleichende Wegzug einheimischer Nachbarn aus ›Ausländervierteln‹. Sie stört nicht zuletzt der hohe Anteil ausländischer Kinder (die dritte Einwanderergeneration) in Kindergärten und Schulen. Und sie fühlen sich bestätigt durch populistische Losungen wie etwa jene des ehemaligen Berliner Innensenators Schönbohm. Dieser hatte eine ›Entmischung‹ von Stadtbezirken mit besonders hohem Anteil ethnischer Minderheiten gefordert, ohne anzugeben, auf welchem Wege er diesen Vorschlag verwirklichen wollte. Eine zwischen 1976 und 1989 bestehende ›Zuzugssperre‹ in drei Berliner Bezirken hatte wenig gefruchtet.

Transnationale soziale Räume und Politik der Integration

Klassischen Assimilations- und Integrationstheorien zufolge müßten die dauerhafte Abwesenheit von Zuwanderern von ihrem Heimatland und die zunehmende Aufenthaltsdauer in Deutschland auch die emotionale Bindung an die Aufnahmegesellschaft gesteigert und sich ihre politische Beteiligung verstärkt auf diese Gesellschaft gerichtet haben. Besonders bei den Angehörigen der zweiten Generation wurde vermutet, sie würden den sozialen und wirtschaftlichen Aufstieg der Eltern fortzusetzen oder zu übertrumpfen suchen und dabei mit deren kulturellem Traditionalismus und ethnischen Konventionen brechen, sich also auch kulturell assimilieren. Es zeigt sich indes, daß dieser ›Modernisierungsprozeß‹ innerhalb der Zuwanderergruppen, unter ihnen auch den Aussiedlern, durchaus zu beobachten ist, aber keineswegs irreversibel scheint. Vor allem wuchs seit dem Ende der 1980er Jahre die innere Differenzierung und Polarisierung der Einwandererbevölkerung, und damit bei einem wachsenden Teil die Rückbesinnung auf Herkunft, Glaubensüberzeugungen und ›eigenkulturelles‹ Gemeinschaftsleben.

Zu dieser Rückbesinnung gehört auch die verbreitete Orientierung an politischen Konflikten und sozialen Prozessen im ›Heimatland‹, wozu in Deutschland die breite und intensive Rezeption nicht-deutschsprachiger (vor allem türkischer, aber auch serbischer, kroatischer, griechischer und italienischer) Medien mit Sitz im In- und Ausland beiträgt. Erleichtert wird sie auch durch preisgünstige Transportmöglichkeiten, die zusammen mit der kommunikativen Achse die Entstehung transnationaler sozialer Räume begünstigt hat, in denen ein ständiges Kommen und Gehen zwischen Herkunfts- und Aufnahmeland herrscht und über Generationen hinweg gepflegt werden kann.

Indem diese ›Transmigranten‹ zunehmend in zwei Gesellschaften gleichzeitig verankert sind, entdramatisiert sich nicht nur die Paria-Existenz des aus der klassischen Migrationsforschung bekannten ›marginal man‹ (Robert Ezra Park) ›zwischen den Kulturen‹, es verschwimmt auch der übliche nationalstaatliche Bezugsrahmen für soziale und politische Integration. Auf den nationalen Wohlfahrtsstaat bezogen waren theoretisch-analytisch wie politisch-praktisch die Parameter und Normen, das Recht und die Institutionen der Eingliederung in Einwanderungsgesellschaften. Mittlerweile sind, parallel zur Globalisierung der Wirtschaftsstandorte und der zunehmenden Herausbildung einer tatsächlichen ›Weltgesellschaft‹, transnationale soziale Räume gewachsen, innerhalb derer transnationale Gemeinschaften von Migranten eine strategische Rolle spielen. Auch bei diesen Migranten kann man, analog zur festgestellten Differenzierungstendenz, eine ähnliche Schichtung und Polarisierung beobachten wie bei ›einheimischen‹ Gruppen, nämlich zwischen ›Territorialisten‹, die Schutz beim heimischen Wohlfahrtsstaat suchen, und ›Globalisten‹, die ihr Heil in Reproduktionsräumen jenseits konventioneller Grenzziehungen suchen.[31]

Unter den Auspizien dieser Transnationalisierung verschiebt sich die Integrationsproblematik also bereichsweise auf eine weltgesellschaftliche Ebene. Beachtliche Teile der ›Transmigranten‹ wissen ihre ›Doppelexistenz‹ zu nutzen; ihnen steht auch, jenseits des Instituts der Staatsangehörigkeit und der damit verbundenen Rechte und Pflichten, der Rückgriff auf internationales Recht offen. Für andere hingegen verschärft sich der soziale Druck, vor allem durch die Abschottung der Arbeitsmärkte. Davon ist auch die zweite Generation betroffen, die an breiter werdenden Rändern in die Position einer ›underclass‹ abzurutschen und insgesamt in eine Lage relativer Deprivation hineinzugeraten droht.

›Oben‹ wie ›unten‹ steigen damit die individuellen und kollektiven Kosten für assimilative Handlungen, was in beiden Fällen zugleich den Nutzen binnenethnischer Beziehungen erhöht. Die Chancen für ethnische Mobilisierung wachsen, weil die Erwartungen an strukturelle und identifikative Assimilation gestiegen sind, die zweite – und womöglich auch dritte – Generation aber nicht mehr die Ansprüche erfüllen kann, die im Einwanderungsprozeß an sie gestellt werden. Kommen dann noch offen feindselige Haltungen und latente oder institutionelle Diskriminierungen seitens der Mehrheitsgesellschaft hinzu, auch Fehlleistungen der politischen Eliten und Meinungsführer, ist eine Verstärkung der identitären Reaktion bei der zweiten Generation durchaus ›rational‹. Wenn sich Entfremdungen zwischen Mehrheitsgesellschaft und Einwanderern verhärten, dann ist eine Relativierung oder sogar die völlige Revision von Bleibe- und Einbürgerungsabsichten nachvollziehbar und eine breitere politische Identifikation mit der Bundesrepublik Deutschland unwahrscheinlich. Weder in instrumenteller Absicht noch als politisch-symbolischer Akt ist der Erwerb der deutschen Staatsangehörigkeit (unter Aufgabe der alten) dann noch plausibel – selbst unter den erleichterten Bedingungen, die die Reform des Staatsangehörigkeitsrechts eröffnet hat.

Anmerkungen

1   Bericht über die Lage der Ausländer in der Bundesrepublik Deutschland, hg. v.d. Beauftragten der Bundesregierung für Ausländerfragen, Bonn 1997, S. 147.

2   Dass., Bonn 2000, 201–210.

3   Stefan Weick, Zuwanderer in Deutschland optimistisch. Untersuchung zu Lebensbedingungen, Integration und Zufriedenheit bei Migranten, in: Informationsdienst Soziale Indikatoren, 15. 1996, S. 1–4.

4   Hierzu zuletzt die Beiträge in Klaus J. Bade/Jochen Oltmer (Hg.), Aussiedler: deutsche Einwanderer aus Osteuropa (IMIS-Schriften, Bd. 8), Osnabrück 1999; Leonie Herwartz-Emden (Hg.), Einwandererfamilien. Geschlechterverhältnisse, Erziehung und Akkulturation (IMIS-Schriften, Bd. 9), Osnabrück 2000; Jürgen Göddecke-Stellmann, Räumliche Implikationen der Zuwanderung von Aussiedlern und Ausländern. Rückkehr zu alten Mustern oder Zeitenwende?, in: Informationen zur Raumentwicklung, 1994, H. 5/6, S. 373–386; Peter Lüttinger, Der Mythos der schnellen Integration. Eine empirische Untersuchung zur Integration der Vertriebenen und Flüchtlinge in der Bundesrepublik Deutschland seit 1971, in: Zeitschrift für Soziologie, 1986, H. 1, S. 20–36.

5   Bericht über die Lage der Ausländer in Deutschland (1997), S. 147–156.

6   Hierzu s. etwa Norbert Böker, Sozialräumliche Segregationstendenzen der ausländischen Bevölkerung in Osnabrück, o.O. 1996; Heinz Werner/Wolfgang Seifert, Die Integration ausländischer Arbeitnehmer in den Arbeitsmarkt, Nürnberg 1994; Hartmut Häußermann, Zuwanderung und die Zukunft der Stadt. Neue ethnisch-kulturelle Konflikte durch Entstehung einer neuen sozialen ›underclass‹?, in: Wilhelm Heitmeyer u.a. (Hg.), Die Krise der

Städte, Frankfurt a.M. 1998, S. 145–175; Ekin Deligöz, Ausländer zwischen Integration und Segregation. Am Beispiel der türkischen Bevölkerung in Konstanz, Konstanz 1999.

7 Richard Münch, Die Struktur der Moderne. Grundmuster und differentielle Gestaltung des institutionellen Aufbaus der modernen Gesellschaften, Frankfurt a.M. 1984, S. 300.

8 Hartmut Esser, Aspekte der Wanderungssoziologie. Assimilation und Integration von Wanderern, ethnischen Gruppen und Minderheiten. Eine handlungstheoretische Analyse, Darmstadt/Neuwied 1980, S. 20–32; s. auch: ders./Jürgen Friedrichs (Hg.), Generation und Identität. Theoretische und empirische Beiträge zur Migrationssoziologie, Opladen 1990; Wendelin Strubelt/Karin Veith, Zuwanderung und Integration – Deutschland in den 80er und 90er Jahren, in: Jürgen Friedrichs (Hg.), Die Städte der 90er Jahre. Demographische, ökonomische und soziale Entwicklungen, Opladen/Wiesbaden 1997, S. 109–135.

9 Hans-Joachim Hoffmann-Nowotny, Migration – ein Beitrag zu einer soziologischen Erklärung, Stuttgart 1970.

10 Esser, Aspekte der Wanderungssoziologie, S. 221; Annette Treibel, Migration in modernen Gesellschaften. Soziale Folgen von Einwanderung, Gastarbeit und Flucht, München 1999.

11 Dieter Goetze, Probleme der Akkulturation und Assimilation, in: Helga Reimann/Horst Reimann (Hg.), Gastarbeiter. Analysen und Perspektiven eines sozialen Problems, 2. Aufl. Opladen 1987, S. 67–94, hier S. 71.

12 Claus Leggewie, Ethnische Spaltungen in demokratischen Gesellschaften, in: Wilhelm Heitmeyer (Hg.), Was hält eine Gesellschaft zusammen?, Frankfurt a.M. 1997, S. 233–254.

13 Ders., Turcs, Kurdes et Allemands. Histoire d'une migration: de la stratification sociale à la différenciation culturelle, 1961–1990, in: Le Mouvement Social 1999, Nr. 188, S. 103–118; Thomas Faist, The Volume and Dynamics of International Migration and Transnational Social Spaces, Oxford 2000.

14 Allg. hierzu: Ludger Pries (Hg.), Migration and Transnational Social Spaces, Aldershot 1999; ders. (Hg.), Transnationale Migration, Baden-Baden 1997.

15 Jürgen Friedrichs, Vor neuen ethnisch-kulturellen Konflikten? Neuere Befunde der Stadtsoziologie zum Verhältnis von Einheimischen und Zugewanderten in Deutschland, in: Wilhelm Heitmeyer u.a. (Hg.), Die Krise der Städte, Frankfurt a.M. 1998, S. 233–265, hier S. 253.

16 Wolfgang Jescheck, Nach wie vor Rückstände in der Schul- und Berufsausbildung junger Ausländer, in: DIW-Wochenberichte, 1994, Nr. 28, S. 486–492, hier S. 491.

17 Integration junger Ausländer in das Bildungssystem kommt kaum noch voran, in: ebd., 1998, Nr. 24, S. 417–426, hier S. 417.

18 Wolfgang Seifert, Die Mobilität der Migranten. Die berufliche, ökonomische und soziale Stellung ausländischer Arbeitnehmer in der Bundesrepublik – Eine Längsschnittsanalyse mit dem Sozio-Ökonomischen Panel, 1984–1989, Berlin 1995, S. 122.

19 Felix Büchel/Gert Wagner, Soziale Differenzen der Bildungschancen in Westdeutschland – Unter besonderer Berücksichtigung von Zuwandererkindern, in: Wolfgang Zapf u.a. (Hg.), Lebenslagen im Wandel. Sozialberichterstattung im Längsschnitt, Frankfurt a.M. 1996, S. 80–96, hier S. 93.

20 Ebd., S. 87.

21 Richard D. Alba u.a., Ethnische Ungleichheit im deutschen Bildungssystem, in: Kölner Zeitschrift für Soziologie und Sozialpsychologie, 1994, H. 2, S. 209–237.

22 Büchel/Wagner, Soziale Differenzen der Bildungschancen, S. 93.

23 Peter Fricke, ›Integriert oder desintegriert?‹ Berufliche, schulische und sprachliche Situation jugendlicher Spätaussiedler, in: Deutsch sein und doch fremd sein. Lebenssituation und -perspektiven jugendlicher Aussiedler, hg. v.d. Friedrich-Ebert-Stiftung, Bonn 1998, S. 31–41, hier S. 31.

24 Barbara Dietz/Heike Roll, Jugendliche Aussiedler – Porträt einer Zuwanderergeneration, Frankfurt a.m./New York 1998; Barbara Dietz, Jugendliche Aussiedler in Deutschland: Risiken und Chancen der Integration, in: Bade/Oltmer (Hg.), Aussiedler: deutsche Einwanderer aus Osteuropa, S. 153–176.

25 Ulrike Schöneberg, Gestern Gastarbeiter, morgen Minderheit. Zur sozialen Integration von Einwanderern in einem ›unerklärten‹ Einwanderungsland, Frankfurt a.M. 1996; Jürgen Fijalkowski/Helmut Gillmeister, Ausländervereine – ein Forschungsbericht, Berlin 1997.

26 Schöneberg, Gestern Gastarbeiter, morgen Minderheit, S. 221.

27 Wolfgang Seifert, Ausländische Bevölkerung, in: Bernhard Schäfers/Wolfgang Zapf (Hg.), Handwörterbuch zur Gesellschaft Deutschlands, Opladen 1998, S. 49–59, hier S. 56; allg. hierzu zuletzt: Herwartz-Emden (Hg.) Einwandererfamilien.

28 Roland Eckert/Christa Reis/Thomas A. Wetzstein, Bilder und Begegnungen: Konflikte zwischen einheimischen und Aussiedlerjugendlichen, in: Bade/Oltmer (Hg.), Aussiedler: deutsche Einwanderer aus Osteuropa, S. 191–206; Mareike Wehmann, Freizeitorientierung jugendlicher Aussiedler und Aussiedlerinnen, in: ebd., S. 207–226.

29 Seifert, Ausländische Bevölkerung, S. 55.

30 Manfred Neuhöfer, Überforderte Nachbarschaften. Eine Analyse von Siedlungen des sozialen Wohnungsbaus und die Wohnsituation von Migranten, in: Aus Politik und Zeitgeschichte, 1998, Nr. 49, S. 35–45, hier S. 39.

31 Charles S. Maier, Territorialisten und Globalisten. Die beiden neuen ›Parteien‹ in den heutigen Demokratien, in: Transit, 1997, Nr. 14, S. 4–14.

Zwischen Ausländerpolitik und Einwanderungspolitik: Migrations- und Ausländerrecht in Deutschland

Bernhard Santel und Albrecht Weber

Die Bundesrepublik Deutschland begann schon wenige Jahre nach ihrer Gründung mit der organisierten Anwerbung ausländischer Arbeitnehmer. Am 20. Dezember 1955 wurde in Rom ein Anwerbeabkommen mit Italien unterzeichnet, dessen Konditionen vorab mit den Arbeitgeberverbänden und den Gewerkschaften abgesprochen worden waren und dem rasch weitere folgten. Während die Gründung der Bundesrepublik heute allgemein als Beginn einer Erfolgsstory par excéllence gilt, fällt die Bewertung der Entscheidung, ausländische Arbeitskräfte ins Land zu holen, wesentlich zwiespältiger aus. Manchen gilt sie als verhängnisvoller Fehlgriff, als Ursache für die ungewollte Transformation Deutschlands von einer – vermeintlich – ethnisch homogenen in eine multikulturelle Gesellschaft. Könnte das Rad der Geschichte zurückgedreht werden, kein Zweifel, weite Teile der Bevölkerung würden gegen die Zuwanderung ausländischer Arbeitnehmer optieren. Andere hingegen betrachten die Anwerbung als mutigen Schritt vorwärts, als Beitrag nicht nur zum wirtschaftlichen Wiederaufbau und weiteren Wachstum, sondern auch zur gesellschaftlichen Öffnung Deutschlands nach dem Furor des xenophoben Nationalismus.

Die Differenzen in der Beurteilung der Zuwanderung nach Deutschland finden ihren Ausdruck auch in den fortdauernden Schwierigkeiten des Gesetzgebers, dem Aufenthalt von Ausländern eine umfassende Rahmung zu geben. Obwohl die Bundesrepublik unbestreitbar zu einem Einwanderungsland geworden ist, fehlt bis heute ein den gesamten Zuwanderungs- und Eingliederungsprozeß regelndes Gesetzeswerk.[1] Noch immer wird etwa die Einwanderung von ›deutschstämmigen‹ Aussiedlern aus Osteuropa und der

Michael Wollenschläger danken wir für kritische Anregungen.

ehemaligen Sowjetunion auf der einen und Ausländern auf der anderen Seite auf streng getrennter Rechtsgrundlage organisiert, obwohl die vielfältigen Gemeinsamkeiten beider Gruppen dies schon lange nicht mehr rechtfertigen.[2] Der Gesetzgeber hinkt in der Ausgestaltung des Zuwanderungsrechts den sozialen Realitäten weit hinterher.[3] Das Diktum des verzögerten rechtlichen Nachvollzugs empirisch gegebener Tatsachen gilt nicht nur für die unmittelbare Gegenwart. Es ist das prägende Kennzeichen der Entwicklung des deutschen Migrations- und Ausländerrechts seit dem Ende des Zweiten Weltkriegs.

Ausländerrecht: Von der Ermessensfreiheit der Verwaltung zur Garantie individueller Rechtsansprüche

Die Geschichte der Bundesrepublik Deutschland ist auch die Geschichte ihrer Zu- und Einwanderungen.[4] Trotz der Aufnahme von Millionen deutscher Flüchtlinge und Vertriebenen am Ende des Zweiten Weltkriegs und in der Nachkriegszeit bestand bereits in den 1950er Jahren in einigen Wirtschaftsbranchen Bedarf an zusätzlichen Arbeitskräften. In der unmittelbaren Nachkriegszeit war die Zuwanderung ausländischer Arbeitnehmer zunächst gering geblieben. Aufgrund der expandierenden Wirtschaft stellte sich jedoch bald ein steigender Arbeitskräftebedarf ein. In der Folge wurden der deutsche Arbeitsmarkt über die nationalen Grenzen hinaus geöffnet und Anwerbevereinbarungen mit verschiedenen süd- und südosteuropäischen Staaten geschlossen.

Heute weiß man, daß das Interesse an geregelten transnationalen Arbeitskräftewanderungen nicht einseitig war und die Bundesregierung von den Herkunftsländern geradezu gedrängt wurde, über das vereinbarte Maß hinaus weitere Personen aufzunehmen.[5] Staaten, die keine Berücksichtigung fanden, intervenierten, um ebenfalls Migranten entsenden zu können. Der grenzüberschreitende Fluß von Arbeitskräften lag also offenkundig im Interesse aller beteiligten Akteure. Deutschland erstrebte eine Fortsetzung des Wachstums, den Herkunftsländern ging es um eine Entlastung ihrer von Arbeitslosigkeit geprägten Volkswirtschaften, den einzelnen Migranten um eine Verbesserung ihrer materiellen Lebensverhältnisse.

Obwohl die Beschäftigung von ausländischen Arbeitnehmern schon lange routinierte Praxis war, verabschiedete der Deutsche Bundestag erst 1965, zehn Jahre nach der Unterzeichnung des ersten Anwerbeabkommens und vier Jahre nach der erstmaligen und folgenreichen Zulassung türkischer Arbeitskräfte, ein Ausländergesetz.[6] Bis dato fand bezeichnenderweise die Ausländerpolizeiverordnung (APVO) aus dem Jahre 1938 Anwendung, die den Behörden eine weitgehende Dispositionsmacht über den Aufenthalt von Ausländern sicherte. So lautete § 1 der APVO: »Der Aufenthalt wird Ausländern erlaubt, die nach ihrer Persönlichkeit und dem Zweck ihres Aufenthaltes im Reichsgebiet die Gewähr dafür bieten, daß sie der ihnen gewährten Gastfreundschaft würdig sind.«[7]

Auch das Ausländergesetz von 1965 knüpfte an die Vorstellung an, die Ausgestaltung des Aufenthaltes von Nichtdeutschen müsse sehr weitgehend in das Ermessen der Behörden gestellt werden. Werner Kanein faßte diesen Sachverhalt in der Einführung seines Kommentars zum Ausländerrecht wie folgt zusammen: »Das Ausländerrecht gewährt den Behörden alle erdenklichen Befugnisse, ohne sie inhaltlich zu binden.«[8] D'Amato geht sogar soweit, zu behaupten, die zugewanderten Arbeitnehmerinnen und Arbeitnehmer hätten »weniger unter der Herrschaft des Rechts im klassischen Sinn« als »unter der Herrschaft der Verwaltung« gestanden. Dieser zugespitzten Behauptung muß freilich hinzugefügt werden, daß im freiheitlichen Rechtsstaat der Bundesrepublik selbstverständlich auch die Verwaltung nicht außerhalb des Rechts steht.[9]

Die Vorstellung vom ›Gastarbeiter‹, der einige Jahre im Inland arbeitet und anschließend zu seiner Familie im Ausland zurückkehrt, erwies sich bereits in den 1960er Jahren als Trugbild. Nichtsdestotrotz standen die Zeichen der Zeit nicht auf Integration und Gleichstellung, sondern auf Abwehr und Begrenzung des ›Zustroms‹. In seiner Regierungserklärung vom 16. Dezember 1976[10] ging Bundeskanzler Helmut Schmidt zwar auf den Anwerbestopp von 1973 und die unbefriedigende soziale Lage der ausländischen Arbeitnehmer und ihrer Familien ein; von der Erarbeitung einer Einwanderungs- und Integrationskonzeption war jedoch noch keine Rede. Konkrete Handlungsanweisungen und -schritte sucht man auch in den politischen Programmen der Parteien jener Jahre vergebens. Über alle politischen Lager hinweg herrschte die Auffassung vor, die Anwesenheit von Ausländern sei ein Übergangsproblem, das sich mit der Zeit von selbst lösen werde.

Erst im Verlauf der 1970er und 1980er Jahre, ausgelöst durch Entscheidungen der Gerichte und ein sich langsam wandelndes ausländerpolitisches Klima, geriet der Grundsatz der Ermessensfreiheit der Verwaltung unter Legitimationsdruck. Bommes spricht treffend von einem schwergängigen institutionellen Lernprozeß, in dem zu akzeptieren war, »daß gegenüber Ausländern einmal eingegangene Verpflichtungen sozial- und aufenthaltsrechtlicher Art nicht allein nach Gesichtspunkten politischer Opportunität außer Kraft gesetzt werden können.«[11] Sukzessiv und von regelmäßig wiederkehrenden Rückschlägen begleitet, wurde die Vorstellung einer zwangsweisen Rotation der ›Gastarbeiter‹ durch die Akzeptanz ihres Daueraufenthalts ersetzt. Ihren sinnfälligen Ausdruck fand diese Zeitgeistveränderung im Wechsel der Begrifflichkeiten: An die Stelle der nunmehr als ausgrenzend empfundenen Bezeichnungen ›Gastarbeiter‹ und ›Fremde‹ traten die ›politisch korrekten‹ Begriffe ›ausländische Mitbürger‹ und ›Zuwanderer‹, zuweilen auch ›Einwanderer‹.

Nach offizieller Lesart folgte die Ausländerpolitik seit den 1970er Jahren drei handlungsleitenden Prinzipien. Sie zielte danach 1. auf die soziale Integration der rechtmäßig in Deutschland lebenden Ausländer, insbesondere der angeworbenen ausländischen Arbeitnehmer und ihrer Familien; 2. auf die Begrenzung des weiteren Zuzugs aus Staaten außerhalb der Europäischen Gemeinschaft/Europäischen Union und des Europäischen Wirtschaftsraums, 3. schließlich Anfang der 1980er Jahre auf die Gewährung von Hilfen für die freiwillige Rückkehr von Ausländern in ihre Herkunftsländer.[12]

Der zuletzt genannte Grundsatz manifestierte sich in dem am 1. Dezember 1983 in Kraft getretenen Gesetz zur Förderung der Rückkehrbereitschaft von Ausländern, der wohl wichtigsten ausländerpolitischen Initiative der 1980er Jahre.[13] Dieses auf Freiwilligkeit basierende Gesetz verfolgte das Ziel, Migranten aus den ehemaligen Anwerbestaaten durch finanzielle Anreize – Erstattung des Arbeitnehmeranteils zur gesetzlichen Rentenversicherung etc. – zum dauerhaften Verlassen Deutschlands zu bewegen. An das Gesetz knüpften sich hohe Erwartungen, die jedoch nicht erfüllt wurden. Insgesamt nahmen nur ca. 250.000 Migranten das Angebot an und kehrten in ihre Herkunftsländer zurück, wobei eindeutige ›Mitnahmeeffekte‹ eine erhebliche Rolle spielten, was unter anderem aus dem Rückwanderungsstau nach der Ankündigung von Prämien sprach.[14] Die christlich-liberale Bundesregierung verzichtete fortan darauf, Programme zur Rückkehrförderung aufzulegen.

Die Bedeutung des Rückkehrförderungsgesetzes für die Entwicklung des deutschen Ausländerrechts lag auch weniger in seinem materiellen Gehalt als in einem nicht intendierten Nebeneffekt: Es verdeutlichte der Öffentlichkeit nachdrücklich, daß Deutschland sich von seiner Verantwortung für die zugewanderte Bevölkerung nicht durch finanzielle Zahlungen würde ›freikaufen‹ können.

Den ausländischen Arbeitnehmerinnen und Arbeitnehmern folgten seit den 1960er Jahren in immer stärkerem Maße Ehepartner und Kinder nach. In Deutschland ist Familienzusammenführung rechtlich abgesichert durch den grundgesetzlich garantierten Schutz von Ehe und Familie, der sich auch auf den Kreis der hier lebenden Ausländer erstreckt. Anders als in den Vereinigten Staaten und anderen ›klassischen‹ Einwanderungsländern werden Familienangehörige statistisch jedoch nicht gesondert erfaßt, so daß es keine exakten Zahlen über den Familiennachzug gibt. Der Zuzug von Ehepartnern und Kindern war und ist der wohl deutlichste Ausdruck einer auf Dauer angelegten Niederlassung und stand damit stärker als alle anderen Wanderungsformen in klarem Widerspruch zu der lange verbreiteten These ›Deutschland ist kein Einwanderungsland‹. Dennoch hat er nie jene öffentliche Aufmerksamkeit erfahren, die bis heute z.B. die Zuwanderung von Asylbewerbern kennzeichnet.

In Deutschland dürfen in der Regel nur Ehepartner und ihre minderjährigen Kinder unter 16 Jahren zuwandern. Ausländer, die Familienangehörige nachholen wollen, müssen vier Kriterien erfüllen: Sie müssen im Besitz einer Aufenthaltsberechtigung oder Aufenthaltserlaubnis sein, über ausreichende finanzielle Mittel sowie hinreichenden Wohnraum verfügen, und es darf gegen sie kein Ausweisungsgrund vorliegen. In Ausnahmefällen ist auch der Nachzug entfernterer Familienmitglieder möglich, allerdings nur dann, wenn dadurch besondere Härtefälle vermieden werden.[15]

Der nicht mehr zu leugnenden Tatsache des Daueraufenthaltes von Ausländern Rechnung tragend, kündigten die Koalitionsvereinbarung und die Regierungserklärung der damaligen Bundesregierung unter Kanzler Helmut Kohl im März 1987 eine umfassende Neuregelung des Ausländerrechts an. Die Initiative zielte darauf ab, das aus dem Jahr 1965 stammende Ausländergesetz grundlegend zu reformieren. Zwar hatte Bundeskanzler Kohl bereits in seiner ersten Regierungserklärung 1982 Ausländerpolitik zu einem der vier Schwerpunkte seiner Arbeit erklärt. Wenige Monate später, in seiner zweiten Regierungserklärung nach der Bundestagswahl 1983, erwähnte er das Thema allerdings nur noch am Rande.[16] Zunächst brachten dann 1989 die Bundestagsfraktionen der Grünen[17] und der SPD[18] eigene Gesetzentwürfe im Parlament ein, bevor die Bundesregierung[19] Anfang Januar 1990 dem Bundesrat den Entwurf eines Gesetzes zur Neuregelung des Ausländerrechts vorlegte. Nach mehreren Änderungen verabschiedeten Bundestag und Bundesrat den Regierungsentwurf, so daß das neue Ausländergesetz im Juli 1990 verkündet und zum 1. Januar 1991 in Kraft gesetzt werden konnte.[20]

Das Hauptaugenmerk bei der Neufassung lag darauf, die Rechtsstellung der Ausländer sicherer zu gestalten, um ihnen eine längerfristige Lebensplanung zu ermöglichen. Zu diesem Zweck wurden beim Familiennachzug und an anderer Stelle Ermessensspielräume durch Rechtsansprüche ersetzt, eigene Aufenthaltsrechte für Familienangehörige geschaffen, eine Wiederkehroption eingeführt und für Angehörige der ersten und zweiten Ausländergenerationen die Einbürgerung spürbar erleichtert.[21] Das neue Gesetz fand in der Öffentlichkeit allerdings eine zwiespältige Aufnahme. Während konservative Kritiker bemängelten, daß zu wenig für eine Reduzierung der Zahl der Ausländer getan worden sei, bemängelten Kritiker aus den Reihen von SPD und Grünen sowie aus den Kirchen und Wohlfahrtsverbänden, das Gesetz sei eine halbherzig vertane Chance, die Realität Deutschlands als Einwanderungsland auch gesetzlich anzuerkennen. Zwischen ökonomisch induzierter Permanenz des Aufenthalts und rechtlicher Negierung des Einwanderungsprozesses verharrte die bundesdeutsche Ausländerpolitik so in der Form eines »stabilen Widerspruchs«.[22]

Das deutsche Recht kennt eine Vielzahl von unterschiedlichen Rechtstiteln, die von der Duldung über die befristete Aufenthaltserlaubnis bis hin zur ›Aufenthaltsberechtigung‹ reichen, die ein unbefristetes Aufenthaltsrecht garantiert. Unterhalb der Staatsangehörigkeit ist die Aufenthaltsberechtigung der sicherste Rechtstitel. Stand die mangelhafte Aufenthaltssicherheit im Mittelpunkt der politischen Diskussionen der 1960er bis frühen 1980er Jahre (›Kühn-Memorandum‹)[23], so hat sich seitdem die rechtliche Situation der Mehrheit der Zuwanderer und ihrer Familien deutlich verbessert, wie die umseitige Tabelle zeigt.

Die Verfestigung des rechtlichen Status hängt naturgemäß in erster Linie von der Aufenthaltsdauer ab. Jeder zweite der über 7,3 Millionen Ausländer

Aufenthaltsstatus der ausländischen Wohnbevölkerung in Deutschland
am 31.12.1998

Aufenthaltsberechtigung	849.300
unbefristete Aufenthaltserlaubnis	1.775.300
befristete Aufenthaltserlaubnis	1.985.000
Aufenthaltserlaubnis für EU-Bürger	698.200
Aufenthaltsbewilligung	206.400
Aufenthaltsbefugnis	164.600
Duldung	284.800
Aufenthaltsgestattung	283.900
ohne Aufenthaltsgenehmigung*	1.072.400
Ausländer insgesamt:	7.319.600

* Darunter Jugendliche unter 16 Jahren, soweit sie einer Aufenthaltsgenehmigung nicht bedürfen, sowie sonstige Gruppen, die (noch) keinen Aufenthaltstitel haben.

Quelle: Ausländer in Deutschland. Informationsdienst zu aktuellen Fragen der Ausländerarbeit, 1999, Nr. 3.

hält sich bereits über zehn Jahre in der Bundesrepublik auf, jeder fünfte hat schon seit mehr als einem Vierteljahrhundert seinen Lebensmittelpunkt in Deutschland. 1,5 der 7,3 Millionen Ausländer sind im Inland geboren. Auch ohne formell Staatsangehöriger zu sein, verfügen heute die Mehrheit der dauerhaft im Lande lebenden Ausländer und ihre Nachfahren über einen sicheren und hochwertigen Aufenthaltsstatus. Ihr Aufenthalt steht, im Gegensatz zu den ersten Jahrzehnten der Bundesrepublik, nicht mehr unter wirtschaftlichem Vorbehalt.

Der hohen Aufenthaltssicherheit und vollzogenen Dauerniederlassung bei der Mehrheit der legal zugewanderten Bevölkerung steht allerdings eine wachsende Zahl von irregulären bzw. illegalen Aufenthalten gegenüber. Diese Entwicklung hängt nicht zuletzt mit dem Ende des Ost-West-Konflikts und der Öffnung der innereuropäischen Grenzen zusammen.

Während im Übergang von den 1980er zu den 1990er Jahren die Rechtsstellung von Migranten im Ausländerrecht nachhaltig verbessert wurde, vollzog sich im Asylrecht eine gegenteilige Entwicklung. Darauf soll im folgenden Überblick näher eingegangen werden, bevor anschließend der Faden der Entwicklung des allgemeinen Ausländerrechts wieder aufgenommen wird.

Asylpolitik: Flüchtlingsschutz zwischen grundgesetzlicher Verpflichtung und Abschottung

Die Bundesrepublik hielt in Erinnerung an die Millionen von Flüchtlingen und Vertriebenen aus dem nationalsozialistischen Deutschland und vor allem im von Deutschland besetzten Europa während des Zweiten Weltkriegs lange an einer liberalen Asylpolitik fest. Das in der Verfassung verankerte Asylrecht erfüllte eine wichtige legitimatorische und identitätsbildende Funktion. Durch die Garantie eines über das Völkerrecht hinausgehenden individuellen subjektiv-öffentlichen Rechtsanspruchs auf politisches Asyl dokumentierte die Bundesrepublik nach innen und außen ihre besondere historische Verpflichtung angesichts der Opfer von Terror und Verfolgung. In den Verhandlungen des Parlamentarischen Rates war zwar auch erwogen worden, Asylrecht nur »im Rahmen des allgemeinen Völkerrechts« zu gewähren, doch wurden entsprechende Fassungen auch aufgrund persönlicher Erfahrungen einiger Mitglieder als Flüchtlinge und Emigranten während der NS-Zeit verworfen.[24]

Die metapolitische Bedeutung von Art. 16 GG verlor in den 1970er Jahren merklich an Strahlkraft. Deutschland war zu einem verläßlichen und stabilen Mitglied der westlichen Wertegemeinschaft geworden und bedurfte, um Distanz zur Vergangenheit zu dokumentieren, keines besonders liberalen Flüchtlingsrechts mehr. Angesichts steigender Asylbewerberzahlen aus überwiegend nichteuropäischen Ländern und hoher Kosten für Verfahren und Unterbringung galt Art. 16 GG zunehmend als sperriges Hindernis auf dem Weg zu einer effektiven Kontrolle der Außengrenzen.[25] In hoher Frequenz wurden jetzt Gesetze verabschiedet und Verordnungen erlassen, die die asyl- und aufenthaltsrechtlichen Bestimmungen Schritt für Schritt einschränkten und verschärften.[26] Obwohl es sich bei der Klärung der Frage, ob eine Person in ihrem Heimatland politisch verfolgt und damit an der Wahrnehmung elementarer Menschenrechte gehindert wurde, um ein mitunter schwer zu klärendes Problem handelt, wurden die Asylverfahren drastisch verkürzt. Verfolgungstatbestände, die im Sinne der Genfer Konvention noch in den 1970er Jahren zur Anerkennung als Flüchtling geführt hatten, galten in den 1980er Jahren als nicht mehr asylrelevant und führten zur Ablehnung des Gesuchs. Nach Köfner und Nicolaus ging die Asylrechtsprechung in den 1970er Jahren dazu über, mit »unausgefüllten, undefinierten und daher interpretierbaren [...] Begriffen und Generalklauseln« zu arbeiten sowie mit einem »äußerst engen asylrechtlichen Politikbegriff, der dazu führt, daß nur ein Teil politischer Verfolgungsmaßnahmen auch tatsächlich mit asylrechtlich relevanter Verfolgung identisch ist.«[27]

Mit der umfassenden Neuordnung des Asylverfahrensrechts zum 1. Juli 1993[28] und der Änderung des Grundgesetzes vom 28. Juni 1993[29] stellte Deutschland schließlich konsequent auf eine veränderte Flüchtlingspolitik um. Zwar blieb der Art. 16 GG mit seiner Botschaft ›Politisch Verfolgte genießen Asylrecht‹ erhalten; seine Auslegung wurde jedoch durch den neu eingefügten Art. 16a GG entscheidend modifiziert. Seitdem können sich Ausländer nicht mehr auf das Asylrecht des Grundgesetzes berufen, wenn sie über einen sog. sicheren Drittstaat nach Deutschland einreisen. Weiter wurde eine Liste von sog. sicheren Herkunftsländern erstellt, für die – allerdings widerleglich – Verfolgungsfreiheit angenommen wurde.[30] Das Bundesverfassungsgericht bestätigte trotz Kritik von verschiedenen Seiten in seinen drei Entscheidungen vom 14. Mai 1996 im wesentlichen diese einschneidende Reform des Asylrechts.[31]

Als besonders effektiv bei dem Bemühen, die Zahl der Asylbewerber zu reduzieren, erwies sich die Verschärfung der Sichtvermerkspraxis. Mitte der 1970er Jahre fanden sich nur wenige Länder auf der Liste jener Staaten, deren Angehörige zur Einreise nach Deutschland ein Visum benötigten; heute ist es umgekehrt: Mit Ausnahme von Bürgern der OECD-Staaten und einiger weiterer Länder herrscht für den Rest der Welt Sichtvermerkszwang. Nahezu sämtliche Länder, aus denen in den vergangenen Jahren Asylbewerber in größerer Zahl nach Deutschland kamen, wurden von der Positivliste zur visafreien Einreise gestrichen. Für Flüchtlinge aus der ›Dritten Welt‹ ist es nur noch unter großen Schwierigkeiten möglich, überhaupt nach Europa zu gelangen und Asyl zu beantragen. Die aufgrund der weltweiten Verfügbarkeit von Informationen und Verkehrsmitteln erweiterten Möglichkeiten zur legalen internationalen Migration sind durch den Visazwang wieder rückgängig gemacht worden.[32]

Im Unterschied zu den asyl- und aufenthaltsrechtlichen Verschärfungen (post-entry-control), die Asylbewerber abschrecken sollen, ihnen aber trotzdem die Möglichkeit der Zuwanderung offen lassen, greift der Sichtvermerkszwang (pre-entry-control) sehr viel früher und direkter in den individuellen Wanderungsverlauf ein. Er erlaubt es den Behörden der Zielstaaten, bereits in den Heimatländern der Flüchtlinge zu überprüfen, ob Antragsteller tatsächlich nur zu touristischen oder geschäftlichen Zwecken einreisen möchten, oder ob eventuell die Absicht bestehen könnte, Asyl zu beantragen bzw. eine illegale Beschäftigung aufzunehmen. Gewinnen die zuständigen Beamten in den konsularischen Vertretungen den Eindruck, daß ein wie auch immer geartetes ›Einwanderungsrisiko‹ besteht, wird aller Voraussicht nach kein Visum erteilt werden. Ohne das notwendige Visum aber besteht kaum noch Aussicht, auf legalem Wege in das Zielland einzureisen. Die Weltbevölkerung ist so im Hinblick auf ihre Mobilitätsrechte zu einer Zwei-Klassen-Gesellschaft geworden: gespalten in jene, die im Flugzeug und ohne Visum jeden Ort der Welt erreichen können, und jene, denen die materiellen Voraussetzungen zum Verlassen ihrer Heimat fehlen oder die aus Angst vor Einwanderung kein Visum bekommen.

In der Folge der Asylrechts- und Asylverfahrensrechtsänderungen der 1970er bis 1990er Jahre sowie der flankierenden Maßnahmen zur Einreisekontrolle sind die Asylbewerberzahlen in Deutschland scharf zurückgegangen. Beantragten 1992 noch 440.000 Personen Asyl, so waren es 1998 und 1999 jeweils weniger als 100.000. Da allen Berichten von Amnesty International und weiteren Menschenrechtsorganisationen zufolge im gleichen Zeitraum das Ausmaß politischer Verfolgung weltweit keineswegs rückläufig war, handelt es sich hier um einen höchst zweifelhaften politischen ›Erfolg‹ deutscher Migrationspolitik.[33]

Zur Europäisierung des Asyl- und Flüchtlingsrechts: Schengen – Maastricht – Tampere

Während die allgemeine Ausländerpolitik bis heute Domäne nationalstaatlicher Regelungskompetenz ist, sind weite Teile der Asyl- und Flüchtlingspolitik in den vergangenen Jahren ›europäisiert‹ worden.[34] Diese Entwicklung vollzog sich parallel zum schrittweisen Abbau der Personenkontrollen in der Europäischen Union. Die Regierungen der Mitgliedsländer waren überzeugt davon, daß ein Verzicht auf Kontrollen an den Binnengrenzen eine intensivere Zusammenarbeit in der Einreise- und Asylpolitik zwingend erforderlich mache. Zu erwarten sei andernfalls eine Häufung von sukzessiven und parallelen Asylanträgen. So könnten Asylbewerber nach der Ablehnung ihres

Antrags in einem Mitgliedsland in ein anderes weiterreisen, um dort erneut Asyl zu beantragen.[35] Dergleichen erhielt in der öffentlichen Diskussion die prekäre Bezeichnung ›asylum shopping‹. Dies zu verhindern stand am Anfang der Initiativen zur ›Harmonisierung‹ des Asylrechts in der Europäischen Union.

Obwohl die Europäische Gemeinschaft vor der Vertragsänderung von Maastricht nicht über Kompetenzen im Bereich des Asyl- oder Einwanderungsrechts verfügte[36], hinderte dies ihre Mitgliedstaaten nicht, außerhalb des Gemeinschaftsrahmens Vereinbarungen zu schließen. Das Schengener Folgeabkommen vom 19. Juni 1990 (Schengen II)[37] stellt in diesem Zusammenhang den Versuch dar, in einer kleineren Gruppe von EU-Mitgliedsländern die Harmonisierung der Einreise- und Asylpolitik auf zwischenstaatlicher Ebene voranzutreiben. Das Abkommen sieht unter anderem einheitliche Regeln bei der Kontrolle der Außengrenzen und eine Harmonisierung der Visavorschriften vor. Der asylrechtliche Teil von Schengen II ist im wesentlichen identisch mit dem Dubliner Übereinkommen, das am 15. Juni 1990 unterzeichnet wurde.[38]

Beide Abkommen gehen von der Vorstellung aus, daß jeder Asylsuchende grundsätzlich nur einmal im Bereich der Europäischen Union einen Asylantrag einreichen soll. Weder das Schengener Abkommen noch das Übereinkommen von Dublin sehen eine Harmonisierung des materiellen Asylrechts oder des Verfahrensrechts vor. Sie regeln vielmehr, welcher Staat im grenzfreien europäischen Binnenmarkt für die Prüfung eines Asylverfahrens verantwortlich ist. Die Zuständigkeit wird dabei in einem komplizierten Verfahren nach objektiven Kriterien – wie Ausstellung einer Aufenthaltserlaubnis, Visaerteilung oder Gestattung der visumfreien Einreise – festgelegt.[39] Die Schengener und Dubliner Vertragsstaaten haben sich damit für die Einführung einer Art ›Verursacherprinzip‹ in die europäische Flüchtlingspolitik entschieden. Danach wird derjenige Staat vertraglich zur Überprüfung des Asylantrags verpflichtet, der die Einreise des Ausländers ›verursacht‹ hat, sei es durch die Erteilung eines Visums, sei es durch die Ermöglichung der sichtvermerksfreien Zuwanderung oder durch Nichtverhinderung der illegalen Einreise.[40] Bei konsequenter Anwendung hat diese Regelung zur Folge, daß es sich kein Staat mehr leisten kann, an seinen Außengrenzen ein ›laxes‹ Einreiseregime zu praktizieren, da er ansonsten die Kosten einer solchen Politik in Form vermehrter Asylverfahren selbst tragen müßte. Die europaweite Implementation des Prinzips der ›Einreiseverantwortung‹ bewirkt, daß jeder Staat ein hohes Eigeninteresse an möglichst restriktiver Visaerteilung und möglichst effektiver Überwachung seiner Außengrenzen entwickelt.

Zu ergänzen ist, daß sowohl ›Schengen‹ als auch ›Dublin‹ insofern eine Abweichung vom ausschließlichen Zuständigkeitssystem gestatten, als jeder Mitgliedstaat frei ist, Asylverfahren ungeachtet der Zuständigkeitsregelungen nach seinem nationalen Recht durchzuführen (Art. 29 Abs. 4 Schengen II, Art. 3 Abs. 4 Dubliner Konvention).[41] Diese Ausnahmeklauseln tragen den Schwierigkeiten der Mitgliedstaaten Rechnung, die ein verfassungsrechtliches Asylrecht aufweisen und daher ein individuelles Prüfungsrecht unter Einräumung eines vorläufigen Aufenthaltsrechts garantieren.[42] Vor der Asylrechtsreform von 1993 traf dies auch für die Bundesrepublik zu, die aufgrund häufiger Parallelanträge zum Hauptaufnahmeland geworden wäre. Erst durch die Asylrechtsreform wurde die Möglichkeit geschaffen, sich an Vereinbarungen über die gegenseitige Anerkennung von Asylentscheidungen zu beteiligen. Die vielfach befürchtete Möglichkeit, als ›Reserveasylland‹ zu fungieren, konnte für Deutschland so ausgeräumt werden.[43]

Flankierende Maßnahmen zu diesen ersten Ansätzen einer koordinierten europäischen Asylpolitik stellten die Maßnahmen und Beschlüsse der europäischen Einwanderungsminister in den Jahren 1992/93 dar. So wurden Entschließungen über »offensichtlich unbegründete Asylanträge«, ein »einheitliches Konzept in Bezug auf Drittaufnahmeländer« sowie gemeinsame Schlußfolgerungen über »Länder, in denen im allgemeinen keine ernstliche Verfolgungsgefahr besteht«, verabschiedet.[44] In den folgenden Jahren kamen Entschließungen des Rates über Mindestgarantien für Asylverfahren und zur gemeinsamen Auslegung des Begriffs ›Flüchtling‹ in der Genfer Konvention hinzu.[45] Die Entschließungen der Einwanderungsminister sind jedoch keine völkerrechtlichen Abkommen mit bindender Wirkung für die Mitgliedstaaten, sondern stellen nur asylrechtliches ›soft-law‹ dar.[46] Gleichwohl dokumentieren sie den Willen der europäischen Regierungen, den Weg unilateraler Politik zu verlassen, ihre Asylrechtssysteme aufeinander abzustimmen und langfristig schließlich auch zu harmonisieren. Ein Meilenstein auf diesem Weg war der Vertrag von Maastricht.

Mit dem Unionsvertrag von Maastricht (EUV), der – neben den bisherigen EG-Verträgen – einen eigenständigen Vertrag mit einem die bisherigen Vereinbarungen überspannenden Rahmen bildet, wurde die Einwanderungs- und

Asylpolitik in den sog. Dritten Pfeiler der »intergouvernementalen Zusammenarbeit in den Bereichen Justiz und Inneres« überführt. Gleichwohl blieb die Kooperation rein zwischenstaatlich. Das Asyl- und Einwanderungsrecht wurde nicht vergemeinschaftet, aber doch zu einer »Angelegenheit von gemeinsamem Interesse«, d.h. der zwischenstaatlichen Zusammenarbeit erklärt. Der Unionsvertrag gibt dem Rat die Möglichkeit, auf Initiative eines Mitgliedstaats oder der Kommission gemeinsame Standpunkte festzulegen, gemeinsame Maßnahmen anzunehmen und Übereinkommen auszuarbeiten, die der Rat den Mitgliedstaaten dann zur Annahme empfiehlt.

Der Maastrichter Vertrag sah aber auch eine Überleitungsmöglichkeit zwischen dem Dritten Pfeiler und dem EG-Vertrag (EGV) vor (sog. Passerelle: Art. K.9 EUV). Danach war in den im Unionsvertrag aufgeführten Bereichen (Art. K.1 – K.6 EUV) nicht nur eine intergouvernementale Zusammenarbeit möglich, sondern sogar die Vergemeinschaftung der zunächst in nationaler Kompetenz verbleibenden Politikbereiche. Entsprechende Ratsbeschlüsse hätten von den Mitgliedstaaten nach ihren verfassungsrechtlichen Vorschriften angenommen werden können. Wichtig erscheint ferner, daß für die zwischenstaatliche Zusammenarbeit keine richterliche Zuständigkeit des Europäischen Gerichtshofs in Luxemburg vorgesehen war. Allerdings bestand die Möglichkeit, in den abzuschließenden Übereinkommen eine Zuständigkeit des Gerichtshofs im Einzelfall zu schaffen.

Einen weiteren Schritt vorwärts auf dem Weg zu einer gemeinsamen europäischen Asylpolitik gingen die europäischen Regierungen schließlich mit dem Vertrag von Amsterdam vom 2. Oktober 1997.[47] Dieser Vertrag trat nach den Ratifizierungen in den nationalen Parlamenten am 1. Mai 1999 in Kraft und enthält einen neuen Titel IV »Visa, Asyl, Einwanderung und andere Politiken betreffend den freien Personenverkehr«. Die Aufnahme der Regelungskompetenzen in den Bereichen Visa, Asyl und Einwanderung ermöglicht dem Rat, während eines Fünf-Jahres-Zeitraums nach Inkrafttreten des Vertrags einstimmig Maßnahmen im Bereich der Asyl- und Einwanderungspolitik zu erlassen. Nach der Übergangsfrist der fünf Jahre geht das Initiativrecht als Vorschlagsmonopol auf die Europäische Kommission über.[48]

Aufgrund des weiterhin geltenden Einstimmigkeitsgebots und des damit akzeptierten Vetorechts einzelner Staaten sind deutliche Fortschritte im Bereich der Asyl- und Einwanderungspolitik in den nächsten Jahren wohl kaum zu erwarten. Besonders bedauerlich ist, daß der Europäische Gerichtshof in seiner Entscheidungskompetenz eingeschränkt wird, da Akte der »öffentlichen Ordnung und Sicherheit« der Mitgliedstaaten im Bereich des Überschreitens von Außengrenzen nicht überprüfbar sind. Immerhin besteht eine Vorlagemöglichkeit des Rates, der Kommission sowie der Mitgliedstaaten an den Europäischen Gerichtshof, um eine Auslegung von Rechtsnormen des Titels IV sowie der hierauf gestützten Rechtsakte zu erhalten (Art. 68 Abs. 2, Abs. 3 EGV).

Eines der zentralen Resultate des Amsterdamer Gipfels war die in einem eigenen Protokoll geregelte Einbeziehung der Schengener Verträge und der darauf aufbauenden Ausführungsbeschlüsse (›Schengen-Besitzstand‹) in den Rahmen der Gemeinschaftsverträge. ›Schengen‹ wird in den sog. Ersten Pfeiler überführt. Im Hinblick auf die Osterweiterung der Europäischen Union ist von Bedeutung, daß alle neu hinzukommenden Vertragsstaaten den gesamten erreichten ›Schengen acquis‹ übernehmen müssen. Zu bemängeln ist freilich die dem Vereinigten Königreich, Dänemark und teilweise auch Irland eingeräumte Sonderrolle. Ihnen ist es freigestellt, ob und bis zu welchem Grad sie sich am Schengener System beteiligen wollen.

Auf dem Gipfel der Staats- und Regierungschefs der Europäischen Union im finnischen Tampere am 15./16. Oktober 1999 standen die Zukunft der gemeinsamen europäischen Flüchtlings- und Asylpolitik sowie die Rechts- und Justizpolitik im allgemeinen erneut im Zentrum der Gespräche. Nach zähen Verhandlungen einigte man sich auf die Grundzüge einer »Union der Freiheit, der Sicherheit und des Rechts.«[49] Für die kommenden Jahre avisiert wurde ein »gemeinsames Asylsystem«. Dieser Terminus ist insofern interessant, als im ursprünglichen Vertragsentwurf der weitergehende Begriff »einheitliches Asylsystem« verwendet wurde. Der französische Präsident Chirac und der britische Premierminister Blair pochten auf ihre Souveränitätsrechte. Ihr Widerstand führte dazu, daß in den Schlußfolgerungen des Rates die deutlichere Harmonisierungsvokabel gestrichen wurde, für die sich nicht zuletzt Deutschland stark gemacht hatte.[50]

Es bleibt nun abzuwarten, was an konkreten Schritten zur weitergehenden Harmonisierung der europäischen Asylpolitik und darüber hinausgehend der Einwanderungspolitik bis zum Jahr 2004 unternommen wird.[51] Die Kommission hat inzwischen für den Rat ein umfangreiches Arbeitsprogramm entworfen, das vorrangig einen Verteilungsfonds für die Lasten und Mindestnormen in Asylverfahren anstrebt. Klar ist, daß es ein Zurück in die Zeit nationaler Alleingänge nicht mehr geben wird. Klar ist ebenso, daß eine vollständig harmonisierte Politik zwar als Beleg funktionierender europäischer Integrationsdynamik betrachtet werden kann. Sie muß aber keineswegs auch von Vorteil für politisch verfolgte Menschen sein. Die bisherigen Aktivitäten – seien sie nun intergouvernementaler Natur wie im Schengen-Prozeß oder Ergebnis supranationaler Politik – stimmen durchaus skeptisch. Beruhigend mag in diesem Kontext stimmen, daß die Regierungen in Tampere die »uneingeschränkte und allumfassende Anwendung der Genfer Flüchtlingskonvention« zugesichert haben, wodurch sichergestellt werden soll, »daß niemand dorthin zurückgeschickt wird, wo er Verfolgung ausgesetzt ist.« Es bleibt in der Tat zu hoffen, daß diese Grundsätze nicht nur »Einwickelpapier für die Pakete mit scharfen Maßnahmen zur Flüchtlingsabwehr« sind.[52]

Die Reform des Staatsangehörigkeitsrechts

Am Ende der Regierungszeit der christlich-liberalen Koalition gab es wohl kaum ein Politikfeld, auf dem ein so dringlicher Reformbedarf bestand wie in den Bereichen von Migration, Integration und Staatsangehörigkeitsrecht. Mit den Bundestagswahlen von 1998 und dem Wechsel zur ›rot-grünen‹ Bundesregierung entstand eine neue politische Großwetterlage. Die Koalitionsvereinbarung der neuen Regierungsparteien SPD und Bündnis 90/Die Grünen vom 20. Oktober 1998 erkannte erstmals an, daß in Deutschland Einwanderung stattgefunden hatte. Auch Bundeskanzler Schröder sprach in seiner Regierungserklärung vom 10. November 1998 davon, Deutschland habe in den vergangenen Jahrzehnten eine unumkehrbare Zuwanderung erfahren. Aus Gästen seien längst Mitbürgerinnen und Mitbürger geworden, die keine Fremden mehr seien.

Ausländer, die keine Fremden mehr sind, müssen über kurz oder lang zu Staatsbürgern werden. Der Kern des migrationspolitischen Reformprogramms der ›rot-grünen‹ Bundesregierung war daher von Beginn an die Neufassung des als antiquiert betrachteten Staatsangehörigkeitsrechts. Die Einbürgerung von Immigranten sollte nicht mehr nur, wie in den Jahrzehnten zuvor, widerwillig hingenommen, sondern in den Mittelpunkt der integrationspolitischen Aktivitäten gerückt werden.

In den 1980er Jahren hatte sich die migrationspolitische Debatte zunächst noch auf das kommunale Ausländerwahlrecht konzentriert. Seine Befürworter wollten Zuwanderer an der kommunalen, d.h. lokalen politischen Entscheidungsfindung gleichberechtigt teilhaben lassen. Ob eine Straße neu zu bauen, eine Fußgängerzone einzurichten oder ein Wohngebiet zu erschließen sei, betreffe die vor Ort lebenden Ausländer ebenso wie ihre deutschen Nachbarn. Man müsse sie daher auch mitbestimmen lassen. Mit den Entscheidungen des Bundesverfassungsgerichts vom 26. Juni 1990 und 31. Oktober 1990 gegen die Pläne der Länder Hamburg und Schleswig-Holstein, Ausländern das kommunale Wahlrecht einzuräumen, endete die Diskussion abrupt.[53] Die Karlsruher Verfassungshüter entschieden einstimmig, daß Ausländer zwar zur Bevölkerung, nicht aber zum deutschen Volk gehörten, von dem allein nach Art. 20, Abs. 2 GG die Staatsgewalt ausgehe. Mit dem Ausländerwahlrecht würde aber Staatsgewalt auch auf Nichtdeutsche ausgedehnt, was mit dem Grundgesetz unvereinbar sei. Der Kernsatz des damaligen Urteils zur Hamburger Ausländerwahlrechtsinitiative lautete: »Wahlen, bei denen auch Ausländer wahlberechtigt sind, können demokratische Legitimation nicht vermitteln. Die Verleihung des Wahlrechts zu den Bezirksversammlungen an Ausländer ist deshalb verfassungswidrig.«[54]

Diese Entscheidung hat viele lange und zum Teil schon seit Jahrzehnten in Deutschland lebende Einwanderer enttäuscht, die sich zu Bürgern zweiter Klasse erklärt sahen. Das Karlsruher Urteil hatte jedoch auch positive Wirkungen. Es lenkte die Aufmerksamkeit auf die viel wichtigere Frage der Staatsangehörigkeit. Das lokale Wahlrecht hätte die politischen Partizipationsmöglichkeiten von Migranten nicht grundlegend verbessert. Von Landtags- und Bundestagswahlen wären sie weiterhin ausgeschlossen geblieben. Der Erwerb der deutschen Staatsangehörigkeit hingegen öffnet den Zugang zu allen Wahlurnen. Die Karlsruher Richter mahnten daher an, den Erwerb der Staatsangehörigkeit für Ausländer zu erleichtern. Nur auf diesem Wege könne die Diskrepanz zwischen den »Inhabern demokratischer politischer Rechte und den dauerhaft einer bestimmten staatlichen Herrschaft Unterworfenen« verringert werden. Weiter heißt es in der erwähnten Entscheidung: »Es bleibt unter diesen Umständen nach geltendem Verfassungsrecht nur die Möglichkeit, auf eine derartige Lage mit entsprechenden staatsangehörigkeitsrechtlichen Regelungen zu reagieren, etwa dadurch, daß denjenigen Ausländern, die sich auf Dauer in der Bundesrepublik Deutschland niedergelassen haben, sich hier rechtens aufhalten und deutscher Staatsgewalt mithin in einer den Deutschen vergleichbaren Weise unterworfen sind, der Erwerb der deutschen Staatsangehörigkeit erleichtert wird.«

Zwar kam es schon zur Zeit der christlich-liberalen Koalition zu erleichterten Einbürgerungsregelungen für junge und seit langem in Deutschland lebende Ausländer[55], doch blieb die Bundesrepublik damit hinter dem Stand anderer europäischer Staaten zurück. So verlangten einer Studie der OECD zufolge Mitte der 1990er Jahre von 23 untersuchten Industriestaaten nur noch sechs – Österreich, Deutschland, Italien, Luxemburg, Spanien und die Schweiz – eine Mindestaufenthaltszeit von zehn oder mehr Jahren bis zur Beantragung der Staatsangehörigkeit; in dreizehn Ländern genügten bereits fünf oder weniger Jahre.[56] Die Mehrheit der OECD-Staaten näherte sich damit dem Modell der ›klassischen‹ Einwanderungsländer an, welche Migranten traditionell nach kurzer Aufenthaltszeit einbürgern.[57]

Zu einer grundlegenden Novellierung des Staatsangehörigkeitsrechts kam es jedoch erst nach dem Regierungswechsel im Herbst 1998. SPD und Bündnis 90/Die Grünen erklärten die Erleichterung der Einbürgerung zu einem ihrer gesellschaftlichen Modernisierungsziele. Bundeskanzler Gerhard Schröder führte entsprechend in seiner Regierungserklärung am 10. November 1998 aus: »Diese Bundesregierung wird [...] ein modernes Staatsangehörigkeitsrecht entwickeln. Es wird die Voraussetzungen dafür schaffen, daß diejenigen, die auf Dauer bei uns leben und deren Kinder, die hier bei uns geboren sind, volles Bürgerrecht erhalten können.«[58] Unter Federführung von Innenminister Schily legte die Bundesregierung wenige Wochen später einen Arbeitsentwurf vor, der unter anderem vorsah, daß Ausländer Deutsche werden konnten, ohne ihre alte Staatsangehörigkeit aufgeben zu müssen.[59] Gegen diese Bestimmung regte sich sogleich Widerstand aus den Reihen von CDU/CSU, die die Ablehnung des ›Doppelpasses‹ zum Kernthema des Landtagswahlkampfs in Hessen machte. Der unerwartete Wahlerfolg der CDU zwang die Regierungsparteien im Bund zur Überarbeitung ihrer Reformpläne. In Zusammenarbeit mit der FDP wurde nun ein Gesetzentwurf konzipiert, der das Staatsangehörigkeitsrecht liberalisieren sollte, von Ausländern aber – von wichtigen Ausnahmen abgesehen – weiterhin die Aufgabe der alten Staatsangehörigkeit verlangte. Am 7. Mai 1999 verabschiedete der Bundestag schließlich das neue Staatsangehörigkeitsrecht, welches symbolträchtig mit dem Jahrtausendwechsel am 1. Januar 2000 in Kraft gesetzt wurde.[60]

Die Reform sieht neben erleichterten Einbürgerungsmöglichkeiten für Ausländer erstmals den Erwerb der Staatsangehörigkeit durch Geburt in der Bundesrepublik vor. Der bisher allein am Abstammungsprinzip (ius sanguinis) orientierte Erwerb der deutschen Staatsangehörigkeit wird durch wesentliche Elemente des Territorialprinzips (ius soli) ergänzt.[61] Danach erwirbt ein Kind ausländischer Eltern die deutsche Staatsangehörigkeit durch Geburt im Inland, wenn ein Elternteil seit acht Jahren rechtmäßig seinen gewöhnlichen Aufenthalt in Deutschland hat sowie eine Aufenthaltsberechtigung oder seit drei Jahren eine unbefristete Aufenthaltserlaubnis besitzt.

Die Kinder ausländischer Eltern, die nach dieser Regelung durch Geburt im Land deutsche Staatsangehörige geworden sind, werden in der Regel (abhängig von dem jeweiligen Heimatrecht der Eltern) nach dem Abstammungsprinzip gleichzeitig auch die Staatsangehörigkeit der Eltern erwerben. Diese Kinder müssen deshalb nach Erreichen der Volljährigkeit für eine Staatsangehörigkeit, die deutsche oder die ausländische, optieren (Optionslösung). Entscheiden sie sich für die ausländische Staatsangehörigkeit, verlieren sie den deutschen Paß mit dem Zugang der Erklärung bei der zuständigen Behörde. Wollen sie die deutsche Staatsangehörigkeit behalten, müssen sie die Aufgabe oder den Verlust der ausländischen Staatsangehörigkeit nachweisen. Wird dieser Nachweis nicht bis zur Vollendung des 23. Lebensjahres geführt, geht die deutsche Staatsangehörigkeit verloren, soweit die Betroffenen nicht eine schriftliche Genehmigung zur Beibehaltung der deutschen Staatsangehörigkeit erhalten.

Neben den genannten enthält das neue Staatsangehörigkeitsrecht weitere zentrale Neuerungen. So ist die Aufenthaltsfrist für einen Einbürgerungsanspruch von 15 auf acht Jahre verkürzt worden. Dabei müssen die Antragstellerinnen und Antragsteller unter anderem folgende Voraussetzungen erfüllen: Sie müssen über ausreichende Kenntnisse der deutschen Sprache verfügen; sie müssen im Besitz einer Aufenthaltserlaubnis oder einer Aufenthaltsberechtigung sein; sie müssen unterhaltsfähig sein, also den Lebensunterhalt für sich und die eigene Familie ohne Sozial- oder Arbeitslosenhilfe bestreiten können; sie müssen ein Bekenntnis zur freiheitlichen demokratischen Grundordnung der Bundesrepublik Deutschland ablegen und dürfen nicht wegen einer schwerwiegenden Straftat verurteilt worden sein.

Trotz des generellen Festhaltens am Prinzip der Vermeidung von Mehrstaatigkeit sehen die reformierten Einbürgerungsbestimmungen erweiterte
Möglichkeiten der Einbürgerung unter Duldung von Mehrstaatigkeit vor. So
kann von der Aufgabe der bisherigen Staatsangehörigkeit abgesehen werden,
wenn dies nicht oder nur unter besonders schwierigen Bedingungen möglich
ist. Die Aufgabe der früheren Staatsangehörigkeit ist ferner verzichtbar,
wenn der Ausländer die Staatsangehörigkeit eines Mitgliedslandes der Europäischen Union besitzt und Gegenseitigkeit verbürgt ist. Das gleiche gilt,
wenn der ausländische Staat die Entlassung aus der bisherigen Staatsangehörigkeit von der Leistung des Wehrdienstes abhängig macht und der Ausländer den überwiegenden Teil seiner Schulausbildung an deutschen Schulen
erhalten hat.

Die Reform des aus dem Jahr 1913 stammenden Reichs- und Staatsangehörigkeitsrechts (RuStAG) kann rechts- und ideengeschichtlich als Para-
digmenwechsel bewertet werden. Mit Beginn des 21. Jahrhunderts kommen
erstmals in Deutschland geborene Kinder ausländischer Eltern als deutsche
Staatsangehörige zu Welt. Dadurch wurde der unhaltbar gewordene, mittlerweile bereits Generationen übergreifende Zustand beendet, daß auch noch
die Kinder der Kinder der ›Gastarbeiter‹ der 1950er und 1960er Jahre in
Deutschland als ›Ausländer‹ aufwachsen mußten. Damit schafft die Reform
des Staatsangehörigkeitsrechts eine wichtige zusätzliche – notwendige, aber
nicht hinreichende – Bedingung für eine gelungene Integration eingewan-
derter oder hier aufgewachsener Ausländer.

Auch von seiten der Europäischen Union haben sich in den 1990er Jahren
rechtliche Verbesserungen ergeben. Ein erheblicher Fortschritt für die Möglichkeit einer Identifikation der Einwohner der Mitgliedstaaten mit der Europäischen Union ist die mit dem Vertrag von Maastricht eingeführte Unionsbürgerschaft. Sie wird allen Staatsangehörigen der EU-Mitgliedstaaten gewährt. Es handelt sich hier also nicht um eine originäre, sondern um eine
abgeleitete Staatsangehörigkeit, die bestimmte, im Vertrag vorgesehene
Rechte und Pflichten vermittelt (Art. 17 Abs. 1, 2 EGV). Dies gilt in erster
Linie für die Freizügigkeit für Unionsbürger, sich in allen Mitgliedstaaten
frei zu bewegen, aufzuhalten und einer Beschäftigung nachzugehen.

Art. 19 EGV gewährt darüber hinaus jedem Unionsbürger das aktive und
passive Wahlrecht zu Kommunalwahlen und zum Europäischen Parlament.
Ferner garantiert der Vertrag EU-Bürgern diplomatischen und konsulari-

schen Schutz im Hoheitsgebiet eines dritten Landes, wenn der Mitgliedstaat, dessen Staatsangehörigkeit er besitzt, in diesem Drittstaat nicht vertreten ist (Art. 20 EGV). Schließlich wird jedem Unionsbürger ein Petitionsrecht zum Europäischen Parlament zugestanden; zudem kann er sich an einen Bürgerbeauftragten des Europäischen Parlamentes wenden (Art. 21 EGV). Mit diesen Rechtsgewährungen hat der Maastrichter Vertrag eine deutliche Weichenstellung im Blick auf eine europäische Unionsbürgerschaft geschaffen, die erste grundlegende Rechte vermittelt und perspektivisch um einen europäischen Grundrechtskatalog ergänzt werden könnte.

Mittelbar profitieren zudem auch die Türken als größte Zuwanderergruppe in Deutschland vom europäischen Integrationsprozeß. Das am 12. September 1963 geschlossene »Abkommen zur Gründung einer Assoziation zwischen der Europäischen Wirtschaftsgemeinschaft und der Türkei« (64/733/EWG) sowie die vom Assoziationsrat gefaßten Beschlüsse (insbesondere der Beschluß 1/80 vom 19. September 1980) gewähren türkischen Arbeitnehmern weitgehende Rechte, die über die anderer Drittstaater hinausgehen. Nach vier Jahren ordnungsgemäßer Beschäftigung »im regulären Arbeitsmarkt« eines Mitgliedstaats haben türkische Staatsangehörige in diesem (und nur in diesem) Land freien unbehinderten Arbeitsmarktzugang. Sie sind in arbeitserlaubnisrechtlicher Hinsicht Inländern und anderen EU-Bürgern gleichgestellt. Zudem sind sie in gleichem Maße wie EU-Bürger vor aufenthaltsbeendenden Maßnahmen geschützt.[62]

Obwohl mit der Reform des deutschen Staatsangehörigkeitsrechts und der Einführung einer europäischen Unionsbürgerschaft wichtige Schritte weg von ethnonationalen Traditionslinien gemacht worden sind, steht eine umfassende Einwanderungskonzeption nach wie vor aus.

Zur Notwendigkeit einer modernen Einwanderungskonzeption für Deutschland und Europa

Deutschland ist zu einem Einwanderungsland geworden. Forderungen, es müsse nun auch ein Einwanderungsgesetz verabschiedet werden, verkennen mitunter die Tatsache, daß es de facto im Einwanderungsprozeß wirksame Gesetzgebung bereits gibt; denn die verschiedenen aktuellen – legalen – Zuwanderungen nach Deutschland vollziehen sich nicht ›gesetzlos‹, sondern finden auf rechtlicher Grundlage statt und werden von der staatlichen Verwaltung bearbeitet. In vielem ähnelt die deutsche Praxis daher bereits heute derjenigen ›klassischer‹ Einwanderungsländer.[63] Bestehende Unterschiede sind oftmals weniger sachlicher als definitorischer Natur. So gilt Familienzusammenführung in den Vereinigten Staaten, Kanada und Australien selbstverständlich als Einwanderungspolitik, während in Deutschland zuziehende Ehefrauen und Kinder nicht als Einwanderer sowie Familienzusammenführung trotz gesetzlicher Absicherung und bürokratischer Umsetzung nicht als Einwanderungspolitik betrachtet wird.

Etablierte Regelungen für temporäre und dauerhafte Zuwanderungen bzw. Aufenthalte gibt es in Deutschland bereits heute für verschiedene Gruppen.[64] Die wichtigsten davon sind:

- das Recht auf Asyl für politisch Verfolgte und ihre unmittelbaren Familienangehörigen sowie bestehende Regelungen der vorübergehenden Aufnahme und Duldung von Kriegs- und Bürgerkriegsflüchtlingen;
- das Recht auf Familienzusammenführung für ausländische Ehepartner und ihre minderjährigen Kinder;
- die Aufnahme von Spätaussiedlern aus Osteuropa und den Nachfolgestaaten der Sowjetunion sowie von jüdischen Zuwanderern aus der GUS;
- das Recht auf Zuwanderung und jederzeitige Rückkehr für im Ausland lebende deutsche Staatsangehörige;
- die Freizügigkeit für Bürger anderer Mitgliedstaaten der Europäischen Union und des Europäischen Wirtschaftsraums (EWR);
- legale Zuwanderungs- und Beschäftigungsmöglichkeiten für Softwareentwickler und Internet-Fachkräfte (›Green Card‹) sowie für andere hochqualifizierte Spezialisten (›Blue Card‹ in einigen Bundesländern);
- legale Arbeitsmöglichkeiten für Bürger von ostmittel- und osteuropäischen Staaten (Vertragsarbeitnehmer, Saisonarbeiter etc.);
- Aufnahmebestimmungen für ausländische Studenten;
- Ausnahmeregelungen für Angehörige bestimmter Berufsgruppen wie z.B. ausländische Manager, Künstler, Sportler, Journalisten, Soldaten und Militärpersonal bzw. andere Fachkräfte.

Die geschilderten Zuzugsregelungen, die nicht alle zu Daueraufenthalten oder Einwanderung führen, stehen jedoch im Unterschied zu anderen Einwanderungsländern unzusammenhängend und oft verstreut nebeneinander.

Es fehlt eine ordnende Gesamtgesetzgebung und ein koordinierendes Steuerungskonzept. Hier besteht in der Tat dringender Reformbedarf.

Das Bundesverfassungsgericht[65] sieht für die Aufnahme von Ausländern in der Bundesrepublik einen weiten Rahmen gesteckt: »Das Grundgesetz überantwortet es [...] weitgehend der gesetzgebenden und der vollziehenden Gewalt festzulegen, in welcher Zahl und unter welchen Voraussetzungen Fremden der Zugang zum Bundesgebiet ermöglicht wird. Es schließt weder eine großzügige Zulassung von Fremden aus, noch gebietet es eine solche Praxis.« Innerhalb der von der Legislative gezogenen Grenzen soll die Exekutive über die Begrenzung oder Förderung von Zuwanderungen entscheiden. Der Gesetzgeber ist daher berechtigt, eine für erforderlich erachtete umfassende Einwanderungskonzeption für die Bundesrepublik Deutschland zu entwerfen.[66]

In den zurückliegenden Jahren hat es immer wieder Vorstöße von Wissenschaftlern, Parteien und auch Bundesländern zur umfassenden gesetzlichen Regelung der Zuwanderung nach Deutschland gegeben. In der Begründung des Entwurfs eines entsprechenden Gesetzes des Landes Rheinland-Pfalz vom 11. März 1997[67] heißt es: »Es bedarf [...] einer sinnvollen Steuerung der Zuwanderung, die die gesellschaftlichen Aufnahme- und Integrationsmöglichkeiten und somit die soziale Akzeptanz berücksichtigen und damit nicht zuletzt Befürchtungen, Vorbehalten und Ängsten begegnen kann.« Der Entwurf sah vor, daß der Umfang der Zuwanderung durch eine Jahreszuzugsquote bestimmt wird. Geregelt werden sollen zudem Voraussetzungen, Art und Weise des Zuzugs sowie die gesellschaftliche Integration der Zuwanderer.

Auch aus den Reihen von Bündnis 90/Die Grünen hat es vergleichbare Initiativen gegeben. Am 15. April 1997 legte die Partei den Entwurf für ein Gesetz zur Regelung der Rechte von Einwanderinnen und Einwanderern (Einwanderungsgesetz) vor.[68] Darin war vorgesehen, gemäß den Empfehlungen einer Einwanderungskommission in Abstimmung zwischen Bund und Ländern, die Einwanderung jeweils für zwei Kalenderjahre festzulegen. Ferner zielt der Entwurf darauf ab, eine jährliche Aufnahmequote zu formulieren und eine gesetzliche Grundlage für das Amt eines Einwanderungsbeauftragten zu schaffen.

Die SPD-Bundestagsfraktion begründete ihre Vorlage eines Gesetzes zur Steuerung der Zuwanderung und Förderung der Integration vom 23. April

1997[69] mit der Feststellung:»Zuwanderung kann [...] dort politisch gestaltet, gesteuert und begrenzt werden, wo es den Erfordernissen des Arbeitsmarktes und der demographischen Entwicklung in der Bundesrepublik Deutschland entspricht. Eine solche Steuerung ist der sozialen und kulturellen Entwicklung unseres Landes förderlich und kann die illegale Zuwanderung zurückdrängen. Fluchtursachenbekämpfung im Herkunftsland und eine klare Zuwanderungsregelung werden auch das Asylverfahren entlasten.« Aufgrund dieser programmatischen Aussagen hielten viele Beobachter nach dem Wechsel zur ›rot-grünen‹ Bundesregierung die Umsetzung einer rechtlich explizierten und institutionell koordinierten Einwanderungspolitik für möglich.

Bereits im Verlauf der Koalitionsverhandlungen wurde aber evident, daß die mit dem Regierungswechsel verbundenen Hoffnungen sich zunächst nicht erfüllen würden. Bundesjustizministerin Däubler-Gmelin und Bundesinnenminister Schily machten im Oktober 1998 in Abkehr von der bisherigen SPD-Linie deutlich, daß»eine Zuwanderung [...] in der derzeitigen Situation von niemand gefordert werden« könne und deshalb die Schaffung eines Einwanderungsgesetzes auf Ablehnung stoße, was auf die – einseitige und deshalb mißverständliche – Interpretation von Einwanderungsgesetzgebung als bloßer Einwanderungsförderung durch Gesetzgebung schließen ließ.[70] Bundesinnenminister Schily unterstrich dies einen Monat später mit seinem umstrittenen Hinweis darauf, die»Grenze der Belastbarkeit« Deutschlands sei bereits überschritten und auch ein Einwanderungsgesetz könne daran nichts ändern, zumal die darin festzulegende Quote auf Null gesetzt werden müßte.[71]

Am 19. Januar 1999 legte auch die FDP den Entwurf eines Zuwanderungsbegrenzungsgesetzes vor. Zur Begründung heißt es dort:»Der Gesetzentwurf ist nicht als zusätzliches Einwanderungsangebot, sondern ausschließlich als Lenkungsinstrument für bereits stattfindende Zuwanderung zu verstehen. Zu diesem Zweck werden in Zweijahresabständen jährliche Gesamthöchstzahlen festgelegt. Innerhalb dieses Rahmens werden Teilquoten für verschiedene Teilgruppen bestimmt. Über die rein zahlenmäßige Festlegung hinaus ermöglichen qualitative Kriterien eine weitere gezielte Steuerung.«[72]

Allen Initiativen zur Schaffung einer Einwanderungskonzeption ist gemeinsam, daß sie von der unbedingten Notwendigkeit weiterer Einwanderung in der Zukunft ausgehen. Begründet wird dies mit volkswirtschaftlichen

Erwägungen und einem trotz Massenarbeitslosigkeit bereits heute in bestimmten Branchen spürbaren Mangel an Arbeitskräften. Hinzu kommt das Erfordernis eines – ohnehin nur noch begrenzt möglichen – Ausgleichs für die fortschreitende ›Überalterung‹ der Bevölkerung. Prognosen zufolge wird die Zahl der in Deutschland lebenden Menschen im Verlauf der kommenden Jahrzehnte beschleunigt zurückgehen, was gravierende Konsequenzen nicht nur für das umlagefinanzierte Rentensystem haben wird.[73] Insbesondere mit diesen Fragen hat sich auch eine Enquête-Kommission des Deutschen Bundestages befaßt.[74]

Neben dem volkswirtschaftlich oder demographisch begründeten Erfordernis weiterer Einwanderung stimmen alle vorgestellten Initiativen darin überein, diesen Prozeß möglichst ›sozialverträglich‹ zu gestalten. Dahinter verbirgt sich die Befürchtung, eine unkontrollierte Zuwanderung könnte bei der Bevölkerung auf Widerstand stoßen und zu sozialen Spannungen und Konflikten führen. Unbegründet ist diese Angst nicht: Im Frühjahr 2000 standen nach einer Umfrage des Instituts für Demoskopie Allensbach 71% der befragten Deutschen der Entwicklung zum Einwanderungsland kritisch gegenüber, 77% vertraten die Auffassung, mit der derzeitigen Zuwanderung sei die Grenze der Aufnahmefähigkeit erreicht.[75]

Zuletzt verbindet die vorgestellten Initiativen das Erfordernis, eine deutsche Einwanderungskonzeption in eine umfassende europäische Regelung einzubetten. Angesichts des Grades der europäischen Integration und der mittelbaren Auswirkungen einzelstaatlicher migrationspolitischer Entscheidungen auf alle Mitgliedstaaten macht eine gesetzliche Zuwanderungssteuerung perspektivisch in der Tat nur Sinn, wenn sie europäisch abgestimmt wird.

Ebenso wie im Bereich der Asyl- und Flüchtlingspolitik kommt auch beim Ziel einer gemeinsamen europäischen Einwanderungspolitik dem Gipfeltreffen von Tampere am 15./16. Oktober 1999 große Bedeutung zu. Hier wurde Einigkeit darüber erreicht, daß »eine Annäherung der einzelstaatlichen Rechtsvorschriften über die Bedingungen für die Aufnahme und den Aufenthalt von Drittstaatsangehörigen auf der Grundlage einer gemeinsamen Bewertung der wirtschaftlichen und demographischen Entwicklungen innerhalb der Union sowie der Lage in den Herkunftsländern erforderlich ist.« Weiter verständigte man sich darauf, »eine gerechte Behandlung von Drittstaatsangehörigen [...], die sich im Hoheitsgebiet ihrer Mitgliedstaaten rechtmäßig aufhalten«, sicherzustellen. Zudem sollte »eine energischere Integrationspolitik [...] darauf ausgerichtet sein, ihnen vergleichbare Rechte und Pflichten wie EU-Bürgern zuzuerkennen.«[76] Die europäischen Staats- und Regierungschefs riefen dazu auf, bei der Behandlung von Migranten aus Nichtmitgliedstaaten den Weg der nationalen Alleingänge zu verlassen. Auch hier wird abzuwarten sein, welche konkreten Schritte bis zum Jahr 2004 unternommen werden.

Eine neue und überraschende Wendung erhielt die Diskussion über die Zukunft der Einwanderung schließlich durch die Initiative Bundeskanzler Schröders auf der Hannoveraner CeBIT-Messe vom 22. Februar 2000, ausländischen Computerspezialisten eine vorübergehende Arbeitserlaubnis für Deutschland zu erteilen. Erstmals seit den durch Restriktionen, Ängste und Abwehrhaltungen in Migrationsfragen geprägten letzten drei Jahrzehnten entwickelte sich anschließend eine lebhafte Debatte, in der über Einwanderung weniger als Belastung und mehr als Chance diskutiert wurde. Noch kann nicht abgeschätzt werden, ob das auf den Weg gebrachte Sofortprogramm der Bundesregierung ein Schritt in Richtung auf eine umfassende Einwanderungsgesetzgebung sein wird. Die bis in die 1990er Jahre außerhalb des Kreises der informierten Spezialisten bestehende Scheu, das Thema Einwanderung offensiv und positiv anzugehen, dürfte jedoch der Vergangenheit angehören.[77] Dafür spricht auch, daß CDU und CSU ihren Widerstand gegen eine aktive Zuwanderungspolitik aufgegeben haben. So führte Bayern am 4. Juli 2000, als Antwort auf die Schrödersche ›Green Card‹, eine ›Blue Card‹ ein, die es bayerischen Unternehmen erleichtern soll, Fachkräfte aus Nicht-EU-Staaten anzuwerben.[78] Hessen und Niedersachsen haben sich dieser Initiative inzwischen angeschlossen.

Fassen wir zusammen: Ob mit oder ohne Einwanderungsgesetz – Deutschland ist seit langem ein Einwanderungsland. Diese Tatsache nicht nur widerwillig zu akzeptieren, sondern als Chance zu begreifen, fiel der politischen Elite im Verlauf der vergangenen Jahrzehnte schwer. Erst zehn Jahre nach der ersten Anwerbung von ›Gastarbeitern‹ wurde ein Ausländergesetz verabschiedet. Noch länger dauerte es, bis der eingewanderten Bevölkerung und ihren in Deutschland geborenen Kindern die Chance einer raschen und unkomplizierten Einbürgerung ermöglicht wurde. Eine den gesamten Einwanderungsprozeß steuernde Gesetzgebung und organisierende bürokratische Struktur fehlt bis heute. Vorschläge dafür liegen auf dem Tisch – oder doch in den Schubladen. Besondere Erwartungen richten sich dabei an die von Bundesinnenminister Schily im Juli 2000 eingesetzte Zuwanderungskommission unter dem Vorsitz der ehemaligen Bundestagspräsidentin Süssmuth.[79] Auch eine dem Grad der europäischen Integration adäquate Einwanderungskonzeption steht noch aus. Der Gesetzgeber hinkt, um auf unsere Anfangsbemerkung zurückzukommen, den migrationspolitischen Realitäten weiterhin hinterher. Stets muß er mühevoll nachholen, was längst hätte auf den Weg gebracht werden können.

Gleichwohl wäre es falsch, die rechtliche Rahmung der Einreise und des Aufenthalts von Einwanderern in Deutschland sowie ihres Zugangs zur Staatsangehörigkeit als Kette von Fehlschlägen zu betrachten. Unterhalb der Schwelle der offiziellen Eingeständnisse, Einwanderungsland zu sein und die Zugehörigkeit zur Nation nicht mehr ethnisch zu bestimmen, wurde eine pragmatische Ausländer- und Migrationspolitik betrieben und rechtlich abgesichert. Sie war immer fehlerbehaftet, aber doch deutlich besser als ihr Ruf, auch im internationalen Vergleich.[80] So lebt die große Mehrheit der Ausländer heute mit sicheren Rechtstiteln in Deutschland. Ausgerüstet mit einer Aufenthaltsberechtigung oder unbefristeten Aufenthaltserlaubnis ist ihr Status, von den politischen Rechten einmal abgesehen, dem von Staatsangehörigen vergleichbar geworden. Insbesondere arbeits- und sozialrechtlich gibt die Unterscheidung Inländer/Ausländer für die dauerhaft niedergelassene Bevölkerung nur noch wenig her.[81]

Die Reform des Staatsangehörigkeitsrechts und die Einführung des Ius-soli-Prinzips wird in Zukunft das Gros der hier geborenen Kinder ausländischer Eltern als Deutsche aufwachsen lassen. Ob sie sich dann auch so definieren und von den Einheimischen als solche betrachtet werden, wird die Zukunft zeigen. Das neue Gesetz ist auch ein Beitrag zur demokratischen Kultur: Besteht dauerhaft keine Deckungsgleichheit zwischen denen, die regiert werden und denen, die regieren, wird das demokratische Fundament brüchig. Das neue Staatsangehörigkeitsrecht hat die Voraussetzungen dafür geschaffen, die Gruppen der Regierten und Regierenden wieder in Übereinstimmung zu bringen.

Der moderat positiv zu beurteilenden Entwicklung im allgemeinen Ausländer- und Staatsangehörigkeitsrecht ist eine klare Kritik der deutschen (und europäischen) Asylpolitik an die Seite zu stellen. Von der ›Generosität‹, die die deutsche Asylpolitik – nach der Forderung von Carlo Schmid (SPD) im

Parlamentarischen Rat 1948 – auszeichnen sollte, ist nach der Grundgesetzänderung, zahlreichen restriktiven Reformen der Asylverfahrensordnung und einer engherzig gewordenen Rechtsprechung wenig geblieben. Auch die im Schengen-Prozeß erarbeitete europäische Harmonisierung der Visa- und Asylpolitiken hat die begründete Sorge vor der Errichtung einer ›Festung Europa‹ gegenüber asylsuchenden Flüchtlingen nicht ausräumen können. Vergessen werden darf aber auch nicht, daß sich Deutschland bei der Aufnahme der Kriegs- und Bürgerkriegsflüchtlinge aus dem ex-jugoslawischen Raum weitaus offener und hilfsbereiter zeigte als die übrigen Staaten der Europäischen Union und auch mit der Bewältigung der Folgekosten dieser Aufnahmebereitschaft allein blieb, ohne die vielfach geforderte europäische Lastenteilung (›burden sharing‹) durchsetzen zu können.

Jenseits der humanitären Dimension des Flüchtlingsrechts fehlt noch immer eine ordnende Einwanderungskonzeption, die unter ein Dach bringt, was heute separat nebeneinander steht. So sollten jedenfalls Aussiedler- und Ausländerpolitik zusammengeführt werden. Die Regierung Schröder beraubte sich hier einer Chance, als sie die Zuordnung von Ausländer- und Aussiedlerbeauftragten zu unterschiedlichen Ministerien beibehielt, statt ein übergreifendes Amt für Migration und Integration einzurichten. Die ›Green Card‹-Initiative, die Empfehlungen des Gipfeltreffens der Staats- und Regierungschefs von Tampere sowie die nachlassende Scheu, Einwanderung öffentlich auch Einwanderung zu nennen, geben jedoch Anlaß zur Hoffnung, daß der Durchbruch zu einer koordinierten Einwanderungspolitik gelingen kann.

Anmerkungen

1 Deutlich wird dieses Manko insbesondere im Vergleich mit den ›klassischen‹ Einwanderungsländern, allen voran den Vereinigten Staaten; s. Bernhard Santel, Auf dem Weg zur Konvergenz? Einwanderungspolitik in Deutschland und den Vereinigten Staaten, in: Zeitschrift für Ausländerrecht und Ausländerpolitik (ZAR), 18. 1998, H. 1, S. 14–20; allg. hierzu: Myron Weiner u.a. (Hg.), Migration and Refugees. Politics and Policies in the United States and Germany, 5 Bde., Oxford/Providence, RI 1997/98.
2 Hierzu zuletzt die Beiträge in: Klaus J. Bade/Jochen Oltmer (Hg.), Aussiedler: deutsche Einwanderer aus Osteuropa (IMIS-Schriften, Bd. 9), Osnabrück 1999.

3 Zur Kritik dieser historischen Verspätung u.a.: Friedrich Heckmann, Die Bundesrepublik: Ein Einwanderungsland? Zur Soziologie der Gastarbeiterbevölkerung als Einwandererminorität, Stuttgart 1981; Klaus J. Bade, Vom Auswanderungsland zum Einwanderungsland? Deutschland 1880–1980, Berlin 1983; ders. (Hg.), Das Manifest der 60: Deutschland und die Einwanderung, München 1994; ders., Homo migrans: Wanderungen aus und nach Deutschland – Erfahrungen und Fragen, Essen 1994.

4 Zur deutschen Migrationsgeschichte allg.: Klaus J. Bade (Hg.), Auswanderer – Wanderarbeiter – Gastarbeiter. Bevölkerung, Arbeitsmarkt und Wanderung in Deutschland seit der Mitte des 19. Jahrhunderts, 2 Bde., Ostfildern 1984; ders., Ausländer – Aussiedler – Asyl. Eine Bestandsaufnahme, München 1994.

5 Johannes-Dieter Steinert, Migration und Politik. Westdeutschland – Europa – Übersee 1945–1961, Osnabrück 1995.

6 BGBl. 1965 I, S. 353.

7 Zur Geschichte des Ausländergesetzes von 1965 ausführlich Knuth Dohse, Ausländische Arbeitnehmer und bürgerlicher Staat. Genese und Funktion von staatlicher Ausländerpolitik und Ausländerrecht. Vom Kaiserreich bis zur Bundesrepublik Deutschland, Königstein i.Ts. 1981, S. 233–255.

8 Werner Kanein, Deutsches Ausländerrecht, 3. Aufl. Frankfurt 1987, S. 2.

9 Gianni D'Amato, Vom Ausländer zum Bürger. Der Streit um die politische Integration von Einwanderern in Deutschland, Frankreich und der Schweiz, Amsterdam [2000].

10 Abgedr. in: Das Parlament, 18.12.1976, S. 1–4.

11 Michael Bommes, Von ›Gastarbeitern‹ zu Einwanderern: Arbeitsmigration in Niedersachsen, in: Klaus J. Bade (Hg.), Fremde im Land: Zuwanderung und Eingliederung im Raum Niedersachsen seit dem Zweiten Weltkrieg (IMIS-Schriften, Bd. 3), Osnabrück 1997, S. 249–301, hier S. 295; s. hierzu den Beitrag von Bade/Bommes in diesem Band.

12 Ausführlich zu den Prinzipien der Ausländerpolitik der christlich-liberalen Koalition die Antwort der Bundesregierung vom 26.6.1996 auf die Große Anfrage der Fraktion Bündnis 90/Die Grünen, Bundestagsdrucksache (BT-Drs.) 13/5065.

13 BGBl. 1983 I, S. 1377.

14 Zum politischen Hintergrund: Bade, Ausländer – Aussiedler – Asyl, S. 57–60. Daß in Betrieben erheblicher Druck auf ausländische Arbeitnehmer ausgeübt wurde, Deutschland zu verlassen, zeigt Jan Motte, Gedrängte Freiwilligkeit: Arbeitsmigration, Betriebspolitik und Rückkehrförderung 1983/84, in: ders./Rainer Ohliger/Anne von Oswald (Hg.), 50 Jahre Bundesrepublik, 50 Jahre Einwanderung, Frankfurt a.M./New York 1999, S. 165–183.

15 Zur deutschen Familienmigration bes. Hiryoshi Motomura, The Family and Immigration. A Roadmap for the Ruritarian Lawmaker, in: ders./Kay Hailbronner/David Martin (Hg.), Immigration Admissions. The Search for Workable Policies in Germany and the United States, New York 1997, S. 79–119.

16 Dietrich Thränhardt, Die Bundesrepublik Deutschland – ein unerklärtes Einwanderungsland, in: Aus Politik und Zeitgeschichte (PZG), 1988, Nr. 24, S. 3–13.

17 BT-Drs. 11/4463 und 11/4466.

18 BT-Drs. 11/5637.

19 BR-Drs. 11/90 = BT-Drs. 11/6321.

20 BGBl. 1990 I, S. 1354, 1356; s. dazu nur Michael Wollenschläger/Alexander Schraml, Die gesetzestechnische Ausgestaltung der Reform des Ausländerrechts, in: Zeitschrift für Gesetzgebung (ZG), 5. 1990, S. 241–270.

21 Günter Renner, Ausländerrecht in Deutschland. Einreise und Aufenthalt, München 1998, S. 39.

22 Dietrich Thränhardt, Ausländer als Objekte deutscher Interessen und Ideologien, in: Hartmut M. Griese (Hg.), Der gläserne Fremde. Bilanz und Kritik der Gastarbeiterforschung und der Ausländerpolitik, Opladen 1984, S. 115–132, hier S. 117.

23 Memorandum zu Stand und Weiterentwicklung der Integration der ausländischen Arbeitnehmer und ihrer Familienangehörigen in der Bundesrepublik Deutschland, Bonn 1979.

24 Hans-Peter Schneider, Das Asylrecht zwischen Generosität und Xenophobie. Zur Entstehung des Artikels 16 Abs. 2 Grundgesetz im Parlamentarischen Rat, in: Jahrbuch für Antisemitismusforschung, 1992, S. 217–236; allg. Simone Wolken, Das Grundrecht auf Asyl als Gegenstand der Innen- und Rechtspolitik in der Bundesrepublik Deutschland, Frankfurt a.M. 1988.

25 Seit den 1980er Jahren erhöhte sich die Zahl der Flüchtlinge, die in der Bundesrepublik Deutschland vorübergehenden oder dauerhaften Schutz suchten, signifikant. Betrug sie im Jahre 1987 etwa 700.000, so stieg sie auf rund 1,9 Millionen im Jahre 1993 an und ging 1997 wieder auf ca. 1,4 Millionen zurück. Unter den rund 1,4 Millionen Flüchtlingen 1997 waren rund 307.500 Asylberechtigte und deren Familienangehörige, 25.500 Konventionsflüchtlinge, schätzungsweise 95.000 Kontingentflüchtlinge, 16.000 heimatlose Ausländer, 360.000 De-facto-Flüchtlinge, 320.000 Asylbewerber und 254.000 Bürgerkriegsflüchtlinge. Daten und Fakten zur Ausländersituation, hg. v.d. Beauftragten der Bundesregierung für Ausländerfragen, 18. Aufl. Bonn 1999, S. 9, 26.

26 Ursula Münch, Asylpolitik in der Bundesrepublik Deutschland. Entwicklung und Alternativen, Opladen 1992, S. 72–126.

27 Gottfried Köfner/Peter Nicolaus, Grundlagen des Asylrechts in der Bundesrepublik Deutschland, Bd. 1, Mainz/München 1986, S. 90; s. auch Klaus J. Bade, Ausländer- und Asylpolitik in der Bundesrepublik: Grundprobleme und Entwicklungslinien, in: Ursula Mehrländer (Hg.), Einwanderungsland Deutschland: Bisherige Ausländer- und Asylpolitik. Vergleich mit anderen europäischen Ländern, Bonn 1992, S. 51–67; ders., Ausländer – Aussiedler – Asyl, S. 91–146.

28 BGBl. 1993 I, S. 1062.

29 BGBl. 1993 I, S. 1002.

30 Umfassend zum Asylrecht Bertold Huber, Handbuch des Ausländer- und Asylrechts, München 1999; Kay Hailbronner, Ausländer- und Asylrecht, Heidelberg 1988.

31 Bundesverfassungsgerichts-Entscheid (BVerfGE) 94, 49–114, 115–166, 166–240; s. auch Michael Wollenschläger/Gregor Herler, Das Asylrecht auf dem Prüfstand des Bundesverfassungsgerichts, in: Juristische Ausbildung (JA), 7. 1997, S. 591–599.

32 Bernhard Santel, Migration in und nach Europa. Erfahrungen, Strukturen, Politik, Opladen 1995, S. 193–205; vgl. dagegen Helmut Quaritsch, Arbeitsverbot und Sichtvermerk als ›flankierende‹ Maßnahmen des Asylverfahrens, in: Walther Fürst u.a. (Hg.), Festschrift für Wolfgang Zeidler, Bd. 1, Berlin u.a. 1987, S. 957-980.

33 Jahresbericht Amnesty International 1999, Frankfurt a.M. 1999.

34 Albrecht Weber, Entwicklungen zu einem gemeineuropäischen Asylrecht, in: AWR-Bulletin, 1999, S. 122–127.

35 Welche Ängste in Regierungskreisen vor dem Abbau der Grenzkontrollen grassierten, zeigt die folgende Äußerung eines französischen Beamten:»Stellen Sie sich vor, ein Asylsuchender stellt nacheinander in allen Mitgliedstaaten einen Asylantrag. Nehmen wir weiter an, das Verfahren und die Beratung dauern im Durchschnitt drei Jahre. Bei zwölf EG-Ländern bedeutet das, er könnte sich 36 Jahre in Europa aufhalten.« (zit. nach Danièle Joly, Die Harmonisierung der Asylpolitik in Europa, in: Jochen Blaschke/Andreas Germershausen (Hg.), Sozialwissenschaftliche Studien über das Weltflüchtlingsproblem, Berlin 1992, S. 279–307, hier S. 281.)

36 Michael Wollenschläger, Grundlagen und Anforderungen einer europäischen Einwanderungsregelung, in: Werner Weidenfeld (Hg.), Das europäische Einwanderungskonzept, Gütersloh 1994, S. 161–183, hier S. 168f.; ders., Ein europäisches Asylrecht in der Tradition europäischer Rechtskultur, in: Michael Piazolo/Klaus Grosch (Hg.), Festung oder offene Grenzen – Entwicklungen des Einwanderungs- und Asylrechts in Deutschland und Europa, München 1995, S. 9–34, hier S. 9f., 24f.

37 BGBl. 1993 II, S. 1013.

38 BGBl. 1994 II, S. 792.

39 Albrecht Weber, Einwanderungs- und Asylpolitik nach Maastricht, in: ZAR, 13. 1993, H. 1, S. 11–18, hier S. 13; Kay Hailbronner, Perspektiven einer europäischen Asylrechtsharmonisierung nach der Maastrichter Gipfelkonferenz, in: ZAR, 12. 1992, H. 2, S. 51–59, hier S. 53; ders., Was kann ein Einwanderungsgesetz leisten?, in: Frankfurter Allgemeine Zeitung (FAZ), 21.4.1992, S. 12.

40 Die asylpolitische Zuständigkeit wird sehr detailliert und alle möglichen Grenzfälle berücksichtigend in Art. 30 des Schengener Übereinkommens geregelt.

41 Michael Löper, Das Dubliner Übereinkommen über die Zuständigkeit für Asylverfahren, in: ZAR, 20. 2000., H. 1, S. 16–24.

42 Art. 16 Abs. 2 S. 2 GG; Hailbronner, Perspektiven einer europäischen Asylrechtsharmonisierung, S. 53; Weber, Einwanderungs- und Asylpolitik nach Maastricht, S. 13.

43 Kay Hailbronner, Die europäische Asylrechtsharmonisierung nach dem Vertrag von Maastricht, in: ZAR, 15. 1995, H. 1, S. 3–13, hier S. 4; Weber, Einwanderungs- und Asylpolitik nach Maastricht, S. 13.

44 Jürgen Haberland, Die Entschließungen der Justiz- und Innenminister der Europäischen Union im Bereich der Aufnahme, in: ZAR, 16. 1996, H. 1, S. 3–11, 55.

45 Amtsblatt (ABl.) Nr. C 274/13 und ABl. Nr. L 63/2; s. auch zu den Beschlüssen der europäischen Einwanderungsminister: Für Verfolgte geschlossen? Asylpolitik in der Europäischen Union, hg.v. Amnesty International, Bonn 1999, sowie Véronica Tomei, Europäische Migrationspolitik zwischen Kooperationszwang und Souveränitätsansprüchen, Bamberg 1997.

46 Ausführlich Christian Klos, Rahmenbedingungen und Gestaltungsmöglichkeiten der Europäischen Migrationspolitik, Konstanz 1998, S. 37.

47 Vertrag von Amsterdam, hg.v. Presse- und Informationsamt der Bundesregierung, 3. Aufl. Berlin 1999.

48 Albrecht Weber, Möglichkeiten und Grenzen europäischer Asylrechtsharmonisierung vor und nach Amsterdam, in: ZAR, 18. 1998, H. 4, S. 147–152, hier S. 147.

49 Die sog. ›Meilensteine von Tampere‹ sind abgedruckt in: ZAR, 19. 1999, H. 6, S. 284–287.

50 Frankfurter Rundschau (FR), 18.10.1999.

51 Hierzu s. das Arbeitsdokument ›Gemeinsame Normen für Asylverfahren‹ der Europäischen Kommission, SEK (1999) 271 endg. sowie zur materiellen Angleichung Miriam Wolter, Auf dem Weg zu einem gemeinschaftlichen Asylrecht in der Europäischen Union, Baden-Baden 1999; Albrecht Weber, Ansätze zu einem gemeineuropäischen Asylrecht, in: Europäische Grundrechtezeitschrift (EuGRZ), 26. 1999, H. 11/12, S. 301–313.

52 Heribert Prantl, Die Mauern Europas, in: Süddeutsche Zeitung (SZ), 18.10.1999.

53 BVerfGE 83, 60 und 83, 87.

54 BVerfGE 83, 87. Das Bundesverfassungsgericht wies aber auch auf die Möglichkeit einer Verfassungsänderung zum Zwecke der Einführung des kommunalen Ausländerwahlrechts hin.

55 Kay Hailbronner/Günter Renner, Staatsangehörigkeitsrecht, München 1998, S. 505ff.

56 OECD/SOPEMI, Trends in International Migration. Annual Report 1994, Paris 1995, S. 157–179.

57 Rogers Brubaker (Hg.), Immigration and the Politics of Citizenship in Europe and North America, Lanham u.a. 1989.

58 Das Parlament, Nr. 48, 20.11.1998.

59 Günter Renner, Was ist neu am neuen Staatsangehörigkeitsrecht?, in: ZAR, 19. 1999, H. 4, S. 154–163; Albrecht Weber, Das neue Staatsangehörigkeitsrecht, in: Deutsches Verwaltungsblatt (DVBl.), 115. 2000, H. 6, S. 369–376.

60 Gesetz zur Reform des Staatsangehörigkeitsrechts vom 15.7.1999 (BGBl. I S. 1618); s. hierzu den Beitrag von Bade/Bommes in diesem Band.

61 Im einzelnen dazu Hans von Mangoldt, Ius-sanguinis-Prinzip, Ius-soli-Prinzip und Mehrstaatigkeit: Umbrüche durch das Staatsangehörigkeitsreformgesetz, in: ZAR, 19. 1999, H. 6, S. 243–252.

62 Bertold Huber, Die Zulassung ausländischer Arbeitskräfte zum deutschen Arbeitsmarkt, in: Zeitschrift für Migration und Soziale Arbeit (IZA), 1999, Nr. 1, S. 16–21.

63 Bernhard Santel, Freizügigkeit, Wohnbürgerschaft und staatsbürgerliche Inklusion in Deutschland und den Vereinigten Staaten, in: Axel Schulte/Dietrich Thränhardt (Hg.), Internationale Migration und freiheitliche Demokratien. Jahrbuch Migration 1999/2000, Münster u.a. 1999, S. 101–134.

64 Zum folgenden s. Rainer Münz/Ralf Ulrich, Migration und Integration von Zuwanderern. Optionen für Deutschland, in: Informationen zur Raumentwicklung, 1988, H. 11/12, S. 697–711.

65 BVerfGE 76, 1–83, hier S. 47f.

66 Hierzu s. Einwanderungskonzeption für die Bundesrepublik Deutschland (Friedrich-Ebert-Stiftung, Gesprächskreis Arbeit und Soziales, Nr. 50), Bonn 1995; Michael Wollenschläger, Einwanderungsgesetzgebung für die Bundesrepublik Deutschland, in: ebd., S. 117–168; Claus Leggewie, Institutionelle Rahmenbedingungen für eine Einwanderungskonzeption der Bundesrepublik Deutschland, in: ebd., S. 169–186; s. ferner Albrecht Weber (Hg.), Einwanderungsland Bundesrepublik Deutschland in der Europäischen Union: Gestaltungs-

auftrag und Regelungsmöglichkeiten (IMIS-Schriften, Bd. 5), Osnabrück 1997; darin u.a.: Michael Wollenschläger, Rechtlicher Rahmen und Voraussetzungen einer Zuwanderungs-gesetzgebung, in: ebd., S. 197–223.

67 BR-Drs. 180/97.

68 BT-Drs. 13/7417.

69 BT-Drs. 13/7511.

70 SZ, 15.10.1998 (s. auch die Aussage Schilys, das Zuwanderungsgesetz bleibe auf der Ta-gesordnung, aber »ziemlich weit unten«; ebd., 7.1.1999).

71 SZ, 18.11.1998, 7.1.1999; s. hierzu den Beitrag von Bade/Bommes in diesem Band.

72 BT-Drs. 14/2019.

73 Prognos-Gutachten 1998 – Auswirkungen veränderter ökonomischer und rechtlicher Rah-menbedingungen auf die gesetzliche Rentenversicherung in Deutschland, hg.v. Verband Deutscher Rentenversicherungsträger, Frankfurt a.M. 1998; allg. hierzu: Rainer Münz/ Wolfgang Seifert/Ralf Ulrich, Zuwanderung nach Deutschland. Strukturen, Wirkungen, Perspektiven, Frankfurt a.M./New York 1999, S. 133–180.

74 Deutscher Bundestag 1998: Zweiter Zwischenbericht der Enquête-Kommission ›Demogra-phischer Wandel‹ – Herausforderungen unserer älter werdenden Gesellschaft an den einzel-nen und die Politik, Bonn 1998.

75 FAZ, 19.4.2000.

76 Europäischer Rat in Tampere (ZAR-Dokumentation), in: ZAR, 19. 1999, H. 6, S. 284–284. Die Schlußfolgerungen des Europäischen Rates anläßlich des Gipfels in Tampere sind abzu-rufen unter http://www.auswaertiges-amt.de/4_europa/2/4-2-1h.htm.

77 Hierzu s. den Beitrag von Bade/Bommes in diesem Band.

78 FAZ, 13.7.2000.

79 Deutschland: Schily beruft Kommission zum Thema Einwanderung, in: Migration und Be-völkerung, 2000, Nr. 5, S. 1.

80 Allg. hierzu jetzt Klaus J. Bade, Europa in Bewegung. Migration vom späten 18. Jahrhun-dert bis zur Gegenwart, München 2000.

81 Rogers Brubaker, Membership without Citizenship: The Economic and Social Rights of Noncitizens, in: ders. (Hg.), Immigration and the Politics of Citizenship in Europe and North America, S. 145–162.

Integration und Staatsangehörigkeitsrecht

Dietrich Thränhardt

Eine verbreitete Vorstellung geht davon aus, Integration könne durch Einbürgerung nicht gefördert werden, vielmehr nur an deren Abschluß stehen. Wäre das richtig, dann lägen die USA mit ihrem traditionellen Einbürgerungsoptimismus falsch. Sie hätten auch einen Fehler gemacht, als sie die Kinder der deutschen Einwanderer einbürgerten, die im 18. und 19. Jahrhundert so beharrlich an ihrer Sprache, ihren Gebräuchen und ihren Staatsangehörigkeiten festhielten.[1] Gleiches gälte für die anderen Einwanderergruppen in den USA und auch für Australien, Kanada und für Frankreich, das seit dreißig Jahren etwa 100.000 Einwanderer pro Jahr eingebürgert hat, woraus ein Teil der Diskrepanz bei den Ausländerzahlen in Frankreich bzw. Kinder ausländischer Einwanderer gegenüber jenen in Deutschland resultiert.[2]

Sozialisationswirkungen der Einbürgerung durch Geburt

Betrachten wir die biographischen Auswirkungen des Ausländer-Status auf Kinder und Jugendliche, so beginnen die Probleme bei der Namensgebung und dem Eintrag in das standesamtliche Register: Wenn das Kind nicht nach den seit 1. Januar 2000 geltenden Bestimmungen bei der Geburt die deutsche Staatsangehörigkeit erwirbt[3], müssen die Eltern das Kind beim Konsulat des Herkunftslandes anmelden. Dies gilt selbst dann, wenn die Eltern das Land im Konflikt verlassen haben oder sich von ihm lösen wollen. Ausnahmen gibt es nur für jene, die als Asylberechtigte anerkannt worden sind. Das Problem betrifft jugoslawische Staatsangehörige albanischer Herkunft ebenso wie türkische Staatsangehörige christlichen oder jezidischen Glaubens oder kurdischer Herkunft. Das türkische Konsulat verlangt bei der Eintragung die Angabe eines türkischen Vornamens. Die Eltern können das Kind also nicht Hans, Michael, Barbara, Natascha, Mike oder Mohammed nennen, sondern müssen einen Vornamen wie Mehmet oder Yildiz wählen. Mit der Namensgebung ist ein wichtiges Identitätssignal gesetzt, sowohl für die Kinder selbst wie auch für ihre Umwelt. Der Name begleitet sie durch ihr ganzes Leben und wird auch bei einer späteren Einbürgerung nicht geändert.[4]

Ist das Kind nicht mit der Geburt Deutscher geworden, so wiederholt sich die Zuweisung einer nicht-deutschen Identität bei jeder Paßausstellung bzw. -verlängerung und bei jedem anderen bürokratischen Akt. Die Eltern und die Jugendlichen selbst sind durch Bestimmungen des Ausländerrechts gezwungen, sich dem jeweiligen ausländischen Staat zuzuwenden. Voraussetzung für den legalen Aufenthalt ist nämlich der Besitz eines gültigen ausländischen Passes. Ausnahmen gibt es nur für Personen mit Fremdenpaß: Die Jugendlichen werden also immer wieder an den ausländischen Staat verwiesen, obwohl wir eigentlich von ihnen erwarten, daß sie sich hier integrieren und Loyalitäten nicht zum Herkunftsland der Eltern, sondern zu Deutschland entwickeln.»Die Einbürgerung kann immer erst am Ende einer gelungenen Integration stehen«, hieß es im Text der 1999 von CDU und CSU durchgeführten Unterschriftenaktion. Faktisch wurde dies aber durch die bisherige Praxis erschwert.

Sind die Jugendlichen jedoch mit der Geburt Deutsche geworden, so können ihre Eltern selbst entscheiden, ob sie zusätzlich zum deutschen Ausweis noch einen ausländischen Paß beantragen wollen. Der Normalfall ist dann jedenfalls der deutsche Kinderausweis bzw. Personalausweis, der in Deutschland und für die deutschen Behörden allein relevant ist. Das Identitätsdokument, auf das auch verzichtet werden kann, ist der ausländische Paß. Haben die Jugendlichen einen deutschen Schulabschluß erreicht, so wirkt sich die Differenz weiter aus. Als Ausländer werden sie nach allen Erfahrungen anders eingestuft. Arbeitgeber benutzen bei ihren Entscheidungen oft einfache Kategorien wie Geschlecht, Herkunft und Staatsangehörigkeit.

Ein sehr gewichtiger weiterer Schritt für die männlichen Jugendlichen ist die Entscheidung über den Wehrdienst. Früher nannte man ihn in Deutschland ›Schule der Nation‹. In der Türkei wird dies nach wie vor so verstanden. Sind die Jugendlichen von Geburt an Deutsche oder vor dem 18. Lebensjahr eingebürgert worden, so ist der deutsche Wehr- oder Ersatzdienst naheliegend, und der deutsche Staat kann seine Ableistung als Indikator für die präferierte Zugehörigkeit einstufen. Aus diesem Grunde ist auch die neu eingeführte exkludierende Bestimmung im seit 1. Januar 2000 geltenden Staatsangehörigkeitsgesetz sinnvoll, jenen die deutsche Staatsangehörigkeit abzuerkennen, die freiwillig in eine ausländische Armee eintreten (§ 1 (6) bzw. 17 (5) STAG).

Sind die Jugendlichen mit ausländischen Eltern – wie generell bis 1999 – nicht mit der Geburt Deutsche geworden, so müssen sie sich unter Umständen darauf einstellen, in der Armee des Herkunftslandes ihrer Eltern zu dienen, z.B. in der türkischen Armee. Das zur Zeit sehr häufig praktizierte Arrangement ist die Bezahlung einer Ablösesumme an die türkische Regierung (derzeit rund 10.000 DM, früher sogar 18.000 DM) sowie die Ableistung eines verkürzten Wehrdienstes. In dieser Zeit wird in der Türkei eine intensive nationalistische Indoktrination praktiziert. Die bis 1999 geltenden Regelungen hatten die Ableistung des Wehrdienstes in der Armee eines Herkunftsstaates genauso privilegiert wie den Dienst in der Bundeswehr, und zwar selbst dann, wenn diese Armeen in Bürgerkriegen eingesetzt wurden.

Es ist offensichtlich, daß der Dienst in einer ausländischen Armee keine positiven Effekte für die Integration in Deutschland hat, sondern desintegrierend wirkt. Er erbringt wohl kaum für das spätere Leben in Deutschland hilfreiche Kenntnisse und Verbindungen, sondern isoliert in extremer Weise. Dagegen helfen die vielfältigen Ausbildungsgänge, die die Bundeswehr – vom LKW-Führerschein bis zum Medizinstudium – anbietet, gerade weniger gut ausgebildeten Jugendlichen in das Berufsleben hinein. Ähnliches gilt für den Ersatzdienst.

Bisher müssen sich die Jugendlichen ausländischer Herkunft auch deswegen biographisch auf den Heimatstaat der Eltern einstellen, weil die Erfahrungen zeigen, daß Einbürgerungen in einigen Bundesländern bzw. Kommunen lange dauern. Die Antragsteller müssen im Regelfall eine Ausbürgerungszusage des Herkunftslandes der Eltern beibringen. Die bisherige Praxis zeigt weiter, daß einige Bundesländer bislang vom gesetzlichen Ermessen zwecks Einbürgerung unter Hinnahme einer weiteren Staatsangehörigkeit nicht Gebrauch machen, wenn der Herkunftsstaat den Antragsteller wegen fehlender Wehrpflichtableistung nicht aus der Staatsangehörigkeit entläßt. Solche Unterschiede in der Verwaltungspraxis, aber auch die unterschiedlich

Schaubild 1: Einbürgerungsraten in den Bundesländern 1997 in %

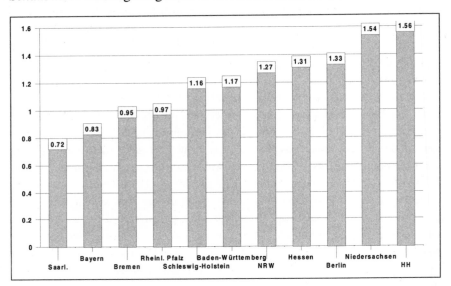

Die Zahl der Einbürgerungen bezieht sich nur auf die eingebürgerten Ausländer, d.h. die Anspruchseinbürgerungen nach § 85 und § 86, 1 Ausländergesetz sowie die Ermessenseinbürgerungen nach dem § 86, 2 und dem Reichs- und Staatsangehörigkeitsgesetz (RuStAG), nicht auf die Einbürgerungen der Spätaussiedler.

Quelle: Statistische Landesämter; eigene Berechnungen.

hohen Anteile von EU-Bürgern (die überwiegend kein Interesse an Einbürgerung haben), führen in Deutschland zu bundesweit unterschiedlich hohen Einbürgerungsraten (Schaubild 1). Die fünf ostdeutschen Länder bilden dabei einen Sonderfall, da in diesem Teil Deutschlands kaum Ausländer mit bereits längeren Aufenthaltsdauern leben.

Erhebliche Unterschiede gibt es nicht nur zwischen den einzelnen Bundesländern. Auch innerhalb einiger Länder variiert die Einbürgerungsquote von Kreis zu Kreis (Schaubild 2).

Will man die Integration verbessern und es männlichen Jugendlichen erleichtern, sich mit Deutschland zu identifizieren, so muß man gerade die Frage der Wehrpflicht und des freiwilligen Wehrdienstes regeln. Der bayerische Innenminister Beckstein führte dazu im Bundesrat aus, im CDU/CSU-Entwurf für ein neues Staatsangehörigkeitsgesetz sei »die Frage des Wahl-

Schaubild 2: Einbürgerungen* von Türkinnen und Türken in den Kreisen Nordrhein-Westfalens 1997 in % der türkischen Staatsangehörigen

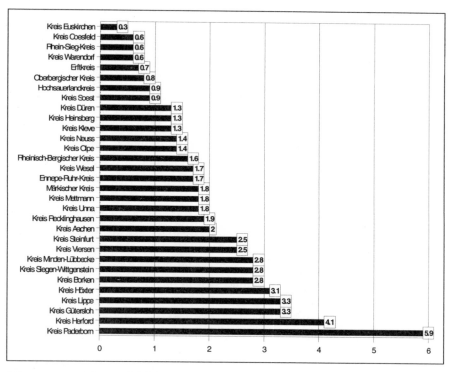

* Ermessens- und Ansprucheinbürgerungen zusammengefaßt; Erfassung nach Wohnort

Quelle: Innenministerium Nordrhein-Westfalen; Ministerium für Arbeit, Gesundheit und Soziales, Ausländerinnen und Ausländer in Nordrhein-Westfalen. Zahlenspiegel 1996, Düsseldorf 1997; eigene Berechnungen.

rechts und der Wehrpflicht für beide Seiten nicht in gleicher Weise verbunden«.[5] Dies war eine entscheidende Schwäche des CDU/CSU-Entwurfs; denn damit wären Menschen, die in Deutschland geboren werden, aufwachsen und hier voraussichtlich dauerhaft leben werden, unter Umständen repressiven Regierungen, wie z.B. der serbisch-jugoslawischen oder der türkischen, ausgeliefert. Damit verbunden ist ein Substanzverlust für die deutsche Gesellschaft und den deutschen Staat, denen ein Teil ihrer ständigen Bewoh-

nerschaft systematisch entfremdet wurde. Dieser Bevölkerungsgruppe hielt
Beckstein allerdings in der gleichen Rede vor, sie sei »sehr viel stärker von
ethnischer Herkunft als von der Zufälligkeit des Geburtsorts geprägt«. Diese
Behauptung kann mit Daten über Extremismus und Konfliktverhalten nicht
gestützt werden: Die übergroße Mehrzahl der hier lebenden ›Ausländer‹ hat
sich sowohl im griechisch-türkischen wie im türkisch-kurdischen und in den
jugoslawischen Konflikten außerordentlich ruhig verhalten. Niemand wird
wohl verurteilen, daß in den Herkunftsgemeinschaften in Deutschland Krieg
und Elend in den Herkunftsländern Mitgefühl und Hilfsbereitschaft auslösen,
die sich etwa im Bosnienkonflikt in einer großen Aufnahmebereitschaft für
Flüchtlinge niederschlugen – ganz parallel zur Haltung eines großen Teils
der deutschen Bevölkerung. Gerade bei der Auflösung Jugoslawiens war zu
erkennen, daß viele der Politiker, die dort tatsächlich als Demokraten bezeichnet werden können, prägende Erfahrungen in Deutschland gemacht
hatten.

Ein Schwachpunkt des am 1. Januar 2000 in Kraft getretenen neuen
Staatsangehörigkeitsrechts ist der große Aufwand bei der Überprüfung der
Optionsentscheidung, die die jungen Erwachsenen zukünftig im Alter zwischen 18 und 23 Jahren treffen müssen. Denn wer in Deutschland nach dem
ius soli Staatsangehöriger wird, muß sich in diesem Alter glaubhaft darum
bemühen, aus der unter Umständen ebenfalls mit der Geburt erworbenen
Staatsangehörigkeit entlassen zu werden. Ansonsten erlischt nach derzeitiger
Rechtslage – die in dieser Hinsicht allerdings erst in ca. 20 Jahren zur Anwendung kommt – die deutsche Staatsangehörigkeit. Insofern ist die Kritik
des baden-württembergischen Innenministers Thomas Schäuble angebracht,
der ausführt: »Der Verwaltungsaufwand wird also exorbitant sein [...]. Die
Länder werden gezwungen sein, einen großen bürokratischen Apparat aufzubauen, um die mit diesem Gesetz verbundenen Folgen für die Verwaltung zu
bewältigen.«[6]

Allerdings stellt sich die Frage, was die Alternativen wären. Schon nach
der bis 1999 bestehenden Rechtslage hatten jugendliche und erwachsene
Ausländer einen Rechtsanspruch auf Einbürgerung. Und Ermessenseinbürgerungen konnten schon nach zehnjährigem Aufenthalt vorgenommen werden.
In vielen Bundesländern bzw. Kommunen wurde das Einbürgerungsrecht
aber nur sehr schleppend angewendet. Es fehlten die nötigen Bearbeitungs-

kapazitäten, die Verfahren waren zu kompliziert gestaltet, die Bearbeitungszeiten zu lang.

Der baden-württembergische Innenminister sagt mit Recht, die Komplexität der am 1. Januar 2000 in Kraft getretenen Regelungen werde Probleme für die Verwaltung mit sich bringen. Nach dem bis 1999 geltenden Recht war es auch ein Problem – aber ein Problem der Jugendlichen und jungen Erwachsenen, die Deutsche werden wollten; besonders dann, wenn sie nur Deutsche sein wollen und auf ihre alte Staatsangehörigkeit keinen Wert legten bzw. froh gewesen wären, ihr zu entkommen.

Die Betroffenen wurden mit der alten Praxis auf die Herkunftsländer ihrer Eltern verwiesen, lebten aber gleichwohl in Deutschland. Wenn dies über mehrere Generationen so weiter gegangen wäre, hätten wir in manchen Städten Mehrheiten von Nicht-Staatsangehörigen bekommen, was keinesfalls im deutschen Interesse gewesen wäre. Der Erwerb der deutschen Staatsangehörigkeit mit der Geburt dient deshalb nicht nur den im Lande Geborenen mit ausländischen Eltern und der Festigung ihrer Verbindung zu Deutschland, sondern liegt auch im wohlverstandenen nationalen Interesse Deutschlands; denn eine funktionierende Demokratie gründet sich auf die Mitwirkung und das Bürgerrecht aller.

Aufgaben nach der Verabschiedung des neuen Staatsangehörigkeitsgesetzes

Das Verständnis der Arbeitsmigranten als ›Gastarbeiter‹ war in der Bundesrepublik Deutschland besonders stark ausgeprägt, und zwar bei allen Beteiligten: bei den Betroffenen selbst, die mit der Illusion der Rückkehr lebten, vielfach Häuser in der alten Heimat bauten und die Rückkehr von Jahr zu Jahr aufschoben; bei den Heimatregierungen, die aus nationalen Gründen an ihren Staatsbürgern festhalten wollten und insbesondere an deren Finanztransfers in die Heimat interessiert waren; und bei den Deutschen, deren Haltung auf einer Mischung aus Fremdenangst und -abwehr (eher bei der Rechten) und Fremdenromantik (eher bei der Linken) beruhte. Mit der Einführung der Aufenthaltsberechtigung 1978 und der auch durch die Spruchpraxis deutscher Gerichte sowie des Europäischen Gerichtshofs verbesserte rechtliche Position ausländischer Arbeitsmigranten und ihrer Familienangehörigen entstand ein weitgehend stabiler Status, der etwa für türkische Staatsbürger eine wesentlich weitergehende rechtliche und soziale Sicherheit als im Herkunftsland selbst bietet. Deshalb ist es auch für einen größeren Teil der hier lebenden Ausländer nicht einsichtig, warum sie diesen Status verlassen und sich endgültig für die deutsche Staatsangehörigkeit entscheiden sollen.[7]

Um so bedeutsamer ist es, daß die Akzeptanz der Einbürgerung bei den Betroffenen und die Verbundenheit mit Deutschland in den letzten Jahren gewachsen ist. Schon die Repräsentativuntersuchung des Bundesministeriums für Arbeit und Sozialordnung von 1995 zeigte eine »außerordentlich starke Zunahme des Einbürgerungswillens. Die Prozentsätze haben sich bei allen Nationalitäten mehr als verdreifacht. Deutlich angestiegen ist auch die Zahl jener, die in dieser Frage noch unsicher sind.« Während sich bei der Befragung im Jahr 1985 noch mehr als drei Viertel der befragten Ausländer gegen eine Annahme der deutschen Staatsangehörigkeit aussprachen, galt dies 1995 nur mehr für weniger als die Hälfte.[8] Der Ausländersurvey des Deutschen Jugend-Instituts (DJI) 1997 zeigte ebenfalls, daß sich die Deutschkenntnisse der Jugendlichen ausländischer Staatsangehörigkeit verbessert haben und ein breites Interesse an der deutschen Staatsangehörigkeit besteht.[9]

Mehr Einbürgerungen, wie sie nach dem neuen Staatsangehörigkeitsrecht zu erhoffen sind, schaffen mehr Rechte für einen Teil der Zuwanderer. Eine ähnliche Expansion gab es zuletzt 1971. Damals erhielten alle Ausländer bei den Wahlen zu den Betriebsräten volle Rechte. Damit verfügen sie über ein wichtiges soziales Bürgerrecht; denn Betriebsräte haben gerade in deutschen Großunternehmen wichtige Funktionen und bieten für die einzelnen Beschäftigten Mitwirkungsmöglichkeiten und Sicherheiten. Nach einigen Anfangsschwierigkeiten hat sich das Miteinander deutscher und ausländischer Arbeitnehmer in den Betrieben soweit eingespielt, daß 1995 mehr als zwei Drittel der ausländischen Beschäftigten der Meinung Ausdruck gaben, »daß der Betriebsrat die Interessen der ausländischen Arbeitnehmer ausreichend vertritt«.[10] Bei den Betriebsratswahlen 1990 wurden 465 männliche und 62 weibliche Ausländer zu Betriebsratsvorsitzenden gewählt.[11] Diese Parallele zeigt, wie stark sich institutionelle Regelungen in der Praxis auswirken können und wie erfolgreich Integration sein kann. Die ersten Erfahrungen nach Einführung des kommunalen Wahlrechts für EU-Bürger deuten auch hier auf

Tabelle 1:   In Deutschland als Ausländer geborene Kinder, 1962–97

Jahr	Geburten insgesamt	Geburten d. Ausländer	Ausländeranteil
1962	1.018.552	18.803	1,9%
1970	810.808	63.007	7,8%
1974	626.373	*108.270*	17,3%
1980	620.657	80.695	13,0%
1990	727.199	86.320	11,9%
1992	809.114	100.118	12,4%
1993	798.447	102.874	12,9%
1994	769.603	100.728	13,1%
1995	765.221	99.714	13,0%
1996	796.013	*106.220*	13,3%
1997	812.173	*107.182*	13,2%

Quelle: Daten und Fakten zur Ausländersituation, hg. v.d. Ausländerbeauftragten der Bundesregierung, Bonn 1999, S. 28.

einen Integrationsprozeß hin, der sich aus der Konkurrenz der Parteien um neue Wähler ergibt.[12]

Unklar ist heute noch, wieviele in Deutschland geborene Kinder mit ausländischen Eltern seit dem 1. Januar 2000 bei Geburt im Land durch das ius soli deutsche Bürger werden und wieviele Kinder nach wie vor nur Ausländer sind. Seit 1973 kamen in Deutschland pro Jahr etwa 100.000 Kinder – 13% aller Neugeborenen – als Ausländer auf die Welt. Zahl und Anteil schwankten je nach der Höhe der vorherigen Wanderungsbewegungen, wobei zwischen Zuwanderungs– und Geburtenhöhepunkten jeweils einige Jahre lagen. Ein erster Höhepunkt wurde 1974 erreicht, und in den 1990er Jahren stiegen die Zahlen wieder an. Dies bedeutete bis 1998, daß in Deutschland mehr Ausländer geboren als eingebürgert werden.[13] Allein aus diesen Gründen stieg die Zahl der Ausländer (Tabelle 1).

Seit dem 1. Januar 2000 erhalten Kinder ausländischer Eltern die deutsche Staatsangehörigkeit, wenn ein Elternteil eine Aufenthaltsberechtigung oder seit drei Jahren eine unbefristete Aufenthaltserlaubnis besitzt und seit acht Jahren seinen ›gewöhnlichen Aufenthalt‹ in Deutschland hat. Über die Zahl der Ehen zwischen Ausländern mit unterschiedlichen Aufenthaltsstatus gibt es keine Daten. Bekannt ist jedoch, daß die Aufenthaltsdauer bei Ausländern aus den traditionellen ›Herkunftsländern‹ von Arbeitsmigranten im Schnitt deutlich über zehn Jahren liegt[14] und immerhin 1,5 Millionen Ausländerin-

Tabelle 2:   Aufenthaltsstatus und Geburtsrecht (ius soli)

Staatsangehörigkeit	Bevölkerungszahl insgesamt	Unbefristeter Aufenthaltsstatus* Anzahl	in%
EU-Länder	1.851.514	EU-Bürgerrecht	
Türkei	2.110.223	1.110.808	52,6
Jugoslawien**	719.474	266.022	37,0
Kroatien	208.909	140.131	67,1
Bosnien-Herzegowina	190.119	34.994	18,4
Marokko	82.748	33.889	41,0
Tunesien	24.549	10.346	42,1
Polen	283.604	70.892	25,0
Iran	115.094	56.407	49,0
Rumänien	89.801	13.386	14,9
Vietnam	85.452	27.984	32,7
Afghanistan	68.267	12.914	18,9
Sri Lanka	58.309	16.702	28,6
Libanon	55.074	7.641	13,8
Ungarn	51.905	16.951	32,7
Ausländer gesamt	7.319.593	2.854.289	52,2

*   Aufenthaltsberechtigung und unbefristete Aufenthaltserlaubnis
** Darunter noch eine unbekannte Anzahl bosnischer, kroatischer, slowenischer und mazedonischer Bürger. Stand 31.12.1998
Quelle: Daten und Fakten zur Ausländersituation (1999), S. 20, 28; eigene Berechnungen.

nen und Ausländer – vor allem aus diesen mediterranen Ländern – seit ihrer Geburt in Deutschland leben. Im Gegensatz dazu sind Migranten aus neueren Herkunftsländern, z.B. aus Polen, Rumänien oder den Nachfolgestaaten der Sowjetunion, im Schnitt deutlich kürzer im Land; denn von dort setzte die Zuwanderung erst nach 1988 ein. Da Bürger aus traditionellen Herkunftsländern jedoch die große Mehrzahl der Ausländer in Deutschland stellen, dürften die Anteile von Paaren, in denen jeweils ein Elternteil lange in Deutschland lebt, in diesen Gruppen sehr hoch sein. Zudem muß bei der Interpretation der Statistiken zur Aufenthaltsdauer und zum Status berücksichtigt werden, daß dabei auch Kleinkinder mit erfaßt werden. Ein einjähriges Kind der dritten Generation zählte in der Statistik bis zum Jahr 2000 jedenfalls als Ausländer mit einem Jahr Aufenthalt. Dies änderte sich erst mit Inkrafttreten des neuen Staatsangehörigkeitsrechts, nach dem Ius-soli- und Ius-sanguinis-Staatsangehörige unterschiedslos als Deutsche gelten, wenngleich erstere sich noch endgültig für diese Staatsangehörigkeit entscheiden müssen.[15]

Insgesamt ist bei künftig Geborenen mit ausländischen Eltern davon auszugehen, daß jährlich etwa 50%, d.h. ca. 45.000–50.000 Deutsche sind. Für die weitere Entwicklung werden die Einwanderungszahlen ebenso wie die künftigen Einbürgerungszahlen für die erste Generation eine Rolle spielen.[16]

Nach § 40b des neuen Staatsangehörigkeitsgesetzes können ein- bis zehnjährige ausländische Kinder auf Antrag ihrer Eltern während des Jahres 2000 umstandslos eingebürgert werden, wenn die heute geltenden Voraussetzungen für den Erwerb der Staatsangehörigkeit nach dem ius soli bereits bei ihrer Geburt vorlagen. Geht man für diese Gruppe von einer Rate von 40% aus, die die Voraussetzung erfüllen, ergäbe dies für die rund 1 Million in Deutschland zwischen 1990 und 1999 geborenen ausländischen Kinder rund 400.000 Anspruchsberechtigte. Erste Erfahrungsberichte der zuständigen Behörden zeigen aber ein sehr geringes Interesse der Eltern, für ihre Kinder nachträglich die deutsche Staatsangehörigkeit zu beantragen. Möglicherweise spielen hier Erfahrungen der jeweiligen Gruppen mit schleppenden Einbürgerungsverfahren und zum Teil als schwierig empfundenen Prozeduren eine negative Rolle. In der Praxis bedeutet dies, daß es zu keiner substantiellen Ausschöpfung dieses Rechtsanspruchs kommt. Dies gilt sowohl für Länder wie Hamburg, Berlin und Niedersachsen mit bislang höheren Einbürgerungsraten, aber auch für das Saarland und Bayern[17], die bisher sehr niedrige Einbürgerungszahlen hatten (Schaubilder 1 und 2).[18]

Die Staatsangehörigkeit Neugeborener wird bei der Geburt von Amts wegen festgestellt. Damit sind die Verhältnisse so eindeutig geregelt, daß für den Erwerb der Staatsangehörigkeit nach dem ius soli wenig Interpretationsspielraum bleibt. Dagegen haben Länder und Kommunen bei der Erwachsenen-Einbürgerung größere Gestaltungsmöglichkeiten, auch nach Verabschiedung der entsprechenden Rechtsverordnung. Dies gilt besonders für die Prüfung der gesetzlich vorgeschriebenen Sprachkenntnisse, die nun Voraussetzung für die Erwachseneneinbürgerung sind, aber auch für die Länge der Bearbeitungsfristen. Auch bei Staatsangehörigen jener Länder, die ihre Auswanderer nur sehr zögerlich oder gar nicht ausbürgern, haben die lokalen Behörden Ermessensspielräume.

Schaubild 3: Aufenthaltsberechtigungen für Ausländer nach Bundesländern
in %

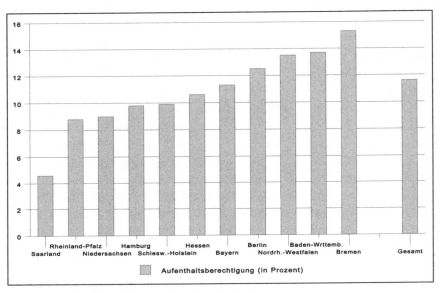

Quelle: Bundesverwaltungsamt – Ausländerzentralregister.

Von erhöhter Bedeutung sind nun Aufenthaltsberechtigung und unbefristete Aufenthaltserlaubnis. Auch hier bestehen zwischen den Bundesländern erhebliche Differenzen, obwohl die Rechtslage gleich ist. Da der Erwerb der Staatsangehörigkeit nach dem ius soli für Kinder an diesen Aufenthaltsort der Eltern gebunden ist, können sich Probleme auch für EU-Bürger ergeben, die sich aufgrund ihres europäischen Bürgerrechts nicht die Mühe gemacht haben, einen derartigen Status zu erwerben.

Nicht nur wegen dieser Inkonsistenz, die sich durch die schrittweise Ausgestaltung und Erweiterung des europäischen Bürgerrechts ergeben hat, bleibt eine Bereinigung des Ausländerrechts zu wünschen. Zu regeln sind dabei auch zwei weitere Probleme: zum einen die verwirrende Ausdifferenzierung der Status-Regelungen seit dem Ausländergesetz von 1990, mit dem insgesamt fünf unterschiedliche Statusgruppen geschaffen wurden; zum anderen die Parallelität zwischen dem Erwerb der Aufenthaltsberechtigung und der Einbürgerung. Beide sind nach acht Jahren möglich, und beide haben ähnliche Voraussetzungen. Deutschland ist in der Etablierung eines ›Denizen‹-Status (Tomas Hammar) besonders weit gegangen, hat also einen sicheren Aufenthaltsstatus mit allen Rechten außer dem Wahlrecht und der Staatsangehörigkeit geschaffen. Diese Entwicklung ergab sich in den 1970er Jahren aufgrund der politischen Blockade einer wirklichen Reform, wie sie Heinz Kühn, der erste Ausländerbeauftragte der Bundesregierung, in seinem Bericht 1979 vorgeschlagen hatte. Das nationale Interesse an einer weitgehenden Kongruenz von Einwohnern und Staatsangehörigen würde eine Abschaffung des Aufenthaltsberechtigten-Status zugunsten des Erwerbs der Staatsangehörigkeit nahelegen; denn auch bei der Aufenthaltsberechtigung geht es um einen Langfrist-Aufenthalt. Die vorgeschriebene Aufenthaltszeit von acht Jahren ist länger als der Zeitraum von fünf Jahren, der in den USA, den Niederlanden, Frankreich und vielen anderen Ländern für die Einbürgerung vorgeschrieben ist. Eine weitere Disparität der bis 1999 geltenden Bestimmungen wurde mit dem neuen Staatsangehörigkeitsrecht bereits behoben: Zuvor waren zwar für den Erwerb der Aufenthaltsberechtigung Sprachkenntnisse vorgeschrieben, nicht aber für die Anspruchseinbürgerung nach dem Ausländergesetz.

Ob das neue Staatsangehörigkeitsrecht in seiner gegenwärtigen Form Bestand hat, ist ungewiß. Zu erwarten sind jedenfalls Klagen von Betroffenen wegen Ungleichbehandlung. Während nach dem neuen Gesetz Kinder ausländischer Eltern, die mit der Geburt nach dem ius soli die deutsche und nach dem ius sanguinis eine andere Staatsangehörigkeit erwarben, später die Aufgabe dieser zweiten Staatsangehörigkeit nachweisen müssen, ist dies bei jenen anders, die seit 1974 die deutsche Staatsangehörigkeit von einem Elternteil und eine andere von einem anderen Elternteil ererbt haben: Sie behalten auch nach derzeitigem Recht beide Staatsangehörigkeiten. In Einzelfällen ergeben sich durch derartige Kumulationen sogar multiple Staatsangehörigkeiten, so etwa im Fall der Kinder des Prinzen Ernst August von Hannover aus erster Ehe.[19] Ungleichbehandlungen ergeben sich auch zwischen Personen aus Staaten, die grundsätzlich nicht ausbürgern – etwa Griechenland und Marokko – und solchen aus toleranteren Staaten. Die einen behalten ohne große Mühe zwei Staatsangehörigkeiten, die anderen müssen die Entlassung aus der anderen Staatsangehörigkeit nachweisen.

Langfristig wird auch der deutsche Staat mit mehrfachen Staatsangehörigkeiten leben müssen. Falls es damit Probleme gibt, liegen sie ohnehin bei den

Betroffenen. Da inzwischen jede sechste Ehe in Deutschland zwischen einem Inländer bzw. einer Inländerin und einer Ausländerin bzw. einem Ausländer geschlossen wird, dürfte die Tatsache mehrfacher Staatsangehörigkeiten ohnehin immer mehr zur Normalität werden. Auch innerhalb der EU wird es nach wie vor mehrfache Staatsangehörigkeiten geben, ähnlich wie in der Schweiz viele Bürger mehrere Gemeinde-Bürgerrechte erwerben. Zu bedenken ist, daß seit 1989/90 auch die meisten Aussiedler von ihren Herkunftsländern nicht mehr ausgebürgert wurden und somit ebenfalls Doppelstaatsangehörige sind. Dies gilt folglich auch für ihre später in Deutschland geborenen Kinder.

Mit der Einführung des Erwerbs der Staatsangehörigkeit nach dem ius soli hat Deutschland einen großen Schritt vorwärts getan und sich einer Rechtsform angeschlossen, die in etlichen anderen westeuropäischen Ländern das Staatsangehörigkeitsrecht prägt. Gleichzeitig wurde damit nach 87 Jahren eine politische Entscheidung korrigiert, gegen die Sozialdemokraten und Liberale schon im Reichstag von 1913 leidenschaftlich opponiert hatten. Die Bundesrepublik Deutschland bewies damit ihre Reformfähigkeit und widerlegte Interpreten, die den Deutschen eine feststehende und unveränderliche ›ethnische‹ oder ›ethno-kulturelle‹ Identität zuschrieben und von daher die Einführung des ius soli für unmöglich erklärten.[20] Schon in den Bundestagen von 1990 und 1994 existierte für diese Reform eine numerische Mehrheit aus SPD, Bündnis 90/Grünen, FDP und einigen CDU-Abgeordneten. Diese Mehrheit kam allerdings seinerzeit aus Koalitionsrücksichten vor allem wegen des Widerstandes der CSU nicht zum Tragen.

Die Öffnung Deutschlands für die Zuwanderung und die Europäisierung von Migrationsregime und Staatsangehörigkeitsrecht sind Teile eines längerfristigen Prozesses, der vielfältige Beziehungen zur Einbindung Deutschland in die Europäische Union und die Atlantische Gemeinschaft hat. Zur sozialen und sozialrechtlichen Gleichberechtigung von Migranten, die in Deutschland weiter reicht als in vielen anderen Ländern, tritt damit auch das politische Bürgerrecht. Beides zusammen schafft die Grundlagen für eine offene Gesellschaft, in der sich politischer und kultureller Pluralismus[21] mit sozialer Homogenität verbinden läßt.

Folgerungen und Forderungen

Die Zahl der Einbürgerungsanträge hat nach Berichten aus verschiedenen Bundesländern im Jahr 2000 zugenommen, die Zahl der erfolgten Einbürgerungen dagegen bisher nicht. Ein endgültiger Überblick über die Ergebnisse der Reform wird erst möglich sein, wenn die Zahlen für das Jahr 2000 vorliegen. Schon heute läßt sich aber feststellen, daß bei der Anlage der Sprachprüfungen, der Überprüfung der Verfassungstreue, den Modalitäten einer allfälligen Hinnahme weiterer Staatsangehörigkeiten und der Länge der Verfahren weiterhin Diskrepanzen zwischen Bundesländern, Kommunen und Nationalitäten der Bewerber um die deutsche Staatsangehörigkeit existieren. Auch die Vereinbarung bundeseinheitlicher Einbürgerungsrichtlinien hat daran bislang nichts geändert. Die Ausgestaltung der Verfahren wird entscheidend für die Zahl der Einbürgerungen sein.

Dabei lassen sich drei Regelungsbereiche unterscheiden: 1. die Ausgestaltung der Optionsregelung für die 18 bis 23jährigen, die aufgrund von deutschem ius soli und einem ausländischen ius sanguinis zwei Staatsangehörigkeiten haben, 2. die Berücksichtigung zwischen 1990 und 1999 geborener Kinder, die das Bürgerrecht nach dem ius soli nachträglich erhielten, und 3. die Einbürgerung Erwachsener.

Die Ausgestaltung der Optionsentscheidungen für die Jugendlichen wird im Jahr 2008 beginnen, wenn die ersten Jugendlichen 18 Jahre alt werden, die nach der Sonderregelung für die zwischen 1990 und 1999 im Inland geborenen Ausländerkinder die deutsche Staatsangehörigkeit erhielten. Vom Jahr 2018 an werden regelmäßig Optionsentscheidungen größerer Gruppen von jungen Erwachsenen zu bewältigen sein, die nach dem ius soli Deutsche wurden: ca. 45.000 bis 50.0000 pro Jahr. Das Gesetz verpflichtet diese Personen, die Entlassung aus anderen Staatsangehörigkeiten nachzuweisen oder sich zumindest um eine solche Entlassung ernsthaft bemüht zu haben. Da dies einerseits vielfach auf Schwierigkeiten stoßen wird – vor allem im Fall von autoritären Regierungen und von ineffizienten Verwaltungen – und diese jungen Erwachsenen als deutsche Staatsangehörige andererseits einen erhöhten grundgesetzlichen Schutz vor dem Verlust der Staatsangehörigkeit genießen, empfiehlt es sich, die Verlusttatbestände so zu regeln, daß sie einfach zu kategorisieren und zu entscheiden sind und von den Betroffenen gestaltet werden können. Andernfalls käme es bei nicht kooperativem Verhalten der Herkunftsregierungen vielfach zu einem Dilemma im Sinne des aus der Antike überkommenen Grundsatzes ›ultra posse nemo obligatur‹. Können die Jugendlichen die Aufgabe der ausländischen Staatsangehörigkeit nicht nachweisen, droht eine unklare Rechtslage und eine größere Zahl von Klagen vor den zuständigen Verwaltungsgerichten.

Grundsätzlich ist es im Interesse der deutschen Bürger und im Interesse an einer positiven Beziehung zwischen Bürgern und Gemeinwesen wichtig, daß die Entscheidungen nicht von ausländischen Regierungen und Verwaltungen abhängig gemacht werden, auch nicht in ihrer zeitlichen Dauer. Andernfalls böte das deutsche Gesetz ausländischen Regierungen und insbesondere autoritären oder gegen Menschenrechte verstoßenden Regimen Gelegenheit, in innerstaatliche deutsche Verhältnisse hineinzuwirken und unter Ausnutzung der deutschen Gesetzeslage ein finanzielles oder politisches Erpressungspotential gegenüber jenen ihrer Bürger aufzubauen, die Deutsche werden oder bleiben wollen. Gleiches gelte für korrupte Bürokratien bestimmter Herkunftsstaaten.

Eine Konsequenz könnte sein, den Verlust-Tatbestand auf zwei Punkte zu begrenzen: die Dienstleistung in ausländischen Armeen (außer wenn sie mit Zustimmung der deutschen Regierung erfolgt bzw. gegen den Willen des Eingezogenen geschieht) und die Abwesenheit von Deutschland während einer langen Zeit, etwa von zehn Jahren. Beide Kriterien wären einfach zu kontrollieren und von den Betroffenen zu beeinflussen. Insbesondere würden sie diejenigen nicht betreffen, die sich ständig in Deutschland aufhalten.

Auch bei der Erwachseneneinbürgerung ist es wichtig, das Verhältnis zwischen den neuen Staatsangehörigen und dem deutschen Gemeinwesen nicht von der Einwirkung anderer Staaten abhängig zu machen. Nach der bisherige Gesetzeslage geschieht dies, indem der Nachweis der Aufgabe der alten Staatsangehörigkeit(en) verlangt wird und dies mit einem Ausbürgerungsbescheid des Herkunftsstaates geschehen muß. Dabei ergeben sich in der Praxis folgende Varianten:

Variante 1: Die ausländische Regierung verweigert grundsätzlich die Ausbürgerung, wie dies etwa für Marokko, Tunesien und Griechenland gilt. In diesem Fall akzeptiert die deutsche Seite diesen Tatbestand, und es entstehen regelmäßig doppelte Staatsangehörigkeiten. Die dagegen gerichtete Intention des Gesetzes läuft leer. Diese Tendenz ist schon heute bei den Erwachsenen-Einbürgerungen von Marokkanern und Tunesiern deutlich zu erkennen. Angesichts dieses Zusammenhangs entsteht ein starker Anreiz für weitere Staaten, entsprechende gesetzliche Regelungen einzuführen. Auswanderungsländer sind im allgemeinen daran interessiert, ihre Auswanderer möglichst lange zu halten, teils aus ökonomischen Gründen (vor allem Ressourcentransfer), teils aus nationalideologischen Gründen. Deutschland um 1913, Mexiko und die Türkei um 2000 sind Beispiele dafür. Würde die Türkei als Hauptherkunftsland der Einwanderer in Deutschland entsprechend reagieren und die Ausbürgerung für unmöglich erklären, würde das deutsche Gesetz weitgehend undurchsetzbar. Die bisherige Praxis der türkischen Regierung, eine Ausbürgerungszusage zu geben und anschließend wieder rückeinzubürgern, ist nur eine Variante einer solchen Regelung. Sie erlaubt allerdings dem türkischen Staat die Kontrolle über diejenigen, die in der Türkei ausgebürgert und in Deutschland eingebürgert werden, einschließlich der Erhebung von Gebühren.

Variante 2: Die ausländische Regierung ist bereit, auszubürgern und vollzieht diese Entscheidung in einer angemessenen Frist. Dann würde die Intention des Gesetzes voll erfüllt, und es ergäbe sich eine einzige Staatsangehörigkeit. Dieser Fall gilt für alle EU-Staaten mit Ausnahme Griechenlands. Das Ergebnis ist allerdings bisher in der Regel nicht eine Einbürgerung, sondern die Aufrechterhaltung der Staatsangehörigkeit des ausländischen Herkunftsstaates auch bei längerem Aufenthalt in Deutschland, gegebenenfalls über mehrere Generationen.

Variante 3: Die ausländische Regierung entscheidet über Jahre hinweg überhaupt nicht, entweder weil die Bürokratie wenig effektiv arbeitet oder aus politischen oder weltanschaulichen Gründen. Dies kann auch dazu führen, daß Regierungen unzumutbare Forderungen stellen, wie dies über Jahrzehnte hin bei der iranischen Regierung der Fall war. In diesem Fall ergibt sich eine große Verzögerung und in vielen Fällen sogar eine sehr lange Blockade, die die Antragsteller schwer belastet und es ihnen unmöglich macht, sich unbefangen als Deutsche zu betrachten. Diese Fälle sind besonders problematisch, weil sie undemokratischen Regimen erlauben, Druck auf Bürger auszuüben, die aus diesen Ländern nach Deutschland ausgewandert sind und deutsche Staatsangehörige werden wollen. Mindestens ebenso problematisch sind jene Fälle, in denen im Herkunftsland keine von Deutschland anerkannte oder keine funktionsfähige staatliche Autorität mehr existiert (z.B. Afghanistan, Somalia).

In allen drei Fällen trägt das Festhalten an der Ausbürgerung im Heimatstaat vor der Einbürgerung in Deutschland wenig zur Durchsetzung deutscher Interessen bei. Es sollte deshalb fallen und könnte durch eine Loyalitätserklärung gegenüber Deutschland und seiner demokratischen Verfassung ersetzt werden. Eine solche Erklärung müßte keineswegs so exklusiv und ethnozentrisch formuliert werden wie der amerikanische Neubürger-Eid, der an das Abschwören gegenüber anderen Religionen bei Konversion erinnert. Zum Ausdruck kommen müßten Verfassungs- und Gesetzestreue sowie Loyalität gegenüber dem Gemeinwesen. Wie Bürger mehrerer Länder ihre Doppel- oder Mehrfachmitgliedschaft organisieren, sollte man ihnen selbst überlassen. Klar bleiben muß dabei aber, daß weitere Staatsangehörigkeiten keine Beeinträchtigung der deutschen Staatsangehörigkeit mit sich bringen dürfen. Dies ist allerdings kein wirkliches Problem. Bezeichnend für diesen Zusammenhang ist es, daß bisher noch nicht einmal eine Statistik über mehrfache Staatsangehörigkeiten existiert. Die unterschiedlichen Zahlen, die in der Diskussion sind, bleiben weitgehend spekulativ. Sie berücksichtigen auch nicht, ob die weiteren Staatsangehörigkeiten aktiv ausgeübt werden, indem etwa ein zweiter oder gar dritter Paß vorhanden ist, oder ob sie – wie dies etwa bei vielen Aussiedlern oder politischen Flüchtlingen der Fall ist – eher eine fiktionale Erbschaft bleiben. Dementsprechend werden sie in der französischen Praxis behandelt. Einzubürgernde bekommen dort einen schriftlichen Hinweis darauf, daß etwaige Probleme mit einer zweiten Staatsangehörigkeit Privatsache des neuen Bürgers sind.[22]

Die eingangs zitierten Untersuchungen zeigen, daß der wichtigste Erklärungsfaktor für die unterschiedlichen Einbürgerungsraten in den Ländern und Kommunen die Dauer der Verfahren und – in enger Korrelation damit – das Ausmaß des Einsatzes von Verwaltungspersonal ist. Aus diesem Grunde ist mit dem neuen Recht die Einbürgerungsgebühr wieder etwas angehoben worden, damit die Kommunen in Zukunft in diesem Bereich kostendeckender arbeiten können. Dementsprechend wäre zu wünschen, daß es zu einer Begrenzung der Bearbeitungszeiten käme. Auch dabei könnte ein französisches Beispiel Schule machen: Junge Antragsteller gelten in Frankreich automatisch als eingebürgert, wenn die Behörde nach einem halben Jahr noch nicht entschieden hat.[23]

Nicht nur bei den Betroffenen, sondern auch in der breiteren Öffentlichkeit ist ein Informationsdefizit über die Einbürgerung und andere Fragen des

Staatsangehörigkeitsrechts zu beklagen, das Mythen und Feindbilder verschiedenster Art begünstigt. Von daher ist der deutschen Bundesregierung und den Landesregierungen eine entsprechende Informationskampagne zu empfehlen, einschließlich der Behandlung dieses Themas in den Schulen. Die Betroffenheit ist dabei ohnehin gegeben, denn etwa jeder achte Schüler ist mit dem Problem potentiell selbst konfrontiert. Mit sehr wenig Aufwand könnten viele Informationen über das Internet vermittelt werden. Ein positives Beispiel in dieser Richtung ist die Homepage des Landeszentrums für Zuwanderung in Nordrhein-Westfalen zur Einbürgerung.

›Être Français, cela se mérite‹, lautete eine positiv werbende Parole in der französischen Einbürgerungsdiskussion. Darin kommt eine positive Grundhaltung zum eigenen Bürgerrecht zur Geltung. Ohne eine Wertschätzung des Bürgerrechts ist es schwierig, dafür zu werben. So haben z.B. Jugendliche türkischer Herkunft Probleme, wenn sie einerseits mit einem übersteigerten türkischen Nationalbewußtsein und andererseits mit einer Nur-Problematisierung des deutschen Nationalstaates aufwachsen. Deshalb ist es wichtig, tragfähige symbolische Formen zu finden, in denen das deutsche Staatsangehörigkeitsrecht zum Ausdruck kommt. Die feierliche Verleihung des Bürgerrechts am Nationalfeiertag könnte dafür ein Beispiel sein. Damit würde der bisher wenig attraktive Nationalfeiertag mit einem positiven und zukunftsgerichteten Inhalt gefüllt – im Sinne dessen, was in Frankreich mit ›France plus‹ ausgedrückt wird – und die Einbürgerung bekäme einen breiteren inklusiven Rahmen und eine neue symbolische Legitimität. Ohnehin sollte auch Deutschland von dem sehr formalen Begriff ›Staatsangehörigkeit‹ zu dem inhaltlich gefüllten des ›Bürgerrechts‹ übergehen, wie dies in der Schweiz der Fall ist und wie es den Begriffen ›citoyenneté‹, ›citizenship‹ und ›cittadinanza‹ entspricht; denn Bürgerrecht und Bürgerrechte sind die Grundlagen der Demokratie.

Anmerkungen

1 Walter D. Kamphoefner, Deutsch-Amerikaner: Musterknaben der Einwanderung? in: Jochen Oltmer (Hg.), Eingliederung und Ausgrenzung. Beiträge aus der historischen Migrationsforschung (IMIS-Beiträge, H. 12) Osnabrück 1999, S. 37–50.

2 Dazu s. für die Zeit bis 1989 Rogers Brubaker, Citizenship and Nationhood in France and Germany, Cambridge, Mass. 1992; für die folgende Zeit Heike Hagedorn, Wer darf Mitglied werden? Einbürgerung in Deutschland und Frankreich im Vergleich, Diss. Münster 2000.

3 Voraussetzung ist, daß wenigstens ein Elternteil bereits acht oder mehr Jahre in Deutschland lebt und über einen verfestigten Aufenthaltsstatus verfügt.

4 Die in Frankreich formalisierte Praxis, den Namen französisieren zu können, ist in Deutschland nach 1945 nie diskutiert worden. 1995 nahmen in Frankreich 15.000 Personen diese Möglichkeit in Anspruch. In den USA werden öfters auch die Familiennamen amerikanisiert.

5 Redebeitrag in der 737. Sitzung des Bundesrates am 30.4.1999, zit. in: Das Parlament, 14.5.1999, S. 15.

6 Debatte über Gesetzesentwürfe zur Reform des Staatsangehörigkeitsrechts, 28. Sitzung des Bundestags, 19.3.1999, zitiert in: ebd., 26.3.1999, S. 11–14.

7 Hierzu s. auch den Beitrag von Bade/Bommes in diesem Band.

8 Ursula Mehrländer/Carsten Ascheberg/Jörg Ueltzhöffer, Repräsentativuntersuchung '95: Situation der ausländischen Arbeitnehmer und ihrer Familienangehörigen in der Bundesrepublik Deutschland (Bundesministerium für Arbeit und Sozialordnung), Bonn 1996, S. 423–425.

9 DJI-Bulletin, Juni 1999, H. 47, S. 6.

10 Mehrländer/Ascheberg/Ueltzhöffer, Repräsentativuntersuchung '95, S. 99.

11 Information DGB-Bundesvorstand, Referat Migration, an Verf.

12 Dietrich Thränhardt, Die Kommunen und die Europäische Union, in: Roland Roth/Hellmut Wollmann (Hg.), Kommunalpolitik. Politisches Handeln in den Gemeinden, Bonn 1998, S. 361–377.

13 Die Einbürgerungen von Aussiedlern sind bei diesem Vergleich nicht berücksichtigt.

14 Daten und Fakten zur Ausländersituation, hg. v.d. Ausländerbeauftragten der Bundesregierung, Bonn 1998, S. 27.

15 Ende 1996 lebten 7,31 Millionen Ausländer in Deutschland, Ende 1998 waren es 7,3196 Millionen. Der Anstieg der Zahlen 1997 wurde durch das Absinken um 0,6% im Jahr 1998 fast vollständig ausgeglichen. Berücksichtigt man dabei den Geburtenüberschuß über die Einbürgerungen, so ist real ein leichter Abwanderungsüberschuß zu konstatieren (Zahlen nach: Daten und Fakten zur Ausländersituation, S. 19 und SZ, 3./4.7.1999).

16 Hierzu s. ausführlich den Beitrag von Münz/Ulrich in diesem Band.

17 Heike Hagedorn, Wer darf Mitglied werden? Einbürgerungen in Deutschland und Frankreich, in: Dietrich Thränhardt (Hg.), Einwanderung und Einbürgerung in Deutschland, Münster 1998, S. 15–63, hier S. 53–55.

18 Dietrich Thränhardt, Regionale Ansätze und Schwerpunktaufgaben der Integration von Migrantinnen und Migranten in Nordrhein-Westfalen, in: ders., Texte zu Migration und Integration in Deutschland, Münster 1999, S. 45–136, hier S. 103–110.

19 Mündliche Information E. Schmidt-Jortzig, MdB (FDP), Tagung am ZIF der Universität Bielefeld, 22.1.1999.

20 Brubaker, Citizenship and Nationhood in France and Germany, und in seinem Gefolge viele andere.

21 Dieter Oberndörfer, Der Wahn des Nationalen. Die Alternative der offenen Republik, 2. Aufl. Freiburg i.Br. 1994; ders., Assimilation, Multikulturalismus oder kultureller Pluralismus – zum Gegensatz zwischen kollektiver Nationalkultur und kultureller Freiheit der Republik, in: Klaus J. Bade (Hg.), Migration – Ethnizität – Konflikt: Systemfragen und Fallstudien (IMIS-Schriften, Bd. 1), Osnabrück 1996, S. 127–147; s. hierzu auch den Beitrag von Oberndörfer in diesem Band.

22 Hagedorn, Einbürgerung in Deutschland und Frankreich.

23 Ebd.

Migration und politische Kultur im ›Nicht-Einwanderungsland‹

Klaus J. Bade und Michael Bommes

Im öffentlichen Migrationsdiskurs in der Bundesrepublik Deutschland zeichnete sich im Jahr 2000 eine Wende ab, deren Chancen und Konsequenzen noch unübersichtlich sind. Erstmals gab es eine weitgespannte öffentliche Diskussion um Migrationsfragen, innerhalb derer es nicht mehr vorwiegend um Anti-Einwanderungsaffekte und Kritik daran ging, sondern auch um die Erarbeitung umfassender Einwanderungskonzeptionen. Vor diesem aktuellen Hintergrund geht es im folgenden um Kontinuitäten im Umgang mit Migrationsfragen in der politischen Kultur des ›Nicht-Einwanderungslandes‹ am Beispiel der drei wichtigsten Zuwanderergruppen: Arbeitswanderer, Aussiedler und asylsuchende Flüchtlinge.[1]

Appellative Verweigerung und pragmatische Integration

Die ›rot-grüne‹ Bundesregierung trat Ende 1998 mit der Ankündigung der Reform des Staatsangehörigkeitsrechts an. Von grundlegender Bedeutung sollten dabei vor allem die Einführung des Territorialprinzips und die Akzeptanz der doppelten Staatsangehörigkeit sein. Flankiert wurde diese Ankündigung mit der Aussage des neuen Bundesinnenministers Otto Schily (SPD): »Die Grenze der Belastbarkeit durch Zuwanderung ist überschritten«. Diese Äußerung wirkte wie ein Zündfunke über einem vergessenen Pulverfaß und löste unversehens eine neue öffentliche Debatte über Zuwanderung nach Deutschland und über Ausländer in Deutschland aus.[2] Sie begleitete auch die anschließende Diskussion über mögliche Folgen der vermehrten Hinnahme einer doppelten Staatsangehörigkeit und eine von der CDU/CSU geführte Kampagne, die die Reform des Staatsangehörigkeitsrechts auf das Problem des ›Doppelpasses‹ reduzierte.

Die neue Bundesregierung inszenierte die erstrebte Reform des Staatsangehörigkeitsrechts als Bruch mit der bisherigen Migrations- und Ausländerpolitik. Sie schien anzunehmen, sich den politischen Freiraum dafür nur verschaffen zu können, indem sie im übrigen in Sachen Migration zahlreiche Topoi der ›Belastung durch Zuwanderung‹ aufrief. Sie reichten von den ökonomischen und politischen Kosten über ›illegale Einwanderung‹ und die Bedrohung durch Ausländerkriminalität bis zur Entstehung von als ›Ghettos‹ umschriebenen ›ethnischen‹ oder auch ›fundamentalistischen‹ Herkunftsgemeinschaften der Zuwandererbevölkerung. Reaktualisiert und fortgeschrieben wurde in diesem Zusammenhang die alte Selbstbeschreibung der Bundesrepublik Deutschlands als ›Nicht-Einwanderungsland‹. Die alten Topoi erzielten überraschend aufs neue erhebliche öffentliche Resonanz.[3] Auffallend war dabei, daß die bei der Reform des Staatsangehörigkeitsrechts nicht zu umgehende öffentliche Diskussion über Konzeptionsfragen künftiger Migrations- und Integrationspolitik ausgerechnet von einer ›rot-grünen‹ Regierung unter den genannten Vorzeichen angestoßen wurde. Das schien in ein Schema zu passen, das sich über Jahrzehnte hinweg im öffentlichen migrationspolitischen Diskurs etabliert hatte.

Bei der öffentlichen Behandlung der Themen Migration und Integration begegneten sich in Deutschland häufig drei Kreise von Leidtragenden. Sie ergingen sich, zum Teil in wechselseitigen Schuldzuschreibungen, in einer diskursiven Mängelverwaltung und schienen mitunter das Erreichte und sogar das dabei selbst Geleistete aus den Augen zu verlieren: Bundes- und Landesregierungen gewannen, auf unterschiedliche Weise im Hagel der Kritik an der Aufrechterhaltung der jahrzehntelang gültigen Botschaft ›Die Bundesrepublik ist kein Einwanderungsland‹, oft den Eindruck, es ihren Kritikern grundsätzlich nie recht machen zu können. Sie bekannten sich in der öffentlichen Diskussion ohnehin vorwiegend zu ihren Abwehrleistungen, statt auf die rechtlichen und administrativen Integrationsleistungen zu verweisen, die zum Teil durchaus in – uneingestandener – Nähe zu den Regulationssystemen ›klassischer‹ Einwanderungsländer lagen. Kritiker der Regierungspolitik wiederum unterschätzten oft die erreichten Standards der Integrationspolitik bei stetem Verweis auf die appellative Nicht-Akzeptanz der Einwanderungssituation und auf daraus abgeleitete Unzulänglichkeiten,

Mängel, Fehl- oder Nichtentscheidungen. Sprecher der aus der ehemaligen ›Gastarbeiterbevölkerung‹ hervorgegangenen Ausländerbevölkerung schließlich schienen im Schatten der aus der ›Nicht-Einwanderungsland‹-Formel sprechenden Verweigerung ihrer Anerkennung als Einwanderer kaum imstande zu sein, ihren de facto – bei entsprechender Antragstellung auch de jure – erreichten Status als Erfolgserlebnis anzunehmen.

Das Ergebnis war vielfach ein Trio der Miserabilismen auf einer für die stete Neuinszenierung des bejahrten Stücks ›Die Bundesrepublik ist kein Einwanderungsland‹ hell ausgeleuchteten Bühne. Wir wollen im folgenden versuchen, den Spielplan auf dieser Bühne zu rekonstruieren und zugleich hinter die Bühne zu blicken. Wir suchen damit beizutragen zu einem nüchternen und realitätsbezogenen Zugang zum Erreichten. Er könnte Ausgangspunkt sein für eine dem modernen Einwanderungsland Deutschland angemessene aktive und konzeptionell ausgerichtete Gestaltung von Migrations- und Integrationsfragen mit langfristigen Perspektiven.

Blicken wir zurück: Was in der Bundesrepublik Deutschland Mitte der 1950er Jahre als amtlich organisierte Arbeitswanderung auf Zeit begonnen hatte, mündete seit Mitte der 1970er Jahre mit fließenden Übergängen in eine echte Einwanderungssituation. Diese Entwicklung wurde noch gefördert durch die nicht intendierten Folgen des Anwerbestopps vom November 1973, der sich in der ›Ausländerpolitik‹ als Bumerang erwies: Während der Anwerbestopp die Aufenthaltszeiten immer länger werden ließ und den Familiennachzug forcierte, boten die Zeitstufen im Aufenthaltsrecht ausländischen Arbeitswanderern mit Daueraufenthalt eine wachsende Absicherung gegen die Unwägbarkeiten der ›Gastarbeiterexistenz‹. Die mißliebige ›Verfestigung‹ des Aufenthaltsstatus ausländischer Arbeitskräfte im Wandel von ›Gastarbeitern‹ zu De-facto-Einwanderern war mithin auch ein hausgemachtes Ergebnis von Ausländerpolitik und Ausländerrecht.[4]

Dieser Entwicklung gegenüber gab es lange eine widersprüchlich wirkende Politik, deren kleinster gemeinsamer Nenner das von den späten 1970er Jahren bis in die frühen 1990er Jahre von allen Bundesregierungen wiederholte Einwanderungs-Dementi war.[5] Das zeigte sich besonders deutlich, als es 1979/80 zu einer politischen und publizistischen Diskussion um die rechtliche Anerkennung der Einwanderungssituation in Gestalt von kommunalem Ausländerwahlrecht, Einbürgerungserleichterungen und langfristigen Integrationskonzepten (›Kühn-Memorandum‹ 1979) kam: Vor dem Hintergrund des zweiten Ölpreisschocks von 1980 ging diese Diskussion rasch in emotionalisierten parteipolitischen Angst-, Protest- und Grundsatzdebatten unter. Sie richteten sich besonders gegen die Integration der türkischen Ausländerbevölkerung und führten zu einer auch von Gewalttaten begleiteten antitürkischen Welle der Aggression. Die kurze Integrationsdebatte wurde Anfang der 1980er Jahre und vor allem nach dem – auch durch die Politisierung der ›Ausländerdiskussion‹ im Wahlkampf herbeigeführten – Wechsel von der sozial-liberalen (SPD-FDP) zur christlich-liberalen Koalition (CDU/CSU-FDP) 1982 durch eine Intensivierung der Abgrenzungspolitik abgelöst. Im Vordergrund standen Konzepte zur ›Förderung der Rückkehrbereitschaft‹ und zu einer nur ›sozialen Integration auf Zeit‹, die diese Rückkehrbereitschaft wachhalten sollte, die man kurzfristig auch durch ›Rückkehrprämien‹ zu forcieren suchte.[6]

Dennoch zeichnete sich in der Praxis ein unverkennbarer Weg zu einer kontinuierlichen Integrationspolitik ab: Aufenthalts-, Arbeits- und Sozialrecht vermittelten Ausländern bei legaler Partizipation am Arbeitsmarkt langfristig nachgerade alle wirtschaftlichen und sozialen Grundrechte, EG-/EU-Ausländern auch die transnationale Freizügigkeit am Arbeitsmarkt und das kommunale Ausländerwahlrecht innerhalb der EG/EU. Insoweit gab es in Deutschland ein durch die Regulationsstrukturen des Wohlfahrtsstaates bestimmtes, aber politisch-programmatisch uneingestandenes bzw. sogar unbegriffenes Modell der dauerhaften Integration bei nicht minder dauerhaftem Dementi der Einwanderungssituation.[7]

Kennzeichen der amtlich weder sogenannten noch so verstandenen und in aller Regel als ›Ausländerpolitik‹ umschriebenen Migrationspolitik[8] der Bundesrepublik Deutschland seit den frühen 1980er Jahren war ihr pragmatisch-administrativer Vollzug, weitgehend jenseits der öffentlichen Diskussionen und ihrer Topoi, sieht man von den wiederkehrenden Auseinandersetzungen über das Asylrecht mit ihrem Höhepunkt in den frühen 1990er Jahren einmal ab. Nicht zuletzt dies, so unsere im weiteren zu erläuternde These, hat es – nicht intentional, aber funktional – ermöglicht, daß die Bundesrepublik hinter der Stellwand ihrer appellativen Selbstbeschreibung faktisch zahlreiche Schritte der rechtlichen Anerkennung und gesellschaftlichen Festigung der seit den 1970er Jahren entstandenen Einwanderungssituation vollziehen konnte. Vieles scheint, auch wenn es politisch gar nicht beabsichtigt war, faktisch nur möglich gewesen zu sein, weil es nicht konzeptionell, sondern korporatistisch in verschiedenen Verhandlungssystemen zwischen politischen Verwaltungen und Wohlfahrtsorganisationen ausgehandelt und von wesentlichen Gerichtsentscheidungen flankiert wurde.

Die Kosten einer solchen Politik kann man heute einschätzen. Daß Deutschland politisch explizit kein Einwanderungsland sein wollte, hat zu mancherlei Folgeproblemen im Umgang mit Zuwanderungs- und Eingliederungsprozessen geführt und in vielfacher Weise auch die Struktur der entsprechenden politischen Regelungen beeinflußt (s.u.). Die gesellschaftsgeschichtliche Bilanz der Eingliederung der verschiedenen Zuwanderergruppen in Deutschland ist nach sozialstrukturellen Kriterien im Vergleich zu anderen Ländern aber dennoch keine ›Mißerfolgsgeschichte‹ und deutlich besser als ihr Ruf im Land, auch wenn es keinen Anlaß zu zufriedenen oder gar selbstgefälligen Rückblicken gibt.[9]

Allgemeinhin kann man darauf verweisen, daß Bemühungen um die soziale Integration von Migranten in allen europäischen Staaten seit Mitte der 1970er Jahre politisch mit demonstrativen Versuchen der weitgehenden Schließung gegenüber weiterer Zuwanderung verknüpft waren. Das galt auch für Länder, die, wie die Niederlande und Schweden, die Arbeitsmigration der 1960er und 1970er Jahre frühzeitig als faktische Einwanderung anerkannt hatten. Auch defensive Selbstbeschreibungen waren und sind im Einwanderungskontinent Europa durchaus keine Ausnahme.[10] In Deutschland aber hat die habitualisierte Nicht-Akzeptanz der Einwanderungssituation in amtlichen Verlautbarungen zur Migrations- und Integrationspolitik vielfach zu einer Art kognitiven Sperre gegenüber der Anerkennung von – nicht zu überschätzenden, aber auch nicht zu leugnenden – Erfolgen der regulativen Integrationspraxis geführt. Das Ergebnis war eine gewisse Unfähigkeit zur Freude darüber, daß vieles – trotz aller Verdrängungen und Abwehrhaltungen und trotz vieler Hemmnisse, Verzögerungen und Blockaden – immerhin besser kam, als es nach begründbaren Befürchtungen hätte kommen können. Damit hatte sich die Selbstbeschreibung der Bundesrepublik als ›Nicht-Einwanderungsland‹ schließlich selbst überflüssig gemacht.[11] Um so erstaunlicher war die Wiederauflage dieser verschlissenen Diskursformen beim politischen Start der ›rot-grünen‹ Bundesregierung Ende 1998.

Die Aufrechterhaltung der defensiven Selbstbeschreibung hat überdies weder die soziale Integration des weitaus größten Teils der ausländischen Zuwanderer seit Mitte der 1950er Jahre blockiert noch verhindert, daß

Deutschland seit dem Ende der 1980er Jahre eine Zuwanderung erfuhr, die sogar den Umfang der älteren ›Gastarbeiterzuwanderung‹ von 1955–73 erheblich übertraf. Das offenbarte zugleich jenes »liberale Paradox«[12], demzufolge Zuwanderungen von liberal-demokratischen Rechts- und Sozialstaaten wie der Bundesrepublik Deutschland zwar reguliert, aber nicht vollständig kontrolliert oder gar ausgeschlossen werden können: Selbst bei Verwendung der Selbstbeschreibung als ›Nicht-Einwanderungsland‹ geht heute auch in Deutschland in der politischen Diskussion kaum noch jemand davon aus, daß durch übergeordnete Prinzipien geschützte Zuwanderungen (z.B. Familiennachzug, Flüchtlings- und Asylzuwanderung) oder illegale Zuwanderungen bzw. irreguläre Inlandsaufenthalte vollkommen auszuschließen seien.

Trotz der jahrzehntelangen Diskussion um die Frage, ob die Bundesrepublik Deutschland als Einwanderungsland zu verstehen sei, ist unbestreitbar, daß das Land seit dem Zweiten Weltkrieg Zielregion zahlreicher starker Zuwanderungsbewegungen war. Mit einer Bevölkerung, von der 1999 mehr als 14% nicht innerhalb seiner Grenzen geboren wurde, sind die Zuwanderungsverhältnisse in Deutschland heute vor allem mit denen des ›klassischen‹ Einwanderungslandes USA vergleichbar.[13] Vor diesem Hintergrund ist die nunmehr seit einem Vierteljahrhundert mitlaufende defensive Selbstbeschreibung vielfach als Realitätsblindheit, als demonstrative politische Erkenntnisverweigerung bzw. als Lebenslüge der Bundesrepublik Deutschland beschrieben worden.[14]

Durch die von Bundeskanzler Schröder auf der Computermesse CeBIT in Hannover im Februar 2000 relativ spontan vorgetragene Idee[15] der kontingentierten Zuwanderung ausländischer EDV-Experten wurde unversehens eine weitreichende Diskussion darüber angestoßen, ob eine explizite Einwanderungsgesetzgebung und Einwanderungspolitik in Deutschland erforderlich sei oder nicht. Vor diesem aktuellen Hintergrund ist zunächst danach zu fragen, welche Bedeutung der durchgehaltenen Selbstbeschreibung als ›Nicht-Einwanderungsland‹ und den daran kristallisierten Auseinandersetzungen in der politischen Kultur der Bundesrepublik Deutschland zukam und noch zukommt.

Von ›Gastarbeitern‹ zu Einwanderern

Die Arbeitsmigration der ›Gastarbeiter‹ in die Bundesrepublik gehörte einer Zeit an, in der sich Politik die Steuerung zentraler Bereiche von Gesellschaft, insbesondere der Ökonomie, noch mit den Mitteln des Staates zutraute, vor allem mit den Instrumenten einer modernen wohlfahrtsstaatlichen Arbeitsmarktpolitik. Die Ausländerbeschäftigung in der Bundesrepublik wurde seit den 1950er Jahren politisch befördert, um bei sich abzeichnender Vollbeschäftigung die Bedingungen für die Anwerbung ausländischer Arbeitskräfte für Unternehmen zu verbessern und damit zugleich absehbare Lohnsteigerungen zu dämpfen. Zwischen der Bundesregierung und den Tarifvertragsparteien politisch weitgehend unumstritten waren die Prinzipien der Anwerbepolitik: Ausländische Arbeitnehmer waren unter den geltenden sozial- und tarifrechtlichen Bedingungen des Aufnahmelandes zu beschäftigen; die Anwerbung ausländischer Arbeitskräfte sollte nur angesichts der allgemein erwarteten, wenn auch erst bereichsweise eingetretenen Vollbeschäftigung und unter Beachtung des in der Weimarer Republik eingeführten Inländerprimats erfolgen. Die Durchsetzung dieser Prinzipien war den Ausländerbehörden und der Arbeitsverwaltung übertragen.[16]

Der Anwerbepolitik lag die Erwartung zugrunde, daß die ausländischen Arbeitskräfte nur auf Zeit und nicht auf Dauer bleiben würden und nach ihrer Rückkehr bei Bedarf wieder durch neue Arbeitskräfte ersetzt werden könnten. Diese Rotationserwartung – einen Rotationszwang gab es nie – wurde im Verlauf der 1960er Jahre auch nicht enttäuscht: Von 1962 bis 1972 kamen ca. 5 Millionen ausländische Arbeitskräfte in die Bundesrepublik, ca. 3 Millionen verließen sie wieder. Die hohe transnationale Fluktuation aber ging bei wachsender Verfestigung von Arbeitsverhältnissen und Aufenthaltsstatus stark zurück. Diese Tendenz wurde, wie erwähnt, schließlich durch den Anwerbestopp noch beschleunigt, der eine Rückkehroption ausschloß. Im Gefolge des Anwerbestopps aber etablierte sich jene Konstellation, in der ein bald irreversibler Niederlassungs- und Integrationsprozeß von der fortlaufenden Selbstbeschreibung Deutschlands als ›Nicht-Einwanderungsland‹ sowie von politisch-öffentlich wiederholt vorgezeigten Bemühungen begleitet wurde, die erfolgte Zuwanderung und dauerhafte Niederlassung von Arbeitsmigranten mit ihren Familien[17] zu begrenzen und rückgängig zu machen. Daß dieser politische Begleittext den Niederlassungs- und Eingliederungsprozeß der Arbeitsmigranten zwar behinderte, auf paradoxe Weise aber zugleich auch ermöglichte, hat mehrere Gründe:

Die 1973 einsetzenden Versuche des deutschen Wohlfahrtsstaates, zumindest einen Teil der Arbeitsmigration rückgängig zu machen und Niederlassungsprozesse zu behindern, waren zunächst durchaus nicht erfolglos. Die öffentliche Selbstbeschreibung und der in ihrem Schatten ablaufende Niederlassungs- und Integrationsprozeß fielen mithin nicht von Beginn an auseinander: Die Ausländerbeschäftigung ging von September 1973 bis September 1978 um 730.949 (28%) zurück.[18] Diese Entwicklung war zu einem erheblichen Teil Ergebnis einer Arbeitsmarktpolitik, die mit dem Anwerbestopp den Arbeitsmarkt nach außen abzusichern suchte und nach innen auf die Durchsetzung des Inländerprimats gegenüber ausländischen Arbeitnehmern zielte.

Der Rückgang der Ausländerbeschäftigung wurde als Erfolg von Arbeitsmarktpolitik und Arbeitsverwaltung registriert. Unter der Überschrift »Erfolge der Beschäftigungs- und Arbeitsmarktpolitik 1973 bis 1977« hieß es 1978 in einem Bericht der Bundesanstalt für Arbeit: »Durch die Nettoabgänge von 626.000 ausländischen Arbeitnehmern in ihre Heimatländer oder in die stille Reserve ist 1973 bis 1977 der einheimische Arbeitsmarkt erheblich entlastet worden.«[19] Dies war unter anderem das Resultat unterschiedlich erfolgreicher staatlicher Versuche, mit Hilfe des Entzugs von Arbeits- und Aufenthaltserlaubnissen sozialversicherungsrechtliche Ansprüche abzubauen, die Familienzusammenführung zu erschweren, den Zutritt zum Arbeitsmarkt für Familienangehörige von angeworbenen Arbeitskräften zu beschränken und die Freizügigkeit für Arbeitsmigranten durch Zuzugssperren einzuschränken. Diese Versuche stützten sich auf den im Arbeitserlaubnis- und im Aufenthaltsrecht festgelegten weiten Dispositionsspielraum, mit dem Arbeits- und Aufenthaltserlaubnisse befristet, beschränkt, abgelehnt oder entzogen werden konnten.

Verschiedene Autoren haben diese Versuche, die Arbeitsmigration zu begrenzen und teilweise rückgängig zu machen, sowie die damit verknüpfte Formel, daß Deutschland ›kein Einwanderungsland‹ sein und werden wolle, als Ergebnis einer im Verlauf der deutschen Geschichte ausgebildeten Abwehrhaltung gegenüber Einwanderung schlechthin gedeutet, ohne historisch mehr oder minder weit zurückliegende Einwanderungs- und Eingliederungstraditionen in Deutschland[20] zu berücksichtigen. Dies geschah in der Regel unter Hinweis auf die – erst Mitte des 19. Jahrhunderts zunehmende – einseitig am Vererbungs- bzw. Abstammungsprinzip (ius sanguinis) orientierte, schließlich 1913 im Reichs- und Staatsangehörigkeitsgesetz kodifizierte Konzeption des deutschen Staatsangehörigkeitsrechts und die seit dem späten 19. Jahrhundert immer deutlicher vorrückenden ethnonationalen Vorstellungen. Deutschland galt deshalb bei vielen wissenschaftlichen Autoren sowie in weiten Spektren der internationalen Diskussion als Prototyp für Länder mit geschlossenen Staatsbürgerschaftsmodellen und einer Politik der restriktiven Schließung gegenüber Migranten.[21]

Will man das staatliche Vorgehen seit den 1970er Jahren verstehen, so hilft der Verweis auf ethnonationale Traditionen[22] allein nur wenig weiter, denn die Versuche des Ausschlusses von Arbeitsmigranten wurden sozusagen administrativ ›kalt‹ und nicht ethnonational ›heiß‹ vollzogen, auch wenn sie von einer öffentlichen Diskussion um die ›Zeitbombe Gastarbeiterfrage‹ begleitet wurden. Diesem Vorgehen lag wie selbstverständlich nicht nur die Prämisse zugrunde, daß der Wohlfahrtsstaat seine Bürger privilegiert – dies ist ein Merkmal aller Wohlfahrtsstaaten, die nach außen stets Ungleichheitsschwellen bilden; ähnlich wirksam war die Vorstellung, daß diese Bürger im Prinzip eine geschlossene Gemeinschaft bilden, zu der dauerhafter Zutritt von außen nur unter besonderen Bedingungen möglich ist. Diese institutionalisierte Geschlossenheitsvorstellung bildete die zunächst fraglos tradierte Grundlage der Reaktion auf die entstandene Einwanderungssituation. Die Formel vom ›Nicht-Einwanderungsland‹ und die so gerahmte Politik vermittelten den Staatsbürgern die Botschaft, daß die Differenz zwischen Staatsbürgern und Nicht-Staatsbürgern migrationspolitisch nicht eingeebnet, d.h. die wohlfahrtsstaatliche Ungleichheitsschwelle zur Privilegierung der Staatsbürger aufrechterhalten werde.

Diese Geschlossenheitsvorstellung bildete zwar einen bedeutenden kollektivmentalen Hintergrund; ihr entsprach aber in der politischen Rhetorik des deutschen Wohlfahrtsstaates in den 1970er Jahren kein expliziter Rückgriff auf ethnonationale Begründungstraditionen und damit verknüpfte Semantiken mehr. Insofern schloß im ›Modell Deutschland‹ der wohlfahrtsstaatlich beförderte Ausschluß der Arbeitsmigranten als Reaktion auf die ungeplant entstandene Migrationssituation zwar an ein historisch institutionalisiertes Muster an, jedoch unter weitgehendem Wegfall einer expliziten, im Kontext der Bundesrepublik zunehmend entwerteten nationalen Semantik.[23]

Mit deren sukzessiver Entwertung sowie dem Erfolg des ›Wirtschafts-
wunderlandes‹ und seines ›Sozialstaates‹ war an ihre Stelle eine wohlfahrtsstaatliche Semantik der kompetenten Arbeitsmarktpolitik getreten, in deren
Formulierungen die politischen Exklusionsbemühungen gegenüber Arbeitsmigranten und ihren Familien als Teil der allgemeinen staatlichen Arbeitsmarktpolitik gefaßt wurden.[24]

Diese wohlfahrtsstaatlich und eben nicht nationalstaatlich artikulierten
Prämissen der Politik der 1960er und 1970er Jahre kamen vor allem in drei
Punkten zur Geltung: 1. in der Organisation der Anwerbung, die bis 1973
unter der Federführung des Bundesministeriums für Arbeit und Soziales sowie der Arbeitsverwaltung erfolgte; 2. in der Zulassung der Beschäftigung
von Ausländern auf dem Arbeitsmarkt unter den Bedingungen des Tarif- und
Arbeitsrechtes; 3. im Inländerprimat der Beschäftigungspolitik.

Mit der zweiten Prämisse, dem Einbezug der ausländischen Arbeitskräfte
in die Sozialversicherungspflicht, hatte der Wohlfahrtsstaat aber selbst die
Grundlage dafür gelegt, daß sein Entscheidungsspielraum und die Reversibi-
lität des politisch eingeleiteten Zuwanderungsprozesses rechtlich bereits bis
Mitte der 1970er Jahre erheblich eingeschränkt wurden; denn mit dem Einbezug der Arbeitsmigranten in die allgemeine Sozialversicherungspflicht als
Bedingung ihrer Anwerbung, die der allgemeinen Aufrechterhaltung der
wohlfahrtsstaatlichen Sozialstandards in Deutschland diente, und mit der regelmäßigen Verlängerung von Aufenthaltserlaubnissen für ausländische Arbeitskräfte war von Beginn an ein Prozeß der Erzeugung von Rechten in
Gang gesetzt worden. Diese individuell erworbenen Rechte der Migranten
ließen sich zu dem Zeitpunkt, als es politisch opportun erschien, nicht mehr
mit der Begründung außer Kraft setzen, daß eine Verlängerung individueller
Arbeits- oder Aufenthaltserlaubnisse den allgemeinen migrationspolitischen
Zielen des Wohlfahrtsstaates widerspreche. Eine Berufung auf die gesetzlich
verankerten Generalformeln des »öffentlichen Interesses« und der »Beeinträchtigung erheblicher Belange der Bundesrepublik« reichte dafür rechtlich
nicht aus.

Die auf der Basis des Arbeitsförderungsgesetzes und des Ausländergesetzes von 1965 gleichwohl vorgenommenen wohlfahrtsstaatlichen Ausschluß-
versuche wurden im Verlauf der 1970er und 1980er Jahre vor allem durch
die Rechtsprechung korrigiert; anders gewendet: Die Gerichte nahmen der
Politik die Option, gegenüber Ausländern durch das Aufenthalts- und Ar-

beitserlaubnisrecht eingegangene sozial- und aufenthaltsrechtliche Verpflichtungen nach Gesichtspunkten politischer Opportunität außer Kraft zu setzen.[25] Gleichheitsgrundsatz und Vertrauensschutz wurden als zentrale, von der staatlichen Administration bei ihren Entscheidungen auch gegenüber Ausländern zu beachtende Rechtsprinzipien markiert. Auf diese Weise wurde der Politik und den staatlichen Verwaltungen bedeutet, daß mit der Anwerbung der ausländischen Arbeitskräfte, mit ihrem sozialrechtlichen Einschluß und der regelmäßigen Verlängerung ihres Aufenthalts bindende Rechtsverhältnisse eingegangen worden waren. Der Wohlfahrtsstaat konnte ausländische Arbeitsmigranten deshalb nicht mehr als arbeitsmarktpolitische Dispositionsgröße zugunsten eigener Staatsbürger behandeln. Aus den eingegangenen Rechtsverhältnissen war mit wachsender Aufenthaltsdauer für den Wohlfahrtsstaat vielmehr umgekehrt eine Leistungsverpflichtung auch gegenüber der zugewanderten Ausländerbevölkerung entstanden.[26]

Diese rechtlichen Einschränkungen der wohlfahrtsstaatlichen Entscheidungs- und Handlungsoptionen wurden in der Bundesanstalt für Arbeit schnell als Bedingung des weiteren Umgangs mit den Arbeitsmigranten verstanden. Das spricht z.B. aus dem trockenen Kommentar zu einem Grundsatzurteil des Bundessozialgerichts (BSG) in dem erwähnten Text, der den Rückgang der Ausländerbeschäftigung zwischen 1973 und 1977 als Erfolg registrierte: »Nach Berichten der Landesarbeitsämter hat die Rechtsprechung des BSG seither eine Ausweitung der statistischen Erfassung von ausländischen Erwerbslosen als Arbeitslose zur Folge gehabt. Die Zahl der ausländischen sog. Stillen Reserve reduziert sich entsprechend. Die Entscheidung des BSG ist damit in ihrem Ergebnis ein Beitrag zur Verfestigung des aufenthaltsrechtlichen Status des Bestandes ausländischer Arbeitskräfte.«[27] Mit diesen Entscheidungen war für die politischen Verwaltungen klargestellt, daß die Verdrängung von Ausländern nicht länger ein generelles Entscheidungsprogramm staatlicher Organisationen sein konnte, da es dafür keine rechtlichen Grundlagen mehr gab. Damit war auch Maßnahmen der Boden entzogen, die, wie die ›Stichtagsregelung‹, nachziehende Ehegatten und Kinder von Arbeitsmigranten im Jugendalter vom Arbeitsmarkt ausschlossen; denn weder Jugendliche noch Erwachsene konnten dauerhaft von Ausbildung und Erwerbstätigkeit ferngehalten werden.

Einwanderung im ›Nicht-Einwanderungsland‹

Die Gerichte entzogen den Verwaltungen zwar zahlreiche rechtliche Grundlagen für eine Ausschließungspolitik gegenüber den Arbeitsmigranten und ihren Familien. Dem entsprach aber keine amtliche Umstellung der Migrations- und Integrationspolitiken auf Bundes- und Landesebene im Sinne einer öffentlichen Anerkennung der Irreversibilität des Niederlassungs- und Eingliederungsprozesses, im Gegenteil: Seit dem Anwerbestopp blieben die Begrenzung und das Rückgängigmachen von Zuwanderung und Eingliederung ein mitlaufender und konjunkturabhängig unterschiedlich stark unterstrichener Bestandteil aller einschlägigen regierungsamtlichen Erklärungen bis Mitte der 1980er Jahre. Das galt z.B. für die ›Konsolidierung‹ (d.h. Einschränkung) der Ausländerbeschäftigung in Verbindung mit Angeboten zur ›sozialen Integration auf Zeit‹, wie sie den Vorschlägen der Bund-Länder-Kommission (1977) zugrunde lagen. Die zeitweise, z.B. 1979 im ›Kühn-Memorandum‹, stärkere Akzentuierung der rechtlichen, beruflichen, schulischen und sozialen Integration insbesondere der zweiten Generation konnte sich politisch ebensowenig durchsetzen wie die in dem Memorandum geforderte Anerkennung der Unumkehrbarkeit der Einwanderungssituation. Statt dessen lief die defensive Linie fort über die Senkung des Nachzugsalters für ausländische Jugendliche auf 16 Jahre (1981) bis zum Rückkehrförderungsprogramm der neuen christlich-liberalen Bundesregierung (1983/84).

Trotz aller programmatischen Ankündigungen war auch mit dem Wechsel von der sozial-liberalen zur christlich-liberalen Bundesregierung im Jahr 1982 kein Wechsel der Politik gegenüber den Arbeitsmigranten und ihren Familien verbunden. Das Rückkehrförderungsprogramm stammte ursprünglich gar nicht von der neuen christlich-liberalen Bundesregierung. Es war, unter dem Druck der konservativen Opposition, noch von der sozial-liberalen Bundesregierung konzipiert, aber nicht mehr von ihr umgesetzt worden, weil man bei den Rückkehrprämien nur mit bloßen Mitnahmeeffekten rechnete. Nach der im Vorfeld des Mißtrauensvotums und im Wahlkampf auch mit ›ausländerpolitischen Argumenten‹ geführten Auseinandersetzung brachte die gerade in Fragen der Migrationspolitik weitgehend konzeptionslose neue christlich-liberale Bundesregierung 1983 diese gewissermaßen in den Schubladen überkommene Erbschaft der sozial-liberalen Koalition als eigenes Konzept ein. Sie präsentierte die Ergebnisse als Erfolg ihres Abwehrkampfes gegen den Wandel zum ›Einwanderungsland‹, obgleich die nur für ein halbes Jahr in Kraft gesetzte Maßnahme wohl kaum mehr als die vordem befürchteten Mitnahmeeffekte bewirkte, was schon am Rückwanderungsstau nach der Ankündigung von Prämien ablesbar war.[28]

Die demonstrativ vorgeführten Schließungsintentionen blieben mithin zunehmend folgenlos und verwandelten sich zu symbolischer Politik: Sie demonstrierten die scheinbare Aktions- und Entscheidungsfähigkeit der Bundesregierung in den Feldern von Migration und Integration, ohne mit den Mitteln der Senkung des Nachzugsalters und der Rückkehrförderung die Rückkehr der Arbeitsmigranten in größerer Zahl veranlassen oder den Familiennachzug verhindern zu können. Mit dem Rückkehrförderungsprogramm war für die 1980er Jahre das Ende der programmatischen Migrations- und Integrations(verhinderungs)politik gegenüber den Arbeitsmigranten und ihren Familien erreicht. Bis 1990, dem Zeitpunkt der Verabschiedung des neuen Ausländergesetzes, passierte – über die aufrechterhaltene negative Selbstbeschreibung und die folgenlose Ankündigung der Reform des Ausländerrechts hinaus – fast nichts mehr.

Vermochte diese Politik Integration nicht zu verhindern, so bleibt doch noch zu begründen, in welcher Weise eine pragmatische Integration dadurch, wie behauptet, zugleich ermöglicht worden sein soll. Dies wird deutlich, wenn man über das Skizzierte hinaus einbezieht, daß die frühen, seit 1973 unternommenen wohlfahrtsstaatlichen Verdrängungsversuche gegenüber den Arbeitsmigranten nicht ausschließlich aus rechtlichen Gründen an Wirksamkeit und politischer Durchsetzungskraft verloren. Die restriktive Politik der Bundesregierung und einiger Bundesländer stieß schon bald auch auf den zunehmend geschlossenen, öffentlichkeitswirksamen Widerstand zunächst der Kirchen, dann der Gewerkschaften, aber auch der Ausländerbeauftragten Liselotte Funcke und ihres Stabes, engagierter Wissenschaftler und Publizisten sowie der Wohlfahrtsverbände, die seit Beginn der Arbeitsmigration für die Sozialberatung der ausländischen Arbeiter und später ihrer Familien zuständig waren.[29] Über die Nichtverlängerung von Arbeitserlaubnissen und die Verhängung von – weitgehend wirkungslosen und bald wieder aufgehobenen – Zuzugssperren hinausgehende restriktive Maßnahmen waren daher auch politisch nicht durchsetzbar.

Von Plänen zu einer Einführung der Zwangsrotation, wie sie zur Zeit des Anwerbestopps diskutiert wurden, hatte die sozial-liberale Bundesregierung deshalb nach öffentlichen Protesten sowie aus Gründen des internationalen Ansehens frühzeitig Abstand genommen. Die Vorschläge der Bund-Länder-Kommission zur Ausarbeitung einer umfassenden Konzeption der Ausländerbeschäftigung aus dem Jahr 1977 waren ein Kompromiß angesichts kontroverser Auffassungen. Sie waren eingespannt zwischen einer Befürwortung verstärkter Verdrängungsanstrengungen und der Forderung nach politischer Anerkennung der entstandenen Einwanderungssituation sowie nach eindeutigeren Integrationsangeboten an die im Lande lebende Ausländerbevölkerung.[30] Das Ergebnis waren Sowohl-als-auch-Formeln: Einerseits wurde die Aufrechterhaltung des Anwerbestopps ebenso empfohlen wie die ›Förderung der Rückkehrbereitschaft‹ ausländischer Familien. Andererseits wurde konstatiert, daß ausländische Arbeiter weiterhin in Deutschland beschäftigt sein würden, daß ihnen und ihren Familien daher eine rechtlich und sozial gesicherte Lebensführung zu ermöglichen und die beruflich-soziale Integration der in Deutschland aufwachsenden zweiten Generation zu verbessern sei.

Diese sich seit 1973 formierenden Auseinandersetzungen über die Ausländerpolitik und die im Umfeld der Bund-Länder-Kommission entstandenen Konstellationen bildeten den historischen Kontext, in dem sich jene politische Bühne formierte, auf der fortan differente politische Auffassungen, Übereinstimmung und Konflikt zu Fragen der zukünftigen Migrations- und Integrationspolitik öffentlich artikuliert wurden. Dramatis personae auf dieser Bühne waren die korporativen Akteure des deutschen Wohlfahrtsstaates (Parteien, Kirchen, Wohlfahrtsverbände, Gewerkschaften, Arbeitgeberverbände), Publizisten und Wissenschaftler bzw. wissenschaftliche Berater. Die Artikulationen auf dieser politischen Bühne waren seit 1973 und sind vielfach bis heute strukturiert durch den Streit um die politische Deklaration, daß die Bundesrepublik Deutschland ›kein Einwanderungsland‹ sei und werden wolle bzw. solle. War diese Deklaration zu Anfang mit einer offensiven Verdrängungspolitik verknüpft, so trugen entsprechende Versuche seit Ende der 1970er Jahre, wie gezeigt, vorwiegend den Charakter symbolischer Politik. Seit Mitte der 1980er Jahre schließlich war das politische Dementi der Einwanderungssituation eine für die soziale und rechtliche Lage der Arbeitsmigranten und ihrer Familien weitgehend folgenlose und zunehmend an politischer Relevanz verlierende programmatische Begleitbeschreibung. Dennoch vermochten das appellative Dementi und die damit verbundenen politischen Strategien die Aufmerksamkeit ihrer Gegner und deren politische Thematisierung der Migrations- und Integrationsproblematik über lange Zeit zu binden und damit eine in der Öffentlichkeit relevante Konfliktform zu etablieren:

Die Gegner der amtlichen Migrations- und Integrationspolitik machten dabei auf zahlreiche Probleme für die Lebensführung der Arbeitsmigranten und ihre Familien aufmerksam, die sie vorwiegend aus der Nichtakzeptanz der Einwanderungssituation ableiteten. Die oft skandalisierenden Beschreibungen reichten von den Folgen der Zugangssperren am Arbeitsmarkt für Eheleute und Jugendliche über existentielle Unsicherheiten und familiäre Probleme, die aus unklaren Aufenthaltsperspektiven, Ehegatten- und Kindernachzugsregelungen resultierten, bis zu durch den Mangel an einer konsequenten Integrationspolitik eingeschränkten beruflich-sozialen Zukunftsperspektiven von Kindern und Jugendlichen aus Migrantenfamilien. Auf diese Weise wurde z.B. die Neufassung der allgemeinen Verwaltungsvorschriften zur Ausführung des Ausländergesetzes – mit der Ausländer seit dem 1. November 1978 bei Erfüllung bestimmter Voraussetzungen eine unbefristete Aufenthaltserlaubnis oder eine Aufenthaltsberechtigung erhalten konnten – ebenso beschleunigt wie die Abschaffung der Stichtagsregelung für Jugendliche.

Die genannten Probleme wurden dabei meist in einer Weise beschrieben, die sie als Beleg für die vermeintliche Gültigkeit jener offiziellen Selbstbeschreibung der Bundesrepublik erscheinen ließen – wenn auch in der Absicht, sie ungültig zu machen.[31] In den Vordergrund der öffentlichen Diskussion traten differenzierte Beschreibungen von Benachteiligungs- und Diskriminierungsprozessen von Ausländern gegenüber Gleichheitspostulaten. Weitgehend im unausgeleuchteten Hintergrund dieser politisch-publizistischen Diskurse auf der öffentlichen Bühne blieben das strukturelle Integrationspotential der Bundesrepublik und der aufgrund dessen sukzessive voranschreitende soziale Integrationsprozeß der Arbeitsmigranten und ihrer Familien in den Bereichen von Arbeit, Bildung, Wohnen, Gesundheit sowie ihr Einbezug in die damit verbundenen wohlfahrtsstaatlichen Leistungen. Der Einbau der ›Ausländerproblematik‹ in die korporativen Aushandlungsstrukturen des bundesdeutschen Wohlfahrtsstaates seit Ende der 1970er Jahre ist vermutlich einer der besten Indikatoren für die Normalisierung der Arbeitsmigration in der Perspektive der Organisationen des Wohlfahrtsstaates. Das gilt trotz aller damit verbundenen Strukturdefekte, wie sie zum Beispiel aus der Fortschreibung der Zuständigkeit der Wohlfahrtsverbände und ihrer Sozialberatungen für Arbeitsmigranten und ihre Familien nach Nationalitäten- und Religionszugehörigkeit resultierten.[32]

Unterscheidet man im historischen Rückblick zwischen den Ebenen der Herstellung und der Darstellung politischer Entscheidungen[33], dann zeigt sich, daß die defensive Selbstbeschreibung der Bundesrepublik nur bis etwa Ende der 1970er Jahre noch folgenreich für die Herstellung einer Politik der Ausländerverdrängung war. Mit dem Erreichen ihrer Grenzen vor allem aus rechtlichen Gründen aber wurde diese Selbstbeschreibung nicht ausgetauscht. Sie skalierte vielmehr weiterhin die Einschätzung der Migrationsverhältnisse bei ihren Befürwortern wie ihren Gegnern und entzog damit der öffentlichen Beobachtung den Blick für die Umstellung der administrativen Praxis auf Integration und für deren relativen Erfolg. In den 1980er Jahren haben – im Schatten der Diskussion um Asylfragen – Auseinandersetzungen um die Zuwanderung der Arbeitsmigranten und deren soziale Folgen in der Öffentlichkeit keine zentrale Rolle mehr gespielt. Wo sie dies taten, waren sie meist weiterhin durch die polarisierende Beschreibung Deutschlands als ›Nicht-Einwanderungsland‹ strukturiert.[34]

Insgesamt haben die Etablierung und Aufrechterhaltung dieser kontrafaktischen Beschreibungsform – nicht etwa beabsichtigt, geschweige denn geplant – dazu beigetragen, den politisch unauffälligen Einbau der Migrations- und Integrationsproblematik in die in der Bundesrepublik Deutschland üblichen korporativen Aushandlungsstrukturen zu ermöglichen. Wichtige Entscheidungen in diesem Feld wurden seitdem vor allem hier hergestellt. Dies geschah weitgehend abgeschottet von der Öffentlichkeit, jenseits programmatischer Diskurse und blieb ausgerichtet an einer politischen Pragmatik, bei der neue Problemstellungen unter Aufrechterhaltung bzw. Modifikation überkommener Strukturen in bestehende Organisationsformen und Verteilungsroutinen eingebaut werden.[35] Der letzte Versuch, die defensive Selbstbeschreibung der Bundesrepublik als politisches Programm rechtlich umzusetzen, der Neuentwurf des Ausländergesetzes unter Bundesinnenminister Zimmermann (CSU) 1988, der in seiner Struktur mit nationalen Interessen begründet wurde, scheiterte am Widerstand der erwähnten gruppenübergreifenden Front und beendete zugleich Zimmermanns Karriere als Innenminister.[36] Der Versuch scheiterte nicht zuletzt daran, daß die politische Entwertung nationaler Semantiken, die als ein Kennzeichen der Geschichte der

Bundesrepublik gelten kann[37], auch den Bereich Migration betraf. Bemerkenswert ist in diesem Zusammenhang, daß bei der Beschreibung der Migrationsverhältnisse in der Bundesrepublik ein Sachverhalt politisch kaum angemessen registriert wurde: Ein Innenminister war auch an dem Versuch gescheitert, den Neuentwurf des Ausländergesetzes damit zu begründen, daß der notwendige Erhalt der nationalen Einheit eine Öffnung des Zugangs zur deutschen Staatsangehörigkeit für Ausländer ausschließe.

Der 1990 verabschiedete Entwurf von Bundesinnenminister Schäuble (CDU) war dann bereits Resultat der erwähnten politischen Pragmatik. Die Erarbeitung und Verabschiedung dieses Gesetzes waren schließlich hektisch vorangetrieben worden, weil – zu Recht – damit gerechnet wurde, daß die bevorstehende Landtagswahl in Niedersachsen die Abstimmungsverhältnisse im Bundesrat zuungunsten der Bonner Regierungskoalition ändern könnte.[38] Das Gesetz wurde, auch vor dem Hintergrund des Wiedervereinigungstaumels, in der weiteren politischen Öffentlichkeit kaum registriert, obwohl es erstmals rechtliche Ansprüche auf Einbürgerung für lange im Lande lebende Ausländer und für die zweite Generation vorsah. Der pragmatische Integrationsprozeß der 1980er Jahre wurde damit in einem ersten politischen Schritt nachvollzogen. Er setzte eine Entwicklung in Gang, an deren vorläufigem Ende im Staatsangehörigkeitsrecht verankerte erweiterte Zugänge zur Staatsangehörigkeit für Migranten stehen, mit denen in der Gesetzgebung fortlaufende ethnonationale Traditionen in Deutschland weiter auf Distanz gebracht wurden.

Mit diesem Prozeß ging bis zum Ende der 1980er Jahre schließlich die Entwertung der Beschreibungsform der Bundesrepublik Deutschland als ›Nicht-Einwanderungsland‹ einher. Sie ist nicht widerrufen, aber teilweise aus dem politischen Sprachgebrauch herausgenommen und in ihrer Bedeutung eingeschränkt worden.[39] Man kann diese Selbstbeschreibung heute weiter verwenden, ohne politisch noch davon auszugehen, daß sich deshalb der Familiennachzug, die Zuwanderung von Flüchtlingen und Asylbewerbern, von bestimmten Gruppen von Arbeitsmigranten und auch von illegalen Migranten verhindern ließe und ohne damit gegen Einbürgerungsansprüche für dauerhafte Zuwanderer zu votieren. Die Defensivformel hat angesichts des alltäglichen Umgangs mit Migration und Integration im gesamten Lebenskontext an Plausibilität, aber auch an Skandalisierungspotential verloren. Migration und ihre sozialen Folgen haben sich weder als Katastrophe noch

als Glücksfall erwiesen und sind zum unvermeidbaren alltäglichen Normalfall in Betrieben, Schulen und Sozialverwaltungen, im Gesundheitswesen, in
Recht und Politik geworden. Angesichts dieser Entwicklungen im gesellschaftlichen Alltag hat eine Politik auf der öffentlichen Bühne, die die Re-
versibilität des Zuwanderungsprozesses der Arbeitsmigranten und ihrer Familien und eine in dieser Hinsicht vorgeblich fortbestehende politische
Handlungsfähigkeit inszenierte, ihren symbolischen Wert verloren und ist
entbehrlich geworden.

Man könnte dies geradewegs als eine ironische Bestätigung des christ-
demokratischen Modells der Ausländerintegration verstehen: Die soziale
Integration der Ausländer mußte in Deutschland dem Erwerb der Staatsbürgerschaft vorausgehen, nicht weil dies den angeblichen – im Blick auf historische Einwanderungsprozesse fehlplazierten – gleichsam ›natürlichen‹ Abschluß des Integrationsprozesses bildete, sondern weil viele Deutsche mit der
faktischen sozialen Integration der Ausländer selbst erst integrationsfähig
geworden waren[40]; anders gewendet: Schrittweise wurde die verbreitete
Vorstellung aufgegeben, Deutscher könne man nur sein, aber nicht werden,
und akzeptiert, daß Staatsangehörigkeit neben der Ererbung durch ›Abstammung‹ auch als Ergebnis dauerhafter gesellschaftlicher Partizipation erwor-
ben werden kann.

Aussiedler – deutsche Einwanderer aus dem Osten

Die Entwertung der Selbstbeschreibung als ›Nicht-Einwanderungsland‹ und
die sukzessive Routinisierung und Veralltäglichung der Migrations- und Integrationsproblematik bestätigten sich, mit umgekehrtem Vorzeichen, auch
im Bereich der ›Aussiedler‹ deutscher Herkunft aus Osteuropa. Die Aussiedlerzuwanderung war bis Mitte der 1980er Jahre von einer umfassenden
wohlfahrtsstaatlichen Eingliederungspolitik begleitet worden. Mit Aufnah-
mebescheid einreisende Aussiedler waren zwar rechtlich Deutsche, kamen
aber, wie zahlreiche Studien belegen, sozial, kulturell und mental in eine
echte Einwanderungssituation. Sie waren deshalb Deutsche und Einwanderer
zugleich. Die Aussiedlerzuwanderung galt aber – wegen der Gleichstellung
der Aussiedler mit deutschen Flüchtlingen und Vertriebenen am Ende des
Zweiten Weltkriegs und in der Nachkriegszeit im Sinne des Kriegsfolgen-

rechts – rechtlich und politisch nicht als Einwanderung, sondern als eine Art Rückwanderung von deutschen ›Volkszugehörigen‹ (zum Teil auch ehemaligen Reichsangehörigen) über Generationen, zum Teil über Jahrhunderte hinweg. Obgleich von 1950–88 rund 1,6 Millionen Aussiedler in Westdeutschland zuwanderten, vollzog sich dieser Eingliederungsprozeß weitgehend im Stillen, jenseits öffentlicher Ausländer- und Migrationsdebatten. Der Erfolg der Eingliederungspolitik gegenüber dieser Zuwanderergruppe dokumentierte sich nicht zuletzt gerade darin, daß sie bis in die späten 1980er Jahre keine gesellschaftlich registrierte Zuwandererkategorie bildete.[41]

Nach der Öffnung des Eisernen Vorhangs Ende der 1980er Jahre schwoll die auch weiterhin ganz vorwiegend in die alten Bundesländer strebende Aussiedlerzuwanderung zur Massenbewegung an. 1988–93 trafen etwa ebensoviele Aussiedler ein wie im Gesamtzeitraum 1950–88 (ca. 1,65 Millionen). Mit dem Wandel zur Massenzuwanderung wurde die Stellung der Aussiedler, trotz nach wie vor deutlicher Privilegierung, in verschiedener Hinsicht sukzessive derjenigen ausländischer Migranten angenähert. Dieser Prozeß vollzog sich – in bemerkenswerter Parallelität zur Arbeitsmigration – auf der Folie eines geradezu spiegelbildlichen Dementis dieser Einwanderungssituation: Auf der politischen Bühne wurde erneut bestritten, daß es sich um Einwanderung handele, diesmal jedoch nicht, um sie zu begrenzen oder gar rückgängig zu machen oder auch nur um symbolisch den Eindruck entsprechender politischer Handlungsfähigkeit zu erwecken, sondern um diese abrupt zur Massenbewegung aufgestiegene faktische Einwanderung durch den Verweis auf den Sonderstatus der Aussiedler als Deutsche zu legitimieren. Gerade weil sich in der öffentlichen Diskussion und im alltäglichen Verhalten eine Einordnung der Aussiedler in die allgemeine Migrationsthematik und damit eine Problematisierung dieses Sonderstatus abzeichnete, wurde politisch – unter anderem sogar mit einer Medienkampagne unter der Spaltformel ›Aussiedler sind keine Ausländer‹ – um Sympathie für die zuwandernden fremden Deutschen geworben.

Im Hintergrund solcher Verlautbarungen aber wurde auf die Dynamik des in den späten 1980er Jahren rapide beschleunigten Zuwanderungsprozesses schon bald mit einschränkenden Kontrollmechanismen reagiert, die bemerkenswert an formelle Einwanderungspolitik erinnerten. 1990 wurde gesetzlich ein Verfahren zur Regulation der Zuwanderung von Aussiedlern eingeführt. Ende 1992 wurde als Teil des ›Asylkompromisses‹ eine indirekte

Kontingentierung festgelegt, die die Zahl der jährlichen Aufnahmebescheide – nicht die der Aussiedler selbst – auf maximal 220.000 begrenzte.[42] Der im Zusammenhang mit dem ›Asylkompromiß‹ von 1993 im Kriegsfolgenbereinigungsgesetz geschaffene neue Rechtsstatus des ›Spätaussiedlers‹ beschränkt diesen Status auf Personen, die vor dem 1. Januar 1993 geboren wurden und nachweisen können, daß sie selbst von einem Kriegsfolgenschicksal betroffen waren oder Nachkommen solcher Personen sind. Grundsätzlich wird dies nur noch in den Nachfolgestaaten der ehemaligen Sowjetunion widerleglich angenommen.[43]

Diese Rechtsveränderungen indizierten einen Wandlungsprozeß, in dem seit Ende der 1980er Jahre die bis dahin weitgehend gesondert behandelte Zuwanderung von Aussiedlern zunehmend in den Kontext der übrigen Migrationsbewegungen und -probleme eingerückt wurde. Dabei kann der ›Asylkompromiß‹ – der seiner weitreichenden Bedeutung wegen treffender ›Migrationskompromiß‹ hieße – als der Punkt gelten, an dem diese Umkonzipierung der Aussiedlerzuwanderung ihre rechtliche Festschreibung erfuhr; denn in dem Gesetzes- und Verordnungsverbund von 1993 wurden Regelungen getroffen, die alle relevanten Zuwanderungsformen in der Bundesrepublik betrafen: die Änderung des Art. 16 im Grundgesetz, Änderungen des Ausländergesetzes und das Kriegsfolgenbereinigungsgesetz, in dem der veränderte Status von Aussiedlern festgelegt wurde. Aussiedler wurden damit zu einer Migrantengruppe unter anderen, wenn auch mit noch vergleichsweise besonderem Status. Sie zogen auch weiterhin hohe politische und wissenschaftliche Aufmerksamkeit auf sich, aber mehr und mehr im Bezugsrahmen der im Verlauf der Arbeitsmigration etablierten Integrationsproblematik.[44]

Ein weiteres bedeutsames Element in diesem Prozeß eines sukzessiven ›Reframings‹ der Aussiedlerintegration waren die erheblichen Reduktionen sozialer Rechtsansprüche.[45] Bereits in der regierungsamtlichen Werbung um Sympathie für bzw. Solidarität mit den neu zugewanderten ›Landsleuten‹ wurde stets mitbetont, daß diese nicht besser gestellt sein sollten als andere Deutsche. Hinter den allgemeinen Bekenntnissen zur Solidarität aber wurden die wesentlichen sozialrechtlichen Veränderungen, die die Aussiedler betrafen, ohne öffentliches Aufsehen in den Verhandlungssystemen des neokorporatistischen Wohlfahrtsstaates beschlossen. Sie lagen im Bereich kleinteiliger und detailgenauer Kürzungen im Rahmen allgemeiner Leistungsreduktionen, die für die zugelassenen Teilnehmer am erwähnten politisch-pragmatischen Modus der Entscheidungsfindung akzeptabel waren.[46] Die Aussiedler selbst stellten in diesen Prozessen der Entscheidungsfindung keine zu berücksichtigende ›pressure group‹.

Zur Zeit des Kalten Krieges war die Inklusion der Flüchtlinge, Vertriebenen und Aussiedler in die wohlfahrtsstaatlichen Systeme lange eine Frage der nationalen bzw. ethnonationalen Solidarität gewesen. Die Aussiedler galten als Teil der nationalen – wenn auch räumlich distanzierten – ›Schicksalsgemeinschaft‹ im Blick auf die Folgelasten des Zweiten Weltkriegs. Dieser Legitimationshorizont erodierte im weiteren Verlauf der Geschichte der Bundesrepublik, während die wohlfahrtsstaatlichen Leistungsprogramme gültig blieben und weiterhin die geräuschlose Integration der Aussiedler organisierten. Ende der 1980er Jahre vermochte die ethnonationale Semantik weder die Reduktion der Sozialrechte der Aussiedler zu verhindern noch eine öffentliche Debatte darüber zu initiieren.[47] Der sukzessive Abbau der bevorzugten Stellung der Aussiedler mobilisierte schließlich öffentlich kaum mehr Bedenken darüber, ob es legitim sei, den sozialrechtlichen Status deutscher schrittweise demjenigen ausländischer Zuwanderer anzunähern.

Waren entsprechende Forderungen von Teilen der Sozialdemokratie und Bündnis 90/Die Grünen zu Beginn der 1990er Jahre von der Bundesregierung noch vehement zurückgewiesen worden[48], so wurde diese schrittweise Angleichung dennoch im Hintergrund dieser Debatten pragmatisch-administrativ weiter vollzogen und gilt heute als normal. Wohlfahrtsstaatliche Leistungen gegenüber Aussiedlern werden politisch mittlerweile kaum mehr unter nationalen, sondern fast ausschließlich unter Gesichtspunkten der sozialen Integration thematisiert, wie sie von den Organisationen des Wohlfahrtsstaates im Verlauf der Geschichte der Arbeitsmigration praktisch eingeübt worden sind. Die spiegelbildlich verkehrte appellative Erklärung von Aussiedlern zu Nicht-Einwanderern ist heute nicht nur hinter der gesellschaftlichen Wirklichkeit verblaßt, sondern hat auch ihre Differenzierungs- und Schutzfunktion gegenüber den Aussiedlern weitgehend eingebüßt.[49]

Asylpolitik und Einwanderungsverdacht

Die Migrationsdimension, in der die Selbstbeschreibung der Bundesrepublik als ›Nicht-Einwanderungsland‹ die konfliktreichsten Folgen zeitigte, war der Asylbereich: Bei der Politik gegenüber Flüchtlingen und Asylbewerbern ging es seit jeher ohnehin nicht um Integration oder gar Einwanderung. Alle europäischen Staaten rechneten spätestens seit Beginn der 1980er Jahre damit, in zunehmendem Maße von Ausläufern der weltweit wachsenden Fluchtbewegungen betroffen zu werden. Sie reagierten darauf vorwiegend mit Versuchen, das internationale Flüchtlingsrecht zu unterlaufen und ihre Territorien durch vielerlei Maßnahmen – wie restriktive Visapolitik, Transportkontrollen, internationale Zusammenarbeit in der Innen- und Sicherheitspolitik, Erstasylland-Klauseln und die Schließung der EU-Außengrenzen – für Flüchtlinge möglichst unerreichbar zu machen.[50]

Die Geschichte des Umgangs mit Flüchtlingen und Asylsuchenden in der Bundesrepublik war dabei lange bestimmt durch die Besonderheit des – in Erinnerung an die Aufnahme (aber auch Nicht-Aufnahme) von Verfolgten der NS-Zeit in der Verfassung verankerten – individuellen Rechts auf Asyl für politisch Verfolgte. Die Heftigkeit der politischen Auseinandersetzungen um das Asylrecht seit Beginn der 1980er Jahre war auch Ergebnis des ungeklärten Verhältnisses zwischen der Funktionsweise eines Nationalstaats als in seiner Souveränität territorial beschränktem politischen System mit formal festgelegten Mitgliedschaften und einem Verfassungsrecht, das bei weltweit wachsenden Fluchtbewegungen für eine zunehmende Zahl von Individuen in Betracht zu kommen schien. Das deutsche Asylrecht in seiner bis 1993 gültigen Fassung schränkte die staatliche Kontrollkompetenz über den Zugang zum Territorium erheblich ein. Mit der Öffnung des Eisernen Vorhangs, dem Zusammenbruch der sozialistischen Staaten, den anschließenden Kriegen und Bürgerkriegen in ihren Nachfolgestaaten, den damit stark zunehmenden Flucht- und Massenzwangswanderungen in Ost-West-Richtung sowie steigenden Flüchtlingszahlen auch aus der ›Dritten Welt‹ wurde das deutsche Asylrecht seit Ende der 1980er Jahre zum Kern der Auseinandersetzungen um die Frage, wie weit der moderne liberal-demokratisch verfaßte Staat das Recht hat und in der Lage ist, den Zugang zu seinem Territorium zu kontrollieren. Dazu gehörte auch die Frage, ob und inwieweit ein solcher Staat den Verdacht der ungerechtfertigten Inanspruchnahme wohlfahrtsstaatlicher Leistungen durch Migranten in Abwehrmaßnahmen gegen asylsuchende Flüchtlinge umsetzen darf.

Es ging um das – alle westlichen liberalen Demokratien betreffende – Dilemma, Wohlfahrtsstaatlichkeit als eine nach außen gerichtete Ungleichheitsschwelle mit dem Gebot des Schutzanspruchs für Flüchtlinge vereinbar zu halten. Dabei hat in Deutschland die Festschreibung der humanitären Verpflichtung zur Aufnahme von politisch Verfolgten in der Verfassung dazu geführt, daß bei wachsendem Andrang um so rigider mit asylsuchenden Flüchtlingen umgegangen wurde. Es schien zunehmend darum zu gehen, die Folgen der humanitären Selbstverpflichtung zum Schutz von Flüchtlingen dadurch in Schach zu halten, daß man ihre Inanspruchnahme unter Mißbrauchsverdacht stellte.

Als die Zahl der Asylgesuche stark wuchs, wurde die Asylzuwanderung unter stetem Hinweis auf das Selbstverständnis Deutschlands als ›Nicht-Einwanderungsland‹ immer offener unter Einwanderungsverdacht gestellt. Ebenso folgerichtig wie sachfremd waren die Versuche, sie auch mit Hilfe von Mitteln zu drosseln, die in den Kontext von restriktiver Einwanderungspolitik gehören. Dazu zählten nicht nur die oben genannten Abschottungsmaßnahmen sowie die Erfindung der ›sicheren Herkunftsländer‹, mit Hilfe derer ganze Ausgangsräume prophylaktisch ausgeschlossen werden konnten. Hinzu trat die gezielte Demotivation von potentiellen Zuwanderungswilligen durch die ›Verminderung von Zuwanderungsanreizen‹, konkret durch unterschiedliche Maßnahmen zur abschreckenden Verschlechterung der Lebensbedingungen der Antragsteller (Sammelunterkünfte, Einheitsverpflegung, Arbeitsverbot, Einschränkung der Bewegungsfreiheit u.a.m.). Das geschah in der Erwartung, daß sich die Kunde von diesen Abschreckungsmaßnahmen über die Migrationsnetzwerke in die Ausgangsräume verbreiten und Anschluß- oder gar Kettenwanderungen verhindern würde.

Am amtlich skandalisierten ›Mißbrauch des Asylrechts‹ freilich war die deutsche Seite selbst beteiligt, weil sie – bei Anwerbestopp und ohne Einwanderungsgesetz – jenseits vom Familiennachzug und Ausnahmeregelungen (Anwerbestopp-Ausnahmeverordnung) im Grunde nur das Nadelöhr des Asyls für Zuwanderungen offen ließ. Es wurde von außen bald kraftvoll aufgestemmt und von innen immer wieder neu zugezogen in einem öffentlich inszenierten Abwehrkampf, der das Feindbild des ›Asylanten‹ stiftete. Im Zusammenhang mit der Skandalisierung des ›Asylmißbrauchs‹ zu Einwanderungszwecken und der Eskalation des politischen Konfliktes um die Einschränkung des Grundrechts auf Asyl kam es zu Anschlägen auf Asylbewerberheime, schließlich auch ganz allgemein zu ausländer- und fremdenfeindlichen Ausschreitungen mit Anschlägen auf Leib und Leben von Migranten.[51]

Auffällig war dabei die zögerliche Reaktion einer größeren Zahl von Politikern insbesondere – aber durchaus nicht nur – der Regierungsparteien gegenüber der öffentlich von den verschiedensten Seiten geforderten demonstrativen Distanzierung von diesen fremdenfeindlichen Anschlägen, die in eine allgemeine Spirale der Gewalt einzumünden schienen. Das Zögern zeugte von der Unsicherheit darüber, wie stark man sich vor dem Hintergrund der eigenen, oft jahrelang eingeübten politischen ›Nicht-Einwanderungsland‹-Rhetorik in öffentlichen Erklärungen für Migranten engagieren könne. Ein amtlich gestiftetes ›Bündnis für Demokratie und Toleranz‹ gegenüber zugewanderten Minderheiten, nach Möglichkeit auch mit Verhaltensempfehlungen für Politiker, hätte in dieser Situation zweifelsohne mehr Signalwirkung gehabt als im Frühjahr 2000. Aber dazu kam es nicht. Im Gegenteil hinderte die Unsicherheit von Politikern gegenüber den Exzessen auf den Straßen zum Teil sogar daran, die Gefahr zu erkennen, daß auch durch solche zögerlichen Haltungen militante Konfliktformen, wie sie aus regulären Einwanderungsländern bekannt sind, Politik- und Gesellschaftsfähigkeit gewinnen können. Bei den großen öffentlichkeitswirksamen Demonstrationen gegen die ausländerfeindlichen Anschläge, die – angesichts der lange lavierenden und die Exzesse herunterspielenden Haltung zahlreicher Politiker – schließlich dazu beizutragen suchten, die Eskalation der Exzesse durch eine demonstrative Isolation der Tätermilieus zu bremsen, wurden Vertreter der Politik denn auch zum Teil nicht zugelassen.

Am Ende wurde offenbar, daß die hilflose Flucht in das wirklichkeitsfremde Dementi, die Bundesrepublik sei ›kein Einwanderungsland‹, nur die Kehrseite politischer Konzeptionslosigkeit war. Es wuchsen soziale Irritationen und Ängste über die Verweigerung von Politik in einer alltäglich erlebbaren und doch politisch für nicht existent erklärten Einwanderungssituation. Sie schlugen um in Aggressionen gegen ›die Fremden‹ und solche, die dafür gehalten oder dazu erklärt wurden. ›Unten‹ wuchs die Angst von Bürgern vor Fremden, ›oben‹ die Angst von Politikern vor Bürgern als Wählern. Das Zusammentreffen der Angst von ›unten‹ mit der Ratlosigkeit von ›oben‹ ließ »Politikverdrossenheit« zum »Wort des Jahres« 1992 werden und weckte bei manchen Beobachtern Vorstellungen von einer politischen Legitimationskrise. Andere glaubten sogar eine Krise des parlamentarisch-demokratischen Systems heraufziehen zu sehen, als Bundeskanzler Kohl im Herbst 1992 vom »Staatsnotstand« redete und mit Gedanken zitiert wurde, das Grundrecht auf Asyl ohne die unerreichbar erscheinende parlamentarische Legitimation zu ändern.[52]

Im ›Asylkompromiß‹, der Ende 1992 politisch ausgehandelt wurde und im Juli 1993 in Kraft trat, wurden die Bereiche Flucht und Asyl konzeptionell noch schärfer als bisher von anderen Formen der Zuwanderung getrennt: Asylbewerber und Flüchtlinge, deren Versorgung bis dahin über das Bundessozialhilfegesetz geregelt worden war, wurden durch die Einführung des Asylbewerberleistungsgesetzes aus sämtlichen Leistungsbezügen des Wohlfahrtsstaates, die über die bloße Lebensfristung hinausgehen, ausgeschlossen.[53] Bis 1993 hatte Deutschland in Europa das liberalste Asylrecht und die restriktivste Asylrechtspraxis. Das liberale Asylrecht ist 1993 verschwunden, geblieben ist die restriktive Praxis: Seit der Grundrechtsänderung von 1993 hat in aller Regel keine Chance mehr auf Asyl, wer aus ›verfolgungsfreien‹ Ländern stammt oder über ›sichere Drittstaaten‹ einreist, mit denen sich Deutschland lückenlos umgeben hat. Deutschland ist damit für Asylsuchende auf legalem Wege über Land praktisch unerreichbar geworden, während der nur in geringem Umfang (ca. 5%) genutzte Luftweg zunächst ins ›Flughafenverfahren‹ führt.[54]

Der fremdenfeindliche Flächenbrand um das Thema ›Asyl‹ geriet aus den Schlagzeilen nach den parteipolitischen Notlösungen im ›Asylkompromiß‹ von 1993 und der demonstrativen Drosselung der Zuwanderung von Asylsuchenden und Aussiedlern. An die Stelle der von Politik und Medien oft fahrlässig angeheizten Asylhysterie der späten 1980er und frühen 1990er Jahre trat im Superwahljahr 1994, aus Sorge vor einem erneuten Aufsteigen fremdenfeindlicher Gewalt, der Rückzug von Politik und Medien aus dem brisanten Themenfeld. Der öffentliche Migrationsdiskurs, in dem das Asylthema ganz im Vordergrund gestanden hatte, kam bis Ende der 1990er Jahre wieder weitgehend zum Erliegen – um im Bild zu bleiben: Auf der politischen Bühne der Darstellung von Migrationsthemen gingen abermals die Lichter aus, während hinter dem Feindbild des ›Asylanten‹ ein neues Feindbild aufstieg – die ›illegale Einwanderung‹. Das war um so bemerkenswerter, als die politisch und publizistisch auf der öffentlichen Bühne vielgezogenen

– wenngleich in der Schattenwirtschaft des informellen Sektors als irregulär Beschäftigte unverzichtbaren und allen Kontrolldemonstrationen zum Trotz vielfach indirekt tolerierten – ›illegalen Einwanderer‹ als neues Feindbild schon da waren, bevor es überhaupt legale Einwanderer gab; denn ein Einwanderungsgesetz, an dem sich Einwanderungswillige orientieren könnten, fehlt in Deutschland nach wie vor.

Folgekosten der defensiven Selbstbeschreibung

Die politische Selbstbeschreibung der Bundesrepublik als ›Nicht-Einwanderungsland‹, die zentrale Merkmale des faktischen Einwanderungsprozesses verfehlte, zeitigte mithin vielfältige, zum Teil durchaus nicht intendierte Folgen auf verschiedenen Ebenen, von der sozialen Konstruktion von ›Einheimischen‹ und ›Fremden‹ in Deutschland bis hin zu strukturellen Blockaden: Sie haben über den Kampf um den ›Asylkompromiß‹ hinaus bis in die 1990er Jahre hinein dazu beigetragen, die öffentliche Diskussion der Migrations- und Integrationsproblematik unter Stichworten wie ›Überlastung‹, ›mangelnde Integrationsfähigkeit‹ und ›Kulturkonflikt‹ zu führen. Sie haben vor diesem Hintergrund auch der Artikulation xenophober Abwehrhaltungen als Berufungsinstanz gedient, in rechtsradikalen Kreisen dazu ermutigt, ›Ausländer raus‹-Programme aufzulegen und dies für eine Option in der Politik zu halten.

Über die Skandalisierung des ›Asylmißbrauchs‹, die denunziative Ausgrenzung von ›Asylanten‹ und die zuweilen, insbesondere Anfang der 1990er Jahre, damit verbundene populistisch-semantische Auslieferung von asylsuchenden Flüchtlingen an vermeintlichen ›Volkszorn‹ hinaus, kann man die Folgen der ›Nicht-Einwanderungsland‹-These auch bei den beiden größten anderen Zuwanderergruppen fassen: Bei der Aussiedlerbevölkerung führte das spiegelbildlich verkehrte Dementi der Einwanderungssituation dazu, daß Aussiedler lange nicht als das verstanden werden konnten, was die meisten von ihnen waren: Deutsche und Einwanderer zugleich. Das Kleinreden der eminenten, nicht nur ökonomischen und sozialen, sondern auch kulturellen und mentalen Integrationsprobleme dieser Einwanderergruppe zu bloßen Anpassungsproblemen von ›Deutschen unter Deutschen‹ hat diese Probleme nicht erleichtert, sondern erschwert, viele daran gehindert, tradierte Selbstbilder zu relativieren und damit die Orientierungsprobleme gerade bei jugendlichen Aussiedlern verstärkt.[55]

Für die Pioniermigranten der ›Gastarbeiterbevölkerung‹ und ihre Nachfahren aber verband sich mit dem Einwanderungsdementi und der paternalistischen Rhetorik vom ›ausländischen Mitbürger‹ die Verweigerung der öffentlichen Anerkennung ihrer faktischen Einwandererexistenz. Viele registrierten sie ohnehin auch subjektiv erst sehr verspätet; denn die meisten Pioniermigranten waren im widerwilligen Einwanderungsland gleichermaßen unversehens in die Einwanderungssituation hineingewachsen. Die Verweigerung ihrer öffentlichen Anerkennung als Einwanderer, die regelmäßigen sozialen Abwertungen und kollektivmentalen Verletzungen, die aus dem öffentlich etablierten Beschreibungsrepertoire der ›Ausländerproblematik‹ und aus den appellativen Bemühungen um das Wachhalten von ›Rückkehrbereitschaft‹ und um aktive ›Rückwanderungsförderung‹ resultierten, zeitigten sichtbare Folgen. Dazu gehörte unter anderem der verstärkte Rückzug in ethnisch markierte Herkunftsgemeinschaften bzw. Migrantenkulturen. Von Migranten wiederum, die an den politischen Migrationsdiskussionen teilnehmen wollten, wurde vielfach erwartet, sich selbstabwertend vorwiegend in den Kategorien des politischen Migrationsdiskurses zu artikulieren, sei es in der Rhetorik der Diskriminierung, sei es in der des Kulturkonflikts. Damit wurden um so mehr ihre eigene Besonderheit dokumentiert und das gängige Beschreibungsrepertoire stabilisiert.

Die Diskussion über die doppelte Staatsangehörigkeit in Deutschland konnotiert bis in die Gegenwart jenseits der ausgetauschten Sachargumente immer auch dieses Element der verweigerten öffentlichen Anerkennung. Das erschwert vermutlich bis heute vielen Einwanderern die Entscheidung gegen ihre bisherige Staatsangehörigkeit als geforderte Voraussetzung der Einwanderung; anders gewendet: Man gibt die eigene, ausländische Staatsangehörigkeit, auf die man als physischer Repräsentant der ›Ausländerproblematik‹ immer wieder zurückverwiesen wurde, nicht sogleich zurück, nur weil es rechtstechnisch leichter geworden ist, die deutsche zu erhalten. Der Weg vom nichtanerkannten Einwanderer zum anerkannten Deutschen wird deshalb von der Aufnahmegesellschaft für wesentlich kürzer gehalten, als er es für viele in der Einwanderungsgesellschaft ist.[56] Besonders bei der Ausländerbevölkerung aus EU-Drittstaaten mit langjährigem oder schon Generationen übergreifendem Daueraufenthalt entstanden in dieser ambivalenten Situation teils Doppelloyalitäten, teils transnationale bzw. transkulturelle Identitäten.[57] Damit verbundene soziale und politische Problemkonstellationen hätten für die Pioniergeneration und ihre im Lande aufgewachsenen Nachfahren möglicherweise durch die Hinnahme der doppelten Staatsangehörigkeit aufgefangen werden können, die indes auf Ausnahmen in Härtefällen beschränkt blieb.

Folgenreich war die Selbstbeschreibung der Bundesrepublik als ›Nicht-Einwanderungsland‹ nicht nur für das Verhältnis von Zuwandererbevölkerungen und deutscher Aufnahmegesellschaft sowie für die Selbstbilder der Zuwandererbevölkerungen und deren Bilder von den Deutschen. Auch das Verhältnis der einzelnen Migrantenmilieus zueinander wurde beeinflußt durch die unter der Folie dieser defensiven Selbstbeschreibung konstruierten, durch zögernde Akzeptanz (›Gastarbeiter‹), abnehmende Privilegierung (Aussiedler) sowie steigende Skandalisierung und Diskriminierung (›Asylanten‹) bestimmten Bilder der verschiedenen Zuwanderergruppen.

Folgekosten der amtlichen Tabuisierung der Einwanderungssituation liegen darüber hinaus auch in legislativen und institutionellen Mängeln, die deren rechtliche und politische Begleitung erschwerten. Das gilt besonders für das Fehlen einer umfassenden, die verstreuten und unübersichtlichen Einzelbestimmungen zu einer integralen und transparenten Konzeption zusammenschließenden Einwanderungsgesetzgebung als Grundlage für eine gesellschaftspolitisch vermittelbare Einwanderungspolitik. Es gilt aber auch für den Mangel an entsprechenden Institutionen wie z.B. einem umfassenden Amt für Migration und Integration mit Querschnittsaufgaben und einem angeschlossenen Forschungsinstitut anstelle des unzureichenden und zugleich für eine Gesamtkonzeption hinderlichen Beauftragtenwesens.[58]

Daß es auch in den 1990er Jahren noch immer nicht zu einer den gesellschaftlichen Realitäten Rechnung tragenden, explizit formulierten, konzeptionell angelegten oder gar programmatischen Migrations- und Einwanderungspolitik kam, hatte wesentlich damit zu tun, daß die verblaßte, aber rituell weiter bediente Selbstbeschreibung als ›Nicht-Einwanderungsland‹ immerhin noch genügend Kraft behalten hatte, lähmende Wirkungen auf eine geschlossene, konzeptionell-pragmatische Gestaltung des gesellschaftspolitisch zentralen Aufgabenfeldes von Migration und Integration zu üben. Fortgeführt wurde im letzten Jahrzehnt des 20. Jahrhunderts, über die Krise der frühen 1990er Jahre hinaus, vielmehr der seit den 1970er Jahren eingeübte politische Stil, in dem migrationspolitische Umstellungen sukzessive, pragmatisch und weitgehend jenseits politisch-öffentlicher Darstellung erfolgten.

Neue Einwanderungsdiskussion?

Vor dem skizzierten Hintergrund werden nun einige der Besonderheiten sichtbar, mit denen die Ende 1998 angetretene ›rot-grüne‹ Bundesregierung die Änderung des Staatsangehörigkeitsrechts betrieb. Die beabsichtigte Einführung des Territorialprinzips (ius soli) im Staatsangehörigkeitsrecht wurde als Gelegenheit zur symbolischen Inszenierung von Handlungsstärke und Veränderungskraft der neuen Regierung genutzt. Mittel zum Zweck war die Markierung von Diskontinuität und Differenz gegenüber der alten Bundesregierung. In der Sache indes hätte die Darstellung von Kontinuität und Übereinstimmung näher gelegen; denn weitgehend wurden bestehende Rechte aus dem Ausländergesetz in das Staatsangehörigkeitsgesetz übertragen, wo sie auch hingehören.[59] Die Politik der neuen Bundesregierung lag damit durchaus in der Logik der bis dahin abgelaufenen Entwicklung, ganz abgesehen davon, daß sich – wenngleich folgenlos – auch schon die 1994 wiedergewählte christlich-liberale Koalition die Reform des Staatsangehörigkeitsrechts zum Ziel gesetzt hatte.

Die ›rot-grüne‹ Bundesregierung vergab zunächst die Chance, die gesellschaftspolitisch eminent wichtigen Dimensionen Einwanderung und Eingliederung zu einem selbstverständlichen Ressortbestandteil der Politik[60] zu erheben: Um befürchtete Fehlinterpretationen der gewählten Differenzmarkierung vorsorglich abzufangen, versuchte die neue Regierung sich, wie eingangs erwähnt, durch eine populistisch konterkarierende ›Das Boot ist voll‹-Rhetorik in der Öffentlichkeit den für das Reformvorhaben für notwendig erachteten politischen Freiraum zu sichern.[61] Sie leitete die politische Diskussion damit auf die Schienen schon weitgehend entwerteter Denkfiguren, die aber noch aktivierbar waren.

Diese Denkfiguren boten der im Gefolge der Niederlage bei der Bundestagswahl vom September 1998 angeschlagenen CDU eine Gelegenheit zur erfolgreichen Artikulation politischer Opposition in Gestalt einer folgenreichen Kampagne auf Kosten der neuen Bundesregierung und ihres Reformvorhabens. Höhepunkt war die von der CDU für den Wahlkampf in Hessen

genutzte, als Umfrage über ›Ausländerintegration‹ getarnte, in ihrem Tenor
an Kampagnen der frühen 1990er Jahre erinnernde populistische Unterschriftensammlung gegen das auf das Stichwort ›Doppelpaß‹ reduzierte Reformvorhaben der neuen Bundesregierung. Die Kampagne war ausschlaggebend für den knappen Wahlsieg der CDU in Hessen, der die Mehrheitsver-
hältnisse im Bundesrat zugunsten der von der Union regierten Länder
veränderte und damit zu Kompromissen bei der von der ›rot-grünen‹ Koalition betriebenen Reform des Staatsangehörigkeitsrechts nötigte. Ergebnis
war die Reduktion des umfassenden Vorhabens auf die Akzeptanz der Einwanderungssituation durch eine deutlich begrenztere, wenngleich noch immer tiefgreifende Reform des Staatsangehörigkeitsrechts.

Der Umgang mit der ›öffentlichen Meinung‹ im Vorfeld der Reform des
Staatsangehörigkeitsrechts im Herbst 1998 machte deutlich, wie wenig in
den vergangenen Jahrzehnten gelernt worden war, daß die Implantation von
grundlegenden und weitreichenden Neuerungen in dem gesellschaftspolitisch
ebenso belangvollen wie ambivalenten Themenfeld Migration zureichender
Vorbereitung in der öffentlichen Diskussion, ja regelrechter Sympathiewer-
bung bedarf.[62] Es bedurfte des Schocks der Hessen-Kampagne der CDU, auf
die die SPD zunächst wie gelähmt reagierte, um diese schmerzhafte Einsicht
einzubrennen. Und doch ging die Bereitschaft zur Akzeptanz von Migration
und Integration als normalen Zentralbereichen der Gesellschaftspolitik offenkundig zunächst noch nicht sehr tief, wie der Umgang mit dem Thema
Einwanderung im Frühjahr 2000 zeigte.

Die Spendenaffäre der CDU verschaffte der ›rot-grünen‹ Bundesregierung
generell und auch in diesem Bereich eine lange Atempause und verdrängte
das neue Staatsangehörigkeitsgesetz ebenso wie die Migrations- und Ausländerpolitik fürs erste wieder aus der öffentlichen Diskussion. Das galt trotz
der von der Ausländerbeauftragten, besonders in der Einbürgerungskampagne im Anschluß an das Inkrafttreten der Reform des Staatsangehörigkeitsrechts (1.1.2000), vorgetragenen Forderungen nach übergreifenden Konzepten für Migration und Integration. Auch der im Zusammenhang der CDU-
Kampagne in Hessen nochmals reaktivierte Topos ›Deutschland ist kein
Einwanderungsland‹ verblaßte rasch wieder. Die grundlegende Reform des
Staatsangehörigkeitsrechts selbst bedingte keine erheblichen Umstellungen
der administrativen Praxis angesichts der schon vorher auf der Basis des
Ausländergesetzes gültigen Regelungen. Auch insofern liefen die politische

Auseinandersetzung, die darin eingenommenen Positionen und die damit verknüpften neuen Beschreibungen der Einwanderungssituation zunächst abermals an der administrativen Realität und an dem bis dahin bereits erreichten Niveau der Einbürgerung[63] vorbei.

Seit Februar 2000 entfaltete sich dann erstmals eine positive Einwanderungsdiskussion. Der von Bundeskanzler Gerhard Schröder für alle überraschend eingebrachte Vorschlag einer ›Green Card‹ für EDV-Spezialisten setzte eine – zunächst relativ verwirrte – Diskussion über Einwanderung in Gang. Dabei ging es vor allem um die Frage, welche und wieviele Personen man zu welchen Bedingungen durch aktive Migrationspolitik nach Deutschland holen solle bzw. – wegen der internationalen Konkurrenz um Spitzenkräfte – überhaupt für Deutschland gewinnen könne. Es ging mithin nicht mehr nur, wie bis dahin üblich, um die Frage, welchen ohnehin zuwanderungswilligen Personen Zutritt gewährt werden solle und welchen nicht.

In der neuen Einwanderungsdiskussion zeigte sich zunächst eine bemerkenswerte Verkehrung der Fronten, die sich auch auf jene zum Regierungsantritt gewählte Form der symbolischen Politik zurückführen läßt: Die Oppositionsparteien CDU/CSU und FDP, Arbeitgebervertreter und schließlich auch die Gewerkschaften verlangten nach unterschiedlich ausgerichteten – im Falle von CDU/CSU z.B. wieder mit der Forderung nach schärferen Restriktionen im Asylbereich bzw. nach der Abschaffung des individuellen Rechtsanspruchs auf Asyl verbundenen – Gesamtkonzepten zur Migrations- bzw. Einwanderungspolitik. Die Partner der ›rot-grünen‹ Koalition, die in ihrer Oppositionszeit jeweils selbst für umfassende Einwanderungsgesetzgebung geworben und auch entsprechende Gesetzentwürfe erarbeitet bzw. eingebracht hatten, schienen von dieser spontan initiierten Debatte vor allem selbst überrascht und wirkten zunächst orientierungslos.

Während ›Bündnis 90/Die Grünen‹ als Regierungspartei vorsichtig die Kontinuität zu ihren früheren Forderungen nach Einwanderungsgesetzgebung und integralen Konzepten der Migrationspolitik wahrte, verweigerte sich die SPD zunächst dieser Diskussion und flüchtete sich statt dessen in die Benotung der Forderung nach Einwanderungsgesetzgebung: Man halte diese Diskussion für verfehlt, ja für gefährlich, im übrigen bedürfe das Ganze sorgfältiger und langfristiger Vorbereitungen im europäischen Kontext und sei deshalb ohnehin nicht innerhalb einer Legislaturperiode zu bewältigen. Auch das stand letztlich in der Tradition von Positionen und Argumenten von

CDU/CSU, die in ihrer Regierungszeit Forderungen nach umfassender und konzeptionell ausgerichteter Einwanderungsgesetzgebung und Einwanderungspolitik zuerst grundsätzlich abgewiesen, dann fortlaufend vertagt und schließlich an die europäische Adresse delegiert hatte. Dazwischen lavierte, in immer neuen Interviews öffentlich nachdenkend, der in der Sache zuständige Bundesinnenminister, der zu Oppositionszeiten selbst ein Einwanderungsgesetz gefordert, namens seiner Partei eingebracht, aber dann als Bundesinnenminister vehement gegen Einwanderungsgesetzgebung oder, wie der bayerische Innenminister Beckstein (CSU), für eine ›Nullquote‹ bzw. für ›Nullmigration‹ votiert hatte.[64] Bundeskanzler Schröder dekretierte noch im Frühjahr 2000 »Kein Einwanderungsgesetz in dieser Legislaturperiode« und gab in der Fraktion zu Protokoll, die Einwanderungsthematik sei »ein Looser-Thema, eine Falle der Union«.[65]

Allgemeinhin war bei diesem mitunter an eine klassische Verwechslungskomödie erinnernden politischen Rollentausch zweifelsohne auch die bekannte Tatsache von Belang, daß es für die Opposition immer leichter ist, Konzepte einzuklagen, als für die Regierung, deren Konzepte alsbald an ihrer praktischen Umsetzung gemessen zu werden pflegen. Eine Rolle spielte dabei zunächst aber auch die Sorge der SPD vor einer Wiederholung des CDU-Erfolgs in Hessen bei der Landtagswahl in Nordrhein-Westfalen im Mai 2000, in deren Vorfeld die CDU unter dem Stichwort ›Kinder statt Inder‹ vergeblich eine Neuauflage der Hessen-Kampagne erprobte, die indes nicht über episodischen Nachvollzug hinauskam. Die CDU war dabei selbst intern gespalten geblieben in der Frage, ob es strategisch vielversprechender sei, für eine konzeptionelle Einwanderungspolitik (›Zuwanderungsbegrenzungspolitik‹) einzutreten und damit die Forderung nach einer Einschränkung des Asylrechts zu verknüpfen oder aber, im Blick auf die Hessen-Erfahrung, auf die Anti-›Green Card‹-Kampagne zur Steigerung ihrer Wahlchancen in Nordrhein-Westfalen zu setzen. Nachdem sich am Wahlergebnis in Nordrhein-Westfalen gezeigt hatte, daß auch ein CDU-Wahlkampf nicht mehr ohne weiteres mit der Mobilisierung von Anti-Einwanderungsaffekten zu betreiben war, wuchs bei der CDU abrupt das Interesse an der Diskussion von Einwanderungskonzeptionen, während die SPD bekennen mußte: »Wir kriegen die Sache nicht mehr weg«.[66]

Abermals hinkte im gesellschaftspolitisch zentralen Problemfeld von Migration und Integration die politische Gestaltung den wirtschaftlichen und gesellschaftlichen Entwicklungen und Erfordernissen hinterher. Viele Politiker zeigten sich von der hohen sozialen Anschlußfähigkeit und Resonanz des ›Green Card‹-Vorschlags zunächst ebenso überrascht wie davon, daß die positive Thematisierung von Einwanderung politisch mittlerweile weit weniger riskant zu sein schien, als dies nach der habitualisierten Annahme zu erwarten war, daß in diesem Zusammenhang die Vermeidung oder rituelle Ablehnung der Einwanderungsthematik für den Erhalt von Regierungsämtern hilfreich sei. Der amtliche Kurswechsel kam im Juni 2000 mit der Ankündigung von Bundesinnenminister Schily, eine überparteiliche »Sachverständigenkommission« zur Diskussion von Migrationsfragen »ohne Tabus« einzuberufen – mit der Aufgabe, bereits bis Mitte 2001 Vorschläge für ein entsprechendes Regelungswerk und gegebenenfalls auch geeignete Institutionen zu erarbeiten.[67]

Die überparteiliche Kommission umfaßt indes nur wenige im engeren Sinne Sachverständige und wurde überdies auf eine Weise implantiert, die den Eindruck nahelegen konnte, man sei bereits mitten im nächsten Bundestagswahlkampf, für den die CDU/CSU das Thema in der Tat ursprünglich hatte aufsparen wollen. Das Beratungsgremium ist mithin keine Sachverständigenkommission. Es ist aber auch keine Vertretung der wichtigsten gesellschaftlichen Gruppen; denn es fehlt eine Vertretung der am meisten betroffenen Gruppe, der zugewanderten Bevölkerung, die einen immer größeren Teil der Gesellschaft Deutschlands stellt: Es gibt z.B. ebensowenig eine Vertretung der Deutsch-Türken als der nach wie vor stärksten zugewanderten Minderheit wie eine Vertretung der Aussiedler, die sich ihrer Einwandererexistenz und der damit verbundenen Probleme immer bewußter werden. Es gibt zwar einen katholischen und einen evangelischen Bischof, auch den Präsidenten des Zentralrates der Juden in Deutschland, aber keinen Vertreter des Islam als der inzwischen drittstärksten Religionsgemeinschaft in Deutschland. Der Zusammensetzung der Kommission nach zu schließen, geht es auch mehr um Migrations- als um Integrationspolitik. Integration aber ist die gesellschaftspolitische Kehrseite der Migration. Es kann nicht nur um Regelsysteme für Migrationssteuerung als Modernisierungsstrategie im wirtschaftlichen Interesse gehen. Zur Debatte steht auch ein hochsensibler Kernbereich der Gesellschafts- und Kulturpolitik. Wer das verkennt, riskiert soziale und kulturelle Konflikte.[68]

Die Kommission ist, hoffentlich, ein Beitrag zur Versachlichung der Debatte. Sie könnte aber auch die dringend notwendige weitere öffentliche und parlamentarische Diskussion lähmen und sich als ein Mittel zur Verdrängung der Debatte in die für die deutsche politische Kultur so prägenden korporatistisch abgeschirmten Bahnen erweisen. Sie wäre dann ein weiterer Beitrag zu dem fortschreitenden, durch die Regierung Kohl initiierten und durch die Regierung Schröder mit ihren außer- bzw. paraparlamentarischen Konsensrunden und Kommissionen noch verstärkten Strukturwandel zur präsidentiellen Kanzlerdemokratie.

Mit der von der ›rot-grünen‹ Bundesregierung einberufenen Zuwanderungskommission unter Leitung von Rita Süssmuth (CDU) wetteiferte bald eine Zuwanderungskommission der CDU unter Leitung des saarländischen Ministerpräsidenten Peter Müller (CDU). Mit der – im Kern an eine Gastarbeiterpolitik für hochqualifizierte Zuwanderer erinnernden und durchaus nicht mit der erst zu erarbeitenden Einwanderungskonzeption zu verwechselnden – ›Green Card‹ der Bundesregierung konkurrierte alsbald eine von der bayerischen Landesregierung initiierte, dann auch von Hessen und Niedersachsen übernommene ›Blue Card‹. Man darf gespannt sein, zu welchen Ergebnissen die neue Konkurrenz um Zuwanderungs- bzw. Einwanderungskonzepte und, hoffentlich auch, Integrationskonzepte führen wird. Offen bleibt insbesondere, ob und inwieweit das Bemühen um umfassende Zuwanderungsregelungen gleichbedeutend sein wird mit weiteren Restriktionen im Asylbereich.[69]

Eine historische Voraussetzung dafür, daß die positive Thematisierung von Einwanderung und die Abwägung ihres Für und Wider sich zu einem normalen Bestandteil politischer Auseinandersetzung entwickeln konnten, war die beschriebene sukzessive Entwertung der symbolischen Politik der ›Nicht-Einwanderung‹. Die Geschichte des Umgangs mit dem Thema Migration auf der öffentlich-politischen Bühne legt es nahe, diese Bühne nun, nachdem das alte Einwanderungsdementi mehr und mehr zur Karikatur geraten ist, für die gemeinsame Erarbeitung neuer Grundlagen der Migrations- und Integrationspolitik und für deren öffentliche Darstellung frei zu machen.

Migrationspolitischer Handlungsspielraum in Deutschland könnte – nicht nur für die Bundesregierung – bei alledem auch dadurch zu gewinnen sein, daß einige der rituellen Dementis und Differenzmarkierungen, der Miserabilismen und der wechselseitigen populistischen Skandalisierungen im Umgang mit der Thematik verzichtbar geworden sind und aufgegeben werden können. Damit wäre der Weg offen zu einer politischen Normalisierung der Problemfelder von Migration und Integration auch im politischen Diskurs, die ihrer allenthalben nachvollziehbaren Erfahrung im gesellschaftlichen Alltag entspricht. Eine solche Normalisierung würde das pragmatisch Erreichte öffentlich bewertbar machen und darauf basierende Anschlußperspektiven eröffnen. Sie würde dem für die weitere Gestaltung von Migration und Integration unabdingbaren Fundamentalkonsens bessere politische Chancen bieten als bisher. Das aber ist unabdingbar für eine als Gesellschaftspolitik verstandene Migrationspolitik, die nicht nur als wirtschaftlichen Erfordernissen entsprechende Modernisierungsstrategie verstanden und gestaltet wird, sondern auch den humanitären Verpflichtungen Rechnung trägt.

Anmerkungen

1   Eine erweiterte Fassung dieses Aufsatzes erscheint unter dem Titel: Immigration and Political Culture in a Non-Immigration Country. The ›German Model‹ Revisited, in: James F. Hollifield/Dietrich Thränhardt (Hg.), Magnet Societies [2001]. Jochen Oltmer danken wir für kritische Anregungen zu diesem Beitrag.

2   Süddeutsche Zeitung (SZ), 16.11.1998; 17.11.1998; Frankfurter Allgemeine Zeitung, 17.11.1998; s. auch den Beitrag von Veronika Vitt und Friedrich Heckmann (Bericht Nov. 1998) in diesem Band; s. dazu die öffentliche Erklärung der sechs Hochschullehrer vom 20.11.1998: »Innenminister Otto Schily droht mit seiner Behauptung, ›die Grenze der Belastbarkeit durch Zuwanderung ist überschritten‹, eine von Horrorszenarien geprägte Diskussion wieder loszutreten, die Anfang der 90er Jahre einer Welle fremdenfeindlicher Gewalt Vorschub geleistet hat. Solche Totschlagsbehauptungen blockieren eine differenzierte Debatte und die politischen Gestaltungsoptionen, die wir von der neuen Bundesregierung erwarten. Statt dessen werden mit derartigen Aussagen auf der falschen Seite gefährliche Emotionen geweckt. Wir warnen vor diesem Weg und seinen unabsehbaren Folgen« (gez. Prof. Dr. Klaus J. Bade, Prof. Dr. Rainer Eisfeld, Prof. Dr. Claus Leggewie, Prof. Dr. Franz Nuscheler, Prof. Dr. Dr. Dieter Oberndörfer, Prof. Dr. Hans-Joachim Wenzel).

3   Vgl. den Artikel von Rolf Stolz, Probleme der Zuwanderung, Zuwanderung als Problem, in: Aus Politik und Zeitgeschichte (PZG), 1998, Nr. 49, S. 15–34 sowie zahlreiche Artikel im Kontext der CDU-Ankündigungen zur Bürgerbefragung über die doppelte Staatsbürgerschaft (›Doppelpaß‹).

4   Klaus J. Bade, Ausländer – Aussiedler – Asyl. Eine Bestandsaufnahme, München 1994, S. 38–51.

5 Allg. hierzu: ders., Vom Auswanderungsland zum Einwanderungsland? Deutschland 1880–1980, Berlin 1983, S. 59–124; ders., Tabu Migration. Belastungen und Herausforderungen, in: ders. (Hg.), Das Manifest der 60: Deutschland und die Einwanderung, München 1994, S. 66–101; ders., Die große Ratlosigkeit: Einwanderungsprobleme ohne Einwanderungspolitik, in: Frankfurter Rundschau (FR), 21.11.1994.

6 Karl-Heinz Meier-Braun, Integration oder Rückkehr? Zur Ausländerpolitik des Bundes und der Länder, insbesondere Baden-Württembergs, Mainz 1988, S. 10–74; Bade, Ausländer – Aussiedler – Asyl, S. 57–60; Dietrich Thränhardt, Zuwanderungspolitik im europäischen Vergleich, in: Steffen Angenendt (Hg.), Migration und Flucht, Bonn 1997, S. 137–153, hier S. 145; Günter Rieger, Einwanderung und Gerechtigkeit. Mitgliedschaftspolitik auf dem Prüfstand amerikanischer Gerechtigkeitstheorien der Gegenwart (Studien zur Sozialwissenschaft, Bd. 133), Opladen 1998, S. 33–49.

7 Hierzu und zum folgenden: Michael Bommes, Von ›Gastarbeitern‹ zu Einwanderern: Arbeitsmigration in Niedersachsen, in: Klaus J. Bade (Hg.), Fremde im Land: Zuwanderung und Eingliederung im Raum Niedersachsen seit dem Zweiten Weltkrieg (IMIS-Schriften, Bd. 3), Osnabrück 1997, S. 249–322, hier S. 267–274; ders./Jost Halfmann, Migration, Nationalstaat, Wohlfahrtsstaat – eine theoretische Herausforderung für die Migrationsforschung, in: dies. (Hg.), Migration in nationalen Wohlfahrtsstaaten. Theoretische und vergleichende Untersuchungen (IMIS-Schriften, Bd. 6), Osnabrück 1998, S. 9–45; Thomas Faist, Immigration, Integration und Wohlfahrtsstaaten. Die Bundesrepublik Deutschland in vergleichender Perspektive, in: ebd., S. 147–170, hier S. 157f.; Eberhard Eichenhofer, Migration und Wohlfahrtsstaat in der Europäischen Union, in: ebd., S. 283–296; Klaus J. Bade, Transnationale Migration, ethnonationale Diskussion und staatliche Migrationspolitik im Deutschland des 19. und 20. Jahrhunderts, in: ders. (Hg.), Migration – Ethnizität – Konflikt: Systemfragen und Fallstudien (IMIS-Schriften, Bd. 1), Osnabrück 1996, S. 403–430, hier S. 419–430.

8 Klaus J. Bade, Migration und sozialer Friede im vereinigten Deutschland, in: Osnabrücker Jahrbuch Frieden und Wissenschaft, Bd. 1, Osnabrück 1994, S. 120–133; Friedrich Heckmann, Is there a Migration Policy in Germany?, in: ders./Wolfgang Bosswick (Hg.), Migration Policies. A Comparative Perspective, Stuttgart 1995, S. 157–172.

9 Zum übergreifenden Vergleich: Klaus J. Bade, Europa in Bewegung. Migration vom späten 18. Jahrhundert bis zur Gegenwart, München 2000, S. 314–377.

10 Für die Schweiz s. etwa: Hans-Joachim Hoffmann-Nowotny, Switzerland: A Non-Immigration Immigration Country, in: Robin Cohen (Hg.), The Cambridge Survey of World Migration, Cambridge 1995, S. 302–307.

11 Auch die CDU verwarf nach langen Programmdiskussionen auf dem Parteitag von 1991 die Formel ›Die Bundesrepublik Deutschland ist kein Einwanderungsland‹ und setzte an die Stelle dessen im sog. Dresdener Manifest die Formel »Deutschland ist ein weltoffenes Land«. Das Manifest artikuliert die Erwartung weiterer Einwanderung, jedoch unter Vermeidung des Terminus ›Einwanderung‹. Hannoversche Allgemeine Zeitung, 6.12.1991, S. 2; Bade, Ausländer – Aussiedler – Asyl, S. 19.

12 James F. Hollifield, Immigrants, Markets, and States. The Political Economy of Post-War Europe, Cambridge, MA 1992, S. 214–232.

13 Zum deutsch-amerikanischen Vergleich: Migration and Refugees. Politics and Policies in the United States and Germany, 5 Bde., Oxford/Providence, RI 1997/98, Bd. 1: Klaus J. Bade/Myron Weiner (Hg.), Migration Past, Migration Future. Germany and the United States, Oxford/Providence, RI 1997.

14 Lutz Hoffmann, Die unvollendete Republik. Zwischen Einwanderungsland und deutschem Nationalstaat, Köln 1990; Dieter Oberndörfer, Die offene Republik. Zur Zukunft Deutschlands und Europas, Freiburg i.Br. 1991; ders., Der Wahn des Nationalen. Die Alternative der offenen Republik, Freiburg i.Br. 1993; Bade, Vom Auswanderungsland zum Einwanderungsland?, S. 116–124; ders., Politik in der Einwanderungssituation: Migration – Integration – Minderheiten, in: ders. (Hg.), Deutsche im Ausland – Ausländer in Deutschland. Migration in Geschichte und Gegenwart, München 1992, S. 442–455; ders., Ausländer – Aussiedler – Asyl, S. 53–90, 207–239; ders., Tabu Migration; Claus Leggewie, Das Ende der Lebenslügen: Plädoyer für eine neue Einwanderungspolitik, in: Bade (Hg.), Manifest der 60, S. 213–225.

15 Auf den Internet-Seiten des Bundeskanzleramts wurde der Text der Rede des Bundeskanzlers erst Tage später um einen Nachtrag zur Anwerbung von IT-Spezialisten ergänzt. Diesen Hinweis verdanken wir Jan Motte.

16 Knuth Dohse, Ausländische Arbeiter und bürgerlicher Staat. Genese und Funktion von staatlicher Ausländerpolitik und Ausländerrecht. Vom Kaiserreich bis zur Bundesrepublik Deutschland, Königstein i.Ts. 1981, S. 135–306; Ulrich Herbert, Geschichte der Ausländerbeschäftigung in Deutschland 1880–1980. Saisonarbeiter – Zwangsarbeiter – Gastarbeiter, Berlin 1986, S. 179–236; Johannes-Dieter Steinert, Migration und Politik. Westdeutschland – Europa – Übersee, Osnabrück 1995, S. 209–238, 277–310.

17 Es kamen von Beginn an nicht nur Arbeitsmigranten, sondern in beträchtlicher Zahl auch Arbeitsmigrantinnen, die zum Teil ihrerseits Familien nachzogen; hierzu jetzt auch: Sechster Familienbericht: Familien ausländischer Herkunft in Deutschland. Bericht der Sachverständigenkommission der Bundesregierung (Klaus J. Bade/Maria Dietzel-Papakyriakou/ Hans-Joachim Hoffmann-Nowotny/Bernhard Nauck/Rosemarie von Schweitzer), Bonn 2000. Mit dem Begriff ›Migranten‹ sind, wo es auf den Unterschied nicht ankommt, hier stets beide Geschlechter gemeint. Das gleiche gilt für einzelne Zuwanderergruppen (z.B. Arbeitswanderer, Aussiedler, Asylbewerber).

18 Zwischen 1974 und 1977 waren von etwa 765.000 Entlassungen im verarbeitenden Gewerbe 315.000 Ausländer betroffen: Während ihr Anteil an den Beschäftigten 1974 nur 15,8% betragen hatte, waren sie am Abbau der Beschäftigung im gesamten Zeitraum mit 47,4% beteiligt (Bommes, Von ›Gastarbeitern‹ zu Einwanderern). Im übrigen stieg die Zahl der ausländischen Beschäftigten seit 1978 wieder an und erreichte 1980 erneut eine Höhe von mehr als 2 Millionen, während die Ausländerbevölkerung insgesamt 1978 bereits wieder das Niveau von 1973 erreichte und fortan durch natürliche Vermehrung und Familiennachzug weiter wuchs.

19 Bundesanstalt für Arbeit, Überlegungen II zu einer vorausschauenden Arbeitsmarktpolitik, Nürnberg 1978, S. 35.

20 Allg. hierzu: Bade (Hg.), Deutsche im Ausland – Fremde in Deutschland; ders., Homo migrans. Wanderungen aus und nach Deutschland – Erfahrungen und Fragen, Essen 1994.

21 Rogers Brubaker, Staats-Bürger. Frankreich und Deutschland im historischen Vergleich, Hamburg 1994 (engl. Originalausg.: Citizenship and Nationhood in France and Germany, Cambridge, MA 1992); Stephen Castles, Migration und Rassismus in Westeuropa, Berlin 1987; ders./Mark J. Miller, The Age of Migration. International Population Movements in the Modern World, 2. Aufl. London 1998; vgl. dazu: Andreas K. Fahrmeir, Nineteenth-Century German Citizenship: A Reconsideration, in: Historical Journal, 40. 1997, S. 721–752; Klaus J. Bade, Immigration, Naturalization and Ethno-National Traditions in Germany from the Citizenship Law of 1913 to the Law of 1999, in: Larry E. Jones (Hg.), Crossing Boundaries. German and American Experiences with the Exclusion and Inclusion of Minorities, Oxford [2001].

22 Vgl. z.B. Lutz Hoffmann, Das deutsche Volk und seine Feinde. Die völkische Droge, Köln 1994; zuletzt: Dietrich Thränhardt, Is Germany an Ethnic State?, Arbeitspapier für die zweite Forschungskonferenz ›Magnet Societies‹ unter Leitung von James F. Hollifield und Dietrich Thränhardt in Loccum, 14.–18.6.2000.

23 Hier ist ein Blick auf die Niederlande instruktiv, die im Unterschied zur Bundesrepublik Ende der 1970er Jahre die entstandene Einwanderungssituation anerkannten und politisch-programmatisch auf ihre ›Minderheitenpolitik‹ setzten. Dieses Lösungsmuster bot sich aufgrund der Rolle der ›minderheden‹ in der niederländischen Staatsbildungsgeschichte zwar an; seine Übertragung auf die Einwanderungssituation führte aber ihrerseits zu spezifischen Folgeproblemen, z.B. zu stärkerem Ausschluß zugewanderter Minderheiten am Arbeitsmarkt, so daß deren Arbeitslosenraten trotz deutlich stärkerem Wirtschaftswachstums heute höher liegen als in der nach wie vor durch Massenarbeitslosigkeit geprägten Bundesrepublik Deutschland; dazu Han Entzinger, Zu einem Modell der Inkorporation von Einwanderern: das Beispiel der Niederlande, in: Bommes/Halfmann (Hg.), Migration in nationalen Wohlfahrtsstaaten, S. 105–122.

24 Hierzu s. etwa den in Anm. 19 zitierten Text der Bundesanstalt für Arbeit.

25 Allg. hierzu: Günter Renner, Einreise und Aufenthalt von Ausländern nach dem in Deutschland geltenden Recht, Diss. Regensburg 1996; Bommes, Von ›Gastarbeitern‹ zu Einwanderern.

26 Einerseits ergibt sich aus der Zahlung von Sozialversicherungsbeiträgen laut Bundessozialgericht eine Verpflichtung für die Arbeitsverwaltung, ihre Vermittlungsleistungen auch für Ausländer bereitzustellen (Bommes, Von ›Gastarbeitern‹ zu Einwanderern, S. 271). Andererseits wird aus der rechtmäßigen Dauerhaftigkeit eines Aufenthalts regelmäßig auf die Verlagerung des Lebensmittelpunktes in das Zuwanderungsland geschlossen. Daraus resultierende rechtliche Verfestigungen des Aufenthalts begründen eine umfassendere Fürsorgepflicht des Staates auch für diese Gruppen; s. Kay Hailbronner, Der Ausländer in der deutschen Sozialordnung, in: Vierteljahresschrift für Sozialarbeit, 2. 1992, S. 77–98; Günter Renner, Aufenthaltsrechtliche Grundlagen für Arbeitserlaubnis und Sozialleistungen, in: Zeitschrift für Ausländerrecht und Ausländerpolitik (ZAR), 15. 1995, H. 1, S. 13–22.

27 Bundesanstalt für Arbeit, Überlegungen II zu einer vorausschauenden Arbeitsmarktpolitik, S. 252.

28 Bade, Ausländer – Aussiedler – Asyl, S. 58–60; Sechster Familienbericht, S. 51.

29 Hierzu s. das Journal G, wo zahlreiche Stellungnahmen der Wohlfahrtsverbände u.a. zu den Thesen der Bundesregierung zur Ausländerpolitik und zur Arbeit der Bund-Länder-Kom-

mission dokumentiert sind; Überblick: Martin Frey, Ausländerpolitik in der Bundesrepublik Deutschland. Ausländerpolitische Positionen staatlicher Stellen und gesellschaftlicher Kräfte, in: ders./Ulf Müller (Hg.), Ausländer bei uns – Fremde oder Mitbürger?, Bonn 1982, S. 87–160.

30 Karlfriedrich Eckstein,»Es sind einfach zu viele...« Bemerkungen zur Ausländerpolitik in der Bundesrepublik Deutschland, in: PZG, 1982, Nr. 25, S. 17–26, hier S. 21. Vorschläge der Bund-Länder-Kommission und Kommentare dazu in: Journal G, Nr. 9/10 (Mai 1977), S. 23–40; s. auch Bertold Huber, Zur neuen Konzeption des Ausländer- und Arbeitserlaubnisrechts, in: Zeitschrift für Rechtspolitik, 10. 1977, H. 5, S. 112–114.

31 Nicht selten ›aktualisierten‹ Redaktionen dabei indes auch von sich aus Pressebeiträge von Wissenschaftlern durch das Hinzufügen einschlägiger Schlagzeilen (›Ist die Bundesrepublik ein Einwanderungsland?‹ o.ä.), obgleich der damit aufgeprägte Leitaspekt in den entsprechenden Artikeln mitunter durchaus im Hintergrund stand.

32 Jürgen Puskeppeleit/Dietrich Thränhardt, Vom betreuten Ausländer zum gleichberechtigten Bürger, Freiburg i.Br. 1990.

33 Die neue christlich-liberale Bundesregierung nahm z.b. 1983 die Ausländerintegration bzw. die Ausländerpolitik als eines der drei Leitthemen in ihre Koalitionsvereinbarung auf – ohne doch die entsprechende Politik und deren Darstellung darauf umzustellen.

34 Z.B. Dietrich Thränhardt, Die Bundesrepublik Deutschland – ein unerklärtes Einwanderungsland, in: PZG, 1988, Nr. 24, S. 3–13.

35 Michael Bommes, Migration und Ethnisierung in kommunalen Einrichtungen, in: Wilhelm Heitmeyer u.a. (Hg.), Krise der Städte, Frankfurt a.M. 1998, S. 349–376.

36 Bade, Ausländer – Aussiedler – Asyl, S. 61f.

37 Michael Bommes, Migration und Ethnizität im nationalen Sozialstaat, in: Zeitschrift für Soziologie, 23. 1994, S. 364–377.

38 Eine Reihe engagierter Kritiker, die diesen Prozeß in kritischer Kommentierung begleiteten, wurden von der hektischen Produktivität im BMI schließlich so überrundet, daß zu öffentlichen Stellungnahmen keine Zeit mehr blieb: In der Schlußphase der Gesetzesvorbereitung wurde der Entwurf zum Teil sogar an öffentliche Kritiker mit der Bitte um Stellungnahmen, die bei der Überarbeitung einbezogen werden sollten, versandt. Dabei waren die Rückgabefristen schließlich so knapp, daß sie nur mehr für hauptamtlich damit Beschäftigte einhaltbar waren (Bade, Ausländer – Aussiedler – Asyl, S. 63–66).

39 Hierzu s. auch Anmerkung 11.

40 Dieter Oberndörfer, Was ist ein integrierter Deutscher?, in: Zeitschrift für Kulturaustausch, 49. 1999, H. 3, S. 46–49.

41 Allg. hierzu: Klaus J. Bade/S. Ilan Troen (Hg.), Zuwanderung und Eingliederung von Deutschen und Juden aus der früheren Sowjetunion in Deutschland und Israel, Bonn 1993; Bade, Ausländer – Aussiedler – Asyl, S. 147–174; ders./Jochen Oltmer (Hg.) Aussiedler: deutsche Einwanderer aus Osteuropa (IMIS-Schriften, Bd. 8), Osnabrück 1999; Barbara Dietz, Zwischen Anpassung und Autonomie. Rußlanddeutsche in der vormaligen Sowjetunion und in der Bundesrepublik Deutschland, Berlin 1995; Leonie Herwartz-Emden/Manuela Westphal, Die fremden Deutschen: Einwanderung und Eingliederung von Aussiedlern in Niedersachsen, in: Bade (Hg.), Fremde im Land, S. 167–212; Leonie Herwartz-Emden (Hg.), Einwan-

dererfamilien: Geschlechterverhältnisse, Erziehung und Akkulturation (IMIS-Schriften, Bd. 9), Osnabrück 2000.

42 Im Gegensatz zur Kontingentierung von Aufnahmebescheiden war bald, ohne nähere rechtliche Begründung, im amtlichen Sprachgebrauch von einer direkten ›Quotierung‹ der Aussiedlerzuwanderung selbst die Rede: So wurde ab 1.1.2000 die »Jahresquote« für die Aufnahme von Aussiedlern auf die Aufnahmezahl von 1998, d.h. auf 103.080, festgelegt und dann auf 100.000 abgerundet; s. Kay Hailbronner/Günter Renner, Staatsangehörigkeitsrecht, 3. Aufl. München 2000, Art. 116 GG, S. 228f.; BMI-Pressemitteilung, 5.7.2000: Aussiedlerbeauftragter warnt vor neuer Diskussion über die Spätaussiedlerquoten.

43 Jürgen Haberland, Eingliederung von Aussiedlern, Leverkusen 1994. Die Familienmitglieder von Spätaussiedlern sind, sofern sie nicht selbst Spätaussiedler sind, von diesem Status ausgeschlossen. Eine beträchtliche Zahl von ihnen wandert daher mittlerweile als Ausländer ein. Man muß diese Änderungen als Teil der Neuanpassung des Zugangs zur deutschen Staatsangehörigkeit im Verlauf der 1990er Jahre auffassen, die, entgegen der Selbstinszenierung der ›rot-grünen‹ Bundesregierung, nicht das Resultat der Reformorientierung dieser Regierung ist. Die 1990, 1993 und 1999 installierten Ergänzungen zum Ausländer- und Staatsangehörigkeitsgesetz eröffnen ausländischen Arbeitsmigranten und ihren Kindern den Zugang zur deutschen Staatsangehörigkeit. Im Zusammenhang damit bedeuten die Einschränkungen des Rechtsstatus von Aussiedlern im Grunde eine Stärkung des Territorialitätsgesichtspunktes als Kriterium für den Zugang zur Staatsangehörigkeit und eine Relativierung der Ius-sanguinis-Tradition.

44 Als Indiz dafür kann gelten, daß es erst seitdem überhaupt eine öffentlich registrierte und viel diskutierte zweite Generation der Aussiedler als Zielgruppe politischer Maßnahmen und wissenschaftlicher Forschung gibt (z.B. Georg Auernheimer, Einführung in die interkulturelle Erziehung, Darmstadt 1995; Barbara Dietz, Jugendliche Aussiedler. Ausreise, Aufnahme, Integration, Berlin 1997; dies./Heike Roll, Jugendliche Aussiedler – Porträt einer Zuwanderergeneration, Frankfurt a.M./New York 1998). Die zweite Generation war auch im Kontext des Familiennachzugs der Arbeitsmigranten Hauptadressat politischer und wissenschaftlicher Befürchtungen im Blick auf soziale Folgeprobleme dieses Migrations- und Integrationsprozesses.

45 Diese Einschränkungen beinhalteten den Ausschluß der neu eingereisten Aussiedler von den Lohnersatzleistungen der Bundesanstalt für Arbeit, eingeschränkte Vermittlungsleistungen der Arbeitsverwaltung sowie die Einstellung einer Reihe kompensatorischer Sozialprogramme; s. Michael Bommes, Migration, Nationalstaat und Wohlfahrtsstaat – kommunale Probleme in föderalen Systemen, in: Bade (Hg.), Migration – Ethnizität – Konflikt, S. 213–248.

46 Ebd.

47 Ebd.

48 Z.B. Klaus J. Bade, Aussiedler und Einwanderungspolitik, in: SZ, 29.2.1996.

49 Michael Bommes, Migration und Lebenslauf. Aussiedler im nationalen Wohlfahrtsstaat, in: Sozialwissenschaften und Berufspraxis, 23. 2000, H. 1, S. 9–28.

50 Bernhard Santel, Migration in und nach Europa. Erfahrungen, Strukturen, Politik, Opladen 1995; Christian Joppke, Why Liberal States Accept Unwanted Immigration, in: World Politics, 50. 1998, S. 266–293.

51 Helmut Willems u.a., Fremdenfeindliche Gewalt. Einstellungen, Täter, Konflikteskalation, Opladen 1993.

52 Allg. hierzu: Bade, Ausländer – Aussiedler – Asyl, S. 175–206.

53 Roland Bank, Europeanisation of the Reception of Asylum Seekers: The Opposite of Welfare State Politics, in: Michael Bommes/Andrew Geddes (Hg.), Welfare and Immigration: Challenging the Borders of the Welfare State, London [2000].

54 Diese Schließungsversuche Deutschlands sind gemeinsam mit denjenigen anderer europäischer Staaten die Voraussetzung für die Entstehung weltweit vernetzter und hochprofitabler Schlepperorganisationen; Bade, Europa in Bewegung, S. 378–409; ders., Pfade in die Festung, in: SZ, 13./14.5.2000 (Feuilleton-Beilage).

55 Zuletzt hierzu: Barbara Dietz, Jugendliche Aussiedler in Deutschland. Risiken und Chancen der Integration, in: Bade/Oltmer (Hg.), Aussiedler, S. 153–176; Joachim Walter/Günter Grübl, Junge Aussiedler im Strafvollzug, in: ebd., S. 177–189; Roland Eckert u.a., Bilder und Begegnungen: Konflikte zwischen einheimischen und Aussiedlerjugendlichen, in: ebd., S. 191–205; Herwartz-Emden (Hg.), Einwandererfamilien.

56 Klaus J. Bade, Homo migrans – Deutschland und die Einwanderer, in: 25 Jahre Universität Osnabrück, Osnabrück 1999, S. 56–69, hier S. 66–68.

57 Uli Bielefeld, Inländische Ausländer. Zum gesellschaftlichen Bewußtsein türkischer Jugendlicher in der Bundesrepublik, Frankfurt a.M. 1988; Michael Bommes, Migration und Sprachverhalten. Eine ethnographisch-sprachwissenschaftliche Fallstudie, Wiesbaden 1993; David Horrocks/Eva Kolinsky (Hg.), Turkish Culture in German Society Today, Providence, RI 1996; Thomas Faist, Developing Transnational Social Spaces: The Turkish-German Example, in: Ludger Pries (Hg.), Migration and Transnational Social Spaces, Aldershot 1999, S. 36–72; Valerie Amiraux, Unexpected Biographies: Destructing the Welfare State, in: Bommes/Geddes (Hg.), Welfare and Immigration.

58 Klaus J. Bade, Die Einwanderungssituation: Erfahrungen – Probleme – Perspektiven, in: Bericht ’99. Bestandsaufnahme und Perspektiven für die neunziger Jahre, hg. v.d. Beauftragten der Bundesregierung für die Integration der ausländischen Arbeitnehmer und ihrer Familienangehörigen, 2. Aufl. Bonn 1990, S. 307–316; ders., Migrationsforschung und Gesellschaftspolitik im ›doppelten Dialog‹, in: Rainer Künzel u.a. (Hg.), Profile der Wissenschaft. 25 Jahre Universität Osnabrück, Osnabrück 1999, S. 107–121, hier S. 109–111; s. auch Anm. 5.

59 Günter Renner, Was ist neu am Staatsangehörigkeitsgesetz?, in: ZAR, 19. 1999, H. 4, S. 154–163.

60 Dazu s. neben dem Manifest der 60 (1994) den Aufruf der Deutschen Nationalstiftung in Weimar (FR, 21.11.1994) und die Empfehlungen des Rates für Migration, in: FR, 16.10.1998 sowie ferner: Dieter Oberndörfer, Zur Ausländerpolitik in der Bundesrepublik Deutschland. Ein Kommentar, in: Rat für Migration (Hg.), Migrationspolitik in Deutschland. Eine Zwischenbilanz, Osnabrück 1999, S. 17–24; allg. hierzu schon 1983/84: Bade, Vom Auswanderungsland zum Einwanderungsland?, S. 116–124; ders., Vom Export der Sozialen Fragen zur importierten Sozialen Frage, in: ders. (Hg.), Auswanderer – Wanderarbeiter – Gastarbeiter, Ostfildern 1984, S. 9–71, hier S. 48–54.

61 Bundesinnenminister Schily flankierte die ›Überlastungs‹-These mit in Vorträgen, Interviews und Talkshows variierten ironisch-sarkastischen Anekdoten nach dem Muster: Es ge-

be Wissenschaftler und Publizisten, die der Auffassung seien, daß Deutschland Einwanderungsgesetzgebung und langfristig jährlich ca. 300.000 Einwanderer brauche. Wenn man ihm auch das Bundesland nenne, das bereit sei, diese Einwanderer aufzunehmen, dann sei auch er für ein Einwanderungsgesetz. Andernfalls wäre dabei die Quote, wegen der ohnehin schon eingetretenen Überlastung, auf Null zu setzen.

62 Leggewie, Lebenslügen.

63 Heike Hagedorn, Wer darf Mitglied werden? Einbürgerungen in Deutschland und Frankreich, in: Dietrich Thränhardt (Hg.), Einwanderung und Einbürgerung in Deutschland (Jahrbuch Migration 1997/98), Münster 1998, S. 15–63.

64 Florian Schneider, Schlechte Karten. Einwanderung ist mehr als das Inderspiel der deutschen Politik, in: SZ, 26.7.2000; s. auch Anm. 61.

65 Der Spiegel, 12.6.2000, S. 22 (Zitate); ebd., 20.3.2000, S. 25–27.

66 Ebd., 12.6.2000, S. 22.

67 Interview mit Innenminister Otto Schily: »Diskussion ohne Tabus«, in: ebd., 12.6.2000, S. 25–28.

68 Hierzu zuletzt die mahnende ›Berliner Rede‹ des Bundespräsidenten im Haus der Kulturen der Welt am 12.5.2000: Johannes Rau, Ohne Angst und ohne Träumereien: Gemeinsam in Deutschland leben, Berlin 2000.

69 Hierzu s. Klaus J. Bade, Verordnete Einwanderung ist kein Allheilmittel, in: FR, 12.1.2000; ders., Sechs Voraussetzungen für eine erfolgreiche deutsche Einwanderungspolitik, in: Die Welt, 3.7.2000.

Schlußwort: Zuwanderungsdebatte in Deutschland – Rückkehr zum Gastarbeitermodell oder Aufbruch in eine neue Gesellschaft?

Dieter Oberndörfer

Bevölkerungsentwicklung und Zuwanderung

Die deutsche Bevölkerung schrumpft und altert. Dieser aus der amtlichen Statistik und den Analysen der Bevölkerungswissenschaft schon seit langem erkennbare Entwicklungstrend fand erst durch die Rentendebatte und durch die Diskussion um die im Frühjahr 2000 veröffentlichten Modellrechnungen der Vereinten Nationen auch in einer breiteren Öffentlichkeit Beachtung.

Die Prognosen sprechen eine deutliche Sprache: Als Folge niedriger Geburtenraten nahm die einheimische deutsche Bevölkerung schon seit 1970 um ca. 4 Millionen ab.[1] Daß in der Republik heute dennoch über 82 Millionen Einwohner leben, hat seine Ursache allein in der Zuwanderung von Aussiedlern und Ausländern. Ohne weitere substantielle Zuwanderung und bei Konstanz der derzeitigen Geburtenhäufigkeit würde sich die Bevölkerung Deutschlands bis 2050 um ca. 17 Millionen und bis zum Ende des 21. Jahrhunderts auf 30 Millionen verringern. Sie bestünde 2035 zu fast 40% aus Menschen über 60 Jahren. Mehr als die Hälfte der Bevölkerung wäre dann über 50 Jahre alt.[2]

In diesem Szenario lassen sich epochale wirtschaftliche und soziale Folgeprobleme schon jetzt in groben Umrissen zeichnen. Dazu gehören insbesondere die Schrumpfung des Binnenmarktes sowie die verringerte Rentabilität öffentlicher und privater Investitionen als Folge überflüssig gewordener Infrastrukturen und Immobilien. Letztere sind für viele die wichtigste Grundlage ihrer Alterssicherung. In der alternden Gesellschaft, in der immer weniger jüngere Menschen für immer mehr Ältere arbeiten müssen, wird ferner die Generationensolidarität schweren Belastungen ausgesetzt sein. Im ursprünglich auf eine wachsende Bevölkerung zugeschnittenen deutschen

Rentensystem gibt es für die Minderung des künftigen Generationenkonfliktes dabei wohl keine Alternative zur sukzessiven Absenkung des Niveaus der gesetzlich garantierten, umlagefinanzierten Renten bei gleichzeitiger Anhebung des Renteneintrittsalters. Mit der Alterung der Gesellschaft und der Verringerung des Umfangs der nachwachsenden Generationen ist ferner eine Abnahme des Innovationspotentials verbunden. Hieraus ergibt sich der negativste Aspekt der Bevölkerungsentwicklung: die nachlassende Dynamik unserer Gesellschaft.

Gegenüber ökologisch begründeten Forderungen nach Verringerung des Bevölkerungswachstums ist zu unterstreichen, daß die zentralen Probleme einer Gesellschaft mit hohen Geburtendefiziten nicht die Verringerung der Bevölkerungszahl, sondern die künftige Altersstruktur und das soziale Profil der Bevölkerung sind.

Durch Zuwanderung kann die Schrumpfung und Alterung unserer Gesellschaft nicht verhindert, sondern nur auf Zeit abgefedert werden; denn auch Einwanderer altern und ihr Reproduktionsverhalten gleicht sich relativ schnell dem der Einheimischen an.[3] Für Deutschland wurde in diesem Zusammenhang eine jährliche Nettozuwanderung (Zuwanderung nach Abzug der Abwanderung) von jährlich 150.000–300.0000 Personen[4] genannt. Durch eine jährliche Nettozuwanderung von solcher Größe würde bis 2035 und 2050[5] zumindest Zeit für eine Anpassung der Sozial- und Wirtschaftspolitik an den insgesamt unvermeidlichen Bevölkerungsrückgang gewonnen. Der Anteil der Ausländer an der Gesamtbevölkerung läge dabei im Jahr 2035 mit 13 bis maximal 21% nur leicht über dem derzeitigen Ausländeranteil in der Schweiz.[6] Zu einem so hohen Ausländeranteil käme es jedoch nur bei einem Versagen der Einbürgerungs- und Integrationspolitik. Nach den Modellrechnungen der UNO-Studie über mögliche demographische Entwicklungen in Europa würde bei einer jährlichen Nettozuwanderung von 500.000 Menschen bis 2050 der Ausländeranteil auf über 50% ansteigen. Diese von den Medien weit verbreitete Prognose hat wie wenig anderes in neuerer Zeit die Ressentiments gegen Zuwanderung verstärkt. Ein solches Volumen der Zuwanderung würde in der Tat unsere Gesellschaft, deren politische Kultur weithin noch immer von der fiktiven Norm einer ›homogenen‹ Abstammung und Kultur der Deutschen geprägt ist, überfordern. Ein möglichst weitgehender – vollends ohnehin nicht realisierbarer – Verzicht auf Zuwanderung aber wäre gegenüber den künftigen Generationen politisch verantwortungslos.

Die Zuwanderung muß möglichst langfristig und sozialverträglich gestaltet werden. Durch die Orientierung an den Bedürfnissen von Arbeitsmarkt, Sozial- und Altersstruktur würden die Chancen ihrer gesellschaftlichen Akzeptanz verbessert werden. Für die politische Gestaltung einer solchen selektiven Einwanderungspolitik fehlt in Deutschland immer noch ein Gesamtkonzept, das nach transparenten Regeln Anforderungsprofile für Einwanderer entwickelt, ihnen eine kalkulierbare Lebensperspektive gibt und ihre politische und soziale Integration erleichtert. Alter, Bildung oder Qualifizierungswille, aber auch familiäre Bindungen, die die Integration erleichtern, müßten als Auswahlkriterien gewichtet werden.[7] Damit lassen sich komplementäre Arbeitsmarktwirkungen induzieren und konkurrierende berücksichtigen. Eine derartige ›Bestenauslese‹ – eventuell auf der Grundlage eines Einwanderungsgesetzes – würde weniger Widerstand wecken als ein Zustrom vorwiegend ungelernter und später möglicherweise zu Arbeitslosigkeit verurteilter Einwanderer. Dadurch würde auch die Akzeptanzbereitschaft gegenüber Flüchtlingen und Asylsuchenden erweitert werden, auf deren Aufnahme aus moralischen und rechtlichen Gründen nicht verzichtet werden darf.[8]

Die zeitliche Verzögerung von Alterungsprozeß und Bevölkerungsschwund durch Zuwanderung und die damit verbesserten Chancen ihrer sozialverträglichen Abfederung sollten mit einer in Deutschland bislang fehlenden und im öffentlichen Diskurs zu wenig erörterten aktiven Familienpolitik kombiniert werden. Sie müßte auf wichtige Bestimmungsfaktoren des Geburtendefizits zielen: die langen Aus- und Fortbildungszeiten und die schwierige Vereinbarkeit von Beruf und Mutterschaft, ein Faktor der in Deutschland mit der wachsenden Zahl von Frauen, die ihr Recht auf berufliche Selbsterfüllung wahrnehmen wollen, noch stärkere Bedeutung als bisher gewinnen wird. Analoge Probleme haben Väter, die sich intensiver um ihre Kinder kümmern wollen. Wegen der immer noch zu geringen Zahl ganztägiger Betreuungsinstitutionen und der hohen finanziellen Kosten für die Nutzung vorhandener Einrichtungen bedeutet eine verantwortungsvolle Mutterschaft heute für viele Frauen die Aufgabe ihres Berufs oder den Verzicht auf weiteren beruflichen Erfolg. Entscheidend wichtig wäre daher vor allem der Aufbau eines umfassenden und unentgeltlichen Betreuungssystems für die Kinder berufstätiger Mütter oder Väter, also ganztägige Vorkindergärten, ganztägige Kindergärten und Ganztagsschulen. Auch die Erleichterung partnerschaftlicher Teilzeitbeschäftigungen wäre ein wichtiger Beitrag zur Familienpolitik. Erfahrungen in anderen Ländern wie etwa in Frankreich, in Schweden und in der früheren DDR zeigen mögliche Erfolge staatlicher Förderungsmaßnahmen trotz im Vergleich zu Deutschland erheblich höher liegender weiblicher Erwerbstätigkeit.

Auch mit solchen und anderen Maßnahmen kann die für den Bestand einer Industriegesellschaft mit niedriger Säuglings- und Kindersterblichkeit erforderliche Zahl von 2,1 Kindern pro Frau nach Meinung der Experten zwar nicht wieder erreicht werden. Es ergäben sich jedoch schon gewichtige soziale und wirtschaftliche Entlastungseffekte, wenn die Geburtenrate der alten Bundesländer von derzeit 1,34 (1998) auf das Niveau von ca. 1,7, wie derzeit in Frankreich[9] und den nordischen Staaten, angehoben werden könnte.[10]

Die Entscheidung über eine erfolgreiche Bewältigung möglicher sozialer Konflikte, die mit Zuwanderung verbunden sein können, fällt in der Wirtschaft und auf dem Arbeitsmarkt. Gelingt es nicht, ausreichend Arbeitsplätze zu schaffen, erzeugt Zuwanderung sozialen und politischen Sprengstoff. Die Geschichte aller Einwanderungsländer lehrt, daß sich in Zeiten der Verknappung von Arbeit immer wieder Fremdenfeindlichkeit ausgebreitet hat und die Zuwanderung dann häufig eingeschränkt wurde. Auch in Deutschland wird die Akzeptanz von Zuwanderung derzeit durch noch immer hohe Arbeitslosenziffern gebremst.

Daß hohe Arbeitslosigkeit kein unvermeidliches Fatum industrieller Gesellschaften ist, wird durch das robuste, seit über acht Jahren anhaltende Wachstum von Wirtschaft und Arbeitsmarkt in den USA veranschaulicht. Bei hohen Zuwanderungsraten hat sich die hier erreichte Vollbeschäftigung mit einer Arbeitslosenquote von unter 4% verfestigt; und zwar keineswegs nur durch Expansion des Billiglohnsektors, sondern auch in vielen hochqualifizierten Segmenten. Weitere Beispiele für beschäftigungspolitische Erfolge moderner Volkswirtschaften mit hohen Zuwanderungsraten sind die Niederlande mit einer Arbeitslosenquote von ebenfalls nur 4,5%, wobei die Arbeitslosigkeit bei zugewanderten Minderheiten allerdings deutlich höher liegt. Noch eindrucksvoller sind die Erfolge des Einwanderungslandes Israel. Hier gelang es zwischen 1990 und 1999, bei stürmischem Wachstum des Bruttosozialprodukts, über 800.000 Einwanderer aus der ehemaligen Sowjetunion in eine Bevölkerung von nur ca. 5 Millionen zu integrieren. Das Einwanderungsland Israel rangiert, gemessen am Bruttosozialprodukt pro Kopf, auf einem Niveau, das dem oberen Drittel der EU-15 entspricht.

Auch der Auf- und Ausbau der Wirtschaft der anfangs relativ armen Bundesrepublik wurde in der Nachkriegszeit ermöglicht durch die Aufnahme von 8 Millionen Vertriebenen, 4 Millionen DDR-Flüchtlingen und nach dem Mauerbau auch durch Millionen von ›Gastarbeitern‹. In der heutigen Misere am deutschen Arbeitsmarkt äußern sich neben den besonderen Belastungen durch die deutsche Vereinigung schwere Versäumnisse der Wirtschafts-, Sozial-, Finanz- und Bildungspolitik. Sie unverzagt und energisch zu beheben, ist die große Herausforderung für die Politiker und die Bürger unseres Gemeinwesens am Beginn des 21. Jahrhunderts.

Einer müden Rentnergesellschaft, in der die Arbeit durch immer großzügigere Vorruhestandsregelungen und Arbeitszeitverkürzungen nur noch aufgeteilt bzw. umverteilt wird, kann die Bewältigung solcher Herausforderung nicht gelingen. Gefordert sind gesellschaftliche Dynamik, Innovationen, längere Lebensarbeitszeiten und vor allem Veränderungen der wirtschaftlichen Rahmenbedingungen. Dynamik ist das charakteristische Merkmal von Gesellschaften mit starker Einwanderung. Trotz ihrer möglichen kulturellen, sozialen und politischen Konflikte bringt die von ihr bewirkte Dynamisierung von Gesellschaft und Wirtschaft bessere Ergebnisse als eine Entwicklung im Zeichen von Schrumpfung und Vergreisung.

Rückkehr zum Gastarbeitermodell?

Deutschlands ›rot-grüne‹ Bundesregierung hat bisher nicht erkennen lassen, ob sie die wünschenswerte Zuwanderung mit Hilfe einer umfassenden Einwanderungsgesetzgebung tatkräftig und nachhaltig politisch gestalten will.[11]

Noch 1997 hatte der heutige Bundesinnenminister Otto Schily (SPD) als Oppositionspolitiker mit der damaligen Ausländerbeauftragten Cornelia Schmalz-Jacobsen (FDP) ein Einwanderungsgesetz gefordert und dabei die positiven Wirkungen weiterer Einwanderung in demographischer, ökonomischer und kultureller Hinsicht unterstrichen. Demgegenüber verkündete Schily im Oktober 1998 als neuer Bundesinnenminister, ein Einwanderungsgesetz mache keinen Sinn. Die »Grenze der Belastbarkeit« Deutschlands durch Zuwanderung sei bereits überschritten. Allein im Jahre 1997 seien fast

750.000 Ausländer und Aussiedler nach Deutschland gekommen. Deutschland habe weit mehr Zuwanderer aufgenommen als selbst ›klassische‹ Einwanderungsländer wie die USA. Die Zuwanderung müsse daher künftig auf Null gesetzt werden. Der Minister überging bei diesen Thesen die große Zahl der Abwanderungen aus Deutschland.[12] Der Wanderungssaldo von Ausländern (Wanderungsergebnis nach Abzug der Abwanderungen) war schon seit 1995 stark rückläufig. In den Jahren 1997 und 1998 waren sogar mehr Ausländer ab- als zugewandert, und 1998 hatte die Bevölkerung der Bundesrepublik trotz des weiteren Zuzugs von Aussiedlern erstmals deutlich abgenommen.[13]

Auch später hat Bundesinnenminister Schily seine Behauptung, daß die Grenze der Belastbarkeit erreicht bzw. überschritten sei, mehrfach wiederholt. Bundeskanzler Gerhard Schröder und Sprecher der Sozialdemokraten begründeten mit dieser These die Verschiebung der Beratungen über ein Zuwanderungsgesetz auf die nächste Legislaturperiode. Eine weitere Zuwanderung sei derzeit nicht aktuell. Die Einberufung der Kommission für Zuwanderungsfragen unter Vorsitz der Unionsabgeordneten Rita Süssmuth durch Bundeskanzler Schröder und Bundesinnenminister Schily war wohl primär eine ›politische‹ Reaktion auf die Kritik an ihrer zögerlichen Haltung gegenüber Einwanderung und Einwanderungsgesetzgebung in der publizistischen Diskussion und in den eigenen Reihen. Mit der Kommission konnte zudem die Debatte über Zuwanderung aus der Koalition ausgelagert werden – ein klassisches Mittel zur Entlastung und Verzögerung oder eventuell sogar Beerdigung von Entscheidungskontroversen. Dabei ist es allerdings nicht ausgeschlossen, daß die Kommission eine Eigendynamik auch gegen die Vorstellungen der Regierung entwickelt. Die Zusammensetzung der Kommission selbst gab Anlaß zu Zweifeln, ob sie ihrem Auftrag zur Abgabe einer sachbezogenen und gesellschaftlich konsensfähigen Expertise entsprechen kann.[14] Daß die Bundesregierung mit der Einberufung der Kommission primär politisch-taktische Ziele verfolgte, spricht auch aus der parallelen Existenz der vom Bundestag schon lange einberufenen ›Enquête-Kommission für demographischen Wandel‹ zur Untersuchung der ›Herausforderungen unserer älter werdenden Gesellschaft an die einzelnen und die Politik‹. Sie ist bereits zuständig für eine wissenschaftlich fundierte Unterrichtung von Regierung, Opposition und Öffentlichkeit in den einschlägigen Fragen.

Zur Aufgabe politischer Führung gehört es auch, unter Umständen unpopuläre Maßnahmen durchzusetzen, wenn sie notwendig erscheinen. In den Stellungnahmen der Bundesregierung zum Thema Zuwanderung scheint aber auf politische Führung verzichtet zu werden. In ihnen drücken sich zugleich tiefgreifende Änderungen der Einstellung zu Ausländern und Zuwanderung im Meinungsklima der Bundesrepublik seit Mitte der 1990er Jahre aus. Vor allem nach dem Sieg der Union bei der Landtagswahl in Hessen 1998 wurde die Forderung nach einer Liberalisierung der Zuwanderung in beiden großen politischen Lagern erneut zum Tabuthema. Die Führungen der Parteilager standen dabei wohl auch unter dem Eindruck der politischen Erfolge rechtsradikaler Parteien und ihrer ausländerfeindlichen Polemik in verschiedenen europäischen Nachbarstaaten.

Nach der Niederlage der Union bei den Landtagswahlen in Nordrhein-Westfalen, den negativen Reaktionen der Öffentlichkeit und Wähler auf die Wahlkampfparole des Spitzenkandidaten Rüttgers (»Kinder statt Inder«) und unter dem Eindruck der Popularität der ›Green Card‹-Initiative Bundeskanzler Schröders wandten sich die Unionsparteien abrupt von ihrer schroffen Ablehnung einer aktiven Zuwanderungspolitik ab. Wie zuvor die Sozialdemokraten in der Rolle der Opposition gegen die Regierung Kohl verlangten nunmehr auch prominente Vertreter der Union eine gesetzlich geregelte aktive Zuwanderungspolitik. Dabei wurde jedoch von den meisten ein Junktim zwischen der Förderung und Regelung von Zuwanderung und der Abschaffung des vom Grundgesetz geschützten Individualrechts auf politisches Asyl hergestellt.

Deutschland müsse gegen die Überflutung durch Asylbewerber, »die uns ausnutzen« – so Bayerns Innenminister Beckstein – geschützt werden. Wegen deren großer Zahl sei eine weitere Aufnahme von Zuwanderern nicht mehr verkraftbar. Ihr Zustrom müsse daher eingeschränkt und zu diesem Zweck der verfassungsrechtliche Schutz des individuellen Rechts auf politisches Asyl durch eine Änderung des Grundgesetzartikels 16a aufgehoben bzw. durch eine institutionelle Garantie (»Das Nähere regelt ein Bundesgesetz«) ersetzt werden. Erst dann sei Raum für »Zuwanderer, die uns nützen« (Beckstein). Wiewohl für eine Änderung des Asylartikels im Grundgesetz die erforderliche Zweidrittelmehrheit des Bundestages wohl kaum erreicht worden wäre – auch zahlreiche Abgeordnete der Sozialdemokraten und der Union hätten mit Sicherheit dagegen gestimmt –, wurde mit diesem Junktim dennoch de facto eine hohe politische Barriere gegen die gewünschte ›nützliche‹ Zuwanderung errichtet. Auch Schily forderte dieses Junktim, obwohl er in einem Spiegel-Interview eingeräumt hatte, es sei »ein Faktum, daß eine Zweidrittelmehrheit, die für eine Änderung des Artikels 16a des Grundgesetzes erforderlich ist, nicht in Sicht ist.«[15] So erscheint es nicht ausgeschlossen, daß die Forderung nach einem Junktim lediglich taktisch motiviert war, um weitere Zuwanderungen und ein Einwanderungsgesetz ohne politische Blessuren verhindern zu können.

Die Zustimmung, die die Vorschläge zur Abschaffung des Rechts auf politisches Asyl in Teilen der Unionsparteien, in der Regierungskoalition und auch bei Schily selbst fanden, symbolisieren einen moralischen Skandal der neuen Berliner Republik. Er verdeutlicht, daß die Pflichten, die sich aus den menschenrechtlichen Normen des Grundgesetzes und der neueren deutschen Geschichte ergeben, heute nicht mehr von jenem breiten politischen Konsens geschützt werden, der noch in der Zeit der Bonner Republik bestand.

Charakteristisch für die Debatte über die Aufhebung des Rechts auf politisches Asyl war die geringe Informiertheit der Öffentlichkeit, der Medien und vieler Politiker über das tatsächliche Ausmaß der angeblichen ›Überflutung‹ Deutschlands durch Asylsuchende. Die bei weitem meisten Aufenthalte von Asylbewerbern in den kargen, ghettoartigen Aufnahmeheimen werden durch Ablehnung der Asylanträge beendet und führen nicht zu Daueraufenthalten. Bezogen auf die Größe seiner Bevölkerung und die Zahl seiner Asylgewährungen, steht Deutschland in Europa nur an zehnter Stelle. In Zahlen ausgedrückt, bedeutet dies eine Anerkennung von 8.000–10.000 Flüchtlingen als Asylberechtigte pro Jahr. Für einen wohlhabenden Staat mit 82 Millionen Einwohnern ist dies keine Ruhmestat.

Auch die tatsächlichen Konsequenzen der Abschaffung des individuellen Rechtsanspruchs auf Asyl sind bis heute wenig bekannt. Da die Bundesrepublik Mitunterzeichner der Genfer Flüchtlingskonvention ist, bliebe auch nach einer Grundgesetzänderung zur Abschaffung des Individualrechts auf politisches Asyl die Verpflichtung zu der – an der jetzigen Praxis so sehr kritisierten – rechtlichen Prüfung von Asylanträgen und Asylentscheidungen. Nach deutscher Rechtsprechung werden derzeit nur von staatlichen Behörden individuell Verfolgte als ›politische‹ Flüchtlinge anerkannt. Flüchtlingen aus Bürgerkriegen oder religiöse Minderheiten, die von ihren Regierungen nicht gegen Terror und Mordanschläge ihrer Umwelt geschützt werden, kann daher die Asylgewährung verweigert werden. Bei strenger Beachtung der Genfer Konvention, müßte jedoch den meisten Flüchtlingen, die nach deutscher Rechtsprechung keine ›politischen‹ Flüchtlinge sind, Asyl und eine rechtliche Überprüfung ihres Asylgesuchs gewährt werden.

Die Genfer Konvention wird in Zukunft mehr Gewicht bekommen. Im Rahmen der künftigen europäischen Menschenrechtscharta soll sie zum Fundament einer voraussichtlich dann auch durch europäische Gerichte überprüfbaren europaweiten Asylpolitik werden. Damit besteht die Chance, daß das künftige europäische Asylrecht, vom individuellen Rechtsanspruch abgesehen, in mancher Hinsicht durchaus großzügiger sein könnte als die bisherige Praxis in Deutschland. Im Hinblick auf wenig ausländerfreundliche Einstellungen deutscher Behörden und die Entwicklung des deutschen Rechtsstaates zu einem Rechtsmittelstaat ist es allerdings unwahrscheinlich, daß die Prüfung von Asylanträgen dann weniger aufwendig, langwierig und trickreich sein wird. Auch dies macht die Forderungen nach Abschaffung des Rechts auf politisches Asyl zu einem Beispiel für taktisch motivierte symbolische Politik.

Mit der Polemik des bayerischen Innenministers Beckstein und anderer Unionspolitiker gegen ›Asylanten‹, die ›uns ausnutzen‹, wird die ohnehin vorhandene Fremdenfeindlichkeit in unverantwortlicher Weise angeheizt. Da viele abgelehnte Asylbewerber, die sich der Abschiebung durch Abtauchen in die Illegalität entzogen haben, ihr recht- und schutzloses Leben nur durch Beschäftigung zu Minilöhnen fristen können und dabei inzwischen für verschiedene Beschäftigungsbereiche unentbehrlich geworden sind, stellt der Vorwurf des ›Ausnutzens‹ den tatsächlichen Sachverhalt ohnehin in einiger Hinsicht geradewegs auf den Kopf.

Es gab zwar wochenlange Debatten über die ›Green Card‹, die im Unterschied zur amerikanischen ›Green Card‹ keinen unbegrenzten Aufenthalt, kein Recht auf Einbürgerung und kein Recht zu gewerblich-selbständigen wirtschaftlichen Aktivitäten (z.B. als Unternehmer) gewährt. In den Debatten wurde aber kaum bemerkt, daß die Einführung der ›Green Card‹ weniger eine notwendige gesetzliche Maßnahme und mehr eine populistische Imageaktion war, mit der die Forderungen des grünen Koalitionspartners nach einer gesetzlichen Regelung der Zuwanderung symbolisch abgegolten und zugleich unterlaufen werden konnten. Ausländischen Informationstechnikern hätte nach geltendem Recht bei Vorlage eines von den zuständigen Behörden definierten öffentlichen Interesses im Sinne der gültigen Anwerbestopp-Ausnahmeverordnung auch ohne ›Green Card‹ die Aufenthalts- und Arbeitserlaubnis erteilt werden können. Nach dem Kriterium des öffentlichen Interesses kann z.b. ausländischen Spitzensportlern binnen weniger Tage eine Aufenthalts- und Arbeitserlaubnis sowie später auch die Einbürgerung gewährt werden. So erfolgte in den 1970er Jahren auch die Anwerbung von über 1.000 koreanischen Krankenschwestern ohne große öffentliche Debatte unter Berufung auf die Wahrung öffentlicher Interessen.

Daß staatliche Behörden ein Instrument besitzen, um flexibel und schnell Wünschen der Wirtschaft für die Anwerbung ausländischer Arbeitskräfte zu entsprechen, wurde wenig später exemplarisch durch die ›Blue Card‹ der bayerischen Staatsregierung bewiesen. Sie erlaubt prinzipiell für alle Wirtschaftsbereiche die Anwerbung ausländischer Arbeitskräfte, wenn dafür nach dem Ermessen der Behörden ein öffentliches Interesse vorliegt. Mit ihrer ›Blue Card‹ reagierte die bayerische Regierung auf das von ihr gerade in der Debatte über die ›Green Card‹ erkannte Interesse der Wirtschaft an ausländischen Arbeitskräften. Noch kurz zuvor freilich hatte sie die ›Green Card‹ als Versuch zur Förderung von Zuwanderung scharf angegriffen. Mit der ›Blue Card‹ wurde eine politische Lawine losgetreten. Wenig später kündigten auch die Regierungen Hessens und Niedersachsens an, sie würden ebenfalls die Anwerbung ausländischer Arbeitskräfte durch die Wirtschaft nach dem Muster der bayerischen ›Blue Card‹ zulassen. Durch die von ›Green Card‹ und ›Blue Card‹ ausgelöste politische Eigendynamik eröffnete sich ein Weg zu einer nach dem Gastarbeitermodell an die Bedürfnisse der Wirtschaft gekoppelten Zuwanderungspolitik mit der unter Umständen die politischen Kosten eines Einwanderungsgesetzes vermieden werden können.

Die Ausführungsbestimmungen zu ›Green Card‹ und ›Blue Card‹ entsprechen dem Gastarbeitermodell: Der Aufenthalt der ausländischen Experten wird zeitlich befristet. Bei Verlängerungen des Arbeitsvertrags und der Aufenthaltsgenehmigung ist zwar nach dem neuen Staatsangehörigkeitsrecht eine Einbürgerung nach achtjährigem Aufenthalt in Deutschland möglich. Dennoch wird auch hier bei der Einreise keine sichere langfristige Perspektive für soziale Verwurzelung und Identifikation mit der neuen Heimat geboten. Sie wird vielmehr auf weite Sicht als bloßes Gastland vorgestellt und entsprechend wahrgenommen.

Mit der Rückkehr zum Gastarbeitermodell wurde die durch ein Einwanderungsgesetz mögliche Chance zu einer langfristigen sozialverträglichen Gestaltung, Steuerung und Integration der Zuwanderung vertan, Angebote für unbefristeten Aufenthalt und sichere Einbürgerung vorerst nicht gemacht. Der definitive Abschied vom integrationshemmenden Gastarbeitermodell wurde nicht gewagt und der Übergang zu den Zuwanderungsmustern ›klassischer‹ Einwanderungsländer erneut verzögert.

Als Folge ihrer demographischen Entwicklung nimmt die Integrationskraft der deutschen Gesellschaft mittelfristig ab. So verringern sich beispielsweise zwangsläufig die Chancen für die Integration ausländischer Kinder in die deutsche Gesellschaft, wenn es in den Schulen immer weniger deutsche Kinder gibt. Die Zeit drängt daher auf eine baldige politische Öffnung für eine sozialverträglich gestaltete Zuwanderung. Hinzu kommt, wie die Debatte über ›Green Card‹ und ›Blue Card‹ veranschaulichte, ein beträchtlicher sektoraler und regionaler Bedarf an Arbeitskräften, der vorläufig nur durch Zuwanderer gedeckt werden kann und mit den verkleinerten Jahrgängen, die nunmehr in die Arbeitswelt einrücken, rasch zunehmen wird.

In diesem Zusammenhang sollte der Tatsache Aufmerksamkeit gewidmet werden, daß heute alle Industriestaaten und in Europa gerade auch die früheren klassischen Entsendeländer von Arbeitsmigranten – wie Griechenland, Italien, Spanien und Portugal – im Zuge ihrer erfolgreichen wirtschaftlichen Entwicklung längst selbst Zuwanderungsländer geworden sind und dies in Zukunft in noch stärkerem Umfange werden dürften. Sie haben heute zum Teil noch niedrigere Geburtenraten als Deutschland. Ein großer Teil der ehemaligen ›Gastarbeiter‹ dieser Staaten ist inzwischen in die Heimat zurückgekehrt. Die in den 1960er Jahren in die Millionen gestiegene Arbeitswanderung auf niedrigem Qualifikationsniveau innerhalb Europas ist stark abgeebbt. In der Migration treten, von Familiennachzug, Flucht-, Asylwanderungen und illegaler Zuwanderung abgesehen, zunehmend auch hochqualifizierte wissenschaftliche und technische Experten hervor. Die globale Konkurrenz um Informationstechniker kündigt einen Wettbewerb um Einwanderer an.

Insgesamt ist zu erwarten, daß willkommene Migranten, wie in früheren Epochen, wieder ein kostbares und umworbenes Gut werden. Dabei wird es sich aber nicht nur um hochqualifizierte Experten handeln. Schon bald wird die deutsche Wirtschaft in vielen Sektoren – z.B. auch im Dienstleistungsbereich – zusätzliche Arbeitskräfte aus dem Ausland benötigen. Untersuchungen zur Migration aus osteuropäischen Staaten prognostizieren, daß das dort vorhandene Potential wanderungswilliger Arbeitskräfte auf längere Sicht in vielen Fällen gering ist und aus diesen Ländern keine dauerhaft hohe Zahl von Arbeits- bzw. Einwanderern nach Westeuropa kommen wird. Bei niedrigen Geburtenraten, guten Bildungseinrichtungen und Infrastrukturen wird ein wirtschaftlicher Aufbau mit verbesserten Zukunftschancen in den Ausgangsräumen möglich sein. Es ist daher zu erwarten, daß sie – wie zuvor die mediterranen Staaten Europas – mittelfristig ebenfalls Zuwanderungsländer werden. In Polen und Ungarn ist dies schon jetzt der Fall. Das macht es wahrscheinlich, daß der Zuwanderungsbedarf der europäischen Staaten in Zukunft überwiegend in außereuropäischen Regionen gedeckt werden wird.

Aneignung des demokratischen Verfassungsstaates

In der Debatte über die Ausländerpolitik wurde zuletzt starker Nachdruck auf die ›Integration‹ der ausländischen Zuwanderer in die deutsche Gesellschaft gelegt. So hieß es z.B. in der Kampagne gegen die doppelte Staatsbürgerschaft, vor einer weiteren Zuwanderung sollten zunächst die bereits im Lande lebenden Ausländer in die deutsche Gesellschaft ›integriert‹ werden. Als wichtigste Voraussetzung für diese Integration – so auch im neuen Staatsangehörigkeitsrecht – wurden bessere Kenntnisse der deutschen Sprache gefordert. Sie sind für die Teilnahme am politischen Leben und beruflichen Erfolg zweifellos wichtig. Deutschkenntnisse erleichtern zwar materiellen oder beruflichen Erfolg, verbürgen jedoch keineswegs als solche eine besonders freundschaftliche Einstellung zu Deutschland und auch nicht automatisch eine politische Identifikation mit dem deutschen Staat, also staatsbürgerliche Integration. Dies gilt auch für die Verleihung der Staatsangehörigkeit durch Einbürgerung. Auch sie erleichtert politische Identifikation und soziale Integration, ist aber nicht deren zwangsläufige Folge.

Integration darf deshalb nicht allein reduziert werden auf solche – durchaus notwendige – Forderungen an die ausländischen Zuwanderer, wie Deutsch lernen, tüchtig arbeiten, sozialverträglich agieren und gesetzestreu leben. Fundamentale Bedeutung für die soziale und staatsbürgerliche Integration der Zuwanderer haben auch das überlieferte Staatsverständnis der

Deutschen selbst und ihre Einstellungen zu Ausländern oder Mitbürgern ausländischer Herkunft. Hier sind ebenfalls tiefgreifende Änderungen nötig. Ohne sie muß die Integration scheitern.[16]

›Völkisches‹ Staatsverständnis, das die deutsche politische Kultur zutiefst geprägt hat, schließt Ausländer von der Nation aus oder verlangt ihre vollständige Assimilation in die ›nationale‹ Kultur. Die ›völkische‹ Nation geht von der Vorstellung einer ›homogenen‹, für alle verbindlich definierbaren und vor ›Verunreinigung‹ durch fremde Elemente zu bewahrenden ›Nationalkultur‹ aus. Der demokratische Verfassungsstaat hingegen versteht sich als Staatsbürgernation, deren normatives Fundament kultureller Pluralismus und kulturelle Toleranz sind. Er schützt in seiner Verfassung die Freiheit des religiösen Bekenntnisses und der Weltanschauung. Die Akzeptanz des kulturellen Pluralismus der Staatsbürgernation und die Absage an eine fiktive nationale bzw. kulturelle ›Homogenität‹ ›völkischen‹ Denkens sind die eigentlichen Voraussetzungen für die soziale und politische Integration von Ausländern.

Im Widerstand gegen weitere Zuwanderungen und gegen eine staatsbürgerliche Gleichstellung von Zuwanderern drückt sich daher nicht nur der Kampf um Arbeitsplätze aus. Er ist ideologisch auch im überlieferten, ›völkisch‹ geprägten nationalen Selbstverständnis und in tiefsitzenden Ängsten vor kultureller ›Überfremdung‹ ›der‹ Deutschen und ›ihrer‹ ›nationalen‹ Kultur verankert.

Aber was ist der Bezugspunkt für die Integration, was ist das spezifisch Deutsche? Und was ist der Inhalt der nunmehr von einigen geforderten deutschen ›Leitkultur‹, in die sich die Ausländer integrieren sollen, bevor sie deutsche Staatsbürger werden dürfen. Wer kann oder darf ihren Inhalt definieren? Es gibt dafür keine Instanz. Wer die Integration der Ausländer in die deutsche Kultur fordert, müßte die Frage beantworten können: Was ist ein integrierter Deutscher? Sind Süd- oder Norddeutsche, Katholiken, Protestanten, säkularisierte kirchlich-konfessionell nicht gebundene Bürger, zum Islam oder Buddhismus konvertierte Deutsche, Akademiker oder Bauern, Mitglieder der SPD oder der CSU jeweils das Modell für Integration und den integrierten Deutschen? Die Frage nach dem gut integrierten Deutschen und nach den Kriterien für Integration ist gerade im Hinblick auf unsere, sich in ihren kulturellen Lebensformen und -stilen ständig weiter pluralisierende Gesellschaft kaum zu beantworten.

Aber noch mehr: Ihre Beantwortung ist auch aus verfassungsrechtlichen Gründen nicht möglich. Sie steht im Gegensatz zu der durch das Grundgesetz geschützten individuellen Freiheit der Kultur, zur Freiheit der Weltanschauung und des religiösen Bekenntnisses, dem Fundament des modernen freiheitlichen Verfassungsstaates. Was die deutsche Kultur für die Bürger bedeutet und wie sie von ihnen definiert wird, dürfen sie individuell entscheiden. Auch Deutsche dürfen sich ursprünglich fremden Religionen und Kulten zuwenden, und diese Freiheit liegt im wohlverstandenen langfristigen Eigeninteresse der christlich gebundenen Bevölkerung – d.h. im Interesse am Schutz der Freiheit ihres eigenen religiösen Bekenntnisses gegen Bevormundung durch den Staat oder gesellschaftliche Gruppen. Die Kultur der Republik ist die Kultur ihrer Bürger. Und diese Kultur ihrer Bürger ist nichts Statisches, sie wandelt und pluralisiert sich. Zu einer wie auch immer von einzelnen, von Minderheiten oder Mehrheiten definierten ›Leitkultur‹ können sich die Bürger zwar bekennen und sie propagieren. Ihre Verbindlichkeit für die Gesamtheit aber darf im modernen Verfassungsstaat nicht vom Staat und seinen Organen gefordert oder gar erzwungen werden.

Kulturelle Freiheit muß allen Bürgern – ohne Ansehung ihrer ethnischen Herkunft, ihrer Religion oder Weltanschauung – gewährt werden. Nur dann werden sich Neubürger aus fremden Kulturen in unseren Staat politisch integrieren und gute Patrioten werden können. Dabei ist politische Integration im Sinne der Bejahung der politischen und rechtlichen Ordnung des demokratischen Verfassungsstaates eine von jeder Generation und auch von allen, die die Staatsangehörigkeit schon besitzen, stets neu zu bewältigende Aufgabe. Politische Integration bleibt immer ein Prozeß mit hohen Risiken, möglichen Rückschlägen und ohne Garantie für Erfolg. Sie ist in hohem Grade von der sozialen Integration abhängig.

Die große politische Bedeutung der erleichterten Einbürgerung von Ausländern durch das neue Staatsangehörigkeitsrecht der ›rot-grünen‹ Koalition und die Einführung des Ius-soli-Erwerbs der Staatsangehörigkeit für im Inland geborene Kinder von Ausländerinnen und Ausländern mit längerer Aufenthaltsdauer, besteht auch in einer symbolischen Botschaft: der Absage an das Leitbild der ›völkischen Abstammungsnation‹ und dem Aufbruch zur Staatsbürgernation. Dieser Schritt allein genügt jedoch noch nicht. Die Aneignung des Fundaments der Staatsbürgernation, die Akzeptanz von kulturellem Pluralismus und kultureller Toleranz sollten Anlaß zu einer großen nationalen Debatte über unser politisches Selbstverständnis sein.

Die Akzeptanz von kulturellem Pluralismus ist die große Herausforderung für die Politik und das Bildungswesen der sich in Zukunft noch weiter pluralisierenden deutschen Gesellschaft. Sie verlangt vor allem eine weit energischere Bekämpfung der sich in Deutschland ausbreitenden latenten oder auch offen gewaltbereiten Fremdenfeindlichkeit. Durch den Abbau der Diskriminierung von Ausländern mit Hilfe der Gesetzgebung und über das Bildungswesen könnte am ehesten jener innere Konsens einer positiveren Einstellung zu Ausländern geschaffen werden, der für die Akzeptanz einer liberalen Ausländerpolitik und einer aktiven Zuwanderungspolitik notwendig ist. Damit könnten auch im voraus die Konflikte abgemildert werden, die sich einstellen, wenn ausschließlich demographische und wirtschaftliche Argumente eine Öffnung der Republik für weitere umfangreiche Zuwanderungen erzwingen.

In den Empfehlungen des Rates für Migration heißt es zu diesem Zusammenhang: »Politische Agitation und Polemik gegen Fremde sind keine läßliche Sünde der Meinungsfreiheit. Körperliche Übergriffe auf Ausländer sind keine einfachen kriminellen Delikte. Sie bedrohen den inneren Frieden und richten sich gegen die rechtliche und politische Ordnung. Sie entlegitimieren die Republik. Es darf ihnen daher keine Möglichkeit weiterer Entfaltung gegeben werden. Nach Artikel 3 Abs. 3 GG darf ›*niemand* wegen seines Geschlechts, seiner Abstammung, seiner Rasse, seiner Sprache, seiner Heimat und Herkunft, seines Glaubens, seiner religiösen oder politischen Anschauungen benachteiligt oder bevorzugt werden‹. Für die Verwirklichung dieses Postulats des Grundgesetzes müssen sich alle demokratischen Kräfte, die Gesetzgebung, die Organe des Staates, die Bildungseinrichtungen und die Medien, weit nachdrücklicher einsetzen als bisher.

Nicht Abstammung oder Hautfarbe, sondern die Leistungen seiner Bürger sind das Lebensfundament jedes Staates. Ebenso wichtig ist daher die Wahrnehmung der von den Zuwanderern erbrachten und zu erwartenden Beiträge für unser Gemeinwesen. Der Übergang vom bloßen Zuwanderungsland zum Einwanderungsland setzt voraus, daß Fremde gleichberechtigte und willkommene Bürger werden können«.[17]

Anmerkungen

1 Demographischer Wandel, Zweiter Zwischenbericht der Enquête-Kommision, Bonn 1998, S. 108.

2 Hierzu s. den Beitrag von Münz/Ulrich in diesem Band.

3 So ist die durchschnittliche Kinderzahl ausländischer Frauen in Deutschland inzwischen mit 1,7 ebenfalls unter das bestandserhaltende Niveau von 2,1 gesunken und geht weiter zurück. Die Fertilität der deutschen Frauen (d.h. ohne Kinder der Ausländer) beläuft sich auf 1,2.

4 Ausführlich hierzu der Beitrag von Münz/Ulrich in diesem Band.

5 Hierzu s. u.a. Demographischer Wandel, S. 122–133.

6 Hierzu s. ebd., S. 134. Die Prognosen des zweiten Enquêteberichts wie die der meisten zu erhaltenden Prognosen zur Bevölkerungsentwicklung gehen vom alten Staatsangehörigkeitsrecht, die von Münz/Ulrich von der neuen Rechtslage aus.

7 Hierzu s. die Empfehlungen des Rates für Migration in: Rat für Migration (Hg.), Migrationspolitik in Deutschland. Eine Zwischenbilanz, Osnabrück 1999.

8 Ebd., S. 10.

9 Als Folge einer engagierten und erfolgreichen staatlichen Politik zur Förderung der Geburten hat Frankreich heute eine erheblich günstigere Bevölkerungs- und Altersstruktur als Deutschland. Daher wird sich die Bevölkerung Frankreichs auch bei restriktiver Zuwanderungspolitik bis 2050 nur um 4 Millionen verringern.

10 Manche Experten halten eine Anhebung der Geburtenrate um 0,35, also z.B. von 1,35 auf 1,70 für möglich. Solche Aussagen zur Entwicklung der Geburtenzahlen sind allerdings extrem spekulativ.

11 Hierzu und zum folgenden s. auch den Beitrag von Bade/Bommes in diesem Band.

12 In Deutschland gibt es jährlich 500.000–600.000 Fälle von Aus- und Rückwanderung, während in den USA über zwei Drittel der Zuwanderer auf Dauer im Land bleiben. Tatsächlich ist allerdings der Anteil der im Ausland Geborenen in Deutschland (ca. 11%) etwas höher als bei der – legal im Lande lebenden – Bevölkerung in den USA (9%). Kanada, Australien und Israel haben sämtlich deutlich höhere Anteile zugewanderter Bevölkerung (alle 20% und mehr).

13 Bei den Wanderungssalden der letzten Jahre wirkte sich das Auslaufmodell ›deutschstämmiger‹ Aussiedler (durchschnittlich ca. 100.000) stark aus. Dies gilt auch für die Aufnahme der Asylbewerber in die Statistik über Zuwanderung (damals ebenfalls ca. 100.000 pro Jahr). Viele werden später wieder abgeschoben, andere zur Ausreise verpflichtet. In einem Interview im Spiegel (10.1.2000) unter der Überschrift ›Überforderung der Gesellschaft‹ behauptete der bayerische Innenminister Beckstein (CSU), Deutschland weise jährliche Zuwanderungsquoten von 600.000 bis 1,4 Millionen auf, wobei er mit diesen viel zu hohen Angaben, wie Schily, ebenfalls die Abwanderungen und die sich aus ihnen ergebenden negativen Wanderungssalden verschwieg. Ein Leserbrief des Verfassers für den ›Rat für Migration‹, in dem er die Zahlen Becksteins korrigierte, wurde vom Spiegel nicht veröffentlicht.

14 Hierzu: Strukturprobleme bei Zuwanderungskommission – dpa-Gespräch mit dem Migrationsforscher Bade, 19.7.2000 (dpa/lni 084).

15 Diskussion ohne Tabus. Spiegel-Interview mit Bundesinnenminister Otto Schily, in: Der Spiegel, 12.6.2000, S. 25–28, hier S. 26.

16 Hierzu und zum folgenden insgesamt: Dieter Oberndörfer, Der Wahn des Nationalen. Die Alternative der offenen Republik, 2. Aufl. Freiburg i.Br. 1994; ders., Die politische Gemeinschaft und ihre Kultur. Zum Gegensatz zwischen kulturellem Pluralismus und Multikulturalismus, in: Aus Politik und Zeitgeschichte, 1996, Nr. 52, S. 37–46; ders., Die Offenheit unseres Grundgesetzes für eine multikulturelle Gesellschaft, in: Vom christlichen Abendland zum multikulturellen Einwanderungsland, 12. Sinclair-Haus-Gespräch, 23./ 24.4.1999, Herbert-Quandt-Stiftung, Bad Homburg, Sept. 1999; ders., Deutschland ein Mythos? Von der nationalen zur postnationalen Republik, in: Yves Bizeul (Hg.), Politische Mythen und Rituale in Deutschland, Polen und Frankreich, Berlin 2000, S. 161–196.

17 Empfehlungen des Rates für Migration, S. 14.

Dokumentation: Migration und Migrationspolitik in Deutschland 1998–2000

Veronika Vitt und Friedrich Heckmann

Diese Dokumentation gibt einen komprimierten chronologischen Rück- und Überblick zu wichtigen Ereignissen, Entwicklungen und Diskussionen über Migration, Migrationspolitik und Integration von Migranten in der Bundesrepublik Deutschland seit 1998. An einer solchen Darstellung lassen sich öffentliche Diskurse verfolgen; sie zeigen gesellschaftliche Auseinandersetzungen zu aktuellen Fragen ebenso wie Detailentwicklungen in einzelnen Bereichen. Die Dokumentation ist die gekürzte und überarbeitete Version des *efms Migration Report*, den das *europäische forum für migrationsstudien (efms)* an der Universität Bamberg kontinuierlich erstellt. Der Report wertet die deutschsprachige Presse aus und faßt für jeden Monat relevante Pressemeldungen unter Angabe der Quellenartikel zusammen. Es handelt sich somit nicht um eine Ex-post-Analyse, sondern um eine chronologische Darstellung, die während des Berichtzeitraums erstellt wurde.

Ausgewertet werden die folgenden Themenbereiche: Migrations- und integrationspolitische Maßnahmen und Forderungen sowohl der Bundesregierung als auch von Parteien und Wohlfahrts- und Interessenverbänden; Entwicklungen im Ausländerrecht; Asyl- und Flüchtlingspolitik; Rückführungspolitik sowie der Umgang mit illegaler Einwanderung. Entwicklungen bei den Zahlen von Aussiedlerzuzügen und Asylbewerbern sowie zu fremdenfeindlichen Straftaten sind halbjährlich zusammengefaßt.

Für die redaktionelle Mitarbeit danken wir Eva Dietrich, Axel Nickel und Martin Schneider.

Januar 1998

Kanther: Schärfere Maßnahmen gegen illegale Zuwanderung
Bundesinnenminister Manfred Kanther hat 1998 zum »Sicherheitsjahr« erklärt und einen »Neun-Punkte-Maßnahmenkatalog« zur inneren Sicherheit vorgelegt. Dieser sieht im Bereich der Ausländerpolitik die stärkere Bekämpfung des illegalen Zuzugs von Ausländern vor. Im einzelnen plant Kanther, das Ausländer-Zentralregister zu erweitern, dem Bundesgrenzschutz mehr Kompetenzen einzuräumen und die Sozialhilfevorschriften zu verschärfen. Ein Verwaltungsabkommen zwischen Bundesgrenzschutz und Landespolizeien soll ein besseres Vorgehen gegen Schlepper und Menschenhandel ermöglichen.
FAZ 03.01.1998

CSU fordert Verschärfung des Ausländerrechts
Die Bonner CSU-Landesgruppe hat ein Positionspapier verabschiedet, das Maßnahmen gegen eine »unerwünschte Zuwanderung« von Ausländern nach Deutschland fordert. Dazu schließen die Bundestagsabgeordneten der CSU auch eine neuerliche Grundgesetzänderung nicht aus. Die Landesgruppe unterstrich erneut ihre Ansicht, daß Deutschland kein Einwanderungsland sei und keine Einwanderungsgesetze brauche. Gefordert wird eine schnelle Rückführung von Bürgerkriegsflüchtlingen in ihre Heimat und die schärfere Bekämpfung illegaler Zuwanderung. Straffällig gewordene Ausländer sollen bereits nach einer Verurteilung zu einer dreijährigen Freiheitsstrafe ausgewiesen werden. Der Ehegattennachzug soll an einen dauerhaften Aufenthaltsstatus gebunden werden. Den Nachzug von ausländischen Kindern und die Einreise von Aussiedlern will die CSU nur noch gestatten, wenn entsprechende Sprachkenntnisse vorliegen. Ferner enthält das Papier die Forderung nach einem europaweiten, einheitlichen Asylrecht.
Focus 05.01.1998 // FAZ 07.01.1998 // NZ 09.01.1998

SPD und IG Bau wollen gegen illegale Beschäftigung am Bau vorgehen
Die SPD und die IG Bau haben ein Aktionsprogramm zur Bekämpfung der illegalen Beschäftigung auf deutschen Baustellen vorgelegt. Damit soll verhindert werden, daß ausländische Arbeitnehmer zu Dumpinglöhnen auf deutschen Baustellen arbeiten können, weil ausländische Subunternehmer keine

Sozialbeiträge abführen. Die SPD will daher die Bußgelder für illegale Beschäftigung auf bis zu eine Million Mark erhöhen und ein Abkommen mit den anderen EU-Staaten erreichen, das gewährleistet, daß Subunternehmer zur Zahlung von Sozialabgaben verpflichtet werden. 1997 waren 60.000 Bauarbeiter aus EU-Ländern bei der Sozialkasse der Bauwirtschaft gemeldet, ihre tatsächliche Zahl wird von der Baubranche jedoch auf rund 200.000 geschätzt.
SZ 23.01.1998

Kurdische Flüchtlinge lösen heftige Debatte um europäische Flüchtlingspolitik aus
Die um die Jahreswende nach Italien eingereisten kurdischen Flüchtlinge haben in Deutschland zu einer Kontroverse um die Gestaltung einer europäischen Flüchtlingspolitik geführt. Vertreter der Bundesregierung und der CDU/CSU befürchteten die Weiterreise der Flüchtlinge nach Deutschland, weswegen sie schärfere Grenzkontrollen durch die Italiener forderten. Bundesinnenminister Kanther veranlaßte ferner verschärfte Kontrollen an den deutschen Grenzen. Die italienische Regierung reagierte verstimmt auf die deutsche Kritik; Außenminister Klaus Kinkel und Vertreter der Oppositionsparteien warnten vor einer Dramatisierung der Situation und verwiesen auf die gleichbleibende Zahl kurdischer Asylbewerber in Deutschland. Beide Staaten bekräftigten, trotz der gegenwärtigen Schwierigkeiten am Schengener System festhalten zu wollen. Wiederholt wurde die Forderung nach einer neuen europäischen Flüchtlingspolitik laut, welche die Lastenverteilung zwischen den einzelnen Ländern besser koordiniert.
SZ 30.12.1997 // taz 05.01.1998 // SZ 05.01.1998 // dpa 07.01.1998 // FR 08.01.1998 // dpa 08.01.1998 // SZ 09.01.1998 // Die Welt 08.01.1998 // dpa 11.01.1998 // Die Welt 13.01.1998 // dpa 14.01.1998 // 26.01.1998

Ausländerstatistik: 7,37 Millionen Ausländer leben in Deutschland
Nach Angaben des Bundesinnenministeriums lebten am 31. Dezember 1997 7,37 Millionen Ausländer in Deutschland. Dies sind rund 60.000 mehr als ein Jahr zuvor. Der Ausländeranteil an der Gesamtbevölkerung beträgt neun Prozent. Jeder vierte in Deutschland lebende Ausländer stammt aus einem EU-Mitgliedsland. Die größte Gruppe der ausländischen Wohnbevölkerung bildeten 1997 die Türken mit knapp 2,11 Millionen Menschen. An zweiter

Stelle kommen Bürger aus Rest-Jugoslawien (Serbien und Montenegro) mit
721.000 Angehörigen. Die drittgrößte Ausländergruppe bildeten die Italiener
mit 608.000 Menschen.
dpa 19.01.1998

Februar 1998

*Innenministerkonferenz lehnt generellen Abschiebestopp für algerische
Flüchtlinge ab*
Die Konferenz der deutschen Innenminister von Bund und Ländern (IMK)
hat sich trotz des Terrors in Algerien gegen einen generellen Abschiebestopp
für Flüchtlinge aus Algerien ausgesprochen. Statt dessen soll jeder Flüchtling
vor seiner Abschiebung einer »sorgfältigen Einzelfallprüfung« durch die
oberste Landesbehörde unterzogen werden. Der Beschluß geht auf einen Lagebericht des Auswärtigen Amtes zurück. Dieser hält einen generellen Abschiebestopp für unnötig, da es in Algerien auch »sichere Gebiete« gebe.
Noch vor der IMK-Sitzung hatten sich die SPD-regierten Länder für einen
zeitlich befristeten Abschiebestopp ausgesprochen. Derzeit leben etwa
17.500 Algerier in Deutschland, von denen jedoch nur 7.800 eine vorübergehende Aufenthaltserlaubnis besitzen. 1997 wurden zwei Prozent aller algerischen Asylanträge positiv entschieden.
FAZ 31.01.1998 // Die Welt 02.02.1998 // dpa 02.02.1998 // SZ 02.02.1998 // FR 03.02.1998 //
SZ 03.02.1998 // FAZ 03.02.1998

Bundesrat beschließt Kürzung der Leistungen für abgelehnte Asylbewerber
Mit den Stimmen der unionsgeführten Länder und der allein von der SPD regierten Länder hat der Bundesrat einen Antrag Berlins verabschiedet, wonach die Sozialleistungen für abgelehnte Asylbewerber, illegal eingereiste
Ausländer und Ausländer mit Duldung drastisch reduziert werden sollen. Der
neue Passus im Asylbewerberleistungsgesetz sieht vor, diesen Personen nur
noch im Einzelfall geringfügige Hilfen zuzugestehen. Bisher erhalten diese
Ausländergruppen Sach- und Hilfsleistungen, die 20 Prozent unterhalb des
Sozialhilfesatzes liegen. Über den Gesetzentwurf muß nun der Bundestag
entscheiden. Zur Begründung des neuen Gesetzes meinte Niedersachsens Innenminister Glogowski, daß »ohne eine Anspruchseinschränkung jeder An-

reiz fehlt, Deutschland zu verlassen«. Bei den Grünen, den Sozialverbänden und dem UNHCR stießen die Pläne des Bundesrates auf heftige Kritik. Sie verwiesen darauf, daß künftig auch solche Flüchtlinge keine Hilfsansprüche mehr hätten, die nicht abgeschoben werden können, weil zwischen Deutschland und ihrem Heimatland kein Abschiebeabkommen besteht. Auch Bürgerkriegsflüchtlinge würden ihren Anspruch auf Sozialleistungen verlieren, da sie in Deutschland nur geduldet werden.

SZ 06.02.1998 // FAZ 06.02.1998 // FR 07.02.1998 // NN 07.02.1998 // FAZ 07.02.1998 // taz 07.02.1998 // Die Welt 07.02.1998 // SZ 07.02.1998

Kinkel: FDP will nach der Bundestagswahl ein Einwanderungsgesetz

Bundesaußenminister Kinkel (FDP) hat angekündigt, daß die FDP nach der Bundestagswahl einen neuen Anlauf für ein Einwanderungsgesetz starten wolle. Nach Auffassung Kinkels soll das Gesetz mit Hilfe von Quoten sicherstellen, daß diejenigen Menschen nach Deutschland kommen könnten, die wirklich in Not seien.

SZ 09.02.1998

Nordrhein-Westfalen: Eigenständiges Aufenthaltsrecht für mißhandelte Frauen

Mißhandelte ausländische Ehefrauen können ab sofort ein eigenständiges Aufenthaltsrecht in Nordrhein-Westfalen erhalten. Die Landesregierung hat einen Kriterienkatalog definiert, der ein fristloses Bleiberecht bewirkt. Als Gründe für ein eigenständiges Aufenthaltsrecht des ausländischen Ehepartners gelten u.a. physische und psychische Mißhandlung in der Ehe und befürchtete schwere Diskriminierung im Heimatland. Bisher erhalten Ausländer erst nach vierjähriger ehelicher Lebensgemeinschaft ein eigenständiges Aufenthaltsrecht. Der Bundestag hat zwar im November 1997 ein Gesetz erlassen, das in »außergewöhnlichen Härtefällen« ein Aufenthaltsrecht auch ohne vierjährigen Aufenthalt vorsieht. Bisher wurde jedoch versäumt, Kriterien für einen Härtefall zu definieren.

dpa 24.02.1998 // taz 25.02.1998

März 1998

Bundesregierung will keine frauenspezifischen Asylgründe anerkennen
Im Bundestag ist ein Antrag von Bündnis 90/Die Grünen gescheitert, der das Asylrecht um besondere Schutzregelungen für Frauen erweitern wollte. Der Parlamentarische Staatssekretär im Bundesinnenministerium, Lintner, verteidigte die Regierungsposition mit dem Hinweis, daß der vom deutschen Recht bereitgestellte Schutz für Frauen ausreiche und zu den großzügigsten der Welt gehöre. Eine Ausweitung des Asylrechts würde zu »zahlenmäßig unabsehbaren Aufnahmeverpflichtungen führen«.
dpa 05.03.1998

Bayern sperrt sich wegen Einwanderungsfragen gegen Amsterdamer Vertrag
Bayerns Ministerpräsident Edmund Stoiber sorgt mit seiner Ankündigung, daß Bayern im Bundesrat gegen den Amsterdamer Vertrag stimmen wolle, für Unruhe. Stoiber sieht einige Kompetenzfragen bei der Einwanderungspolitik im Amsterdamer Vertrag nicht eindeutig geklärt und befürchtet, daß Deutschland die Einwanderung von Nicht-EU-Ausländern nicht mehr kontrollieren könne. Er fordert daher von Bundeskanzler Helmut Kohl eine »völkerrechtliche Klarstellung«, daß die Entscheidungskompetenz bei der Zuwanderung von Nicht-EU-Ausländern auch weiterhin in Deutschland bleibe und nicht an Brüssel abgegeben werde. Erst als Kohl in einem Brief an den EU-Ratspräsidenten, den britischen Premierminister Tony Blair, diese Position Deutschlands in der Ausländerpolitik klarstellt, signalisiert Stoiber schließlich Zustimmung. Ende des Monats billigt der Bundesrat den Amsterdamer Vertrag letztlich einstimmig.
SZ 05.03.1998 // FAZ 10.03.1998 // NN 11.03.1998 // Die Welt 11.03.1998 // FAZ 11.03.1998 // Die Welt 13.03.1998

Bund und Länder lehnen Abschiebestopp für Kosovo-Albaner ab
Nach langen Diskussionen haben sich Vertreter der Innenministerien des Bundes und der Länder bei einem Treffen darauf verständigt, keinen generellen Abschiebestopp für Kosovo-Albaner zu beschließen. Allerdings sicherten sie vor jeder Abschiebung Einzelfallprüfungen zu, um eventuelle individuelle Abschiebehindernisse aufdecken zu können. Die Vertreter der Innenministerien stützen ihren Beschluß auf einen Lagebericht des Auswär-

tigen Amtes, der davon ausgeht, daß »auch nach den jüngsten Ereignissen im Kosovo grundsätzlich nicht mit einer gezielten Verfolgung von rückkehrenden Kosovo-Albanern durch staatliche Organe zu rechnen ist«.
dpa 12.03.1998 // FAZ 13.03.1998 // SZ 13.03.1998

Reform des Staatsangehörigkeitsrechts für diese Legislaturperiode endgültig gescheitert
Die Regierungskoalition hat mit ihrer Stimmenmehrheit einen Bundesratsantrag zur Reform des Staatsangehörigkeitsrechts abgelehnt. Damit wird in dieser Legislaturperiode keine Neuregelung des von 1913 stammenden Staatsangehörigkeitsrechts erzielt. Lediglich drei FDP-Abgeordnete enthielten sich bei der Abstimmung. Der Bundesratsantrag hatte den erleichterten Erwerb der deutschen Staatsangehörigkeit für in Deutschland geborene Ausländerkinder vorgesehen. Die Bundestagsdebatte war mit Spannung erwartet worden, da einige CDU- und auch viele FDP-Abgeordnete eigentlich eine Reform des Staatsangehörigkeitsrechts unterstützten, sich jedoch bei der Abstimmung an die Koalitionslinie gehalten haben.
SZ 10.03.1998 // FAZ 25.03.1998 // SZ 25.03.1998 // FAZ 28.03.1998 // NZZ 28.03.1998 // SZ 28.03.1998 // International Herald Tribune 28.03.1998 // FR 28.03.1998

CDU will schärfer gegen kriminelle Ausländer vorgehen
Auf einem CDU-Forum zur inneren Sicherheit haben Bundesinnenminister Manfred Kanther und CDU-Generalsekretär Peter Hintze schärfere Maßnahmen gegen kriminelle Ausländer gefordert. Nötig seien gesetzliche Möglichkeiten, um straffällige Ausländer in ihre Heimat zurückzuführen und dort bestrafen zu können. Hintze sagte:»Wer hier das Recht bricht, hat sein Bleiberecht verwirkt und muß abgeschoben werden.« Kanther machte die steigende Ausländerkriminalität als eines der drängendsten Probleme bei der Bekämpfung des organisierten Verbrechens aus.
FAZ 30.03.1998

April 1998

Deutschland und Marokko vereinbaren Rückübernahmeabkommen
Deutschland und Marokko haben sich über die Rückführung von Marokkanern ohne Bleiberecht in Deutschland nach Marokko geeinigt und ein ent-

sprechendes Rückübernahmeabkommen unterzeichnet. Laut Bundesinnenministerium tritt das Abkommen am 1. Juni 1998 in Kraft. Es regelt das
Rückführungsverfahren und die Ausstellung von Heimreisedokumenten für
marokkanische Staatsangehörige, die über keine Ausweispapiere verfügen.
Bundesinnenminister Manfred Kanther geht davon aus, daß durch das Abkommen die Rückführungsmöglichkeiten der rund 9.700 Marokkaner ohne
Bleiberecht in Deutschland verbessert werden.
dpa 22.04.1998

Mai 1998

*Kinkel und Kanther wollen Rückkehr von Flüchtlingen mit Sanktionen er-
zwingen*
Bundesaußenminister Klaus Kinkel und Bundesinnenminister Manfred
Kanther haben Ländern in Asien und Afrika mit der Streichung oder Kürzung der Entwicklungshilfe gedroht, falls diese sich weigerten, ihre aus
Deutschland ausreisepflichtigen Bürger wieder aufzunehmen. Derzeit leben
etwa 50.000 bis 70.000 ausreisepflichtige Ausländer in Deutschland, deren
Herkunftsländer Schwierigkeiten bei der Aufnahme machen. Von der Drohung betroffen sind Ghana, Nigeria, Togo, Gambia, Sudan, Vietnam, Ban-
gladesch, Sri Lanka, Pakistan und Indien. Entwicklungshilfeminister Carl-
Dieter Spranger kritisierte den Vorstoß seiner Kabinettskollegen und lehnte
es ab, allein die Entwicklungshilfe als Sanktionsmittel zu verwenden. Zunächst solle das Auswärtige Amt dafür sorgen, daß völkerrechtliche Verträge
eingehalten werden.
dpa 11.05.1998 // FR 12.05.1998

*Ausländerbeauftragte: Sicheres Aufenthaltsrecht für im Land geborene Aus-
länderkinder*
Die Ausländerbeauftragten von Bund, Ländern und Gemeinden haben auf ei-
ner gemeinsamen Konferenz ein »unentziehbares Aufenthaltsrecht« für in
Deutschland geborene und aufgewachsene Ausländerkinder gefordert. Die
Drohung von Ausweisung dürfe für diese Gruppe nicht weiter fortbestehen.
Die Ausländerbeauftragte der Bundesregierung, Cornelia Schmalz-Jacobsen,
räumte zwar ein, daß diese Forderung derzeit politisch nicht umsetzbar sei;

es sei jedoch für straffällig gewordene ausländische Jugendliche nicht hinnehmbar, daß ihnen zusätzlich zur Bestrafung auch noch die Verbannung drohe. Schmalz-Jacobsen beklagte zudem einen Mangel an wissenschaftlicher Forschung über die Lage ausländischer Jugendlicher.
Die Welt 14.05.1998

Bundesausländerbeirat gegründet
Die 450 kommunalen Ausländerbeiräte haben einen gemeinsamen Bundesausländerbeirat gegründet, der die politischen Interessen der in Deutschland lebenden Ausländer auf Bundesebene vertreten soll. Zum Vorsitzenden des neuen Gremiums wurde der 38jährige Murat Cakir aus Osnabrück gewählt. In einer ersten Stellungnahme forderte Cakir insbesondere eine Reform des Staatsangehörigkeitsrechts.
dpa 17.05.1998

Heftige Kontroverse der Unionsparteien um Rolle der Ausländerpolitik
im Wahlkampf
Auf ihrem kleinen Parteitag hat die CSU einen Leitantrag beschlossen, in dem unter anderem die Begrenzung des Ausländerzuzugs und eine rigorose Abschiebepraxis gefordert werden. Diese Forderungen, die nach Ansicht der CSU in das gemeinsame Wahlprogramm von CDU/CSU für den Bundestagswahlkampf aufgenommen werden sollen, werden unter dem Grundsatz gebündelt ›Deutschland und Bayern sind kein Einwanderungsland‹. Für die CSU führte Peter Gauweiler aus, daß der hohe Ausländeranteil in vielen deutschen Städten die Integrationsfähigkeit der »rechtmäßig und dauerhaft« in Deutschland lebenden Ausländer gefährde. Bei der CDU lösten die Forderungen der CSU eine heftige Diskussion aus. Der stellvertretende Vorsitzende der Bundestagsfraktion, Heiner Geißler, wies die Forderungen aus Bayern zurück; er forderte eine sachbezogene Diskussion, da die Ausländerpolitik nicht zum Gegenstand des Wahlkampfs gemacht werden dürfe. Dagegen signalisierte Bundesinnenminister Manfred Kanther Unterstützung für die von der CSU geforderte Verschärfung der Ausländerpolitik.
Die Welt 23.05.1998 // SZ 23.05.1998 // dpa 24.05.1998 // Die Welt 25.05.1998 // FAZ 25.05.1998 // dpa 27.05.1998

Flüchtlingshilfsorganisationen und Bündnis 90/Die Grünen fordern neues Asylrecht

Anläßlich des fünften Jahrestages der Asylrechtsänderung haben mehrere Flüchtlingshilfsorganisationen unter der Federführung von Pro Asyl und Bündnis 90/Die Grünen einen Katalog von »Mindestanforderungen an ein neues Asylrecht« vorgelegt, den ihrer Meinung nach die im September neu zu wählende Bundesregierung innerhalb von 100 Tagen umsetzen soll. Gefordert wird unter anderem die Anerkennung nichtstaatlicher Verfolgung als Asylgrund in solchen Ländern, in denen keine staatlichen Instanzen mehr existieren, sowie die Abschaffung der Flughafenverfahren. Ferner sollten die Genfer Flüchtlingskonvention und die Europäische Menschenrechtskonvention wieder »uneingeschränkte Geltung erlangen«.
dpa 26.05.1998 // FR 27.05.1998 // FAZ 27.05.1998 // taz 27.05.1998

Juni 1998

Außen- und Innenministerium koordinieren Maßnahmen gegen illegale Einwanderung

Das Bundesinnenministerium und das Auswärtige Amt wollen künftig bei der Bekämpfung der illegalen Einwanderung und des Schleuserwesens enger zusammenarbeiten. Da in letzter Zeit nach Angaben des BGS immer mehr illegale Einwanderer mit gefälschten Papieren nach Deutschland kommen, sollen als erste Maßnahme die Mitarbeiter der Visumstellen von Experten des BKA und des BGS über die modernsten Methoden der Visumfälschung informiert werden. Kanther und Kinkel haben zudem die Einrichtung einer Arbeitsgruppe beschlossen, die die gemeinsamen Aktionen der Ministerien koordinieren soll.
Die Welt 05.06.1998 // FAZ 09.06.1998

Bayern beschließt Bundesratsinitiative zur Verschärfung des Ausländerrechts

Die bayerische Staatsregierung hat eine Bundesratsinitiative beschlossen, mit der das Ausländerrecht verschärft werden soll. Die Vorschläge Bayerns hatten bereits bei ihrer Vorstellung für heftige Diskussionen gesorgt. Der Beschluß der Staatsregierung sieht im einzelnen folgende Punkte vor: Erleichterung der Abschiebung von kriminellen ausländischen Kindern zusammen mit

ihren Eltern, wenn diese ihre Erziehungspflicht »grob vernachlässigen«. Das Nachzugsalter von Ausländerkindern soll von derzeit 16 auf zehn Jahre gesenkt werden. Begründet wird dies mit dem Argument, daß noch schulpflichtige Kinder viel besser Deutsch lernen und sich so besser integrieren könnten. Schließlich soll der Familiennachzug an die Bedingung geknüpft werden, daß der Unterhalt der Familie auch ohne staatliche Sozialhilfe gewährleistet ist.
taz 17.06.1998

Bundestag erweitert Kontrollbefugnisse des Bundesgrenzschutzes
Der Bundestag hat der Änderung des Bundesgrenzschutzgesetzes zugestimmt. Damit erhält der Bundesgrenzschutz (BGS) die Möglichkeit, bundesweit »verdachtsunabhängige Personenkontrollen« durchzuführen. Bisher hatte der BGS dieses Kontrollrecht nur entlang der staatlichen Außengrenzen bis zu 30 Kilometer ins Landesinnere. Dem neuen Gesetz zufolge dürfen BGS-Beamte jederzeit auf Bahnhöfen, in Zügen oder auf Flughäfen »jede Person kurzzeitig anhalten« und deren Ausweispapiere überprüfen. Bundesinnenminister Manfred Kanther meinte, das neue Gesetz sei ein weiterer Baustein im Kampf gegen die allgemeine und organisierte Kriminalität.
taz 20.06.1998 // FAZ 26.06.1998

Bundestag verabschiedet Änderung des Asylbewerberleistungsgesetzes
Der Bundestag hat der Änderung des Asylbewerberleistungsgesetzes zugestimmt. Danach erhalten abgelehnte Asylbewerber drastisch reduzierte Sozialleistungen, wenn ihnen ein Mißbrauch des Asylrechts nachgewiesen werden kann. Auch die Kooperationsverweigerung durch Verschleierung der Identität führt zur Kürzung der Leistungen. Ausgenommen sind jedoch Ausländer, deren Aufenthalt geduldet wird, wie z.B. Bürgerkriegsflüchtlinge aus Bosnien. Die ursprünglich auf eine Gesetzesinitiative Berlins zurückgehende Neufassung des Asylbewerberleistungsgesetzes war in den Wochen vor der Bundestagsdebatte heftig diskutiert worden; schließlich einigte sich die Koalition auf einige Milderungen gegenüber dem ursprünglichen Gesetzestext. So wurde insbesondere klargestellt, daß geduldete Ausländer nicht von der Kürzung der Sozialleistungen betroffen sind.
FAZ 23.06.1998 // Die Welt 24.06.1998 // FR 24.06.1998 // Die Welt 25.06.1998 // FAZ 26.06.1998 // SZ 26.06.1998

Statistiken zum 1. Halbjahr 1998

Organisierte Schleuserkriminalität ist wachsende Herausforderung
für Grenzschützer
Immer mehr Einschleusungen von Ausländern über die Ostgrenzen nach
Deutschland werden von den Behörden aufgedeckt. Nach Informationen des
Bundesinnenministeriums wurden im ersten Halbjahr 1998 127 Schleuser
gefaßt und 2.160 Personen registriert, die bei 97 großen Schleuseraktionen
illegal ins Land gebracht wurden. Im Vergleich zum selben Zeitraum des
Vorjahres habe sich die Zahl fast verdoppelt. Der organisierte Menschen-
schmuggel hat sich zu einem ähnlich einträglichen Geschäft wie Rauschgift-
handel entwickelt. Als Reaktion auf die wachsende Herausforderung durch
Schlepperorganisationen wurde das Personal des Bundesgrenzschutzes
(BGS) erheblich aufgestockt. Im Jahr 1992 gab es 2.500 Grenzschutzbeamte;
in Kürze werden es laut Ankündigungen von Bundesinnenminister Manfred
Kanther 11.000 sein.
taz 03.08.1998 // Welt 08.08.1998 // FAZ 15.08.1998 // FR 17.08.1998

Die Hälfte aller bosnischen Flüchtlinge hat Deutschland verlassen
Nach Angaben des Bosnien-Beauftragten der Bundesregierung Dietmar
Schlee haben bis Ende Mai rund 180.000 der etwa 350.000 bosnischen Bürgerkriegsflüchtlinge Deutschland verlassen und sind entweder in ihre Heimat
zurückgekehrt oder in Drittländer weitergewandert. Schlee teilte mit, daß seit
Jahresbeginn mehr als 40.000 Bosnier in ihre Heimat zurückgekehrt seien.
Davon seien 612 abgeschoben worden. Weitere 5.000 bosnische Flüchtlinge
seien in Drittländer weitergereist. Er betonte, daß die Bundesregierung auch
künftig am Prinzip der Freiwilligkeit der Rückkehr festhalten wolle. Die Ge-
samtausgaben der Bundesregierung für die Aufnahme der Flüchtlinge und
den Wiederaufbau in Bosnien beliefen sich auf über 19 Milliarden Mark.
dpa 04.06.1998 // FAZ 05.06.1998 // Die Welt 05.06.1998

Statistik: Fremdenfeindliche Straftaten
Das Bundeskriminalamt (BKA) hat im ersten Halbjahr 1998 insgesamt 937
fremden- und ausländerfeindliche Straftaten registriert, bei denen 203 Personen verletzt wurden. In Mecklenburg-Vorpommern wurden 406 Angriffe auf

Ausländer gezählt; gemessen an der Bevölkerungsdichte stand dieses Bundesland im deutschen Vergleich an der Spitze.
FR 26.08.1998 // FAZ 26.08.1998

Aussiedlerstatistik

Im ersten Halbjahr 1998 schwankte die Zahl der monatlich eingereisten Spätaussiedler zwischen etwa 6.000 und um die 10.000 Personen. Der Trend ist im Vergleich zum Vorjahr eindeutig rückläufig, auch weil in den Ausreiseländern weniger Neuanträge gestellt werden. Der Aussiedlerbeauftragte der Bundesregierung, Horst Waffenschmidt, begründete die sinkenden Aussiedlerzahlen mit der Förderung von Siedlungen für Deutschstämmige in Rußland. Wegen der verbesserten Lebenssituation vor Ort nutzten mehr als 100.000 Deutschstämmige in Osteuropa ihren Aufnahmeschein für Deutschland nicht.
SZ 02.02.1998 // 02.03.1998 // 02.04.1998 // 02.06.1998

Asylstatistik

Im ersten Halbjahr 1998 wurde die bis dato niedrigste Zahl an Asylsuchenden seit der Verschärfung des Asylrechts am 1. Juli 1993 verzeichnet. Weniger als 8.000 Personen pro Monat stellten einen Asylantrag in Deutschland. Die niedrigste monatliche Asylbewerberzahl seit zehn Jahren war im Februar mit rund 6.000 zu verzeichnen. Der Rückgang wird auf die restriktive deutsche Asylpolitik zurückgeführt. Etwa 4% der Antragsteller wurde politisches Asyl gewährt. Hauptherkunftsländer der Asylbewerber waren die Bundesrepublik Jugoslawien, die Türkei und Irak. Nach Ansicht von Bundesinnenminister Kanther muß Deutschland gemeinsam mit den europäischen Partnern weiterhin die Asylbewerberzahlen senken und Asylmißbrauch bekämpfen.
SZ 06.02.1998 // dpa 27.02.1998 // NN 28.02.1998 // FR 28.02.1998 // dpa 08.04.1998 // FAZ 09.04.1998 // Die Welt 09.04.1998 // Pressemitteilung BMI 08.05.1998 // 09.06.1998 // SZ 08.07.1998 // FAZ 08.07.1998

Juli 1998

Deutschland übernimmt Präsidentschaft im Schengen-Verbund
Ab Juli übernimmt Deutschland für ein Jahr die Präsidentschaft im Schengen-Verbund. Zu diesem Anlaß fordert Bundesinnenminister Kanther die

Schaffung einer »europäischen Sicherheitszone« der EU-Staaten, deren vorrangige Ziele die Sicherung der gemeinsamen Außengrenzen gegen Kriminalität, illegale Einwanderung und Menschenhandel sind.
Die Welt 02.07.1998 // FR 02.07.1998 // SZ 02.07.1998 // FAZ 02.07.1998

Wahlprogramm der Union: Zuwanderung begrenzen
Die Unionspolitiker sprechen sich in ihrem gemeinsamen Wahlprogramm gegen einen weiteren Zuzug von Ausländern aus, da dieser den inneren Frieden des Landes gefährde. Es werden Erleichterungen bei der Einbürgerung in Aussicht gestellt. Die doppelte Staatsbürgerschaft wird jedoch weiterhin grundsätzlich abgelehnt. Zentrale Forderungen der CSU sind desweiteren: Die Entwicklung von Ausländerghettos in deutschen Städten müsse durch eine restriktivere Zuteilung von Sozialwohnungen an Ausländer bekämpft werden und Ausländer, die dauerhaft in Deutschland leben wollen, müßten Deutsch-Sprachkenntnisse nachweisen. Zukünftige neue EU-Bürger dürften nach der EU-Osterweiterung nicht sofort eine Arbeitserlaubnis erhalten, da der deutsche Arbeitsmarkt sonst »überschwemmt« werde.
FR 09.07.1998 // 10.07.1998 // FAZ 10.07.1998 // taz 09.07.1998 // SZ 25.07.1998

Außenministerium will mit Finanzhilfe Zustrom von Kosovo-Flüchtlingen eindämmen
Bei seinem Besuch in einem Flüchtlingsgebiet im Norden Albaniens verspricht Außenminister Klaus Kinkel Hilfsgelder für Flüchtlinge und will die Bevölkerung von einer Flucht nach Deutschland abbringen. Er drängt in Albanien auf ein regionales Flüchtlingskonzept, denn angesichts der hohen Flüchtlingszahlen nach Albanien steigt auch der Druck auf Deutschland spürbar: Im vergangenen Monat beantragten hier 2.500 Kosovo-Albaner Asyl. Ferner behindert nach Aussagen von Ausländerbehörden die Kosovo-Krise die Rückkehr von Flüchtlingen nach Jugoslawien. Die jugoslawischen Behörden erschwerten die Rückkehr ausreisewilliger Kosovo-Albaner; außerdem bleibt die Zahl der freiwilligen Rückkehrer in den Kosovo gering.
SZ 10.07.1998 // Welt 10.08.1998

Baden-Württemberg: Muslimische Lehrerin darf nicht mit Kopftuch unterrichten

Das Land Baden-Württemberg weigerte sich, eine muslimische Lehrerin, die darauf besteht, im Unterricht ihr Kopftuch zu tragen, nach erfolgreicher Referendarzeit in den Staatsdienst zu übernehmen. Zu der Frage, inwieweit das islamische Kopftuch als unakzeptables politisches, integrationshemmendes Symbol zu betrachten sei, waren bereits wochenlang kontroverse Diskussionen geführt worden. Die Entscheidung löste eine grundsätzliche Debatte über den Umgang mit dem Islam an deutschen Schulen und die Integration muslimischer Schüler aus. Der Landtag sprach sich aber gegen ein generelles Kopftuchverbot aus und lehnte damit einen entsprechenden Antrag der Republikaner ab. Der Zentralrat der Muslime in Deutschland kritisierte die Entscheidung des Stuttgarter Oberschulamts mit scharfen Worten als gravierende Diskriminierung. Auch nach Meinung des Deutschen Gewerkschaftsbunds verstößt der Entschluß gegen den Gleichheitsgrundsatz.
SZ 14.07.1998 // taz 14.07.1998 // SZ 15.07.1998 // FR 15.07.1998 // FAZ 16.07.1998 // FR 18.07.1998

SPD will neue Ausländer- und Einwanderungspolitik

Im Falle eines SPD-Wahlsiegs bei den Bundestagswahlen im September will die SPD nach Worten der SPD-Innenpolitikerin Cornelie Sonntag-Wolgast den Rechtsstatus ausländischer Kinder und Jugendlicher verbessern, indem sie zunächst den Rechtsanspruch auf die deutsche Staatsangehörigkeit bei der Geburt und die erleichterte Einbürgerung für die zweite Einwanderergeneration einführt. Auf längere Sicht soll eine umfassende Reform des Staatsangehörigkeitsrechts sowie ein Einwanderungsgesetz mit jährlichen Quoten folgen. Der Fraktionsvorsitzende Otto Schily, der in einer SPD-geführten Regierung als Innenminister vorgesehen ist, sprach sich für die Schaffung eines eigenständigen EU-Kommissariats für Flüchtlinge und Zuwanderer aus, da diese Fragen nur auf europäischer Ebene lösbar seien. Er verwahrte sich gegen den Vorwurf, die SPD-Ausländerpolitik würde deutlich nach rechts rücken, der u.a. von der Türkischen Gemeinde in Deutschland geäußert wurde. Schily kündigt hartes Vorgehen gegen kriminelle Ausländer an, insgesamt wolle die SPD jedoch auf einem ausländerfreundlichen Kurs bleiben.
FAZ 16.07.1998 // SZ 16.07.1998 // FR 16.07.1998 // 20.07.1998 // SZ 21.07.1998

SPD zum Thema Innere Sicherheit: Hartes Vorgehen gegen kriminelle Ausländer

Das Positionspapier der SPD zur Inneren Sicherheit, das der stellvertretende Fraktionsvorsitzende Otto Schily in Bonn vorgestellt hat, enthält u.a. Forderungen nach mehr Polizeipräsenz, nach schnellstmöglichem Einsatz von Europol, nach konsequenterer Strafverfolgung und Abschiebung ausländischer Krimineller und härterer Bekämpfung organisierter Kriminalität. Der SPD wird von FDP und Grünen vorgehalten, sie habe sich aus wahltaktischen Gründen in vielen Punkten dem Kurs der Union angeschlossen. Wie die SPD betont, setzt sie jedoch neben Repression auf verstärkte Kriminalprävention.
SZ 28.07.1998 // taz 28.07.1998

August 1998

Amtszeit von Cornelia Schmalz-Jacobsen beendet

Nach siebenjähriger Amtszeit als Ausländerbeauftragte der Bundesregierung scheidet die FDP-Politikerin Cornelia Schmalz-Jacobsen aus dem Amt. In einem Memorandum, in dem sie Bilanz über ihre Tätigkeit zieht, spricht sie sich ausdrücklich für ein Einwanderungsgesetz aus. Deutschland benötige ein schlüssiges Konzept einer systematischen Integrationspolitik; Ausländer-, Aussiedler-, Asyl- und Integrationspolitik sollten ihrer Meinung nach in einem zentralen Bundesamt für Migration zusammengefaßt und auf europäischer Ebene behandelt werden.
FR 27.08.1998 // SZ 27.08.1998 // NN 27.08.1998

September 1998

Bayern kann Verschärfung des Ausländerrechts im Bundesrat nicht durchsetzen

Der Bundesrat verweist einige Gesetzentwürfe Bayerns, die auf eine Verschärfung von Straf- und Ausländerrecht abzielen, zur weiteren Beratung in die Ausschüsse. Die bayerische Staatsregierung fordert, daß straffällige Jugendliche zusammen mit ihren Eltern ausgewiesen werden können und der

generelle Ausweisungsschutz für Minderjährige und Heranwachsende im Ausländergesetz gestrichen wird; ferner soll das Nachzugsalter für Kinder auf zehn Jahre herabgesetzt werden. Konkreter Hintergrund der Gesetzesinitiativen ist der Fall des in München lebenden türkischen Minderjährigen ›Mehmet‹, bei dem die bayerische Staatsregierung mit dem Plan der Ausweisung der gesamten Familie vor Gericht scheiterte.
FAZ 26.09.1998 // SZ 26.09.1998

Oktober 1998

Forderungen an neue Bundesregierung: Neuorientierung in der Flüchtlingspolitik

Zahlreiche Flüchtlings- und Wohlfahrtsorganisationen erwarten von der am 27. September 1998 neugewählten Bundesregierung aus SPD und den Grünen einen Kurswechsel in der Flüchtlings- und Asylpolitik. Der Interkulturelle Rat, in dem u.a. Gewerkschaften, Kirchen und Menschenrechtsorganisationen zusammenarbeiten, stellt den Asylkompromiß von 1993 nicht in Frage, kritisiert aber lange Abschiebehaften und die restriktive Anerkennungspraxis. Pro Asyl und andere Gruppen verurteilen das Asylbewerberleistungsgesetz als inhuman, insbesondere für Folteropfer und kranke Flüchtlinge. Zudem fordern die Gruppen eine neue Integrationspolitik mit leichterer Einbürgerung, doppelter Staatsangehörigkeit und Altfall-Regelungen für Flüchtlinge. Die Evangelische Kirche in Deutschland (EKD) fordert von der neuen Bundesregierung eine menschlichere Asyl- und Ausländerpolitik: nötig sei, daß die Regierung Zuwanderung klarer regelt und die rechtliche Integration verstärkt. Die beiden großen Kirchen, die am Frankfurter Flughafen einen Sozialdienst betreiben, verlangen die Einstellung des sog. ›Flughafenverfahrens‹. Amnesty International will die Regierung zu einer grundlegenden Reform des Asylrechts bewegen: Nach der Meinung der Organisation verstoßen die Abschieberegelungen in ihrer jetzigen Form gegen Bestimmungen des Europäischen Gerichtshofes für Menschenrechtsfragen; Amnesty fordert ebenfalls eine Härtefallregelung sowie die Gründung eines Menschenrechtszentrums.
SZ 02.10.1998 // FR 05.10.1998 // FAZ 08.10.1998 // FR 13.10.1998 // Welt 02.11.1998 // FR 06.11.1998 // dpa 10.11.1998

Rückführung nach Vietnam: Verzögerungstaktik Hanois torpediert das Abkommen
Die Zahl von mindestens 20.000 vietnamesischen Rückkehrern bis Ende des Jahres, die das Deutsch-Vietnamesische Rückführungsabkommen vom Juli 1995 vorsieht, wird laut Bundesinnenministerium nicht annähernd erreicht, da bis Anfang September nur knapp 6.000 Vietnamesen Deutschland verließen. Vietnam behindert die Umsetzung des Abkommens, indem es in vielen Einzelfällen die nötige Zustimmung zur Rückführung verweigert bzw. verzögert. Unterdessen bleibt die Zahl der hier lebenden Vietnamesen konstant, da allein von Januar bis August 1998 2.131 vietnamesische Asylbewerber registriert wurden.
FAZ 13.10.1998

Ausweisung türkischer Straftäter trotz Assoziationsabkommens rechtens
Türkische Staatsangehörige, die in Deutschland schwere Straftaten begehen und bei denen mit einer erneuten Straffälligkeit zu rechnen ist, dürfen ausgewiesen werden. Das Bundesverwaltungsgericht entscheidet, daß zwar durch das Assoziationsrecht zwischen der Türkei und der EU die türkischen Arbeitnehmer schrittweise mehr Freizügigkeit erhalten, jedoch der Schutz der öffentlichen Ordnung höher zu werten ist. Ob eine Ausweisung auch ohne Wiederholungsgefahr rechtmäßig ist, ließ das Gericht offen.
FAZ 06.10.1998

Bundesausländerbeirat fordert offizielle Anerkennung
Der Bundesausländerbeirat, der als Dachverband ca. 450 kommunale Ausländerbeiräte vertritt, fordert von der neuen Bundesregierung seine offizielle Anerkennung und regelmäßige Beteiligung an Entscheidungen in der Ausländerpolitik. Der Beirat hält es für unzureichend, daß neben dem Amt des Bundesbeauftragten keine weitere Interessenvertretung existiert.
dpa 14.10.1998

Neue Regierung kündigt Reform des Staatsangehörigkeitsrechts an
SPD und Grüne verständigen sich in ihrem Koalitionspapier auf grundlegende Änderungen des bisherigen Staatsangehörigkeitsrechts. Die wichtigsten Reformpläne sind: Kinder ausländischer Eltern, von denen mindestens ein

Teil hier geboren oder bis zum 14. Lebensjahr eingereist sein muß, werden mit der Geburt Deutsche; die Einbürgerungsfristen werden durchgehend verkürzt; doppelte Staatsangehörigkeit soll möglich werden; ausländische Ehegatten erhalten bereits nach zwei Jahren ein eigenständiges Aufenthaltsrecht. Mit ihrer Forderung nach einem Einwanderungsgesetz können sich die Grünen nicht durchsetzen. Für die SPD erklärt Herta Däubler-Gmelin, Zuwanderung könne »in der derzeitigen Situation von niemandem ernsthaft gefordert werden«.
SZ 15.10.1998 // 16.10.1998

Kritik an Ausländerpolitik der neuen Bundesregierung
Die Pläne der neuen Regierung zur Reform des Staatsangehörigkeitsrechts ernten scharfe Kritik von Seiten der CDU/CSU, wobei insbesondere die geplante Möglichkeit einer doppelten Staatsbürgerschaft angegriffen wird. Die CSU-Gruppe im Europaparlament kündigt eine Klage vor dem Europäischen Gerichtshof an mit der Begründung, die doppelte Staatsangehörigkeit von drei bis vier Millionen Menschen widerspreche dem Geist der EU, weil von deren Freizügigkeitsrechten Bürger von Nicht-EU-Staaten ausgenommen seien. Dagegen bemängelt die FDP, daß es auch mit der neuen Regierung kein Einwanderungsgesetz geben wird. Kritik vor allem an den Grünen kommt von der Flüchtlingsorganisation Pro Asyl: Die Partei fordere in ihrem Programm eine menschenrechtsorientierte Asylpolitik, die Koalitionsvereinbarungen zu diesem Thema seien jedoch zu zaghaft und vage.
SZ 16.10.1998 // dpa 21.10.1998 // SZ 23.10.1998 // Welt 28.10.1998 // SZ 29.10.1998

Ausländerbeauftragte der Länder fordern weitergehende Reformen
Nur teilweise zufrieden sind die Ausländerbeauftragten der Bundesländer mit den Reformplänen der neuen Bundesregierung in der Ausländerpolitik. Die Beauftragten mahnen beim Einbürgerungsrecht eine schnelle Umsetzung der liberaleren Regelungen an; daneben fordern sie, daß Menschen, die legal dauerhaft zuwandern, sofort unbegrenzten Zugang zum Arbeitsmarkt haben sollen, daß ihnen auch Sprach- und Integrationskurse angeboten werden, sowie daß für seit Jahren hier lebende Asylbewerber statt Abschiebung Alt- und Härtefallregelungen gelten sollen.
dpa 22.10.1998 // FR 23.10.1998

Kontinuität in deutscher Flüchtlingspolitik
Der neue Bundesinnenminister Otto Schily (SPD) fordert wie sein Amtsvorgänger Kanther eine EU-weite Regelung der Aufnahme von Flüchtlingen. Unter Verweis darauf, daß Deutschland 1997 ca. 41% der in die EU eingereisten Flüchtlinge aufgenommen hat, erklärt Schily, dies dürfe nicht zur Regel werden. Er hält neben einem System der Verteilung auch einen gemeinsamen Finanztopf für denkbar, in den die EU-Staaten zur Deckung der Kosten für Flüchtlinge einzahlen. Schily kündigt an, in der deutschen Flüchtlings- und Migrationspolitik werde er ein »hohes Maß an Kontinuität« bewahren.
dpa 29.10.1998 // FR 30.10.1998

November 1998

Neue Ausländerbeauftragte: Politik der Integration in einem Einwanderungsland
Als neue Beauftragte der Bundesregierung für die Belange der Ausländer tritt Marieluise Beck (Die Grünen) an. Sie will durch ihre Arbeit in der Gesellschaft die Erkenntnis verankern, daß Deutschland ein Einwanderungsland ist. Von den einbürgerungswilligen Ausländern erwartet sie einen Grundkonsens mit der deutschen Demokratie und fordert zugleich dazu auf, die ausländischen Bürger nicht länger als ›Gäste‹ zu behandeln. Frau Beck betont, daß ihr Amt künftig die Bezeichnung ›Bundesbeauftragte für Ausländerfragen und Integration‹ tragen wird.
Berliner Zeitung 02.11.1998

Asyl-Altfallregelung: Uneinigkeit zwischen den Bundesländern und in der Koalition
Die Innenminister der Länder können sich nicht auf eine gemeinsame Linie beim Bleiberecht für schon lange hier lebende Flüchtlinge einigen und setzen eine Arbeitsgruppe zu diesem Thema ein. Bayerns Innenminister Beckstein macht deutlich, daß die CDU/CSU-regierten Länder allenfalls Ausnahmen für sehr kleine Gruppen billigen würden. Auch zwischen SPD und Grünen gibt es unterschiedliche Auffassungen über die konkrete Umsetzung der im

Koalitionspapier angekündigten einmaligen Altfallregelung: Die neue Ausländerbeauftragte des Bundes Beck (Die Grünen) plädiert für Fristen von fünf Jahren Aufenthalt bei Alleinstehenden und drei Jahren bei Familien und setzt sich für einen sofortigen Abschiebestopp für alle Flüchtlinge ein, die von dieser Regelung profitieren würden.
FR 05.11.1998 // taz 16.11.1998 // FAZ 21.11.1998

Islamischer Unterricht an Berliner Schulen gerichtlich zugelassen
Die Berliner Schulverwaltung muß nach einen Rechtsstreit gegen die ›Islamische Föderation in Berlin e.V.‹ den Verein als Religionsgemeinschaft anerkennen und ihm damit ermöglichen, an Berliner Schulen islamischen Religionsunterricht abzuhalten. Letzteres hat die Schulverwaltung bislang abgelehnt, da sie den verschiedenen islamischen Vereinen eine klare Organisationsstruktur und ausreichenden religiösen Konsens untereinander absprach. Das Urteil stellt jedoch keine endgültige Zulassung zum Schulunterricht dar: Die Schulverwaltung könnte unter Hinweis darauf, daß der Verein der fundamentalistischen Organisation ›Milli Görüs‹ nahesteht, neue Ablehnungsgründe geltend machen.
FAZ 05.11.1998 // Welt 05.11.1998

Bundeskanzler Schröder spricht in seiner ersten Regierungserklärung über Integration
In seiner ersten Regierungserklärung als Bundeskanzler spricht Gerhard Schröder von einer »entschiedenen Politik der Integration«. Er fordert die hier lebenden Ausländer auf, aktiv an ihrer Integration mitzuwirken und betont gleichzeitig, die Deutschen würden »denen, die dauerhaft hier leben, arbeiten und ihre Steuern zahlen, die Hand reichen, damit sie sich in unsere Demokratie einbringen können.« Der Bundeskanzler äußert zur Diskussion um das Staatsangehörigkeitsrecht: »Unser Nationalbewußtsein basiert nicht auf den Traditionen eines ›Abstammungsrechts‹, sondern auf der Selbstgewißheit unserer Demokratie.«
Welt 11.11.1998

Schilys Äußerung gegen mehr Zuwanderung: Diskussion um Einwanderungsgesetz

In einem Zeitungsinterview erklärt Bundesinnenminister Otto Schily (SPD), daß Deutschland keine weitere Zuwanderung verkraften könne. Ein Einwanderungsgesetz hält er für unnötig, weil darin die Zuwanderungsquote auf Null festgelegt werden müsse. Er spricht sich ferner gegen nicht-staatliche Verfolgung als Asylgrund aus. In einer späteren Klarstellung erläutert Schily, er beziehe sich auf die aktuelle Situation und stehe der Zuwanderung nicht grundsätzlich ablehnend gegenüber; Deutschland werde seinen humanitären Verpflichtungen nachkommen. Der bayerische Innenminister Beckstein (CSU) nennt Schilys Aussagen »realistisch und erfreulich deutlich« und kündigt eine Initiative Bayerns im Bundesrat an, um den Zuzug nach Deutschland zu begrenzen. Bundeskanzler Gerhard Schröder stellt sich hinter Schily und unterstreicht, daß Deutschland die meisten Zuwanderer in Europa aufnimmt. Kritik kommt aus den Reihen der Grünen und der FDP: Die Bundesausländerbeauftragte Marieluise Beck fordert, Schily solle auf Formulierungen wie »Belastungsgrenze« verzichten und anerkennen, daß Deutschland auch in Zukunft auf Einwanderung angewiesen sei. Die FDP bringt ihren Entwurf eines ›Zuwanderungsregelungsgesetzes‹ in den Bundestag ein, unterliegt aber bei der Abstimmung. Der Entwurf sah jährliche Höchstgrenzen für zuwandernde Aussiedler und Arbeitsmigranten vor.
SZ 16.11.1998 // Welt 16.11.1998 // FR 16.11.1998 // 18.11.1998 // FAZ 18.11.1998 // dpa 19.11.1998 // NZ 25.11.1998 // dpa 25.11.1998

Türkischer minderjähriger Straftäter wird aus Bayern in die Türkei abgeschoben

Der Fall eines 14jährigen in Deutschland geborenen Jugendlichen türkischer Staatsangehörigkeit, der als Serienstraftäter ausgewiesen werden soll, beschäftigte monatelang Gerichte und Medien. Letztlich scheiterte der Versuch, durch Klage vor dem Bundesverfassungsgericht die drohende Abschiebung per einstweiliger Anordnung zu verhindern. Der Junge, der in den Medien unter dem Namen ›Mehmet‹ bekannt ist, wird schließlich aus Bayern in die Türkei gebracht. Der Rechtsstreit wird allerdings fortgesetzt. Experten verweisen auf einschlägige Entscheidungen des Europäischen Gerichtshofs, nach

denen die Abschiebung in das Land der Eltern dann unzulässig ist, wenn die Beziehung des Kindes zu diesem Land rein formal ist, also nur im Besitz des Passes liegt.
SZ 21.10.1998 // Welt 22.10.1998 // FAZ 14.11.1998 // dpa 16.11.1998

Verteidigungsminister und Bosnienbeauftragter gegen übereilte Flüchtlings-rückkehr
Bundesverteidigungsminister Rudolf Scharping (SPD) spricht sich nach einem Besuch in Sarajewo gegen einen festen Zeitpunkt für die Rückkehr der verbliebenen Bosnienflüchtlinge aus. Der Minister mahnt zur sorgfältigeren Prüfung der Einzelfälle; gleichzeitig kritisiert er die Politik der EU und ziviler Organisationen in Bosnien als zu bürokratisch. Der EU-Administrator von Mostar, Hans Koschnick (SPD), ist der neue Bosnien-Beauftragte der Bundesregierung. Er strebt nicht die bloße Rückführung, sondern eine Perspektive für die Flüchtlinge in ihrem Land an. Mit Finanzhilfen soll Druck auf die Verantwortlichen in Bosnien ausgeübt werden, um den Fortgang des Friedensprozesses zu garantieren. Koschnicks Vorgänger Schlee (CDU) erklärt in einer Bilanz seiner Amtszeit, daß von den 345.000 in Deutschland aufgenommenen Bosnien-Flüchtlingen mehr als 265.000 in ihre Heimat zurückgekehrt oder in ein Drittland weitergewandert seien.
FAZ 25.11.1998 // SZ 26.11.1998 // dpa 27.11.1998 // SZ 28.11.1998

Aussiedlerpolitik: Nur leichte Akzentverschiebungen unter der neuen Bundesregierung
Die neue Bundesregierung wird die Grundzüge der bisherigen Aussiedlerpolitik unangetastet lassen. Aus dem Bundesinnenministerium heißt es, man wolle die bislang in ihren Herkunftsländern gebliebenen Menschen nicht verunsichern. Allerdings will das Ministerium alle Fördermittel prüfen, um den uneffektiven Einsatz von Steuergeldern zu vermeiden. Die Regierung hält die Hilfen für die Eingliederung der Spätaussiedler in Deutschland nicht für ausreichend und will z.B. die Kürzungen bei den Sprachkursen wieder zurücknehmen. Neuer Beauftragter für Aussiedlerfragen ist der SPD-Abgeordnete Jochen Welt.
FAZ 23.11.1998 // FAZ 03.12.1998

Bundespräsident Herzog befürwortet öffentliche Debatte um Ausländerzuzug
Nach Ansicht von Bundespräsident Roman Herzog ist in der Bevölkerung der Eindruck entstanden, die politisch Verantwortlichen hätten die Lage beim Thema Einwanderung nicht unter Kontrolle. Um eine Verunsicherung der Bürger zu vermeiden und die Integrationschancen zu erhöhen, muß laut Herzog der Zuzug möglichst überschaubar gestaltet sein. Der Bundespräsident fordert zudem, den Begriff Integration klar zu definieren.
FR 28.11.1998

Bundesinnenminister will islamische Religionsgemeinschaften rechtlich aufwerten
Bundesinnenminister Otto Schily (SPD) plädiert dafür, islamische Religionsgemeinschaften nach dem Vorbild der christlichen Kirchen als Körperschaften des öffentlichen Rechts anzuerkennen. Eine solche Einstufung hätte für die Gemeinschaften erhebliche Vorteile wie z.b. staatliche Zuwendungen und Steuerbefreiungen. Von Vorteil für den Staat wäre die Anerkennung laut Schily, da damit Ansprechpartner feststünden und eine rechtliche Basis für islamischen Religionsunterricht an öffentlichen Schulen entstehe. Positiv auf Schilys Aussagen reagiert der Islamrat: Der Vorsitzende des bundesweiten Dachverbands, Hasan Özdogan, erklärt, man sei auf die Statusaufwertung vorbereitet und zur Mitarbeit bereit. Dagegen äußern Politiker von CDU/CSU Bedenken, da es eine unüberschaubare Zahl unterschiedlicher islamischer Gruppen gebe.
SZ 30.11.1998 // Welt 01.12.1998 // taz 03.12.1998

Dezember 1998

Katholische Bischofskonferenz verteidigt das Kirchenasyl
In einem ›Hirtenwort‹ an die katholischen Christen bezeichnen die katholischen Bischöfe das Kirchenasyl als einen Akt der Nothilfe für Flüchtlinge«. Eine Gemeinde, die von der Abschiebung bedrohte Menschen aufnimmt, gebe ihnen notwendigen Schutz für Leib und Leben und klage damit gleichzeitig eine gerechtere Behandlung der Flüchtlinge durch den Staat ein. Die Gewährung von Kirchenasyl sei die persönliche Gewissensentscheidung jedes

Christen. Abweichend äußert sich der Erzbischof von Fulda, Johannes Dyba: Kirchenasyl gebe es weder in der katholischen Kirche noch in der deutschen Rechtsprechung.

FAZ 04.12.1998 // taz 04.12.1998 // SZ 05.12.1998

Bundesinnenminister Schily hält am Flughafenverfahren fest

Bundesinnenminister Otto Schily (SPD) bekräftigt die Notwendigkeit des Flughafenverfahrens, in dem nach maximal 19 Tagen über die Zulassung zum Asylverfahren entschieden werden muß. Er weist auf die Absicherung des Verfahrens durch das Bundesverfassungsgericht hin. Schily plant den Einsatz einer Arbeitsgruppe aus Vertretern von Behörden und Sozialorganisationen, die die Vereinbarkeit des Flughafenverfahrens mit dem Grundsatz der Verhältnismäßigkeit prüfen soll. Die Unterbringung der Flüchtlinge, vor allem von Familien mit Kindern und alleinreisenden Minderjährigen, soll verbessert werden, ohne daß Abstriche bei Sicherheitsfragen gemacht werden. Ausdrücklich verteidigt Schily den Bundesgrenzschutz (BGS): Die Beamten nähmen ihre Aufgaben in »sehr sensibler und vernünftiger Form wahr« und hätten aus negativen Vorkommnissen personelle Konsequenzen gezogen.

FAZ 12.12.1998 // NZ 12.12.1998 // Welt 12.12.1998

Statistiken zum 2. Halbjahr 1998

1998 weniger fremdenfeindliche Straftaten, aber Zulauf bei Rechtsextremisten

Aus Jahresstatistiken des Bundeskriminalamtes und des Bundesamtes für Verfassungsschutz geht hervor, daß 1998 der Anteil von rechtsextremistischen und fremdenfeindlichen Straftaten an der politisch motivierten Kriminalität gegenüber dem Vorjahr um 4,8 bzw. 10,5% zurückging. Hingegen waren erheblich mehr politisch motivierte Straftaten von Ausländern zu verzeichnen, was laut Bundesinnenministerium fast ausschließlich auf eine gestiegene Anzahl von Landfriedensbrüchen und Verstößen gegen das Versammlungs- und Vereinsgesetz zurückzuführen sei. Besorgt zeigt sich Innenminister Otto Schily (SPD) über die Mitgliederzunahme von 11% bei rechtsextremistischen Parteien und Organisationen. Von den insgesamt 53.600 Mitgliedern seien etwa 8.200 als gewaltbereit einzustufen. Knapp die Hälfte der Gewalttaten gegen Ausländer wurde in Ostdeutschland registriert, was laut Schily in unmittelbarem Zusammenhang mit der dort hohen Jugendarbeitslosigkeit stehe.

Pressemitteilung BMI 03.03.1999 // NZZ 04.03.1999 // FR 26.03.1999

Zahl der Spätaussiedler geht 1998 weiter zurück
Die Gesamtzahl der Spätaussiedler, die im Jahr 1998 nach Deutschland gekommen sind, belief sich auf insgesamt 103.080 und liegt damit deutlich unter dem Wert von 1997, als noch 134.419 eingewanderte ›Deutschstämmige‹ registriert wurden. Fast alle kamen aus den GUS-Staaten. Der Aussiedlerbeauftragte der Bundesregierung, Jochen Welt (SPD), betont, daß weitere ca. 100.000 Menschen trotz bereits genehmigter Aufnahme vorerst nicht nach Deutschland kommen wollten. Der Politiker kündigt eine verstärkte Sprachförderung an, um die Spätaussiedler in Deutschland besser zu integrieren.

Welt 02.01.1999

Asylstatistik: 1998 erstmals weniger als 100.000 Anträge
In der zweiten Jahreshälfte 1998 stieg der monatliche Zustrom von Asylbewerbern leicht an: Er lag bei monatlich zwischen rund 8.500 und fast 11.000 Neuanträgen. Die Gesamtzahlen für das Jahr 1998 belaufen sich auf 98.644 Antragsteller. Dies ist der niedrigste Stand seit der Asylrechtsreform von 1993. Die Anerkennungsquote lag bei 4%, in 3,7% der Fälle wurde ›Kleines Asyl‹ gemäß der Genfer Konvention gewährt; etwa 14.000 Menschen wurden abgeschoben. Mehr als ein Drittel der Asylsuchenden stammt aus der Bundesrepublik Jugoslawien, davon sind schätzungsweise 85% Kosovo-Albaner. Die Zahl der Antragsteller aus Irak ist stark zurückgegangen; es wurden jedoch deutlich mehr Asylbewerber aus Vietnam registriert. Nach Einschätzung des Präsidenten des Bundesamtes für die Anerkennung ausländischer Flüchtlinge, Hans Georg Dusch, werden die Asylzahlen 1999 stabil bleiben. Die stark rückläufige Tendenz der vergangenen Jahre werde sich voraussichtlich nicht fortsetzen.

SZ 12.08.1998 // dpa 03.09.1998 // SZ 07.10.1998 // Welt 07.10.1998 // Pressemitteilung BMI 05.11.1998 // 04.12.1998 // FR 28.12.1998 // Welt 09.01.1999

Januar 1999

Bundesregierung stellt Arbeitsentwurf zur Reform des Staatsangehörigkeitsrechts vor

Bundesinnenminister Schily stellt die geplante Reform des Staatsangehörigkeitsrechts vor. Die wichtigsten Änderungen sind: Unter bestimmten Voraussetzungen soll künftig das Territorialitätsprinzip gelten, also mit der Geburt in Deutschland die deutsche Staatsangehörigkeit verliehen werden. Ein achtjähriger Aufenthalt soll zur deutschen Staatsangehörigkeit berechtigen, wenn der Bewerber sich auf Deutsch verständigen kann, keine Sozial- oder Arbeitslosenhilfe bezieht, nicht erheblich straffällig geworden ist und sich schriftlich zur freiheitlich-demokratischen Grundordnung bekennt. Junge Ausländer sollen zukünftig nach fünfjährigem, ausländische Ehegatten nach dreijährigem Aufenthalt die Einbürgerung beantragen können. Bei Anspruchseinbürgerung soll die Beibehaltung der alten Staatsbürgerschaft generell möglich sein, bei Ermessenseinbürgerungen wird die Entscheidung nur für den deutschen Paß bevorzugt.
FAZ 14.01.1999

CDU/CSU wenden sich mit Unterschriftenaktion gegen die Reform

Die Unionsparteien CDU und CSU sind gegen die generelle Hinnahme der doppelten Staatsangehörigkeit, weil sie der Integration schade. Eine Unterschriftensammlung soll zeigen, daß eine Mehrheit der Bevölkerung die Reform ablehnt. Der CSU-Vorsitzende Stoiber warnt, daß im Zuge der Gesetzesreform mehrere hunderttausend Familienangehörige nach Deutschland nachziehen würden und sieht ein »massives Gewaltpotential« voraus. Der CDU-Vorsitzende Schäuble schlägt ein Modell der doppelten Staatsbürgerschaft für Kinder vor, bei der sich Ausländer mit ihrer Volljährigkeit für einen Paß entscheiden müssen. Ihre Unterschriftenaktion, die am 27. Januar bundesweit startet, verteidigen die Unionsparteien gegen den Vorwurf der Ausländerfeindlichkeit und betonen die positive Resonanz der Bevölkerung.
Focus 05.01.1999 // dpa 07.01.1999 // Welt 11.01.1999 // SZ 11.01.1999 // 14.01.1999 // Welt 19.01.1999

Bundesweit viel Kritik an der Unterschriftenaktion von CDU/CSU
Verschiedene Interessenverbände für Ausländer in Deutschland warnen vor den Folgen der Unterschriftenaktion von CDU/CSU gegen die doppelte Staatsbürgerschaft. Türkische Vereine werfen den Unionsparteien Hetze und geistige Brandstiftung vor. Der Bundesausländerbeirat spricht von einer »böswilligen Verunglimpfung aller rechtschaffenen Ausländer in Deutschland« und erklärt, nicht die doppelte Staatsbürgerschaft gefährde die innere Sicherheit, »sondern der Versuch, dagegen Stimmung zu machen.« Bundesweit verurteilen Vertreter von Parteien, Wohlfahrtsverbänden, Gewerkschaften und Einwanderergruppen die Unterschriftenaktion und warnen davor, Stimmung gegen die ausländische Bevölkerung allgemein zu erzeugen.
FR 06.01.1999 // 22.01.1999

FDP schlägt ›Optionsmodell‹ zur Regelung doppelter Staatsangehörigkeit vor
Die FDP stellt einen Kompromißvorschlag zur Einführung der doppelten Staatsangehörigkeit vor: In Deutschland geborene Kinder sollen den deutschen Paß erhalten und sich bei Erreichen der Volljährigkeit entscheiden, ob sie entweder die deutsche Staatsangehörigkeit oder diejenige ihrer Eltern annehmen wollen. Damit will die FDP doppelte Staatsangehörigkeiten als Regelfall verhindern. Mit ihrem sog. ›Optionsmodell‹ scheiterte die FDP in der vorherigen Regierung am Widerstand von CDU/CSU.
dpa 17.01.1999 // FAZ 19.01.1999

Vorerst kein kommunales Wahlrecht für Nicht-EU-Ausländer
Die Bundesregierung will aufgrund der Auseinandersetzungen um das neue Staatsbürgerschaftsrecht vorerst kein kommunales Wahlrecht für Nicht-EU-Ausländer schaffen. Aus den Reihen der Grünen heißt es, man werde damit bis zum nächsten Jahr warten. In ihre Koalitionsvereinbarung vom Oktober 1998 hatten SPD und Grüne das kommunale Wahlrecht für Ausländer als Zielvereinbarung aufgenommen.
SZ 29.01.1999

Februar 1999

Modifizierungen der Staatsangehörigkeitsreform angekündigt
Nach dem Verlust der SPD-Regierungsmehrheit in Hessen kündigt die SPD
Änderungen am Arbeitsentwurf von Bundesinnenminister Schily zur Reform
des Staatsangehörigkeitsrechts an. Parteichef Oskar Lafontaine erklärt, daß
angesichts der Schwächung der Regierungspartei im Bundesrat eine von einer parlamentarischen Mehrheit mitgetragene Lösung gefunden werden müsse. Bundeskanzler Schröder spricht sich für das sog. ›Optionsmodell‹ der
FDP aus, das die Entscheidung für eine Staatsangehörigkeit in einem bestimmten Alter vorsieht. Die Grünen äußern Zweifel am verfassungsrechtlichen Bestand einer solchen Lösung, denn laut Grundgesetz dürfe die deutsche Staatsangehörigkeit nicht entzogen werden. Zudem müsse das Alter, in
dem sich Doppelstaatler für eine Nationalität zu entscheiden haben, möglichst hoch liegen, um Generationenkonflikte zu vermeiden. Man könne von
der sog. ersten Migrantengeneration, die zum Großteil bereits im Rentenalter
ist, die Aufgabe des alten Passes oft nicht verlangen. Bundesinnenminister
Schily betont die Wichtigkeit einer allgemeinen breiten Zustimmung zu der
Reform. Mehrstaatigkeit soll seiner Meinung nach hingenommen werden,
»wo diese der Erleichterung der Integration dient«.
SZ 09.02.1999 // FAZ 10.02.1999 // SZ 10.02.1999 // dpa 11.02.1999 // Welt 12.02.1999 //
FAZ 12.02.1999

Bundesrat lehnt Vorstoß Bayern zur Zuzugsbegrenzung ab
Die SPD-regierten Bundesländer lehnen im Bundesrat einen Entwurf der
bayerischen Regierung ab, der eine Begrenzung der Zuwanderung vorsieht.
Bayern hatte die Initiative mit dem hohen Ausländeranteil an der Gesamtbevölkerung und der überdurchschnittlich hohen Dauerarbeitslosigkeit von
Ausländern begründet, sowie die erschwerten Integrationsbedingungen in
Schulen mit vielen ausländischen Kindern geltend gemacht. Bundesinnenminister Otto Schily (SPD) will sich im Rahmen der EU-Ratspräsidentschaft
um eine europaweite Harmonisierung von Zuwanderungs- und Asylpolitik
bemühen. Weitere Zuwanderung benötige Deutschland angesichts der wirtschaftlichen Situation nicht, daher würde ein Zuwanderungsgesetz nur fal-
sche Hoffnungen wecken.
SZ 06.02.1999

Verwaltungsgerichtshof hält Kosovo-Albaner nicht für gruppenverfolgt
In einer Grundsatzentscheidung des Hessischen Verwaltungsgerichtshofes
(VGH) heißt es, daß Kosovo-Albanern bei ihrer Rückkehr nach Jugoslawien
derzeit keine staatliche Gruppenverfolgung drohe. Das Gericht führt aus, daß
nicht jeder Kosovo-Albaner damit rechnen müsse, Opfer eines asylrechtlich
relevanten Überfalls der Staatsmacht zu werden, da kein staatliches Programm zur Vernichtung oder Vertreibung dieser Volksgruppe existiere. Die
Lage im Kosovo habe sich seit Herbst 1998 »einigermaßen stabilisiert«.
FR 06.02.1999

BAFl leitet EU-Projekt zur Modernisierung des Asylwesens in Mittel- und
Osteuropa
In einem auf zwei Jahre angesetzten Projekt will die EU in Kooperation mit
dem UNHCR insgesamt zehn beitrittswillige Länder Mittel- und Osteuropas
bei der Einrichtung eines Asylverfahrens nach westeuropäischem Standard
unterstützen. Das Nürnberger Bundesamt für die Anerkennung ausländischer
Flüchtlinge (BAFl) leitet das 3 Millionen Euro teure Projekt, in dem Fach-
leute der EU und des UNHCR unter anderem über gerechte Asylverfahren
und Aspekte der Betreuung von Asylbewerbern informieren. Die EU sieht in
der Angleichung der Asylrechtsstandards eine Bedingung für den Beitritt der
mittel- und osteuropäischen Staaten. Nach dem Präsidenten des Bundesamtes, Hans Georg Dusch, will das nun gestartete Projekt den »Gürtel von sicheren Drittstaaten weiter nach Osten verlagern.«
dpa 22.02.1999 // NZ 23.02.1999

Forderungen nach erleichterter Abschiebung von gewalttätigen Kurden
Auf die Inhaftierung des PKK-Führers Öcalan in der Türkei reagieren kurdische Demonstranten in vielen deutschen Städten mit gewalttätigen Ausschreitungen. Die Eskalation der Gewalt gipfelte im Tod dreier Demonstranten, die bei der Stürmung des israelischen Generalkonsulats in Berlin
von israelischen Sicherheitskräften erschossen wurden. Die Bundesregierung
kündigt hartes Vorgehen gegen Gesetzesverstöße an und will straffällige
Kurden in die Türkei abschieben.
FAZ 17.02.1999 // dpa 18.02.1999 // FAZ 18.02.1999 // 19.02.1999 // 24.02.1999

März 1999

Neuer Gesetzentwurf zur Reform des Staatsangehörigkeitsrechts vorgelegt
Bundesinnenminister Schily legt einen zweiten Gesetzentwurf zur Reform des Staatsangehörigkeitrechts vor, der sich stark am sog. ›Optionsmodell‹ der FDP orientiert. Seine Kernpunkte sind: In Deutschland geborene Kinder ausländischer Eltern erwerben mit der Geburt die deutsche Staatsangehörigkeit, müssen sich aber zwischen dem 18. und 23. Lebensjahr für einen der beiden Pässe entscheiden. Wie im ersten Entwurf wird die Einbürgerungsfrist auf acht Jahre verkürzt; als Bedingungen werden »ausreichende Kenntnisse der deutschen Sprache«, ein »Bekenntnis zum Grundgesetz«, Straflosigkeit und Unterhaltsfähigkeit vorausgesetzt. Der Grundsatz der Vermeidung von Mehrstaatigkeit bleibt erhalten; Ausnahmeregelungen sollen im Einzelfall gelten, wenn die Entlassung aus der alten Staatsangehörigkeit unzumutbar schwierig oder teuer wäre. Der Entwurf sieht ferner weniger Bürokratie bei Einbürgerungen vor, indem Vertriebene, Aussiedler und Spätaussiedler automatisch kraft Gesetz Deutsche werden und die Verwaltungsbehörden nicht mehr vor jeder Einbürgerung die Zustimmung des Bundesinnenministeriums einholen müssen. Schily betont, auch ohne die generelle Hinnahme der doppelten Staatsbürgerschaft setze man »ein deutliches Zeichen, daß Deutschland ein weltoffenes und modernes Land« sei und europäische Standards übernehme. Verfassungsrechtliche Bedenken könnten durch präzise Formulierungen ausgeräumt werden; in der Verwaltungspraxis werfe der Entwurf allerdings »einige Schwierigkeiten« auf. Die CDU/CSU lehnt den Gesetzentwurf mehrheitlich ab, da er die doppelte Staatsangehörigkeit »durch die Hintertür« einführe. Der Bundesausländerbeirat kritisiert, der Entwurf sei kein echtes Angebot für die erste und zweite Migrantengeneration und gehe an der Lebenswirklichkeit der Ausländer vorbei.
FR 13.03.1999 // SZ 13.03.1999 // FAZ 16.03.1999 // Pressemitteilung BMI 16.03.1999 // NN 17.03.1999

Frage der Abschiebung kurdischer Gewalttäter beschäftigt Politik und Justiz
Bayern und Nordrhein-Westfalen haben bislang vier türkische Kurden in die Türkei abgeschoben, weil sie sich an gewälttätigen Protestaktionen der PKK beteiligt hatten. Einer von ihnen wurde unmittelbar nach seiner Ankunft in

Istanbul festgenommen. Flüchtlings- und Menschenrechtsorganisationen fordern einen Abschiebestopp für politisch aktive Kurden. Bundesinnenminister Schily läßt die Rechtmäßigkeit der Abschiebung von straffällig gewordenen PKK-Anhängern prüfen, äußert sich jedoch skeptisch darüber, daß von der Türkei gegebene Sicherheitsgarantien eine seriöse Grundlage bilden könnten. Ein Urteil des Bundesverfassungsgerichts stellt fest, daß auch PKK-Kämpfer politisches Asyl erhalten können, wenn sie von staatlicher Seite über die Bekämpfung von Straftaten hinaus verfolgt wurden. Das Bundesverwaltungsgericht spricht Funktionären der PKK, die persönlich eine Gefahr für die Sicherheit der Bundesrepublik darstellen, den Anspruch auf Asyl ab.
FR 03.03.1999 // NZ 04.03.1999 // SZ 04.03.1999 // FAZ 05.03.1999 // FR 05.03.1999 // 06.03.1999 // FAZ 31.03.1999

Nach Beginn der NATO-Luftschläge: Diskussion über optimale Flüchtlingshilfe
Infolge der Eskalation der Kosovo-Krise und der NATO-Bombardierungen in Jugoslawien nehmen die Flüchtlingsströme aus dem Kosovo große Ausmaße an. Die Diskussion in Deutschland konzentriert sich auf die Frage, ob man die flüchtenden Kosovo-Albaner ausschließlich in der Region, also vor allem den Anrainerstaaten Albanien und Mazedonien, humanitär versorgen oder Flüchtlingskontingente in EU-Staaten aufnehmen solle. Deutschland stellt zunächst 27 Millionen DM, die EU-Kommission 20 Millionen DM für die Hilfe vor Ort zur Verfügung. Die Bundesregierung betont, daß man als Inhaber der EU-Ratspräsidentschaft bei der Aufnahme und Verteilung von Flüchtlingen zu raschem Handeln bereit sei, dabei aber auf eine gerechte Lastenverteilung unter den EU-Mitgliedstaaten Wert lege.
dpa 25.03.1999 // 29.03.1999 // Welt 29.03.1999 // 31.03.1999

April 1999

Zunächst Aufnahme von 10.000 Kosovo-Flüchtlingen in Deutschland
Aufgrund der dramatischen Situation in den Flüchtlingslagern Albaniens und Mazedoniens nimmt Deutschland zunächst 10.000 Vertriebene aus dem Kosovo als Bürgerkriegsflüchtlinge gemäß § 32a des Ausländergesetzes auf und gewährt ihnen eine dreimonatige, verlängerbare Aufenthaltsbefugnis. Die er-

sten von ihnen treffen am 7. April in Nürnberg ein; das Bundesamt für die Anerkennung ausländischer Flüchtlinge (BAFl) gibt über eine Telefon-Hotline den Angehörigen Auskunft über die Angekommenen. Die schleppende Aufnahmepolitik anderer EU-Staaten sorgt für Verstimmungen: Laut Bundesinnenminister Schily ist erst ein Drittel der zugesagten 32.000 Aufnahmen erfolgt, es dürfe aber nicht zu einer ähnlich ungleichen Belastung Deutschlands wie im Bosnienkrieg kommen. Die Flüchtlingshilfsorganisation Pro Asyl kritisiert die Visa-Politik Deutschlands, weil in vielen Fällen Flüchtlingen die Einreise verweigert werde, obwohl sich hier lebende Angehörige oder Deutsche zur Kostenübernahme verpflichtet hätten. Die Juristenvereinigung ›Ialana‹ wirf dem Auswärtigen Amt vor, veraltete und unrealistische Lageberichte für den Kosovo zu verwenden; so seien noch Mitte März Gerichtsurteile in Asylfällen ergangen, wo von »keiner Gruppenverfolgung« der Kosovo-Albaner die Rede sei. Das Ministerium zieht den entsprechenden Lagebericht Ende April offiziell zurück. Das Verwaltungsgericht Aachen stellt fest, derzeit bestehe für diese Menschen ein Anspruch auf politisches Asyl.

FR 07.04.1999 // FAZ 08.04.1999 // NN 08.04.1999 // FR 17.04.1999 // SZ 23.04.1999 // 24.04.1999 // FAZ 24.04.1999 // FR 30.04.1999

Geplante Staatsangehörigkeitsrechtsreform: Experten und Opposition mit Bedenken

Bei einer öffentlichen Anhörung im Innenausschuß des Bundestages äußert sich ein Teil der Sachverständigen und Verbände kritisch zum sog. ›Optionsmodell‹ der Regierungskoalition. Verfassungsrechtler warnen vor langen Verwaltungsverfahren, wenn Inhaber zweier Staatsangehörigkeiten sich dem im Gesetzesentwurf vorgesehenen Wahlzwang entzögen, und verweisen auf Art. 16, Absatz 1 Grundgesetz, der im Zweifelsfall den Entzug der deutschen Staatsbürgerschaft verbiete. Der stellvertretende CDU-Vorsitzende Jürgen Rüttgers erklärt, im Falle der Gesetzesverabschiedung erwäge man eine Klage vor dem Bundesverfassungsgericht. Die Türkische Gemeinde, ein Dachverband von ca. 2.000 türkischen Vereinen, lehnt das ›Optionsmodell‹ ab, da es zur Aufgabe der bisherigen Staatsangehörigkeit zwinge und damit Integration verhindere: In die Migrantenfamilien werde ein Keil getrieben, weil Eltern und Großeltern der deutsche Paß verwehrt bleibe.

dpa 13.04.1999 // Welt 14.04.1999 // NN 21.04.1999 // Welt 21.04.1999 // NZ 24.04.1999

Bundesregierung initiiert ›Bündnis für Demokratie und Toleranz‹
Die Bundesregierung ruft zu einem bundesweiten ›Bündnis für Demokratie und Toleranz – gegen Extremismus und Gewalt‹ auf, das von Repräsentanten großer gesellschaftlicher Institutionen, Kirchen, Medien, Bürgerinitiativen und Sportvereinen getragen werden soll. Vorrangige Ziele sind, die politische Auseinandersetzung mit dem Extremismus zu verstärken, den kulturellen Dialog zwischen Nationalitäten und Religionen auszubauen und in der Bevölkerung Zivilcourage zu wecken. Die Initiative steht vor dem Hintergrund des jüngsten Verfassungsschutzberichtes, der unter anderem einen deutlichen Zuwachs bei der Anhängerschaft rechtsextremer Gruppierungen verzeichnet hatte.
FR 30.04.1999

Mai 1999

Neues Staatsangehörigkeitsrecht kann zum 1. Januar 2000 in Kraft treten
Der Bundesrat nimmt am 21. Mai die Reform des Staatsangehörigkeitsrechts an und folgt damit dem Votum des Bundestags, wo das neue Gesetz am 7. Mai durch die Stimmen der Regierungskoalition und der FDP eine breite Mehrheit gefunden hatte. Damit kann das sog. Optionsmodell zum 1. Januar 2000 in Kraft treten: In Deutschland geborene Kinder ausländischer Eltern können über das ius soli zusätzlich zur Staatsangehörigkeit ihrer Eltern die deutsche Staatsangehörigkeit erhalten, müssen sich aber bis zum vollendeten 23. Lebensjahr für eine der beiden entscheiden. Zudem werden die Einbürgerungsfristen insgesamt verkürzt. Bundesinnenminister Schily betont, nun entspreche auch das deutsche Staatsangehörigkeitsrecht europäischen Standards und gleichzeitig werde der gesellschaftliche Friede gestärkt. Politiker von CDU/CSU kündigen dagegen an, ihre Parteien würden das Gesetz bei veränderten Mehrheitsverhältnissen revidieren, da es nicht dem Willen einer Bevölkerungsmehrheit entspreche, was die fünf Millionen gegen das Gesetz gesammelten Unterschriften belegten. Auch ein Gang vor das Bundesverfassungsgericht werde erwogen.
FAZ 22.05.1999 // dpa 30.05.1999

Aufnahme von 10.000 weiteren Kosovo-Flüchtlingen in Deutschland
Die Bundesregierung und die Bundesländer einigen sich am 6. Mai auf die
Aufnahme von weiteren 10.000 Kosovo-Flüchtlingen aus mazedonischen
Lagern, so daß insgesamt 20.000 Vertriebene in Deutschland Zuflucht finden. Die unionsregierten Länder hatten das neue Kontingent unter Hinweis
auf nicht eingehaltene Aufnahmezusagen anderer EU-Länder lange Zeit abgelehnt. Die den Flüchtlingen in Deutschland gewährte Aufenthaltsduldung
schließt den Zugang zum Asylverfahren aus. Das Oberverwaltungsgericht
(OVG) Düsseldorf urteilt im Berufungsverfahren eines kosovo-albanischen
Asylbewerbers, die im Kosovo lebenden Albaner seien einer andauernden
staatlichen Gruppenverfolgung ausgesetzt.
dpa 02.05.1999 // FR 04.05.1999 // Pressemitteilung BMI 06.05.1999

Nach Tod eines Sudanesen werden Abschiebungen eingeschränkt
Ein abgelehnter Asylbewerber aus dem Sudan verstarb am 28. Mai während
seiner Abschiebung im Flugzeug. Beamten des Bundesgrenzschutzes hatten
den Mann wegen Widerstand gefesselt und seinen Kopf heruntergedrückt.
Bundesinnenminister Otto Schily setzt nach dem Vorfall alle Abschiebungen
aus, bei denen mit gewaltsamem Widerstand des abzuschiebenden Ausländers zu rechnen ist. Politiker von CDU/CSU kritisieren die Entscheidung, da
dadurch rechtskräftige Urteile weitgehend zur Farce würden. UNHCR und
die Flüchtlingsorganisation Pro Asyl fordern, nur unter menschenwürdigen
Umständen abzuschieben und die Rechte der Betroffenen zu beachten.
FR 31.05.1999 // FAZ 31.05.1999 // dpa 31.05.1999 // 01.06.1999

Abschiebungen nach Algerien künftig in Begleitung algerischer Polizisten
Deutschland und Algerien haben sich auf die Umsetzung eines bereits im
Februar 1997 unterzeichneten Rückführungsabkommens verständigt, wonach
algerische Sicherheitsbeamte ihre abzuschiebenden Landsleute bereits beim
Abflug in Deutschland in Empfang nehmen und sie im Flugzeug begleiten.
Pro Flug sollen je zwei Polizisten für maximal fünf Abzuschiebende zuständig sein. Das Bundesinnenministerium hatte diese Regelung im Februar 1997
mit der »stetig zunehmenden Zahl renitenter algerischer Schüblinge« begründet. In einem Appell an das Ministerium verlangen Flüchtlingsinitiati-
ven, das Abkommen zu annulieren und die »Kumpanei mit einem Verfolger-
staat« zu beenden.
Freitag (Wochenzeitung) 28.05.1999 // FR 01.06.1999

BAFl: Schulungen für Entscheiderinnen über geschlechtsspezifische Verfolgung

Für Einzelfallentscheiderinnen des Bundesamtes für die Anerkennung ausländischer Flüchtlinge (BAFl) wird eine psychologische Zusatzausbildung für den Umgang mit Opfern geschlechtsspezifischer Verfolgung angeboten. In Zukunft gibt es in allen BAFl-Außenstellen Ansprechpartnerinnen für diese Personengruppe. Das Bundesamt erklärt, die Sensibilität der Mitarbeiterinnen gegenüber Berichten über frauenspezifische Gewalterfahrung habe stark zugenommen.

NN 20.05.1999

EU-Kommission: Ausländer bei Europawahl in Deutschland benachteiligt

Das Bundesinnenministerium bestätigt, daß die EU-Kommission bereits vor zwei Jahren der damaligen Bundesregierung eine Mißachtung der Europawahlrichtlinie vorgeworfen hat. In Deutschland müssen sich EU-Ausländer anders als in anderen EU-Staaten vor jeder Europawahl wieder neu registrieren lassen, da ihre Daten zwischenzeitlich aus dem Wahlregister gelöscht werden. Laut der Kommission stellt dies eine Diskriminierung dar. Das Bundesinnenministerium hält es für möglich, daß bis zur Europawahl 2004 das Wahlrecht geändert wird.

FR 28.05.1999

Juni 1999

Zeitpunkt der Kosovo-Flüchtlingsrückkehr noch unklar

Nach der Beendigung des Kosovo-Kriegs wird eine Rückkehr auch der nach Deutschland evakuierten Flüchtlinge in ihre Heimat möglich, die laut Bundesinnenminister Schily vermutlich erst im nächsten Frühjahr beginnen wird. Man werde die Flüchtlinge zunächst zur freiwilligen Rückkehr ermuntern und wolle vorherige Orientierungsreisen ermöglichen. Neben den ca. 15.000 Vertriebenen des aktuellen Konflikts müßten auch jene ca. 180.000 Kosovo-Albaner, die sich schon länger ohne dauerhaften Aufenthaltstitel in Deutschland aufhalten, zurückkehren. Die Bundesländer Bayern und Berlin fordern eine möglichst rasche Rückführung noch in diesem Jahr. Das Verwaltungs-

gericht Münster spricht einer Kosovo-Albanerin unter Hinweis auf die systematische Vertreibungspolitik der Serben politisches Asyl wegen Gruppenverfolgung zu. Ein anderes Verwaltungsgericht vertagt die Entscheidung in drei Asylverfahren, um den Fortgang des Friedensprozesses abzuwarten.
SZ 05.06.1999 // FR 05.06.1999 // FR 07.06.1999 // SZ 10.06.1999 // NN 12.06.1999 // Welt 12.06.1999 // 18.06.1999 // dpa 28.06.1999

Abschiebungen werden wieder aufgenommen; neue Richtlinien für den BGS
Bundesinnenminister Schily hebt die von ihm Ende Mai verfügte Aussetzung der Abschiebungen gewaltbereiter Ausländer wieder auf und beugt sich damit dem Druck der Innenminister der Länder, die gewalttätige Ausländer nicht mit einem längeren Aufenthalt »belohnen« wollen. Dem Abschiebestopp war der Tod eines Sudanesen während seiner Rückführung im Flugzeug vorausgegangen. Auf einer Fachkonferenz läßt das Bundesinnenministerium die Rückführungspraxis des Bundesgrenzschutzes (BGS) überprüfen und verbindet die Wiederaufnahme der Abschiebungen mit neuen Richtlinien, die z.b. den Gebrauch von Helmen ausschließt. Die Länder als Veranlasser der Abschiebungen werden verpflichtet, den BGS umfassend über die Person des Rückzuführenden zu informieren, vor allem über Gewaltbereitschaft oder Suizidneigung.
SZ 12.06.1999 // FAZ 19.06.1999 // Pressemitteilung BMI 25.06.1999

Abschiebepraxis in Deutschland von unterschiedlichen Seiten kritisiert
An der Praxis der Abschiebung abgelehnter Asylbewerber üben unterschiedliche Gruppen Kritik: Die Internationale Gesellschaft für Menschenrechte (IGFM) erstattet Strafanzeige gegen Beamte des Bundesgrenzschutzes (BGS), weil sie Mitte März 1999 sieben abgelehnte Asylbewerber aus Guinea während der Abschiebung mißhandelt und gedemütigt haben sollen. Die Grünen in Hamburg werfen der Innenbehörde der Stadt vor, zunehmend Ausländer abzuschieben, die durch Atteste ihre Reiseunfähigkeit bescheinigen könnten. Die deutsche Flüchtlingsinitiative Pro Asyl und der türkische Menschenrechtsverein (IHD) legen acht neue Fälle vor, in denen von Deutschland in die Türkei Abgeschobene nach ihrer Ankunft mißhandelt worden seien. Einem Kurden drohe wegen seiner Mitgliedschaft in der Kurdischen Arbeiterpartei (PKK) die Todesstrafe. Pro Asyl und IHD fordern das Auswärtige Amt auf, umgehend einen aktuellen Lagebericht über die Türkei

vorzulegen und darin über die verschärfte Menschenrechtssituation nach der Verhaftung von PKK-Chef Öcalan zu informieren.

SZ 12.06.1999 // dpa 22.06.1999 // SZ 23.06.1999 // dpa 23.06.1999 // FR 25.06.1999 // dpa 28.06.1999

Neues Staatsangehörigkeitsrecht senkt Zahl der ausländischen Studenten
Der Anteil der sog. ›Bildungsinländer‹ an deutschen Hochschulen, also Studenten ohne deutschen Paß, die in Deutschland die Schule besucht haben und häufig auch hier geboren sind, dürfte im Zuge der Reform des Staatsangehörigkeitsrechts zurückgehen. Derzeit macht diese Personengruppe ca. ein Drittel der insgesamt 158.000 Studierenden mit ausländischem Paß aus.

taz 01.06.1999

30 Jahre Abkommen gegen Rassendiskriminierung: Pro Asyl kritisiert Politik
Vor 30 Jahren trat in Deutschland das internationale Abkommen gegen Rassendiskriminierung in Kraft, in dem sich die Regierungen der Staaten verpflichten, alle diskriminierenden Gesetze und Vorschriften zu ändern oder aufzuheben. Anläßlich des Jahrestags kritisiert die Flüchtlingsorganisation Pro Asyl, die deutsche Politik habe die Defizite im Umgang mit Flüchtlingen und Minderheiten nicht ausgeräumt. Zum einen versäume man es, einer UN-Empfehlung von 1997 zur Einführung eines umfassenden Anti-Diskriminierungsgesetzes zu folgen, zum anderen widersprächen die Praxis von Abschiebehaft und Abschiebungen sowie das sog. Flughafenverfahren dem Abkommen.

dpa 14.06.1999

Statistiken zum 1. Halbjahr 1999

Aussiedler: 100.000 Neuzuzüge jährlich ist »sinnvolle Größenordnung«
In den ersten sechs Monaten des Jahres 1999 setzt sich der Trend des Vorjahres fort: Die Zahl der neuzugezogenen Spätaussiedler nimmt deutlich ab; sie liegt zwischen rund 5.500 und etwa 7.000 Neuzuzügen pro Monat. Der Aussiedlerbeauftragte Jochen Welt (SPD) betrachtet die Zahl von knapp 100.000

neu zugezogenen Deutschstämmigen aus Osteuropa im Jahr 1998 als eine »sinnvolle Größenordnung«. Das Bundesinnenministerium plant in Anbetracht dieser Stabilisierung, einen Großteil der Erstaufnahmeeinrichtungen für Spätaussiedler zu schließen. Für eine bessere Integration der Neuankömmlinge müsse der Sprachunterricht verbessert und durch ein anschließendes viermonatiges berufliches Praktikum ergänzt werde. Die jugendlichen Aussiedler, die etwa 40% der Neuankommenden ausmachten, wolle man durch eine gezieltere Sozialarbeit ansprechen und somit ihre ›Ghettoisierung‹ verhindern. Die finanzielle Hilfe für die Siedlungsgebiete in den Herkunftsländern werde künftig statt in Großprojekte in Entwicklungsgesellschaften fließen, die die Gelder sinnvoller verteilen und auch die nichtdeutschen Bewohner einbeziehen sollten.
Pressemitteilung BMI 04.03.1999 // NN 27.04.1999 // 04.05.1999 // Pressemitteilung BMI 03.06.1999 // NN 01.07.1999

Asylstatistik
Im ersten Halbjahr 1999 blieb die monatliche Zahl der neuen Asylanträge unter der 10.000-Grenze (Januar: 8.216, Februar: 7.333, März: 7.925, April: 6.491, Mai: 6.911, Juni: 9.640 Personen). Die Haupt-Herkunftsländer waren wie im vergangenen Jahr die Bundesrepublik Jugoslawien, Türkei, Irak und Afghanistan. Die Anträge von jugoslawischen Staatsangehörigen, davon nahezu 80% Kosovo-Albaner, stiegen um etwa ein Drittel an. Die monatliche Anerkennungsquote lag zwischen 2,9 und 4%. Die Sparpläne der Bundesregierung werden in Zukunft auch die Arbeit des Bundesamts für die Anerkennung ausländischer Flüchtlinge betreffen: Acht der 32 auf die Bundesländer verteilten Außenstellen sollen im kommenden Jahr geschlossen werden.
Pressemitteilung BMI 06.06.1999 // 04.02.1999 // 05.03.1999 // 09.04.1999 // 07.05.1999 // 06.07.1999

Juli 1999

Neues Staatsangehörigkeitsrecht tritt in Kraft
Nach der Unterzeichnung des lange Zeit kontrovers diskutierten Gesetzes zur Reform des Staatsangehörigkeitsrechts am 15. Juli durch Bundespräsidenten Johannes Rau, tritt das Gesetz in Kraft: Ab dem Jahr 2000 erhalten in

Deutschland geborene Kinder von Ausländern die deutsche Staatsangehörigkeit, sofern sich ein Elternteil seit 8 Jahren rechtmäßig in Deutschland auf-
hält. Bis zu ihrem 23. Geburtstag müssen sie sich gemäß dem vereinbarten
Optionsrecht entscheiden, welche der beiden Staatsbürgerschaften sie behalten wollen.
Welt 21.07.1999

Rückkehr der Kosovo-Flüchtlinge
Von den 15.000 Bürgerkriegsflüchtlingen aus dem Kosovo, die Deutschland
aufgenommen hat, kehren rund 2.500 freiwillig in ihre Heimat zurück. Sie
erhalten ein Flugticket sowie ein Überbrückungsgeld von etwa 450 DM. Bei
einem Treffen der zwölf wichtigsten westlichen Aufnahmeländer in Genf zur
Koordination der Rückkehr der Flüchtlinge findet ein Programm des
UNHCR und der Internationalen Organisation für Migration (IOM) Zustimmung: ab 15. Juli sollen bis zu 1.000 Flüchtlinge pro Tag über Skopje in ihre
Heimatorte gebracht werden. Die Grünen und Pro Asyl warnen vor Forderungen der unionsregierten Bundesländer und Überlegungen aus dem Bundesinnenministerium, die Flüchtlinge noch im Herbst zwangsweise in den
Kosovo zurückzubringen: Die dortige Lage sei instabil, es herrsche Versor-
gungsknappheit. Über Italien wandern zunehmend Kosovo-Flüchtlinge nach
Deutschland ein. Bayerns Innenminister Günther Beckstein kritisiert Italien
wegen unzureichender Grenzsicherung und sieht darin einen Verstoß gegen
das Schengener Abkommen.
dpa 08.07.1999 // FR 01.07.1999 // dpa 13.07.1999 // NZZ 13.07.1999 // FR 30.07.1999 // Welt
30.07.1999

August 1999

Einreiseregelungen nach Deutschland für türkische Erdbebenopfer
Für türkische Staatsangehörige, die Opfer des schweren Erdbebens in der
Türkei wurden, gelten Ausnahmeregelungen für die Einreise nach Deutschland: Nach einem Beschluß der Innenminister von Bund und Ländern können minderjährige ledige Kinder sowie Ehegatten von in Deutschland lebenden türkischen Staatsangehörigen »unbürokratisch und schnell« eine Aufent-

haltsgenehmigung für 15 Tage, auf maximal 90 Tage verlängerbar, erhalten. Die Visumspflicht für Kinder bleibt weiter bestehen. Von den deutschen Behörden wird vor Ort geprüft, ob ein Verwandtschaftsverhältnis zu den angegebenen in Deutschland lebenden Türken besteht, und ob der einreisewillige Familienangehörige aus dem Erdbebengebiet stammt.

Pressemitteilung BMI 24.08.1999 // SZ 24.08.1999 // taz 25.08.1999 // SZ 25.08.1999 // FR 27.08.1999

UN kritisiert Behandlung minderjähriger Asylbewerber

Die UN kritisiert die Behandlung der 5–10.000 unbegleiteten Flüchtlingskinder in Deutschland. Sie beruft sich dabei auf eine Untersuchung, die durch das UN-Flüchtlingshilfswerk unterstützt wurde. Hauptkritikpunkt ist, daß in Deutschland die Kinder ab dem 16. Lebensjahr asylrechtlich uneingeschränkt handlungsfähig sind. Die Asylverfahren fänden teilweise ohne juristischen oder persönlichen Beistand statt; die Kinder seien überfordert, ihre politische Verfolgung nachzuweisen. Desweiteren wird als problematisch erachtet, daß das Alter von Kindern, die keine Papiere haben, geschätzt wird und dabei zu häufig von Volljährigkeit ausgegangen wird. Vor diesem Hintergrund fordert UNICEF die vollständige Anerkennung der UN-Kinderrechtskonvention, die 1992 von Deutschland nur unter Vorbehalt ratifiziert wurde.

FAZ 20.08.1999 // FR 20.08.1999 // SZ 20.08.1999 // SZ 23.08.1999

September 1999

Überarbeitung der Lageberichte des Auswärtigen Amts

Das Auswärtige Amt wird seine Lageberichte zukünftig häufiger aktualisieren: Es soll jährlich eine neue Expertise über Staaten mit relativ gleichbleibender politischer Lage angefertigt werden, halbjährlich über Staaten mit »großer innenpolitischer Dynamik« und noch häufiger über Krisengebiete. Die Lageberichte sollten eine »deutliche Aussage« über die Verfolgung bestimmter Bevölkerungsgruppen und über innerstaatliche Fluchtalternativen machen. Das Auswärtige Amt hält an einer Geheimhaltung von Details der Berichte fest, um politische Rücksichtnahmen auszuschließen. Am 7. September wird als erster Bericht nach den neuen Richtlinien der Türkei-Bericht

veröffentlicht: es herrsche in der Türkei weiterhin eine »unbefriedigende Menschenrechtslage«, abgeschobene Asylbewerber würden teilweise in der Türkei mißhandelt, »nicht selten« seien türkische Menschenrechtsorganisationen der »Behinderung durch staatliche Stellen ausgesetzt«. Unter anderem mit Verweis auf den aktuellen Lagebericht lehnt das Oberverwaltungsgerichtes Münster den Asylantrag eines Kurden ab.
FR 03.09.1999 // SZ 03.09.1999 // Spiegel 13.09.1999 // FR 16.09.1999 // FR 24.09.1999

Oktober 1999

Uneinigkeit hinsichtlich der Reform des Staatsangehörigkeitsrechts
Die Bundesregierung startet in 25 Großstädten eine Einbürgerungskampagne mit 3.000 Plakaten, Zeitungs- und Internetanzeigen, mit der sie für die Reform des Staatsbürgerschaftsrechts und möglichst viele neue Staatsbürger werben möchte. Währenddessen sind die Verwaltungsrichtlinien für das Einbürgerungsverfahren im Bundesrat noch umstritten: Entgegen der Vorstellungen rot-grün regierter Länder fordern unionsregierte Länder bei der Einbürgerung eine Regelanfrage beim Verfassungsschutz und eine Prüfung des Bekenntnisses zur freiheitlich demokratischen Grundordnung. Uneinigkeit herrscht außerdem bei der Frage, in welcher Form Deutschkenntnisse nachgewiesen werden sollen. Die unionsregierten Länder wollen den Doppelpaß bis zum 23. Lebensjahr nur auf ausdrückliche Anforderung ausstellen.
SZ 09.10.1999 // FR 19.10.1999 // NZ 21.10.1999 // NZ 26.10.1999 // Welt 28.10.1999

Kosovo-Flüchtlinge
Vier Monate nach Ende des Kosovo-Krieges wird der Entscheidungsstopp für Asylverfahren von jugoslawischen Staatsangehörigen durch das Bundesinnenministerium aufgehoben, da die Lage im Kosovo konsolidiert und damit für das Bundesamt für die Anerkennung ausländischer Flüchtlinge (BAFl) einschätzbar sei. Im Oktober wird erstmals ein Asylgesuch von einem Kosovo-Albaner durch das Oberverwaltungsgericht Münster abgelehnt. Die Chancen der in Deutschland während des Krieges geduldeten jugoslawischen Staatsangehörigen auf Anerkennung als politisch Verfolgte sind daher sehr gering. Entgegen der Bedenken der Grünen und des UNHCR soll nun

»in behutsamer Form« die zwangsweise Rückführung beginnen. Zunächst sollen die jüngst nach Deutschland gekommenen Flüchtlinge rückgeführt werden. Kosovo-Serben, Roma und Menschen, denen »Gefahr für Leib und Leben« droht sowie Kranke dürfen vorerst in Deutschland bleiben. Allerdings setzt Bundesinnenminister Schily weiterhin auf die freiwillige Rückkehr, die durch multilaterale Transitabkommen mit verschiedenen Ländern vereinfacht werden soll. Insgesamt sind bisher 12.666 Flüchtlinge zurückgekehrt, darunter 8.722, die zu den 15.000 während des Krieges von Deutschland aufgenommenen Flüchtlingen zählen.

SZ 01.10.1999 // BAFl Pressemitteilung 05.10.1999 // FR 06.10.1999 // NZ 06.10.1999 // dpa 28.10.1999 // FR 29.10.1999 // taz 29.10.1999

Ausländerbeauftragte der Bundesregierung will verbesserte Integration von Ausländern

Die Ausländerbeauftragte der Bundesregierung Marieluise Beck (Die Grünen) spricht sich für eine verbesserte Integration von Ausländern in Deutschland aus. Dabei sei Integration nicht allein Aufgabe der zugewanderten Bevölkerung. Beck stellt eine ›Agenda zur Integrationspolitik‹ mit folgenden Schwerpunkten vor: zügige, unbürokratische Verfahren bei der Umsetzung der Reform des Staatsangehörigkeitsrechts, Erarbeitung eines Gesamtkonzeptes zur Sprachförderung und Reform der »völlig unübersichtlichen« rechtlichen Regelung für Arbeitsgenehmigungen und Arbeitskräfteanwerbung. Menschen, die dauerhaft in der Bundesrepublik bleiben können, sollen möglichst frühzeitig einen gleichberechtigten Zugang zum Arbeitsmarkt erhalten. Menschen, die nicht auf Dauer bleiben können, sollen Arbeit aufnehmen dürfen, wenn keine anderen Bewerber für den Arbeitsplatz zur Verfügung stehen.

FAZ 02.10.1999 // SZ 02.10.1999

November 1999

Debatte um deutsches Asylrecht

Äußerungen von Bundesinnenminister Schily, wonach die derzeitige Zuwanderung Deutschland zu stark belaste und die Zielgenauigkeit des Asylrechts überprüft werden müsse, da nur 3% der jährlich ins Land kommenden

Flüchtlinge asylwürdig seien, es sich bei den restlichen aber um ›Wirtschaftsflüchtlinge‹ handle, löst eine kritische Debatte aus. Heftige Kritik äußern Die Grünen, Flüchtlingsorganisationen und christliche Kirchen: abgesehen von der feindlichen Stimmung solcher Aussagen gegen Asylbewerber gehe Schily nicht korrekt mit Zahlen um. Die Anerkennungsquote von Anträgen liegt laut den Statistiken des Bundesamtes für die Anerkennung ausländischer Flüchtlinge bei 3,48%; wenn jedoch das ›Kleine Asyl‹ (Abschiebeschutz in Anlehnung an die Genfer Flüchtlingskonvention) und die Zahl der geduldeten Personen hinzugerechnet wird, seien über 10% der Antragsteller asylwürdig. Schily zweifelt desweiteren daran, ob das deutsche Asylrecht im Zuge der europäischen Harmonisierung auf lange Sicht Bestand haben werde. Kritiker befürchten, der Innenminister strebe eine Umwandlung des einklagbaren Rechts auf Asyl in ein Gnadenrecht an, das die historischen Erfahrungen Deutschlands, in denen das Grundrecht auf Asyl wurzelt, nicht berücksichtigt.
SZ 28.10.1999 // Welt 05.11.1999 // SZ 06./7.11.1999 // NN 08.11.1999 // NZ 09.11.1999 // FR 11.11.1999 // FAZ 13.11.1999 // Welt 13.11.1999 // Spiegel 15.11.1999 // 22.11.1999 // FR 30.11.1999

Einigung bei der Altfall- und Härtefallregelung von Asylbewerbern erzielt
Die Innenminister des Bundes und der Länder einigen sich am 19. November in Görlitz auf eine Altfallregelung für abgelehnte Asylbewerber: Familien mit minderjährigen Kindern, die seit dem 1. Juli 1993 in Deutschland leben und kinderlose, alleinstehende Flüchtlinge, die sich seit dem 1. Januar 1990 in Deutschland aufhalten, bekommen eine auf zwei Jahre befristete Aufenthaltsbefugnis. Bedingung ist, daß die Flüchtlinge keinen Anspruch auf Sozialhilfe haben, den Lebensunterhalt der gesamten Familie bestreiten, ausreichend großen Wohnraum nachweisen, nicht strafbar geworden sind und daß schulpflichtige Kinder eine Schule besuchen. Auch Personen, deren Ausreise aus Gründen, die sie nicht selbst zu verantworten haben, nicht möglich ist, bekommen nach der Härtefallregelung Aufenthaltsrecht. Insgesamt betrifft die Regelung ca. 20.000 Personen; sie bezieht Vietnamesen ein, die größtenteils ehemalige Vertragsarbeiter der DDR sind. Bürgerkriegsflüchtlinge aus Bosnien-Herzegowina und anderen Teilen des ehemaligen Jugoslawiens sind davon ausgenommen. Im Gegenzug setzt die CDU den Einsatz einer

Arbeitsgruppe durch, die eine schnellere Rückführung abgelehnter Asylbewerber bewirken soll.
FR 17.11.1999 // SZ 19.11.1999 // Welt 19.11.1999 // SZ 20.11.1999 // Welt 20.11.1999

Rückführung von Kosovo-Flüchtlingen
Nach einem Beschluß der Innenminister von Bund und Ländern wird ab Frühjahr 2000 in großem Umfang mit der zwangsweisen Rückführung der in Deutschland verbleibenden Kosovo-Flüchtlinge begonnen. Davon betroffen sind größtenteils die Flüchtlinge, die als abgelehnte Asylbewerber in Deutschland leben. Die Flüchtlinge sollen dann auch kein Überbrückungsgeld mehr erhalten. Bisher sind 13.000 Flüchtlinge aus Deutschland in den Kosovo zurückgekehrt.
Spiegel 08.11.1999 // SZ 08.11.1999 // taz 08.11.1999 // FR 11.11.1999 // 13.11.1999 // NZ 13.11.1999// SZ 20.11.1999

Arbeitserlaubnis für Asylbewerber und anerkannte Flüchtlinge nach zwei Jahren
Das Bundesarbeitsministerium gibt bekannt, daß in Zukunft Asylbewerber und anerkannte Flüchtlinge bereits nach zwei Jahren einen Antrag auf Arbeitserlaubnis stellen können und nicht wie bisher erst nach vier bis sechs Jahren. Zuvor hatten die Ausländerbeauftragten der Länder eine »Entrümpelung des Arbeitserlaubnisrechts« gefordert: es sei widersinnig, Menschen vom Arbeitsmarkt fernzuhalten und gleichzeitig Integration fördern zu wollen. Zudem würde eine Reform den Arbeitsmarkt entbürokratisieren und den Verwaltungsaufwand verringern.
FAZ 10.11.1999 // 22.11.1999

Dezember 1999

Erarbeitung von Verwaltungsvorschriften für das neue Staatsangehörigkeitsrecht
Gemäß der bundeseinheitlichen Verwaltungsvorschriften für das neue Staatsangehörigkeitsrecht, die Bund und Länder erarbeiten, sollen die Antragsteller zum Nachweis ihrer Deutschkenntnisse zeigen, daß sie sich ihrem

Alters- und Bildungsstand entsprechend in ihrer deutschen Umgebung zu-
rechtfinden, z.b. auch im Umgang mit Behörden. Sie müssen in der Lage
sein, »deutschsprachige Texte des täglichen Lebens«, z.b. Zeitungsartikel, zu
lesen, zu verstehen und den Inhalt sinngemäß wiederzugeben. Für Ehepartner, Kinder und Personen über 60 Jahren sollen die Anforderungen geringer
sein. Bei der strittigen Frage nach Überprüfung der Verfassungstreue verzichten Bund und Länder auf eine Vorgabe, d.h. die Bundesländer *können*
eine Regelanfrage beim Verfassungsschutz stellen. Diese Absicht haben derzeit Bayern, Berlin, Sachsen und Thüringen. Zu einer Ermessenseinbürge-
rung kann es nach sechs Jahren kommen, sofern der Einbürgerungswillige
einen völkerrechtlichen Status (z.b. Asylberechtigter) innehält, der die Einbürgerung empfiehlt. Bis zur Abstimmung durch den Bundesrat wird das
Bundesinnenministerium »vorläufige Anwendungshinweise« zur Verfügung
stellen, die sich an der Verwaltungsvorschrift orientieren.
Pressemitteilung BMI 01.12.1999 // FAZ 02.12.1999 // taz 03.12.1999 // Pressemitteilung BMI
15.12.1999 // FR 18.12.1999

Vorschläge zur verbesserten Integration von Migranten
Von unterschiedlichen Seiten werden Vorschläge zur Integration von Migranten in Deutschland geäußert, die vor allem vermehrte Angebote im Bil-
dungsbereich fordern. So möchte der innenpolitische Sprecher der Grünen
Cem Özdemir ein größeres und differenzierteres Angebot an Sprachkursen
sowie einen ›Grundkurs Deutsche Gesellschaft‹. Özdemir unterstützt den
Vorschlag der Berliner Ausländerbeauftragten Barbara John (CDU), als Anreiz für das Erlernen der deutschen Sprache die Arbeitsgenehmigung in Aussicht zu stellen. Die Zukunftskommission ›Gesellschaft 2000‹, eingesetzt von
der baden-württembergischen Landesregierung, will neue Integrationschancen über das Modell des Islam-Unterrichts eröffnen und wird im kommenden
Frühjahr ein Modell vorstellen. Mitglieder der GEW (Gewerkschaft Erziehung und Wissenschaften) monieren, daß zwar 30% der Kinder in Deutschland aus Familien mit Migrationshintergrund stammen, aber bisher keine
Änderung des Schulsystems eingetreten sei. Mangelnder Integration und
Fremdenfeindlichkeit sollte durch interkulturelle Erziehungsmodelle entge-
gengewirkt werden.
Welt 03.12.1999 // FAZ 07.12.1999 // taz 08.12.1999

Gesetzesentwurf: Früher eigenes Aufenthaltsrecht für mißhandelte ausländische Frauen

Um ausländischen Frauen in Deutschland, denen innerhalb ihrer Familie Gewalt angetan wird, zu helfen, legen SPD und Bündnisgrüne einen Gesetzentwurf vor, nach dem die Frauen bereits nach zwei statt nach vier Jahren ein eigenes Aufenthaltsrecht erhalten sollen. In besonderen Härtefällen werden die Frauen auch ohne Einhalten dieser Frist ihren Ehemann verlassen können, ohne eine Ausweisung erwarten zu müssen. Es wird damit gerechnet, daß das Gesetz zum 1. April 2000 in Kraft treten kann.
SZ 15.12.1999

Statistik 2. Halbjahr 1999

Aussiedlerstatistik

In der 2. Hälfte des Jahres 1999 war ein leichter Anstieg von monatlich neuzugewanderten Aussiedlern zu verzeichnen (Juli: 7.738; August: 7.087; September: 9.929; Oktober: 12.038; November: 11.595; Dezember: 16.771 Personen). 1999 wurden insgesamt 104.916 Personen als Spätaussiedler in Deutschland aufgenommen. Künftig soll Friedland einziges Aufnahmelager sein. Die Bundesregierung plant, den Zuzug von Spätaussiedlern auf 100.000 im Jahr zu begrenzen und dies im Bundesvertriebenengesetz festzuschreiben. Der Zuzugsanspruch der im Ausland lebenden Angehörigen soll aber erhalten bleiben. Dem Aussiedlerbeauftragten der Bundesregierung, Jochen Welt, zufolge soll die Begrenzung dazu dienen, eine »sozial verträgliche Integration« zu erreichen. Laut Welt ist die Eingliederung der Spätaussiedler zunehmend schwieriger. Geplant ist die Einrichtung von ›Netzwerken‹, an denen unter anderem Kirchen, Gewerkschaften und Kultureinrichtungen beteiligt werden sollen. Das Bundesinnenministerium will die Errichtung der Netzwerke finanziell unterstützen und zukünftige Integrationsprojekte nur noch über Netzwerke fördern.
Pressemitteilung BMI 30.07.1999 // 03.09.1999 // FAZ 02.09.1999 // FR 02.09.1999 // Pressemitteilung BMI 05.10.1999 // 05.11.1999 // 02.12.1999 // FR 28.12.1999 // Pressemitteilung BMI 03.01.2000

Asylstatistik

Die monatlichen Asylstatistiken im 2. Halbjahr 1999 zeigen eine deutlich sinkende Tendenz: Juli: 9.408; August: 8.905; September: 8.429; Oktober: 7.505; November: 7.476; Dezember: 7.092 Asylanträge. Im Jahr 1999 haben insgesamt 95.113 Personen politisches Asyl beantragt, 3,6% weniger als im Vorjahr. Wie 1998 kam auch 1999 mehr als jeder dritte Asylbewerber aus der Bundesrepublik Jugoslawien. Stark angestiegen ist 1999 die Zahl der Asylbewerber aus der Russischen Föderation. Demgegenüber ist die Anzahl der Asylbewerber aus der Türkei und Vietnam gesunken. Die Anerkennungsrate lag für das Jahr 1999 bei 3% (insgesamt 4.114 Personen). Laut einer europäischen Vergleichsstatistik des UNHCR hat Deutschland 1999 so wenig Asylbewerber wie nie zuvor aufgenommen: Nur noch 28% der in Europa Asylsuchenden kam nach Deutschland; 1996 waren es noch 42% gewesen.
Pressemitteilung BMI 06.08.1999 // 07.09.1999 // 07.10.1999 // 07.11.1999 // 05.12.1999 // dpa 10.01.2000

Aufgriffe illegaler Einwanderer

Der Bundesgrenzschutz hat 1999 insgesamt 37.789 Personen beim Versuch der unerlaubten Einreise nach Deutschland aufgegriffen. Im Vergleich zum Vorjahr ist diese Zahl um 2.400 gesunken. Ein Großteil der Aufgriffe (13.000) fanden an der deutsch-tschechischen Grenze statt.
FAZ 25.02.2000

Januar 2000

Durchreiseabkommen für Kosovo-Flüchtlinge mit Albanien

Bundesinnenminister Otto Schily und sein albanischer Kollege unterzeichnen eine Vereinbarung zwischen beiden Ländern, die eine einfache und unbürokratische Rückreise jugoslawischer Staatsangehöriger in den Kosovo ermöglicht. Auch zwangsweise Rückgeführte sollen über Albanien reisen. Bis Ende Januar sind rund 20.000 Kosovo-Albaner in ihre Heimat zurückgekehrt. Etwa 180.000 Ausreisepflichtige halten sich derzeit noch in Deutschland auf.
Pressemitteilung BMI 27.01.2000

Februar 2000

Neuer Lagebericht für Tschetschenien
Das Auswärtige Amt legt einen neuen Lagebericht für Rußland/Tschetschenien vor, der den Bericht von 1998 ersetzt. Auf dieser neuen Grundlage werden Verfahren von tschetschenischen Asylbewerbern behandelt, nachdem das Innenministerium im Januar einen Entscheidungsstopp verhängt hatte. Der Bericht schildert die Situation tschetschenischer Flüchtlinge in Inguschetien als dramatisch und spricht von massiven Menschenrechtsverletzungen gegen die Zivilbevölkerung durch russische Truppen.
taz 22.02.2000 // FR 23.02.2000

Gemeinsame Ziele Deutschlands und Frankreichs in der Asylpolitik
Frankreich und Deutschland wollen sich auf eine gemeinsame Praxis zur Abschiebung abgelehnter Asylbewerber innerhalb der EU verständigen, wie die Innenminister der beiden Länder erklären. Desweiteren formulieren sie gemeinsame Ziele der Einwanderungspolitik. Der Wanderungsdruck aus bestimmen Ländern soll durch gezielte Wirtschafts- und Entwicklungspolitik gebremst werden, ferner soll die illegale Einwanderung in die EU durch engere Zusammenarbeit unterbunden sowie die Integration von Zuwanderern verbessert werden. Entsprechende Entwürfe will Frankreich während seiner EU-Ratspräsidentschaft vorlegen, die im Sommer beginnt.
FAZ 02.02.2000 // FR 02.02.2000 // Welt 02.02.2000

Bundesländer legen Altfallregelung unterschiedlich aus
Weiterhin bestehen Konflikte um die unterschiedliche Auslegung der Altfallregelung für abgelehnte Asylbewerber in den einzelnen Bundesländern. SPD und Grüne werfen Bayern vor, ›Sondervorschriften‹ zu erlassen, so daß nur 300 anstelle von 700 Personen von der Regelung profitieren könnten. In Bayern findet die neue Regelung keine Anwendung für Familien, in denen eine Person straffällig geworden ist, und nicht für Asylbewerber, die zu Geldstrafen in Höhe von 50 Tagessätzen verurteilt wurden oder mehr als sechs Monate Sozialhilfe bezogen haben. Bremen hingegen legt die Regelungen großzügiger aus und bezieht Personen ein, die eine Einstellungszusa-

ge vorweisen können. Dort gilt die neue Regelung auch für Betroffene, die neben ihrer Erwerbstätigkeit Sozialhilfe wegen großer Kinderzahl erhalten.
NN 04.02.2000 // NN 10.02.2000 // FR 14.02.2000

März 2000

Debatte um Anwerbung von ausländischen Computerspezialisten
Bei der Eröffnung der Computermesse CeBIT schlägt Bundeskanzler Gerhard Schröder vor, eine begrenzte Zahl von hochqualifizierten ausländischen Computerspezialisten nach Deutschland zu holen, da nach Angaben der Wirtschaft derzeit auf dem Arbeitsmarkt etwa 75.000 Fachkräfte fehlen. Spezialisten vor allem aus Osteuropa und Indien sollen eine ›Green Card‹, eine auf drei Jahre befristete und auf maximal 5 Jahre verlängerbare Arbeitserlaubnis, erhalten. Dieser Vorschlag löst eine heftige Debatte aus, die sich auf grundsätzliche Fragen der Einwanderung ausdehnt: Die Grünen weisen auf die integrationspolitischen Folgen einer solchen Arbeitskräfteanwerbung hin; die Unionsparteien fordern ein Zuwanderungsgesetz, das Arbeitsmigration und Asyl regelt. Mit Blick auf den deutschen Arbeitsmarkt wollen Vertreter der Gewerkschaften überprüfen lassen, ob ein Teil der offenen Stellen durch die 37.000 in Deutschland arbeitslos gemeldeten EDV-Spezialisten und 56.000 Ingenieure besetzt werden kann. Laut Statistiken der Bundesanstalt für Arbeit erfüllt ein Großteil der Arbeitslosen nicht die Anforderungen als ›Spitzenprogrammierer‹: Der Leiter der BfA, Jagoda, fordert die Industrie auf, auch ältere Bewerber einzustellen und mehr Ausbildungsplätze zu schaffen. Jürgen Rüttgers (CDU) führt in Nordrhein-Westfalen Wahlkampf mit dem Slogan ›Kinder statt Inder‹, ändert ihn allerdings nach öffentlicher Kritik in »Ausbildung statt Einwanderung«.
FAZ 02.03.2000 // FR 03.03.2000 // dpa 06.03.2000 // Spiegel Online 09.03.2000 // 10.03.2000 // 13.03.00 // SZ 13.03.2000 // Spiegel Online 14.03.2000 // SZ 14.03.2000 // dpa 15.03.2000 // SZ 15.03.2000 // FR 15.03.2000 // NZ 17.03.2000 // Spiegel Online 22.03.2000 // taz 27.03.2000 // Spiegel Online 31.03.2000

Erleichterte Reise für Kosovo-Rückkehrer
Der im Januar zwischen Deutschland und Albanien vereinbarten Durchreisemöglichkeit für freiwillig zurückkehrende Kosovo-Flüchtlinge folgen nun

entsprechende Abkommen mit Österreich, der Schweiz, Italien, Slowenien, Ungarn, Bosnien und Kroatien. Bundesinnenminister Schily erhofft sich dadurch einen höheren Rückkehranreiz, da auf dem Landweg mehr persönlicher Besitz transportiert werden kann. Zwangsrückführungen schließt Schily nicht aus, doch mahnt er dabei zu »Augenmaß«. Den Vorschlag der Bundesausländerbeauftragten Beck (Die Grünen), einen Rückkehrbeauftragten einzusetzen, lehnt Schily ab.

Welt 03.03.2000 // Pressemitteilung BMI 10.03.2000 // FAZ 11.03.2000

April 2000

›Green Card‹ für Computerfachleute nimmt konkrete Formen an

Das Kanzleramt setzt sich für die Umsetzung der ›Green Card‹-Verordnung bis zum 1. August 2000 ein. Eine erste konkrete Vorlage von Bundesarbeitsminister Riester wird von Bundeskanzler Schröder als praxisfern abgelehnt und erntet Kritik auch von seiten der Grünen und von Wirtschaftsverbänden. Eine Überarbeitung der Vorlage durch das Kanzleramt enthält folgende Punkte: Die Arbeitserlaubnis für ausländische Computerspezialisten soll fünf Jahre gelten und eine Option zur Verlängerung bzw. zur Erteilung der unbefristeten Aufenthaltsgenehmigung enthalten. Arbeitgeberwechsel sollen möglich sein; die engen Familienangehörigen der angeworbenen Arbeitskräfte sollen bereits nach zwei Jahren eine eigene Arbeitserlaubnis erhalten; die Dauer zwischen Antragstellung und Einreise soll möglichst kurz sein. Im Verlauf der ›Green Card‹-Diskussion schwächt sich der Protest der Unionsparteien ab; SPD und die Grünen erklären sich bereit, früher als geplant über ein Einwanderungsgesetz zu sprechen. Der von seiten der Unionsparteien wiederholt geäußerte Vorschlag, das Individualrecht auf Asyl abzuschaffen und durch eine institutionelle Garantie zu ersetzen, stößt auf Widerstand bei den Grünen.

Spiegel 10.04.2000 // Spiegel Online 06.04.2000 // 08.04.2000 // 12.04.2000 // 17.04.2000 // 20.04.2000 // 25.04.2000 // taz 25.04.2000 // Welt 25.04.2000 // SZ 26.04.2000 // Spiegel Online 29.04.2000

Verwaltungsvorschriften zur Reform des Staatsangehörigkeitsrechts
Der Bundesrat stimmt den Verwaltungsvorschriften zur Umsetzung der Reform des Staatsangehörigkeitsrechts zu. Maßstab zur Überprüfung der Deutschkenntnisse wird das Niveau des Sprachdiploms ›Zertifikat Deutsch‹ sein. Den Ländern steht es frei, eine Regelanfrage beim Verfassungsschutz zu stellen.
FAZ 08.04.2000

Neue Abschiebebestimmungen in Kraft
Nach einigen Todesfällen während Abschiebungen im vergangenen Jahr setzt nun das Innenministerium eine neue Bestimmung »über die Rückführung ausländischer Staatsangehöriger auf dem Luftweg« in Kraft. Danach sind Helme, Knebelungen und Psychopharmaka unzulässig. Wenn das Leben des Abzuschiebenden während der Abschiebung bedroht ist, sind die Beamten zur Hilfeleistung verpflichtet und müssen im Zweifelsfall die Abschiebung abbrechen. Im Zielland müssen die Abgeschobenen Beamten übergeben werden.
taz 31.03.2000

Erleichtertes Aufenthaltsrecht für Ehepartner
Der Bundesrat stimmt einer von SPD und Grünen vorgeschlagenen Änderung des Ausländergesetzes zu, ausländischen Ehepartnern bereits nach zwei statt wie bisher nach vier Jahren ein eigenständiges Aufenthaltsrecht zuzugestehen.
FR 08.04.2000

Mai 2000

›Green Card‹-Verordnung beschlossen
Die im Mai vom Bundeskabinett beschlossene Verordnung zur ›Green Card‹ sieht vor, daß zunächst 10.000 Computerspezialisten aus Nicht-EU-Staaten, die einen Hochschulabschluß und ein Bruttoeinkommen von 100.000 DM nachweisen können, eine fünf Jahre gültige Arbeitserlaubnis erhalten. Die Regelung soll auch für ausländische Informatik-Studienabgänger deutscher

Universitäten gelten. Nachziehende Familienangehörige der Fachkräfte können nach zwei Jahren eine eigenständige Arbeitserlaubnis bekommen. Über die Anträge sollen nach einer einwöchigen Bearbeitungszeit entschieden werden. Bisher sind insgesamt 47.000 Anfragen aus dem Ausland eingegangen.

Spiegel Online 02.05.2000 // Pressemitteilung Bundespresseamt 03.05.2000 // Welt 06.05.2000 // Spiegel 29.05.2000

Deutschland lehnt Vorschläge von Mindestrechten für Flüchtlinge in der EU ab

Bei einem Treffen der EU-Innen- und Justizminister wurde keine Einigung bezüglich einheitlicher Mindestrechte für vorübergehend aufgenommene Flüchtlinge erreicht. Zur Debatte standen ein auf zwei Jahre begrenzter Schutz, Aufenthaltstitel, Unterbringung, Zugang zu Beschäftigung, Sozialleistungen sowie medizinischer Versorgung, Schulbesuch und Rechte für Familien. Von einer Quotenverteilung von Flüchtlingen auf die EU-Staaten war nicht die Rede. Deutschland stimmte gegen die Anwendung der Mindeststandards auf geduldete Flüchtlinge ohne Asylstatus, da diese Personengruppe in Deutschland sehr zahlreich ist. Bundesinnenminister Schily spricht sich außerdem gegen die vorgesehene liberalere Gestaltung der Regelungen für Familienzusammenführung aus, denn diese würde die Zahl der jährlichen Zuwanderungen extrem erhöhen. Schon nach derzeitiger Gesetzeslage (Kinder dürfen bis zum Alter von 16 Jahren nachziehen; Eltern, Geschwister und Großeltern sind nicht berechtigt) wandern jährlich etwa 60.000 Personen ein. Schily lehnt desweiteren den französischen Vorschlag der ›doppelten Freiwilligkeit‹ (Aufnahmeland und Flüchtling müssen der Aufnahme zustimmen) mit Verweis auf die ungeklärte Finanzierung ab. Ebenso hält er nichts von der Zuteilung eines Sockelprozentsatzes aus dem EU-Flüchtlingsfond an die EU-Staaten, der unabhängig von der Zahl der aufgenommenen Flüchtlinge zugeteilt wird.

FR 25.05.2000 // NN 30.05.2000 // NZZ 30.05.2000 // Welt 30.05.2000

Kritik an Flughafenverfahren nach Selbstmord einer Asylbewerberin

Nach dem Selbstmord einer algerischen Asylbewerberin, die fast acht Monate lang im Transitbereich des Frankfurter Flughafens verbracht hatte, verstärken sich die Vorwürfe von Kirchen und Flüchtlingsorganisationen gegen die Bundesregierung, da sie weiter an dem psychisch belastenden Verfahren

festhält, bei dem Flüchtlinge über Monate auf beengtem Raum zusammenleben müssen. Die Regierung übernimmt keine Verantwortung für den Tod der Frau, da sie selbst durch die Vernichtung ihre Papiere das Verfahren behindert habe, jedoch wird nach dem Vorfall sieben seit Monaten im Flughafen festsitzenden Personen die Einreise aus humanitären Gründen gestattet. Die SPD hält das Flughafenverfahren für einen unverzichtbaren Bestandteil der Kontrolle des Asylzugangs.
FR 09.05.2000 // Pressemitteilung BMI 11.05.2000 // FR 12.05.2000 // dpa 17.05.2000 // FR 17.05.2000 // taz 20.05.2000

Lockerung des Arbeitsverbots für Asylbewerber geplant
SPD und Grüne planen noch vor der Sommerpause das generelle Arbeitsverbot für Asylbewerber, das seit Mai 1997 gilt, aufzuheben. Die SPD will die Arbeitsaufnahme nach eineinhalb Jahren erlauben, das Bundesinnenministerium plädiert für eine Wartefrist von zwei Jahren; die Grünen für drei Monate. Nach einem Antrag durch den Betrieb beim Arbeitsamt und der Prüfung, ob sich innerhalb von vier bis sechs Wochen kein Bewerber aus Deutschland oder einem anderen EU-Land für die Stelle findet, soll ein Asylbewerber eine Arbeit aufnehmen können. Etwa 100.000 Personen würden von einer solchen Lockerung profitieren. Die Unionsparteien reagieren mit heftigem Widerstand auf diesen Vorschlag; der Leiter der Münchener Staatskanzlei, Huber, droht im Gegenzug mit der Ablehnung der ›Green Card‹-Initiative im Bundesrat.
FR 13.05.2000 // taz 20.05.2000 // SZ 20.05.2000 // Spiegel Online 20.05.2000

Bessere Kooperation mit Herkunftsländern bei Abschiebung von Flüchtlingen
Auf der Innenministerkonferenz werden Vorschläge zur Verbesserung der Kooperation zwischen Deutschland und verschiedenen Herkunftsländern von abgelehnten Asylbewerbern vorgelegt. Die außenpolitischen Beziehungen zu Ägypten, Äthiopien, Ghana, Nigeria, Libanon, Vietnam und China sollen in Zukunft an ihrer Kooperations- und Aufnahmebereitschaft von aus Deutschland Abgeschobenen gemessen werden. Die Innenminister der Länder fordern von Innenminister Schily die Einrichtung einer Bundesgrenzschutzstelle in Berlin, die auf die Beschaffung von Paßersatzpapieren spezialisiert ist.
FR 29.04.2000 // 06.05.2000 // Spiegel 15.05.2000

Statistiken zum 1. Halbjahr 2000

Aussiedlerzahlen bleiben niedrig; Förderung der Integration; weniger Arbeitslose

Die Zahl der monatlich zugezogenen Aussiedler bleibt in den ersten Monaten des Jahres 2000 unter der 10.000-Grenze. Der Aussiedlerbeauftragte der Bundesregierung schlägt vor, einen Pool für ›Migrationsberatung‹ unter Beteiligung der Sozial- und Arbeitsämter einzurichten, der mit den Migranten nach der Einreise einen ›Eingliederungskontrakt‹ erarbeitet: Gemäß der darin vereinbarten individuellen Förderungspläne zur beruflichen und sozialen Eingliederung werden den Zuwanderern Verpflichtungen, z.B. die Teilnahme an Kursen, auferlegt, bei deren Nichteinhaltung Sanktionen drohen. Laut Statistiken der Bundesanstalt für Arbeit sank die Zahl der arbeitslosen Aussiedler von April 1999 (103.000 Personen) bis April 2000 (77.000 Arbeitslose) um 25%.
Pressemitteilung BMI 27.01.2000 // 03.03.2000 // 10.03.2000 // 05.04.2000 // 02.06.2000

Sinkende Asylbewerberzahlen

In der ersten Jahreshälfte 2000 setzt sich der rückläufige Trend bei Asylanträgen fort: Im Januar beantragen 6.618 Personen Asyl in Deutschland, im Februar 6.117, im März 6.204, im April 5.004, im Mai 6.316, im Juni 8.646.
Pressemitteilung BMI 09.02.2000 // 06.03.2000 // 07.04.2000 // 12.05.2000 // 07.06.2000 //
Pressemitteilung des Bundesverwaltungsgerichts 16.02.2000

Juli 2000

Sachverständigenkommission zur Entwicklung eines Zuwanderungskonzepts
Bundesinnenminister Schily beauftragt eine Sachverständigenkommission mit der Entwicklung von praktischen Empfehlungen zur Änderung des Asyl- und Ausländerrechts. Zur Vorsitzenden wird Rita Süssmuth (CDU) ernannt. Der Kommission gehören insgesamt 21 Mitglieder an, darunter sechs Vertreter der politischen Parteien, jeweils zwei Vertreter kommunaler Spitzenverbände und der Gewerkschaften und je drei Vertreter aus Wissenschaft, Kirchen- und Religionsgemeinschaften und Arbeitgeberverbänden. Die Kommission hat laut Schily folgende Aufgaben: Vorschläge zur Entkoppelung des Asylrechts von Einwanderung im Rahmen der rechtlichen Möglich-

keiten; eine vorurteilslose Auseinandersetzung mit Zuwanderungsproblemen und Formulierung einer neuen Politik, die den Aspekt der besseren Steuerung in den Mittelpunkt stellt; dabei sollen sowohl humanitäre Grundsätze gewahrt als auch politische und wirtschaftliche Interessen verfolgt werden. Ergebnisse der Arbeit der Kommission könnten ein eigenständiges Zuwanderungsgesetz oder die Änderung der bestehenden Rechtsgrundlagen oder nur neue »administrative Maßnahmen« sein. Parallel beruft die CDU eine eigene Kommission unter dem Vorsitz des saarländischen Ministerpräsidenten Peter Müller (CDU).
Pressemitteilungen BMI 12.07.2000 // FAZ 13.07.2000 // SZ 13.07.2000 // Welt 13.07.2000

›Green Card‹ und bayerischer Vorschlag einer ›Blue Card‹
Der Bundesrat stimmt dem zweiten, zustimmungspflichtigen Teil der vom Bundeskabinett beschlossenen ›Green Card‹-Verordnung zu, welcher die Aufenthaltsregelungen für ausländische Computerfachleute regelt. Bayern schlägt eine ›Blue Card‹ im Rahmen bestehender rechtlicher Regelungen vor, die die Anwerbung von ausländischen Informatik-Spezialisten vereinfachen soll. Die Aufenthaltsgenehmigung soll für die Dauer eines Arbeitsvertrags gelten. Neben Bayern planen auch Hessen und Niedersachsen, eine ›Blue Card‹ einzuführen.
Spiegel Online 03.07.2000 // dpa 11.07.2000 // SZ 12.07.2000 // FAZ 14.07.2000 // Welt 14.07.2000 // Pressemitteilung der Bundesregierung 18.07.2000

Quellen

Auswärtiges Amt, Pressemitteilungen
BAFl: Bundesamt für die Anerkennung ausländischer Flüchtlinge, Pressemitteilungen
BMI: Bundesministerium des Innern, Pressemitteilungen
Berliner Zeitung
dpa: Deutsche Presseagentur
FAZ: Frankfurter Allgemeine Zeitung
FR: Frankfurter Rundschau
Focus

Freitag
International Herald Tribune
NN: Nürnberger Nachrichten
NZ: Nürnberger Zeitung
NZZ: Neue Zürcher Zeitung
Der Spiegel, Spiegel Online
SZ: Süddeutsche Zeitung
taz: die tageszeitung
Die Welt

Autorenverzeichnis

Klaus J. Bade, Dr., Prof. für Neueste Geschichte und Vorstand des Instituts für Migrationsforschung und Interkulturelle Studien (IMIS) der Universität Osnabrück (imis@uni-osnabrueck.de), Okt. 2000–Juli 2001 Wissenschaftskolleg Berlin (bade@wiko-berlin.de).

Michael Bommes, Dr., Priv.Doz. für Soziologie, Vorstand des Instituts für Migrationsforschung und Interkulturelle Studien (IMIS) der Universität Osnabrück (mbommes@uni-osnabrueck.de).

Stefan Bender, Dr., Institut für Arbeitsmarkt- und Berufsforschung (IAB), Nürnberg, und Institut zur Zukunft der Arbeit (IZA), Bonn (Stefan.Bender@iab.de).

Friedrich Heckmann, Dr., Prof. für Soziologie und Leiter des europäischen forums für migrationsstudien (efms) an der Universität Bamberg (friedrich.heckmann@sowi.uni-bamberg.de).

Claus Leggewie, Dr., Prof. für Politikwissenschaft, Justus-Liebig-Universität Gießen (c4tiger@aol.com).

Rainer Münz, Dr., Prof. für Bevölkerungswissenschaft, Humboldt-Universität zu Berlin (rainer.muenz@sowi.hu-berlin.de).

Bert Rürup, Dr. Dr., Prof. für Volkswirtschaftslehre, Technische Universität Darmstadt (ruerup@vwl.tu-darmstadt.de).

Bernhard Santel, Dr., Wiss. Referent, Landeszentrum für Zuwanderung Nordrhein-Westfalen, Solingen (santel@lzz-nrw.de).

Wolfgang Seifert, Dr. habil., Bevölkerungswissenschaft, Humboldt-Universität zu Berlin und Landesamt für Datenverarbeitung und Statistik Nordrhein-Westfalen, Düsseldorf (wol_seifert@yahoo.de).

Werner Sesselmeier, Dr., Priv.Doz für Volkswirtschaftslehre, Technische Universität Darmstadt (sessel@vwl.tu-darmstadt.de).

Dieter Oberndörfer, Dr. Dr., Prof. em. für Politikwissenschaft, Albert-Ludwigs-Universität Freiburg i.Br. (oberndoe@uni-freiburg.de).

Dietrich Thränhardt, Dr., Prof. für Politikwissenschaft, Westfälische Wilhelms-Universität Münster (thranha@uni-muenster.de).

Ralf E. Ulrich, Dr., Eridion GmbH (ralf.ulrich@eridion.de).

Veronika Vitt, M.A., Wiss. Mitarbeiterin, europäisches forum für migrationsstudien (efms) an der Universität Bamberg (veronika.vitt@sowi.uni-bamberg.de).

Albrecht Weber, Dr., Prof. für öffentliches Recht, europäisches und internationales Recht sowie Mitglied des Instituts für Migrationsforschung und Interkulturelle Studien (IMIS) der Universität Osnabrück (aweber@uni-osnabrueck.de).